Kohlhammer

Heinz Mühl

Einführung in die Geistigbehindertenpädagogik

4., überarbeitete Auflage

Verlag W. Kohlhammer

Die Deutsche Bibliothek – CIP-Einheitsaufnahme

Mühl, Heinz:
Einführung in die Geistigbehindertenpädagogik / Heinz Mühl. - 4., überarb. Aufl.. - Stuttgart ; Berlin ; Köln : Kohlhammer, 2000
ISBN 3-17-016518-6

Verlagsort: Stuttgart
Umschlag: Data Images GmbH
Gesamtherstellung:
W. Kohlhammer Druckerei GmbH + Co. Stuttgart
Printed in Germany

Inhalt

1. Zur Legitimation der Geistigbehindertenpädagogik als sonderpädagogische Fachrichtung

1.1 Infragestellung

Schmitz (1983) schloss ihre Erörterungen mit der provozierenden Frage: Brauchen wir eine Geistigbehindertenpädagogik? Die Frage kann insofern schon als beantwortet betrachtet werden, als handfeste Tatsachen über deren Existenz vorliegen: pädagogische Einrichtungen der verschiedensten Art für Menschen mit geistiger Behinderung, eigens dafür ausgebildetes Fachpersonal, sogar Professuren an Universitäten und ein entsprechendes Fachgebiet; wir haben sie also. Die Frage kann heute allenfalls lauten: Brauchen wir sie in Zukunft noch? Brauchen wir sie als wissenschaftliche Fachrichtung?

In Feusers (1989) integrativer Pädagogik werden die pädagogischen Vorstellungen der einzelnen Fachrichtungen aufgehoben. Integrative Pädagogik sei eine basale Pädagogik, indem sie Kinder und Jugendliche aller Entwicklungsniveaus, Grade der Realitätskontrolle, Denk und Handlungskompetenz ohne sozialen Ausschluss zu lehren und mit ihnen zu lernen vermag. Nur für eine Übergangszeit werde es noch eine Behindertenpädagogik und Behindertenpädagogen geben, die in der Schule als Stützpädagogen tätig sein werden. Rödler (1993) hat ähnlich wie Feuser den Versuch unternommen, Grundlagen einer allgemeinen basalen Pädagogik zu erarbeiten.

In schulischen Integrationskonzepten werden die bisherigen Bezeichnungen für behinderte Schülerinnen und Schüler als Etikettierungen abgelehnt. Danach werden im Rahmen der Kind-Umfeld-Diagnose die Feststellung des aktuellen Lernstandes und der erforderlichen Lehrziele als ausreichend angesehen, um den sonderpädagogischen Förderbedarf zu ermitteln. Für die Umsetzung des Förderbedarfs müssen dann allerdings wieder Kenntnisse aus den sonderpädagogischen Fachrichtungen herangezogen werden, da technologisches Wissen überwiegend dort entwickelt worden ist.

Die sich auf außerschulische pädagogische Arbeitsfelder beziehenden Diplomstudiengänge der Sonderpädagogik orientieren sich nicht überall an den Fachrichtungen, sondern auch am jeweiligen Hilfebedarf in bestimmten Lebensbereichen und -phasen von Menschen mit Behinderungen, unabhängig von der zugrundeliegenden Schädigung. Damit ist eine Abkehr von einer eher schädigungsorientierten Systematik der sonderpädagogischen Fachrichtungen verbunden. Hier wird zwar keine Aufhebung, wohl eine Umstrukturierung der sonderpädagogischen Fachrichtungen gefordert (vgl. Beck 1994).

Stellungnahmen im Zusammenhang mit schulbezogenen Überlegungen möchten nicht ganz auf die sonderpädagogischen Fachrichtungen verzichten. Eberwein und Michaelis (1993) forderten anstelle der Lehrkraft an Sonderschulen die Lehrkraft mit sonderpädagogischem Schwerpunkt, die für die allgemeine Schule ausgebildet sein, eine integrationspädagogische Grundausbildung besitzen und Sonderpädagogik als Wahlfach studieren müsse; in der Sonderpädagogik entscheide sie sich jedoch für zwei sonderpädagogische Fachrichtungen.

Für den Fortbestand der sonderpädagogischen Fachrichtungen plädiert auch das Positionspapier »Lehrerbildung für das Lehramt des Sonderpädagogen« des Verbandes Deutscher Sonderschulen (November 1992), das zur Ausbildung von Sonderpädagogen die Integrationspädagogik nicht für einen geeigneten Ersatz hält. Auch die »Rahmenvereinbarung über die Ausbildung und Prüfung für ein sonderpädagogisches Lehramt« der Kultusministerkonferenz (vom 6.5.1994) hält grundsätzlich am Studium sonderpädagogischer Fachrichtungen fest; das Studium soll ferner fachrichtungsübergreifende Anteile enthalten. Neben den bisherigen könnten auch andere Fachrichtungen zugelassen werden.
Insofern werden die sonderpädagogischen Fachrichtungen zwar nicht durchgängig in Frage gestellt, aber es wird eine Umstrukturierung oder zumindest eine andere Gewichtung diskutiert. Die Frage nach dem Fortbestand der sonderpädagogischen Fachrichtungen scheint von daher gerechtfertigt, auch deshalb, weil sich bisher sonderpädagogische Kompetenz vor allem innerhalb der Fachrichtungen entwickelt hat und nach ihrer Aufhebung gefragt werden muss, wie die Fortentwicklung dieser Kompetenz sicherzustellen ist.

1.2 Begründung

Bevor die wissenschaftliche Disziplin Geistigbehindertenpädagogik etabliert wurde, existierte Geistigbehindertenpädagogik in der Praxis, als Erziehungspraxis. Nach Möckel (1988) sind die einzelnen Sonderschultypen nicht primär zum Zwecke der Separierung geschaffen worden, sondern vor allem aus der Situation des Scheiterns von Erziehungsversuchen allgemeiner Erziehung und Bildung heraus, oder wie im Falle der Kinder mit geistiger Behinderung, aus der Situation der antizipierten Unmöglichkeit von schulischer Erziehung und Bildung.
Die Anfangsphase dieser Erziehungspraxis war gekennzeichnet durch Versuche, die Erziehungs- und Bildungsfähigkeit von Kindern mit geistiger Behinderung aufzuzeigen. Diese Versuche waren überwiegend eine pädagogische Leistung, keine medizinische oder pastorale. An der Geburtsstunde der Erziehungspraxis der Geistigbehindertenpädagogik war maßgeblich beteiligt die Taubstummenpädagogik, deren Vertreter in ihren Einrichtungen vereinzelt auf Kinder stießen, die wir heute als Kinder mit geistiger Behinderung einstufen würden, und für die sie teilweise eigene Einrichtungen gefordert oder geschaffen haben, ein Beispiel für fruchtbare Beziehungen zwischen den sonderpädagogischen Fachrichtungen. Diesen ersten erfolgreichen Erziehungsversuchen folgten Maßnahmen auf breiter Front vor allem in den Idiotenanstalten und in den Hilfsschulen. Während die Bemühungen in den späteren großen Anstalten eher armenfürsorgerischen Intentionen als pädagogischem Impetus entsprangen (Bradl 1990), können den Hilfsschulen neben dem Entlastungsargument auch pädagogische Motive unterstellt werden. In der Zeit des Dritten Reiches wurde die Erziehung von Menschen mit geistiger Behinderung durch die tödliche Rassenhygiene gar nicht erst zugelassen oder bei denen im Schulalter

durch den § 11 des Reichsschulpflichtgesetzes verhindert. Die Praxis der Erziehung von Kindern und Jugendlichen mit geistiger Behinderung war unterbunden, um erst wieder in den fünfziger Jahren reaktiviert zu werden, und zwar in der Folge von Bemühungen einzelner um schulischen Unterricht und der 1958 gegründeten »Lebenshilfe« um Familiennähe. In den sechziger Jahren wurden erste familiennahe Einrichtungen für Menschen mit geistiger Behinderung geschaffen und die Schulpflicht gesetzlich verankert.
Die allgemeine Pädagogik oder Schulpädagogik hat zu dieser Entwicklung nichts beigetragen, wenn man davon absieht, dass Sonderschullehrkräfte, die diese Entwicklung maßgeblich mit vorangetrieben haben, dort ihre Erstausbildung erhalten hatten und die Bezüge zu ihr aufrechterhielten; ich erinnere vor allem an Georgens und Deinhardt (1861; 1863). Die etablierte Sonderpädagogik hat nach 1945 diese Entwicklung weder systematisch noch auf andere Weise wirksam unterstützt, allenfalls wiederum nur insofern, als neben der »Lebenshilfe« einzelne Lehrpersonen insbesondere aus der Hilfsschule innovativ gewirkt haben. Die Kultusministerkonferenz und auch der Verband Deutscher Sonderschulen haben die Entstehung von Schulen für Geistigbehinderte anfangs eher unterlaufen als gefördert. Die Eltern von Kindern mit geistiger Behinderung haben im Verein mit engagierten Sonderschullehrkräften den Kultusbehörden und der etablierten Sonderschulpädagogik diese Schule abgetrotzt. Auch andere Einrichtungen für Menschen mit geistiger Behinderung, angefangen von der Frühförderung bis hin zur Erwachsenenbildung, mussten und müssen teilweise noch heute gegen Vorurteile und Ignoranz, gegen fehlende gesetzliche und finanzielle Grundlagen durchgesetzt werden.
Die Motive für die Entstehung von Einrichtungen für Kinder und Jugendliche mit geistiger Behinderung waren nicht primär die nach Ausweitung oder weiterer Differenzierung des Sonderschulsystems. Es ging später nicht wie in den Anfängen der Geistigbehindertenerziehung um die Bildungs- oder Erziehungsfähigkeit, wohl um die Bildungs- oder Erziehungsfähigkeit in öffentlichen, regionalen oder kommunalen Institutionen. Auch diese Bemühungen, die den Beginn der räumlichen Eingliederung in die Gesellschaft darstellen, sind weder von der allgemeinen Pädagogik oder Schulpädagogik noch von der allgemeinen Sonderpädagogik oder anderen damals etablierten sonderpädagogischen Fachrichtungen nachhaltig unterstützt worden. Die Praxis der Geistigbehindertenpädagogik ist das Ergebnis des Engagements betroffener Eltern und einzelner Sonderschullehrkräfte.
Die wissenschaftliche Disziplin »Geistigbehindertenpädagogik« selbst war ein Reflex auf diese Praxis, d.h. sie ist erst aus den Erfordernissen der Praxis heraus entstanden. An den Universitäten in Westdeutschland tauchte sie daher nicht vor den 70er Jahren auf. Mittlerweile gibt es sie an fast allen sonderpädagogischen Fachbereichen oder Instituten in Westdeutschland, und auch in den ostdeutschen Studienstätten wurde sie eingerichtet. Die Fachrichtung »Geistigbehindertenpädagogik« als Zweig der Sonderpädagogik ist aus der Not der Menschen mit geistiger Behinderung und der Not ihrer Angehörigen heraus entstanden, die vor den Trümmern nicht erfolgter oder erfolgloser öffentlicher

Erziehung standen. Sie brauchten die Unterstützung durch eine Disziplin »Geistigbehindertenpädagogik«, vermittelt über qualifiziertes sonderpädagogisches Personal, die Erziehungsaufgaben wahrnahmen und begleitende Erziehungsberatung leisteten, Aufgaben, denen sich die allgemeine Pädagogik entzogen hatte und noch entzieht als Reflex auf eine eingeengte Sicht von Pädagogik und Schulpädagogik, die sich Kindern und Jugendlichen mit Behinderungen verschlossen hatte. Solange Eltern von Kindern mit geistiger Behinderung und Pädagoginnen und Pädagogen Unterstützung für deren Erziehung und Bildung benötigen, brauchen wir eine wissenschaftliche Fachrichtung dafür, und solange ist es auch legitim, in sie einzuführen.
Wenn man einen engen Zusammenhang zwischen Erziehungspraxis und wissenschaftlicher Disziplin behauptet, könnte man folgern, dass sich bei einer Änderung der Praxis möglicherweise auch die zugehörige Theorie oder Disziplin ändern müsste. Dies könnte auf mindestens zweierlei Weise geschehen: Die Disziplin müsste sich weiter differenzieren, z.B. in eine Autismuspädagogik, in eine Pädagogik der Schwerstbehinderten, oder sie müsste in einer anderen Disziplin aufgehen, beispielsweise in einer Integrationspädagogik. Die Erziehung und Unterrichtung von Kindern, Jugendlichen und Erwachsenen mit geistiger Behinderung ist von keiner anderen bestehenden Fachrichtung explizit in ihr Programm aufgenommen worden, und bis heute kann ich keine andere Disziplin ausmachen, die sich der Erziehung dieser Personengruppe umfassend und überzeugend annehmen würde.

1.3 Konstituierung

Eine wissenschaftliche Disziplin wird konstituiert durch ihren Gegenstand, ein System von Inhalten, vor allem Wissensbestände und Thesen oder Hypothesen, sowie durch ihre Methoden. Hierbei ist zu bedenken, dass die Methoden möglicherweise den Gegenstand mit konstituieren. Die Konstituierenden sind diejenigen, die die wissenschaftliche Disziplin vertreten.
Im Laufe der Zeit sind nach Schwager (1990) für die Frage zum Gegenstand der Behindertenpädagogik Antworten in zwei Richtungen gesucht worden, zum einen im Aspekt der Behinderung selbst, zum anderen in Anlehnung an die Pädagogik. Ein Vertreter der ersten Richtung ist Hanselmann (1941), für den die Behinderung für die Bestimmung der Kriterien einer eigenständigen Sondererziehung konstitutiv ist. Vertreter der zweiten Richtung sind Georgens und Deinhardt (1861; 1863), für die Heilpädagogik ein Teil der Pädagogik ist und der Gegenstand heilpädagogischen Handelns durch den Zweck pädagogischen Handelns bestimmt wird, während sich die Besonderungen des heilpädagogischen Handelns auf dessen Inhalte beschränken, ohne dass strukturelle Besonderungen gefordert werden. Auch für Bleidick (1984) ist der Bezugspunkt der Behindertenpädagogik das erzieherische Handeln mit behinderten Menschen. In der Erziehungsphilosophie der Behindertenpädagogik werden Probleme der Teleologie, der Anthropologie und der Politik aufgearbeitet; die Erziehungswissenschaft wird durch die Unterrichtswissenschaft, die Psychologie, die So-

ziologie und die Medizin konstituiert. Behindertenpädagogik wird als Sozialwissenschaft und als Teilmenge der Pädagogik bestimmt. Das Spezifische der Erziehung behinderter Menschen ergibt sich aus der Erziehungswirklichkeit.
Auf der Basis der Auseinandersetzung mit der neueren allgemeinen Pädagogik folgert Schwager (1990, 289), dass das pädagogische Handeln mit Menschen mit geistiger Behinderung zwar auf ein spezifisches Curriculum, auf eine spezifische Didaktik und spezifische Kontextbedingungen angewiesen ist, dass sich daraus aber keine Autonomie der Geistigbehindertenpädagogik unabhängig von der Pädagogik ableiten lässt, was für ihn zu drei Konsequenzen führt, denen ich mich bis auf die dritte anschließen kann: (1) Die Geistigbehindertenpädagogik muss nicht auf einer besonderen ethischen Verantwortung oder einer besonderen Anthropologie begründet werden. (2) Pädagogisches Handeln mit Menschen mit geistiger Behinderung muss nicht durch Fördern, Therapieren oder Helfen ersetzt werden. (3) Es ist nicht notwendig, einen pädagogischen Begriff der geistigen Behinderung zu entwickeln, um mit Menschen mit geistiger Behinderung handeln zu können. Für Schwager bedeutet dies, dass es nicht möglich ist, Erziehung auf dem Lernen bzw. auf Einschränkungen des Lernens zu begründen, obgleich in der Erziehung die Lernvoraussetzungen zu berücksichtigen sind, um die richtigen Mittel auswählen zu können. Das Fehlschlagen einer Erziehungshandlung ist grundsätzlich im Erziehenden zu suchen, da Erziehung dadurch charakterisiert ist, dass der Erziehende eine Erziehungshandlung vollzieht, ohne dass der zu Erziehende aktiv werden muss.
Gegenstand der Geistigbehindertenpädagogik ist nicht der Mensch mit geistiger Behinderung, es ist auch nicht die geistige Behinderung. Es ist vielmehr die Frage nach Erziehung, Bildung und Unterricht unter den Bedingungen der geistigen Behinderung. Damit werden Vorwürfe an die Behindertenpädagogik und insbesondere an die Geistigbehindertenpädagogik zurückgewiesen, sie verobjektiviere den Menschen mit einer Behinderung, wie beispielsweise Feuser (1979, 20f) moniert: »Im wissenschaftlichen Prozeß verobjektiviert sie (die Behindertenpädagogik) den als behindert in Erscheinung tretenden Menschen zum Wissenschaftsgegenstand. Das Phänomen der Behinderung wird quasi von der Situation der Person des Behinderten abgelöst, es wird weitgehend als gegeben, als naturwüchsiges Phänomen erachtet und dem Behinderten im Sinne einer ontologischen Bestimmung seiner Existenz zugeschrieben. Die Gesamtsituation des behinderten Menschen wird nicht erfaßt.« Gegenstand der Erziehung ist demgegenüber nicht der Mensch in seiner Gesamtsituation, sondern der Mensch in seiner Erziehungsbedürftigkeit. Gegenstand der Geistigbehindertenpädagogik ist nicht der Mensch mit geistiger Behinderung, sondern der Mensch mit geistiger Behinderung in seiner Erziehungsbedürftigkeit.
Ein weiteres Merkmal einer Wissenschaft sind Inhalte, die sonst von keiner anderen Disziplin angemessen bearbeitet werden. Dazu seien einige zentrale Gebiete des Systems der Geistigbehindertenpädagogik aufgelistet, die bisher von anderen sonderpädagogischen Fachrichtungen, einer allgemeinen Pädagogik und Didaktik oder anderen Disziplinen allenfalls ansatzweise oder überhaupt nicht in den Blick genommen wurden:

- Beschreibung geistiger Behinderung aus pädagogischer Sicht und Theorien ihrer Entstehung,
- Geschichte der Versorgung, der Erziehung und Bildung von Menschen mit geistiger Behinderung,
- gesellschaftliche Situation von Menschen mit geistiger Behinderung,
- anthropologische (u.a. Bildungsfähigkeit) und ethische Fragen der Geistigbehindertenpädagogik,
- Kooperation mit den Familien mit Kindern mit geistiger Behinderung,
- außerschulische Erziehungsfelder (v.a. berufliche und Erwachsenenbildung, pädagogische Förderung im Wohn- und Freizeitbereich),
- Schulpädagogik (v.a. Didaktik für Schülerinnen und Schüler mit geistiger Behinderung, Organisation und Methoden des Unterrichts für diese Schülergruppe, kooperative Modelle schulischer Eingliederung, Unterricht von Menschen mit schwerer geistiger Behinderung und mit mehrfachen Funktionsbeeinträchtigungen),
- Umgang mit Verhaltensstörungen bei geistiger Behinderung,
- Einsatz unterstützter Kommunikation,
- Förderung von Menschen mit autistischem Verhalten.

Die beispielhaft aufgezeigten Inhalte des Systems der Geistigbehindertenpädagogik werden aus pädagogischer Perspektive überwiegend nur innerhalb der Praxis der Erziehung von Menschen mit geistiger Behinderung und der sonderpädagogischen Teildisziplin Geistigbehindertenpädagogik diskutiert und erforscht.

Das wissenschaftliche methodische Repertoire praktiziert die Geistigbehindertenpädagogik in Anlehung an die in der allgemeinen Pädagogik und in der Sonderpädagogik üblichen Methoden. Was in Zukunft notwendig ist, und dies gilt möglicherweise auch für andere sonderpädagogische Fachrichtungen, ist der Einsatz qualitativer und vor allem quantitativer Einzelfallstudien (Wember 1994; Kern 1997; Goetze, Julius, Schlosser 1998), da Gruppenstudien vor allem im genuin pädagogischen Praxisfeld kaum möglich sind. Quantitative Einzelfallstudien sind in der deutschsprachigen Sonderpädagogik kaum zu finden im Gegensatz zur klinisch-psychologischen Forschung und vor allem zur angloamerikanischen sonderpädagogischen Forschung, wo sie zum Alltagsgeschäft gehören. In der Geistigbehindertenpädagogik sollten sie stärker gepflegt werden. Eine Disziplin, welche die Aufgaben der Geistigbehindertenpädagogik übernehmen wollte, müsste sich dieses methodische Instrumentarium zu eigen machen.

Die sonderpädagogische Fachrichtung Geistigbehindertenpädagogik ist aus den Erfordernissen der Praxis entstanden, und die derzeit von dieser Fachrichtung als einer Teildisziplin oder Fachrichtung der Sonderpädagogik bearbeiteten Aufgaben in Praxis, Forschung und Studium werden weitgehend nur von dieser Fachrichtung übernommen; dies gilt auch dann, wenn es keine Sondereinrichtungen für diese Behindertengruppe mehr geben sollte, weil ihre spezifischen pädagogischen Belange auch in allgemeinen Einrichtungen berücksichtigt werden. Diese Fachrichtung sollte daher so lange bestehen bleiben, bis andere Disziplinen deren Aufgabenstellungen kompetent übernehmen können. Hier kann daher allenfalls für eine Änderung der Bezeichnung dieser Fachrichtung plädiert und vorschlagen werden, sie »Pädagogik bei geistiger Behinderung« zu nennen, um noch deutlicher zu dokumentieren, dass sie in erster Linie Pädagogik ist und nichts anderes.

Diese Einführung soll bekanntmachen mit Fakten, Hypothesen und Problemen der Erziehung von Menschen mit geistiger Behinderung, wie sie sich in den letzten Jahren und Jahrzehnten herausgebildet haben. Ansatzweise sollen auch theoretische Fragestellungen aufgenommen werden, ohne den Anspruch zu erheben, eine Einführung in die wissenschaftliche Disziplin Geistigbehindertenpädagogik leisten zu wollen, die es nach Bleidick (1983) ohnehin eigentlich noch nicht gibt. Es ist ein Kompromiss gesucht worden zwischen dem Erstellen eines Gerüstes, in das Fakten und Fragestellungen eingeordnet worden sind, und vertiefender Erkenntnisvermittlung. Aus individueller Sicht mögen einzelne Bereiche zu breit, andere zu knapp erörtert sein; darin mag sich die subjektive Situation der Lesenden spiegeln, vor allem aber die des Verfassers als Ergebnis bestimmter, immer begrenzter Erfahrungen in der Praxis in Schule und Hochschule, in Unterricht, Lehre und Forschung.

Im wesentlichen ist die deutschsprachige und nur an wenigen Stellen fremdsprachige Literatur verarbeitet worden, nicht zuletzt, um den sich in die Geistigbehindertenpädagogik Einarbeitenden das vertiefende Studium zu erleichtern.

2. Zur Geschichte der Versorgung und Förderung von Menschen mit geistiger Behinderung

2.1 Die Entwicklung bis zum Ende des 18. Jahrhunderts

Menschen mit geistiger Behinderung lebten im Laufe der Geschichte eher auf der Schattenseite des Lebens; darin teilten sie das Schicksal von Menschen mit anderen Behinderungsarten. Wie groß der Grad der Benachteiligung war, sofern sie überhaupt die ersten Tage oder Jahre ihres Lebens überstanden, hing von den Einstellungen in der jeweiligen Gruppe oder Gesellschaft ab, die von den herrschenden religiösen, sozialen, ökonomischen und politischen Zuständen beeinflusst waren (Jantzen 1974).

Die wenigen Kenntnisse, die wir über die Zeit der Kulturform der Jäger und Sammler besitzen, lassen vermuten, dass in den Anfängen der Menschheitsgeschichte wenig Rücksicht auf gebrechliche, kranke, auch geschädigte Gruppen- oder Stammesmitglieder genommen werden konnte, wollte man das Überleben sichern (See 1973, 28). Mit dem Sesshaftwerden der Menschen beim Übergang in die Kulturform der Bauern und Viehzüchter in der jüngeren Stein- und in der Bronzezeit entstand die Möglichkeit, sich der Betreuung geschädigter Mitmenschen zu widmen. Kobi (1977, 83f) vermutet, dass schon damals bei geistiger Behinderung der Einfluss von Dämonen und Geistern angenommen worden war, eine Vorstellung, die zu Beschwörung und Zauberei greifen ließ (Kirmsse 1922, 81ff; Buch u.a. 1980, 173f).

In den alten Hochkulturen der Sumerer, Babylonier und Ägypter sowie in der griechischen und römischen Antike ebenso wie bei den Germanen bestimmten häufig die Eltern über die Nachkommenschaft, insbesondere auch über geschädigte Kinder. Nach sumerischem Recht durften Eltern ihre Kinder enterben oder verkaufen. In Babylon hatte nach dem Gesetz des Hammurabi der Kindesvater das Recht, Neugeborene töten zu lassen. In Ägypten wurden blinde und psychisch behinderte Menschen eher wohlwollend behandelt, aber Kinder mit geistiger Behinderung konnten verstoßen werden, wie der Bericht eines Priester-Pädagogen um 2.500 v. Chr. bei Brunner (1957; zit. bei Kobi 1977, 83f) ausweist (vgl. auch Scheerenberger 1983, 3ff). Bei den Griechen lassen sich ähnliche Regelungen nachweisen. Auch bei den Römern war die Sitte der Aussetzung bzw. der Kindestötung verbreitet. Der römische »pater familias« entschied durch den Akt des Aufhebens (»levare«) oder Nichtaufnehmens darüber, ob ein neugeborenes Kind innerhalb der Sippe aufgezogen werden sollte oder nicht. Von den Germanen wird diese Sitte ebenfalls berichtet (Josef 1967, 47; Kobi 1977, 85f).

Mit dem aufkommenden Christentum wandelte sich die Sicht von Krankheit und Leiden, und Schwache und Leidende fanden verstärkt Zuwendung (See 1973, 83f). Die Realisierung des christlichen Caritasgedankens beginnt im 4. Jahrhundert mit den Armenasylen (»asylum miserorum«) und den Armenpflegehäusern. Es wäre aber verfehlt anzunehmen, dass behinderte Menschen im Mittelalter einen angemessenen Platz in der Gesellschaft innehatten; eher

führte die Betreuung in den Klöstern und Armenhäusern zu einer Ausgrenzung. War es früher der Dämon, so mit dem Auftreten des Christentums der Teufel, der die Kinder stahl oder in sie hineinfuhr (Bachmann 1985), wie noch Luther annahm (Schwager 1989). Es herrschte aber auch die Auffassung vor, dass geschädigte Kinder ein Geschenk Gottes seien und die Sünden der Familie abbüßten. Noch in späterer Zeit wurden in den Alpenländern »Kretine« zuweilen wie Heilige verehrt (Meyer 1973, 20f). Trotz wesentlicher Impulse des Christentums zur Verbesserung der Situation behinderter Menschen waren neue Probleme entstanden oder negative Vorstellungen nicht hinreichend abgebaut worden. Kobi (1977, 87f) nennt die Verquickung des Abnormen mit dem Dämonischen bzw. Bösen, die Verquickung von Schuld- und Ursachenfrage, die Vorstellung von Behinderung als Strafe Gottes für die Eltern oder die Gesellschaft, das pathische Ertragen der Behinderung oder die Suche nach dem Seelenheil in der Aufopferung für behinderte Menschen, die Vorstellung, missgestaltete Kinder könnten nicht Gottes Ebenbild sein, und die Tendenz, Abnorme zu isolieren.
Die medizinische Erforschung des im Zentrum des Interesses stehenden Kretinismus vom 16. Jahrhundert an hatte zwar auf das Problem aufmerksam gemacht, aber wenig Ergebnisse zu dessen Eindämmung gebracht. Selbst die berühmten Pariser Psychiater Pinel und Esquirol hielten jegliche Behandlung von »Kretinen« wie der »Idioten« schlechthin für erfolglos. Von hier gingen kaum Impulse zur Förderung dieser Menschen aus (Mühl 1971, 177ff; Meyer 1973, 26ff; Schröder 1983).
Aus dem 18. Jahrhundert ist nach Beschel (1965, 52f) der Bericht nur eines Pädagogen bekannt, der auch Kinder mit geistiger Behinderung gefördert hatte: J. H. Pestalozzi (1746 – 1827), der sich im Gegensatz zu seinem Landsmann J. J. Rousseau vor allem armer, verwahrloster und geschädigter Kinder annahm. In seiner Anstalt auf dem Neuhof hat er offensichtlich auch Kinder mit geistiger Behinderung aufgenommen (Beschel 1974, 44f; Möckel 1988, 70ff).
(vgl. zu diesem Abschnitt auch Möckel, Adam, Adam 1997, 24 ff).

2.2 Gründung von Heimen und Anstalten

Das Interesse an der Erziehung und Förderung von Kindern und Jugendlichen mit geistiger Behinderung erwachte fast schlagartig und gleichzeitig an verschiedenen Orten in der ersten Hälfte des 19. Jahrhunderts. Einflussreich waren die Ideen der Aufklärung und später der Französichen Revolution, in deren Gefolge man sich für die Befreiung bzw. Behandlung von Sklaven, Gefangenen, Kranken, blinden und tauben Menschen engagierte. Gleichzeitg wurde das Recht auf Bildung aller proklamiert und auch für behinderte Menschen gefordert. Deren Bildungsfähigkeit war nach der Gründung der ersten Taubstummenanstalt (1770) und der ersten Blindenschule (1784) in Paris – sie markieren den Beginn des Sonderschulwesens – nachgewiesen worden (Beschel 1974, 44; Möckel 1988, 32ff). Die Entwicklung der Bildung behinderter Menschen im 19. Jahrhundert partizipierte ferner an der Entstehung der Idee einer allgemeinen Volksbildung, profitierte aber auch vom Rückgang der Kinderarbeit (Jant-

zen 1974, 53ff). Chr. H. Zeller initiierte die Bewegung der »Kinder-Rettungsanstalten«, die in Verbindung mit dem süddeutschen Pietismus auch zur Gründung von Anstalten für »blödsinnige« Kinder führte (Klevinghaus 1972, 7; Möckel 1988, 75ff). Auf katholischer Seite entstanden mit der Idee der »Caritas« Anstaltsgründungen – die erste durch Pfarrer Probst (Kaspar 1989). Insofern war christliches Gedankengut wesentlich an der Entstehung der Förderung und Versorgung von Menschen mit geistiger Behinderung beteiligt.
Im 18. Jahrhundert bahnte sich in der psychiatrischen Praxis eine Trennung von »Irrsinnigen« und »Blödsinnigen« an. Dies mag mit dazu beigetragen haben, dass letztere eher in Taubstummenanstalten untergebracht wurden und die Taubstummenlehrer mit »blödsinnigen« Kindern zu tun bekamen. Sie unternahmen erste Bildungsversuche und gehörten mit zu den ersten Anstaltsgründern (Schumann 1940, 610ff; Jantzen 1974, 58). Eine weitere pädagogische Entwicklungslinie begann mit Itard, setzte sich bei Séguin fort, wurde von Maria Montessori aufgegriffen und wirkte über die Montessori-Einrichtungen bis in unsere Tage hinein.
J. M. G. Itard (1774 – 1838) war Arzt am National-Institut für Taubstumme in Paris und meinte, den Naturzustand des Menschen besser erforschen zu können, wenn er ein »Wildkind« mit Hilfe der auf den Sensualismus gegründeten Erziehungsmethode unterrichten könne. Um 1800 begann er mit einem bei Aveyron gefundenen Wildkind, das er Viktor nannte, einen Erziehungsversuch entgegen der Diagnose »unheilbar« durch einen Psychiater. Sein bis 1805 währender Versuch basierte auf der Entwicklung der Sinne, der intellektuellen und der affektiven Funktionen (Kanner 1964, 12ff; Meyer 1973, 78; Hänsel 1974, 23ff). Es war der Beginn der »physiologischen Erziehung«, deren Basis die Erweckung der Sensibilität der Sinne durch starke Reize, also eine Sinnesschulung darstellte (Itard 1965; Lande 1985).
E. O. Sèguin (1812 – 1880) war zunächst Taubstummenlehrer in Paris, wo ihn Itard zu medizinischen Studien anregte. Auch er begann trotz der Behauptung des Psychiaters Esquirol von der Unheilbarkeit der »Idiotie« 1837 mit der Erziehung eines »blödsinnigen« Jungen. 1839 übernahm er die Leitung einer Idiotenschule in der Irrrenanstalt Bicêtre und entwickelte von dieser Zeit an das Konzept der »physiologischen Erziehung« weiter, bei der die Funktionsschulung im Vordergrund stand. 1848 emigrierte Sèguin in die Vereinigten Staaten, wo er die Anstaltsfürsorge mitbegründete und kurz vor seinem Tode 1880 eine Privatschule einrichtete, die mindestens bis 1912 existierte und in der das Konzept seiner »physiologischen Erziehung« erprobt wurde (Sèguin 1912; Kanner 1964, 35ff; Hänsel 1974).
Maria Montessori (1870 – 1952) wurde von einigen seiner Veröffentlichungen so angeregt, dass sie sich längere Zeit zu Studien im Bicêtre aufhielt. Sie stieß dabei auch auf die Schriften Itards, dem sie sich in ihrem sensualistischen Standpunkt näher verwandt fühlte. In Anlehnung an beide entwickelte sie einen Teil ihrer Materialien und übernahm die Muskel- und Sinnesübungen zum Erwerb technischer Fertigkeiten (Hänsel 1974, 186ff).

Die erste Erziehungsanstalt in Mitteleuropa, in der auch Kretine unterrichtet wurden, hat spärlichen Berichten zufolge der Privatlehrer G. Guggenmoos (1775 – 1838) in Hallein bei Salzburg 1816, 1818 oder 1824 gegründet. Der Regierungsrat Knolz bescheinigte ihm »eklatante Erfolge seiner menschenfreundlichen Bemühungen« (Gerhardt 1904, 13ff; aus der Schmitten 1985).
Im Zeichen der Zellerschen Bewegung der Kinder-Rettungsanstalten und der pietistischen Erweckungsbewegung stand die Gründung der ersten süddeutschen »Rettungsanstalt für schwachsinnige Kinder« 1838 in Wildberg im Schwarzwald durch den Stadtpfarrer C. G. Haldenwang (1803 – 1862); er begann seine Erziehungsarbeit mit 15 Kindern. 1847 ging seine Anstalt in der neuen Gründung von K. H. Rösch in Mariaberg auf (Klevinghaus 1972, 7ff; Dierlamm 1990). Disselhoff (1857, 84) bezeichnete jene als die erste deutsche Unterrichtsanstalt für Geistesschwache.
J. J. Guggenbühl (1816 – 1863) wurde als Promovent der Medizin durch ein persönliches Erlebnis mit einem Kretin auf das Phänomen des Kretinismus aufmerksam. 1839 rief ihn Ph. E. von Fellenberg, ein Freund Pestalozzis, als Arzt in seine Kinderanstalt nach Hofwyl, von wo aus er in seinem »Hülfsruf aus den Alpen zur Bekämpfung des schrecklichen Cretinismus« (1840), einer damals weit verbreiteten Schrift, zur Hilfe aufrief und auf ein lebhaftes Echo stieß. 1841 gründete er auf dem Abendberg bei Interlaken eine eigene Anstalt, die »Heilanstalt für Kretine und blödsinnige Kinder« (Guggenbühl 1846). Als Arzt maß er der körperlichen Pflege und Besserung des körperlichen Allgemeinzustandes der Kinder große Bedeutung bei und wollte daher seine Anstalt als »Hospital und Schule« verstanden wissen. Das pädagogische Konzept entlieh er nicht etwa bei Pestalozzi oder Rousseau, was durch den Aufenthalt bei von Fellenberg nahegelegen hätte, sondern bei Itard; großen Wert legte er daher auf die Leibeserziehung und die Einübung der Sinnesfunktionen. Weltweites Aufsehen erregte er durch die Erwartungen, die er hinsichtlich der Heilbarkeit des Kretinismus aufgrund seiner Anfangserfolge erweckt hatte. Der Abendberg wurde zu einem Wallfahrtsort für all jene, die sich seinem Anliegen und der Bekämpfung des Kretinismus verbunden fühlten. K. H. Rösch besuchte Guggenbühl 1844 und gründete 1847 die Anstalt Mariaberg; auch G. F. Müller wurde bei der Gründung der Anstalt in Rieth und J. Probst bei der Gründung der Anstalt Ecksberg durch Guggenbühl angeregt. Die hohen Erwartungen, die er entfachte, hielten der Realität jedoch nicht stand, so dass ab Mitte der 50er Jahre erste Zweifel und Bedenken laut wurden. In einer Rechtfertigungsschrift reduzierte er das Versprechen der Heilbarkeit auf das Ziel der Befähigung zu einem bürgerlichen Leben. Als er sich den Anfeindungen nicht mehr gewachsen fühlte, zog er sich 1860 aus der Anstaltsarbeit zurück und verstarb 1863 in Montreux; im gleichen Jahr wurde seine Anstalt geschlossen (Sengelmann 1885, 66ff; Gerhardt 1904, 15ff; Kanner 1964, 17ff; Beschel 1965, 54ff; Meyer 1973, 101ff).
In engem Zusammenhang mit dem Wirken Guggenbühls ist die Gründung der Anstalt Mariaberg 1847 von K. H. Rösch (1808 – 1866) zu sehen, nachdem er 1841 durch den württembergischen König den Auftrag erhielt, sich der Kreti-

nenfrage anzunehmen (Gerhardt 1904, 23ff; Meyer 1973, 122ff; Schalk 1975/76). Mit den Namen Guggenbühl und Rösch ist der Name des Lehrers J. H. Helferich (1814 – 1874) verbunden. Er war von 1842 bis 1847 Mitarbeiter bei Guggenbühl, hieß aber das Übergewicht der medizinischen Behandlung nicht gut und trat 1847 bei Rösch in der Anstalt Mariaberg ein. Aber auch diese Anstalt verließ er aus dem gleichen Grunde und eröffnete 1850 eine eigene Anstalt in Fellgersberg bei Stuttgart, die aber 1853 wieder geschlossen werden musste (Meyer 1973, 135).

Ähnlich wie französische Taubstummenlehrer nahmen sich auch deutsche Taubstummenlehrer der Bildung der »Blödsinniger« an. K. F. Kern (1814 – 1868) widmete sich in der 1839 gegründeten Taubstummenanstalt in seiner Vaterstadt Eisenach auch der Erziehung »Blödsinniger« und richtete 1842 getrennte Abteilungen für beide Gruppen ein. Er gehörte zu den Gründern der »Gesellschaft zur Förderung der Schwachsinnigenbildung« und vertrat die Auffassung, dass die Schwachsinnigenfürsorge privater Wohltätigkeit überlassen bleiben sollte (Meyer 1973, 120f). Kern darf auch als einer der Mitbegründer der Hilfsschulen angesehen werden, da er schon früh erkannte, dass es neben den Anstalten auch Klassen für Schwachbefähigte an den Volksschulen geben müsse. Auch K. W. Saegert (1809 – 1879) wurde als Direktor der Königlichen Taubstummenanstalt in Berlin mit dem Problem der mangelhaften pädagogischen Förderung »blödsinniger« Kinder konfrontiert, der er häufig wegen Bildungsunfähigkeit abweisen musste, dies aber nur widerstrebend tat, so dass er schließlich Versuche zu ihrer Bildung unternahm und 1845 die »Heil- und Bildungsanstalt für Blödsinnige« errichtete, die er neben der Taubstummenanstalt leitete und die 1853 30 Kinder betreute. In Delmenhorst gründete der Lehrer J. H. Katenkamp 1845 eine Anstalt für Stotternde und Blödsinnige (Traupe 1985). Die Taubstummenlehrer brachten von ihrer Tätigkeit her wesentliche Voraussetzungen für die Arbeit mit »Blödsinnigen« ein, insbesondere den Vorrang der Methodik und das individualisierende Vorgehen (Gerhardt 1904, 27f; Beschel 1965, 57f; Meyer 1973, 113ff).

Bei der Gründung der »Heil- und Pflegeanstalt für schwachsinnige Kinder« in Rieth bei Vaihingen 1849 durch den Arzt G. F. Müller (1804-1892), eines Schwagers Haldenwangs, trafen sich christliches Gedankengut aus der Erwekkungsbewegung mit den Anregungen Guggenbühls. 1851 wurde die Anstalt infolge Überbelegung nach Winterbach und 1863 aus dem gleichen Grunde nach Stetten verlegt, wo sie sich derzeit noch befindet (Meyer 1973, 133f). Aus heutiger Sicht bedeutsam ist die Vergrößerung dieser Anstalt, der nahezu alle Anstalten in Deutschland folgten und in einen Zustand überführten, der ihnen später den Vorwurf der Gettobildung einhandelte. Die Motive lagen in der nach den erzieherischen Anfangserfolgen stürmisch einsetzenden Anmeldungen »blödsinniger« Kinder in den Idiotenanstalten, aber auch in der Suche nach Möglichkeiten der Differenzierung nach Grad der Behinderung, Alter und Geschlecht. Das Argument, auch wohlhabenden Pensionären ein Angebot machen zu können, mag am Rande mitgespielt haben (Klevinghaus 1972, 33ff). Hinzu kam die angesichts der heute von Eltern eingeforderten Regionalisierung der

Einrichtungen kaum mehr nachvollziehbare Auffassung vom Vorrang der Anstalts- vor der Familienerziehung, nach der viele Kinder bewusst außerhalb der Familie erzogen wurden; dies galt insbesondere für die Rettungshausbewegung und die im Gefolge entstandenen Idiotenanstalten (Möckel 1979, 1. Teil, 43; 1988, 116ff).

Nach der Mitte des Jahrhunderts gab es das bedeutsame Zwischenspiel einer Anstalt in Österreich, deren Gründer die Lehrer Dr. J. D. Georgens (1823 – 1886) und H. M. Deinhardt (1821 – 1880) waren; sie eröffneten 1856 die »Heilpflege- und Erziehungsanstalt Levana« in Baden bei Wien, nicht ohne sich vorher auf einer Besuchsreise durch die deutschen Idiotenanstalten kundig gemacht zu haben. Nach zweimaligem Umzug musste die Anstalt 1865 aus finanziellen Gründen geschlossen werden. Sie prägten den Begriff und entwarfen das Programm einer »Heilpädagogik«, die von H. Hanselmann (Mürner 1985) und P. Moor weiterentwickelt wurde. Heilpädagogik sollte eine Pädagogik für erzieherische Notfälle als Sondergebiet der allgemeinen Pädagogik sein. Grundidee war eine einheitliche Erziehung des Kindes von Geburt an bis zur Berufsausbildung (Georgens, Deinhardt 1871; 1979; Beschel 1965, 58ff; Bachmann 1979, 9ff; Selbmann 1982; 1983; Möckel 1988, 155ff).

Die ersten Anstaltsgründungen entsprangen überwiegend privater Initiative. Die allgemeine Zurückhaltung staatlicher Behörden bei der Gründung und Unterstützung von Idiotenanstalten wird aus folgenden Zahlen deutlich: Von den bis 1870 erfolgten 27 Anstaltsgründungen sind lediglich vier durch Regierungen oder Behörden erfolgt, von den ab 1870 bis um 1900 gegründeten 52 Anstalten sind es zehn (Gerhardt 1904, 53).

Ein weiterer Meilenstein bei der Entstehung der Idiotenanstalten war J. Disselhoffs (1827 – 1896) Schrift »Die gegenwärtige Lage der Cretinen, Blödsinnigen und Idioten in den christlichen Ländern. Ein Not- und Hilferuf für die Verlassensten unter den Elenden an die Deutsche Nation« (1857). Gemeint waren in erster Linie Preußen und die anderen norddeutschen Länder, in denen kaum Anstalten gegründet wurden. Durch seinen Aufruf entstanden u.a. die Anstalt Hephata bei Mönchengladbach 1859 (Klevinghaus 1972, 47ff), 1863 die Alsterdorfer Anstalten durch Pastor H. M. Sengelmann und die Anstalt Kuckenmühle bei Stettin.

Der Übergang vom pädagogischen Enthusiasmus der Gründerzeit zur konsolidierten Situation der Anstalten, die mit der Vergrößerung der Belegzahlen ab den 70er Jahren einherging, ist nach Kanner (1964, 83ff) auch mit einer Akzentverschiebung der Zielsetzung verbunden. Viele Innovatoren des Idiotenbildungswesens hatten anfangs sicherlich überzogene Vorstellungen hinsichtlich der Wirksamkeit ihrer Bemühungen; sie versuchten aber, den Bedürfnissen des einzelnen Kindes gerecht zu werden. Mit der Vergrößerung der Anstalten und dem Aufkommen eugenischen Gedankengutes verlagerte sich der Schwerpunkt der Bemühungen vom Einzelnen auf die Belange der Gesellschaft, die vor den Gefahren der »Blödsinnigen« geschützt werden musste.

Im Gegensatz zu den Irrenanstalten standen viele Idiotenanstalten unter der Leitung eines Geistlichen oder eines Pädagogen. Angesichts dieser Situation

verfasste der »Verein Deutscher Irrenärzte« 1893 eine Resolution, in der den Irrenärzten abgeraten wurde, eine Stelle in einer Anstalt unter nichtärztlicher Leitung anzunehmen, da dies dem öffentlichen Interesse und der Würde des ärztlichen Standes nicht dienlich sei. Die 7. »Konferenz für das Idiotenwesen« (Geiger 1977) verfasste im gleichen Jahr eine Erklärung, in der festgestellt wurde, dass für die Leitung von Idiotenanstalten Ärzte, Lehrer und Geistliche in gleicher Weise in Frage kämen; dennoch wurden zumindest in Preußen durch einen Ministerialerlass aus dem Jahre 1895 die Bestimmungen des Gesetzes über die Privat-Irrenanstalten auch auf die Anstalten für Schwachsinnige ausgedehnt (Klevinghaus 1972, 20ff).
(vgl. zu diesem Abschnitt auch Bradl 1991; Möckel, Adam, Adam 1997, 60ff).

2.3 Beschulung in den Hilfsschulen und die Situation im Dritten Reich

Die Bezeichnungen »Idiotie« oder »Blödsinn« erfassten neben allen Graden geistiger Behinderung auch schwere Grade der Lernbehinderung. Die Idiotenanstalten, insbesondere die norddeutschen, waren als Privatanstalten jedoch nur den Bemittelten zugänglich, die außerdem für weniger stark behinderte Kinder Privatunterricht erteilen lassen konnten (Gerhardt 1904, 68f; Beschel 1965, 26; Begemann 1970, 93ff; Jantzen 1974, 58f). Eine hauptsächlich von Kern und Stötzner initiierte Tagung der »Gesellschaft zur Förderung der Schwach- und Blödsinnigenbildung« im Jahre 1865 fasste daher die Resolution, dass in allen größeren Städten Schulen für schwachbefähigte Schüler einzurichten seien. In den 80er Jahren, als die ersten Hilfsschulen gegründet wurden, konnten nur etwa 10% der »blödsinnigen« Kinder in Heimen und Anstalten unterkommen; die übrigen verblieben ohne Unterricht zu Hause oder saßen ihre Zeit in der Volksschule ab (Möckel 1979, 1. Teil, 49). Die Hilfsschulen der Anfangszeit waren demnach nicht nur Schulen für »Debile«, sondern auch für »Imbezille«, also auch für einen Teil der Schüler mit geistiger Behinderung (Myschker 1969, 19; Begemann 1970, 30ff, 95; Klevinghaus 1972, 27ff; Mökkel 1979, 1. Teil, 57f).
Schon bald konnte daher die Hilfsschule vielen Schülern nicht mehr in vollem Umfang gerecht werden. Beschel (1974, 50) zitiert Fuchs, der für 1898 feststellte, dass von 181 Berliner Hilfsschülern drei Viertel das Schulziel erreichten, ein Fünftel nicht über die Mittelstufe und über 3% nicht über die der Unterstufe hinauskam, und daraus zu Recht schloss, dass ein beachtlicher Teil der Schüler, die nicht das Schulziel erreichten, als »schwer schwachsinnig« einzustufen seien. Für den von Fuchs (1917) zunächst auf ca. 3 bis 4% geschätzten Anteil der Schüler der Hilfsschule, die auf der Unterstufe verblieben, entwikkelten sich zwei Organisationsformen, die für einen Teil dieser Kinder die einzigen Beschulungsmöglichkeiten blieben.
Ab 1910 entstanden Vorklassen, Vorstufen oder Vorbereitungsklassen für nichthilfsschulfähige Kinder; unter diesen waren auch »schwer Schwachsinnige«, die dort bis zur Beendigung ihrer Schulpflicht beschult wurden. Schenk (1913a) nannte sie daher auch »Hilfsschule zur Hilfsschule« oder »Ausbil-

dungsklassen für das Leben«. 1913 bestanden in vielen großen Städten Vorklassen, die den »schwer Schwachsinnigen« teilweise nur für drei Jahre, teilweise für die gesamte Zeit ihrer Schulpflicht offenstanden (Panse 1910; Schenk 1913b; Myschker 1969, 203f). Die andere Organisationsform war die von Fuchs (1917; 1927; 50f) konzipierte »Sammelklasse« als einer Hilfsschulklasse, die alle »schwer schwachsinnigen« Kinder aufnehmen sollte. Es sollte eine Tagesanstalt sein, in der am Vormittag ein Hilfsschullehrer unterrichtete, am Nachmittag eine Hortnerin die Betreuung übernahm. Eine solche Klasse sollte nicht mehr als 15 Kinder umfassen; von der Altersspanne her – 8 bis 14 Jahre – war es eine »einklassige Hilfsschule«.
Berlin begann 1917 mit vier Sammelklassen, 1927 waren es neun mit 135 Kindern (Fuchs 1927, 51), 1932 schon 14 Klassen mit über 200 Schülerinnen und Schülern (Beschel 1965, 34f; 1974, 50f). Nach Schmidt (1959) waren dies etwa 6% der Hilfsschülerschaft. Auch in anderen Städten entstanden Sammelklassen, die bis 1933 existierten. So wurden viele Schülerinnen und Schüler mit geistiger Behinderung vor dem Urteil »bildungsunfähig« und damit vor der Ausschulung bewahrt. Nach Möckel (1979, 2. Teil, 27) befanden sich während der Weimarer Republik in jeder Hilfsschule ca. 10% Schülerinnen und Schüler mit geistiger Behinderung.
Die Situation von Menschen mit geistiger Behinderung in der nationalsozialistischen Ära war überschattet von der Ideologie und Praxis der Diskriminierung und »Vernichtung lebensunwerten Lebens«. Dies war jedoch kein plötzlich einsetzendes Ereignis, sondern in den vorangegangenen Jahren in der öffentlichen Meinung vorbereitet worden; es handelte sich hierbei auch nicht um ein ausschließlich deutsches Phänomen (Kanner 1964, 128ff). In den Augen der Öffentlichkeit legitimiert wurde die Entstehung dieses inhumanen Menschenbildes wesentlich durch den Sozialdarwinismus und in dessen Folge die wissenschaftlichen Auslassungen des Strafrechtlers Karl Binding und des Psychiaters Alfred Hoche in ihrer Schrift »Die Freigabe der Vernichtung lebensunwerten Lebens« (1920). Sie unterschieden zwei Gruppen von Menschen mit »lebensunwertem Leben«; eine betraf die »unheilbar Blödsinnigen«, die angeblich keine Gefühlsbeziehungen zur Umwelt aufnehmen könnten, intellektuell tief unter dem Tier stünden, und von ihnen daher »Ballastexistenzen« genannt wurden. Was durch solche Einstellungen vorgedacht und vorbereitet war, setzte der nationalsozialistische Staat dann konsequent in die Tat um. Obwohl die Hilfsschullehrer ab 1933 den Begriff »Schwachsinn« fallen ließen und stattdessen den der Hemmung verwendeten (Möckel 1979, 2. Teil, 49), wurden die Sammelklassen ab 1933 infolge der Trennung in Schul- und Bildungsfähige einerseits und Schul- und Bildungsunfähige andererseits aufgehoben; die Hilfsschulen konnten bestehen bleiben. Gesetzlich geregelt wurde dieser Zustand 1938 im § 11 des Reichsschulpflichtgesetzes, der bildungsunfähige Kinder und Jugendliche von der Schulpflicht entband, deutlicher gesagt: sie aus der Schule ausschloss (Beschel 1974, 50; Feuser 1989).
Ziel von Vernichtungsaktionen, denen auch viele Menschen mit geistiger Behinderung zum Opfer fielen, war die »rassenhygienische Erneuerung des deut-

schen Volkes«. Praktische Maßnahmen wurden schon 1933 durch das »Gesetz zur Verhütung erbkranken Nachwuchses« vorbereitet (Höck 1985). Dies bedeutete zunächst die Sanktionierung der Zwangssterilisation von Trägern erblicher Krankheiten, wovon auch Menschen mit »angeborenem Schwachsinn« betroffen waren. Den rassehygienischen Maßnahmen haben die Anstalten nicht immer heftigen Widerstand entgegengesetzt. Die Diakonie hat inzwischen die Rolle ihrer Anstalten im Dritten Reich kritisch aufgearbeitet (Jenner, Klieme 1997; Kalusche 1997).
Katastrophal wirkten sich verschiedene Aktionen seit Kriegsausbruch aus. Ein Erlass vom 18.08.1939 verpflichtete Hebammen, Geburtshelfer und Leiter von Entbindungsanstalten, alle »idiotischen und mißgebildeten Neugeborenen« beim zuständigen Gesundheitsamt zu melden. Nach einer »Begutachtung« wurden sie zur »Vernichtung freigegeben«. Am Ende dieser »Kinder-Aktion« (1941) wurden auch ältere Kinder und Jugendliche erfasst. Die Gesamtzahl der Getöteten wird auf 5.000 geschätzt. Von 1939 bis 1941 lief die »Aktion T4« gegen erwachsene Geisteskranke, unter denen sich auch Menschen mit geistiger Behinderung befunden haben; die Zahl der Getöteten wird auf 80.000 bis 100.000 geschätzt. Von 1941 bis 1943 lief die »Sonderbehandlung 14f13«, die zur »Ausmerzung« Kranker, auch geisteskranker Häftlinge, Schwachsinniger, Verkrüppelter und anderer als »lebensunwert« Gekennzeichneter in den Konzentrationslagern führte. Die Zahl der Opfer wurde auf 20.000 geschätzt (Fouquet 1978, 50ff; Klee 1983).
Eine umfangreiche »Bibliographie zum Umgang mit behinderten Menschen im „Dritten Reich" – und heute« (Beck 1992) erleichtert die systematische Suche nach Literatur unter Berücksichtigung der Nachkriegsdiskussion bis Anfang der 90er Jahre.
(vgl. zu diesem Abschnitt auch Klink 1966).

2.4 Die Entwicklung nach 1945

Nach Kriegsende bestand für die schulpflichtigen Kinder und Jugendlichen mit geistiger Behinderung keine schulische Förderung; der § 11 des Reichsschulpflichtgesetzes wurde weitgehend von den Bundesländern übernommen, die Hilfsschulen konzentrierten sich im Sinne des »Strukturwandels« auf die Volksschulversager (Speck 1999, 29). Berlin war die erste Stadt, die eine offizielle Lösung anstrebte und an der Tradition seiner Sammelklassen anknüpfte. Die ab 1949 eingerichteten Sammelklassen waren 1959 auf zehn Klassen mit ca. 205 Schülerinnen und Schülern und zwei gleichartigen konfessionellen Einrichtungen angewachsen; Ende der 50er Jahre wurden Richtlinien für die Sammelklassen entworfen (Schmidt 1959; Keller 1960). Ähnliche Lösungen entstanden auch an anderen Orten. Daneben wurden häufig auf privater Basis außerschulische Bildungseinrichtungen gegründet. Von staatlicher Seite war keine Hilfe zu erwarten, zumal sich eine Denkschrift des Verbandes Deutscher Hilfsschulen 1954 für die Ausschulung der »Bildungsunfähigen« aussprach, ohne anzugeben, was mit den Ausgeschulten geschehen sollte.

Ein Wandel deutete sich auf der Vertretertagung des Verbandes in Berlin 1959 an, die unter dem Thema »Wege zur Hilfe bildungsschwacher Kinder und Jugendlicher« stand (Zeitschrift für Heilpädagogik 1960, 35ff) und konzeptionell durch einen Vortrag von W. Hofmann (1960; vgl. auch 1959) geprägt war. Hofmann hatte für das »bildungsschwache« Kind eine Beschulung in der Hilfsschule aufgrund des Strukturwandels abgelehnt, dafür aber neben der Fortführung der bestehenden Heilerziehungsheime heilpädagogische Schulkindergärten nach dem Vorbild in Kassel und Tagesheimschulen nach dem Vorbild in Wien vorgeschlagen. Demgegenüber muss die Empfehlung im »Gutachten der ständigen Konferenz der Kultusminister der Länder zur Ordnung des Sonderschulwesens« (1960) für »pflegebedürftige« Kinder »heilpädagogische Lebenskreise« vorzuhalten, als Schritt weg von der Schulfähigkeit angesehen werden (Bach 1968). Noch 1962 sprach sich Wegener (1962) in der Auseinandersetzung mit einem Vorschlag Geislers (1962) zur Beschulung von Kindern und Jugendlichen mit geistiger Behinderung in Hilfsschulen für die Schaffung von sonder- oder heilpädagogischen Horten aus, da schulischer Unterricht sie überfordern würde.
Daneben lief die Entwicklung hin zu Schulen weiter. In Solingen gab es schon seit 1959 eine von der Stadt finanzierte Schule für Geistigbehinderte; Leiter war W. Hartschen (Lebenshilfe 1962, Heft 2, 36), der 1962 den ersten Erziehungs- und Bildungsplan für eine Schule für Geistigbehinderte vorlegte (Hartschen 1962). Im November 1962 wurde die erste Hamburger Heilpädagogische Tagesschule für Geistigbehinderte eingeweiht, im März 1962 eine Sonderschule für geistigbehinderte Kinder in Sindelfingen und Ende des Jahres eine Sonderschule in Bremerhaven (Lebenshilfe 1962, Heft 2, 35f; vgl. auch Nauck 1963). Im Hessischen Schulpflichtgesetz vom 1. April 1962 tauchte der Begriff des »bildungsunfähigen« Kindes nicht mehr auf; in einem Nachfolgeerlass wurde die »Schule für das praktisch bildbare Kind« etabliert, im Dezember 1962 die erste Schule für praktisch Bildbare in Hessen, die Albert-Griesinger-Schule in Frankfurt, eröffnet; vorangetrieben wurde diese Entwicklung wesentlich durch den Frankfurter Schulrat H. Steul (Hofmann 1970; Jantzen 1974, 72). 1963 bestätigte das Bayerische Kultusministerium den Trend zu schulischer Erziehung durch die Entschließung über die Errichtung von »Hilfsschulsonderklassen für geistig behinderte Kinder« (Speck 1999, 30).
Ab 1958 wird die Errichtung von Schulen und anderen Bildungseinrichtungen für Kinder und Jugendliche mit geistiger Behinderung wesentlich von der Bundesvereinigung »Lebenshilfe für das geistig behinderte Kind e.V.«, heute »Lebenshilfe für Menschen mit geistiger Behinderung e.V.«, unterstützt bzw. in eigener Regie durchgeführt. Deren Gründung ist vor allem durch das verdienstvolle Wirken des Geschäftsführers Tom Mutters geprägt worden (Beschel 1974; Bundesvereinigung Lebenshilfe o.J.). Nach 20jährigem Bestehen 1978 konnte Mutters (1979) die stolze Zahl von über 80.000 Mitgliedern mitteilen; heute sind es weit über 125.000. Über 150.000 Kinder, Jugendliche und Erwachsene mit geistiger Behinderung werden in über 2.500 Teilzeiteinrichtungen und Wohnstätten gefördert und versorgt. Schon das erste Rahmenpro-

gramm sah umfassende Hilfen für diese Menschen in allen Lebensaltern und -bereichen vor. Für schulpflichtige Kinder wurden Schulen gefordert, wo diese noch nicht eingerichtet waren, aber auch Tagesbildungsstätten gegründet, so dass 1963 schon in 80 Städten Tagesbildungsstätten oder Sonderschulen bestanden (Mutters 1963).
In den 60er Jahren wurde in fast allen Bundesländern die Schulpflicht für Kinder und Jugendliche mit geistiger Behinderung gesetzlich verankert, viele weitere Schulen gegründet und viele der bestehenden Tagesbildungsstätten in Schulen umgewandelt; dieser Prozess ist bis auf das Land Niedersachsen, das noch im Schulgesetz von 1993 Tagesbildungsstätten als Schulersatz anerkennt, abgeschlossen. Die lange Zeit bestehende Konkurrenz zwischen sozialpädagogischen Einrichtungen und Schulen (Bach 1968) ist zugunsten des Vorranges der Förderung in Schulen entschieden. Die »Empfehlungen für den Unterricht in der Schule für Geistigbehinderte (Sonderschule)« der Kultusministerkonferenz (Sekretariat 1980) haben diesen Prozess abgeschlossen und auf eine bundesweit anerkannte Grundlage gestellt.
Auch in anderen Bereichen sind inzwischen erhebliche Verbesserungen der Versorgung von Menschen mit geistiger Behinderung zu konstatieren. Die Frühförderung behinderter Kinder wird in vielen Bundesländern flächendekkend angeboten. Das Arbeits- und Beschäftigungsangebot für Erwachsene mit geistiger Behinderung wird durch weit über 600 Werkstätten für Behinderte mit über 155.000 Plätzen gesichert. In größeren Städten werden auch Angebote im Rahmen der Erwachsenenbildung vorgehalten. Angesichts der vielen immer noch zu großen Anstalten sowie der Unterbringung in psychiatrischen Einrichtungen wird die Versorgung mit angemessenem Wohnraum noch einige Zeit auf der Dringlichkeitsliste stehen, auch wegen der Probleme der Wohnversorgung der alten Menschen mit geistiger Behinderung. Auch im Freizeitbereich als einem wichtigen Feld der gesellschaftlichen Integration müssen deutliche Verbesserungen angestrebt werden.
Durch die »Wende« 1989 sind die Verhältnisse in den ostdeutschen Bundesländern den Regelungen und der Situation in den westdeutschen angeglichen worden. So sind beispielsweise die rehabilitationspädagogischen Förderungseinrichtungen, die weitgehend den westdeutschen Tagesbildungsstätten der Anfangszeit vergleichbar waren, inzwischen in Schulen für Geistigbehinderte umgewandelt worden. Entstanden sind wohnortnahe Einrichtungen für Erwachsene, u.a. die Werkstatt für Behinderte und betreute Wohneinrichtungen. Neben der Verbesserung in den meisten Einrichtungskategorien hat es auch negative Nebenwirkungen gegeben. Einrichtungen wie Kinderkrippen sind häufig aufgelöst worden, ohne dass deren Funktion von der Frühförderung übernommen werden konnte.
In den letzten beiden Jahrzehnten wird zunehmend diskutiert, wie Menschen mit geistiger Behinderung in allen Lebensaltern noch stärker in das gesellschaftliche Leben eingegliedert werden können. Begonnen hat diese Entwicklung mit der Förderung behinderter Kinder in den allgemeinen Kindergärten

und setzt sich heute fort mit der Eingliederung von Schülerinnen und Schülern mit geistiger Behinderung in allgemeine Schulen, entweder in Int
egrations- oder Kooperationsklassen (Mühl 1997). Die Bemühungen um Eingliederung von Erwachsenen mit geistiger Behinderung in den allgemeinen Arbeitsmarkt haben deutlich zugenommen und erste Erfolge erbracht. Die Ergebnisse all dieser Bemühungen müssen sorgfältig geprüft werden, um die erreichten Standards der Förderung und Versorgung auch außerhalb von Sondereinrichtungen sicherzustellen. Die Integration in die Gesellschaft kann nur gelingen, wenn dabei die Interessen und Bedürfnisse dieser Menschengruppe hinreichend berücksichtigt werden.

3. Einstellungen gegenüber Menschen mit geistiger Behinderung

3.1 Ausmaß und Entstehung von Einstellungen

Da Einstellungen als Handlungsbereitschaften wirken, ist es notwendig, Einstellungen gegenüber Menschen mit geistiger Behinderung und deren Entstehungsbedingungen zu kennen, um das Handeln, auch das pädagogische Handeln, gegenüber dieser Personengruppe zu verstehen und es beeinflussen zu können (Tröster 1990; Hedderich, Hirsch 1998). Deren niedriger sozialer Status innerhalb unserer Gesellschaft und ihre Benachteiligungen lassen vermuten, dass die Einstellungen dieser Personengruppe gegenüber eher als negativ einzuschätzen sind (Thomas 1980, 52ff; Bächtold 1981; Cloerkes 1985; Horne 1985), was auch geschichtliche Betrachtungen (Höhn 1982) und ethnologische Vergleiche (Neubert, Cloerkes 1987, 66ff) nahelegen.

Untersuchungen in Deutschland bestätigen, dass in der Bevölkerung Vorurteile gegenüber Menschen mit geistiger Behinderung bestehen. Von Bracken (1981, 47ff, 278ff) konnte dieses schon von Harrelson, Horn und Jordan (1972/73) ermittelte Ergebnis durch eine Repräsentativbefragung von tausend Personen in 1970/71 weiter differenzieren. Nach der Auffassung eines Großteils der Befragten war geistige Behinderung die schwerste Behinderung, die ein Kind treffen kann. Die Vorstellungen über die Eigenschaften von Kindern mit geistiger Behinderung waren ambivalent: Sie wurden einerseits von vielen als gutmütig und stumpfsinnig charakterisiert, andererseits aber auch als eher wild, jähzornig, bösartig und gefährlich (vgl. auch Straßmeier 1983). Ihr Aussehen wurde von vielen als eher hässlich eingeschätzt. Die Gefühle, die ihnen viele entgegenbrachten, waren eher negativ und reichten von Unsicherheit, Entsetzen, Grauen, Angst, Abscheu und Ekel bis hin zu Neugierde und Mitleid. Bei Nachbarn vermuteten viele Befragte eine mehr oder weniger gleichgültige bis ablehnende Haltung, obwohl Mitleid nicht ganz abgesprochen wurde. Nichtbehinderten Kindern wurde eine ähnliche Haltung zugesprochen; zudem würden sie Kinder mit geistiger Behinderung verlachen und verspotten, und diese fänden daher selten oder nie Freunde.

Aus bestimmten Antworten folgerte von Bracken ein hohes Maß an »sozialer Distanz« (vgl. auch Thomas 1980, 55ff). Ein Drittel der Befragten schloss Spielen des eigenen Kindes mit einem Kind mit geistiger Behinderung aus, ein Drittel würde ein solches Kind auch für kurze Zeit nicht aufnehmen und fast alle lehnten eine Adoption ab. Zwei Drittel sprachen sich für die Unterbringung solcher Kinder in Heimen aus, die an entlegenen Orten errichtet werden sollten. Der größte Teil der Befragten hielt es mehr oder weniger für besser, wenn diese Kinder früh sterben würden, weil sie in ihrem Leben nichts Positives finden könnten. Die Befragten waren über Kinder mit geistiger Behinderung zudem mangelhaft informiert. Der weitaus größte Teil überschätzte ihre Zahl, die Mehrheit gab den Eltern die Schuld für die Behinderung; Trunksucht, Inzucht und Vererbung wurden vorrangig als Ursachen genannt. Je geringer der Bil-

dungsgrad war, umso größer wurde das Informationsdefizit. Mit zunehmendem Alter nahmen Vorurteile und soziale Distanz im allgemeinen zu. Persönliche Bekanntheit mit einem Kind mit geistiger Behinderung verringerten hingegen die Vorurteile. Während Sonderschullehrkräfte Kinder mit geistiger Behinderung eher günstiger einschätzten, zeigten Lehrkräfte allgemeiner Schulen kaum Unterschiede zur Einstellung der Bevölkerung, ein wichtiges Datum bei der Frage nach der schulischen Eingliederung dieser Personengruppe. Auch die Eltern von Kindern mit geistiger Behinderung haben unter Vorurteilen zu leiden. Nach Aussage vieler Befragter schämten sich jene, ihr Kind zu zeigen; sie fürchteten das Gerede der Leute und um ihr Ansehen. Die Eltern selbst beurteilten das Verhalten der Nachbarn positiver als die Gesamtheit der Befragten.
Eine 1978 an 363 Personen in Österreich von Christiansen-Berndt (1981) durchgeführte Fragebogenerhebung erbrachte ähnliche Resultate. Die Befragten – betroffene und nicht betroffene Eltern, Lehrkräfte von Sonder- und allgemeinen Schulen – hatten überwiegend ein negatives Bild von Kindern mit geistiger Behinderung mit der Tendenz zur Generalisierung auch auf ihre Familien; betroffene Eltern und Sonderschullehrkräfte hatten eine signifikant positivere affektive Einstellung. Kinder mit geistiger Behinderung wurden von allen Gruppen als bedauernswerter, weniger selbstsicher, gehemmter und einsamer beurteilt. Betroffene Eltern fanden ihre Kinder signifikant weniger abstoßend, hässlich, unheimlich oder gefährlich. Sie votierten auch signifkant häufiger für den Verbleib im Elternhaus, schätzten die soziale Distanz der Umwelt pessimistischer ein und entlarvten damit nach Auffassung der Autorin die teilweise positiven Ansichten der übrigen Befragten als Scheinintentionen. Informiertheit insbesondere über medizinische Daten zur geistigen Behinderung korrelierte positiv mit günstigen Gefühlen für diese Kinder und schien soziale Distanz zu verringern. Einen ähnlich positiven Einfluss auf die Auffassung der Befragten übte offensichtlich auch intensiver und häufiger Kontakt mit ihnen aus. Graf (1987) konnte ähnlich differenzierte Ergebnisse einer Befragung von Eltern mit einem Kind mit geistiger Behinderung vorlegen; wichtige Einflussvariablen waren u.a. der Grad der Behinderung und das Alter des Kindes.
Klauß (1996) konnte in einer Replikationsstudie zu von Bracken positivere Ergebnisse ermitteln: mehr Toleranz in der Nachbarschaft, mehr Wissen über Menschen mit geistiger Behinderung. Danach haben sich Vorurteile in den letzten Jahrzehnten zwar abgeschwächt, aber sie sind bei weitem noch nicht abgebaut (vgl. auch Bächthold 1984; Lenzen 1985; Lambert 1997).
Nach einem Ergebnis der Befragung von von Bracken ist zu vermuten, dass mit zunehmendem Alter auch die Vorurteile zunehmen; Kinder und Jugendliche sollten demzufolge weniger Vorurteile haben (Cloerkes 1985, 243ff; 1997, 86f). Dieser Frage gingen Stürmer u.a. (1977) nach, indem sie 314 Schülerinnen und Schüler – je ca. 100 aus Gymnasien, Haupt- und Sonderschulen – befragten. Obgleich weniger Schülerinnen und Schüler als die Erwachsenen der Befragung bei von Bracken Kinder mit geistiger Behinderung kannten, schätzten sie diese günstiger ein als die Erwachsenen. Aber auch sie hatten häufig

ungünstige, nicht realitätsgerechte Vorstellungen von ihnen, woraus Mangel an persönlichem Wohlwollen gefolgert wurde. Bei der Frage nach den Ursachen wurden Inzucht und Vererbung seltener angegeben, Erziehungsverhalten der Eltern aber signifikant häufiger als bei den Erwachsenen. Mädchen zeigten bei direkten Fragen geringere soziale Distanz und positivere Gefühle. Bei einer Umfrage der Lebenshilfe Nordhorn (Mitleid 1983) unter 3.704 Schülerinnen und Schülern von 10 bis 18 Jahren kannten 80% einen oder mehrere behinderte Menschen, davon 40% einen mit geistiger Behinderung, 51% einen körperbehinderten. Von diesen 80%, die einen behinderten Menschen kannten, verbrachten 12% die Freizeit mit einem behinderten Gleichaltrigen, 37% spielten selten mit ihm und 51% hatten keinen näheren Kontakt. Mädchen kannten einen behinderten Menschen häufiger und waren eher bereit, einen kennenzulernen oder mit ihm die Freizeit zu verbringen. Mit zunehmendem Alter schwand die Bereitschaft, eine Schülerin oder einen Schüler mit geistiger Behinderung kennenzulernen, mit ihr oder ihm zu spielen bzw. die Freizeit zu verbringen: bei den 10- bis 12jährigen waren dies 79 bzw. 71%, bei den 13- bis 15jährigen nur noch 68 bzw. 64%, und bei den 16- bis 18jährigen zeichnete sich der Trend wachsenden Desinteresses noch deutlicher ab. Dominierend in allen Altersgruppen waren Gefühle des Mitleids, der Hilfsbereitschaft und des sozialen Engagements, bei vielen auch Unsicherheit und Hilflosigkeit. Am häufigsten wurde der Kontakt mit Menschen mit geistiger Behinderung gemieden. Viele dieser Ergebnisse decken sich weitgehend mit solchen, die im Zusammenhang mit gemeinsamem Unterricht insbesondere im Ausland ermittelt wurden; ohne gezielte Bemühungen scheinen keine durchgreifenden Verbesserungen erreichbar (Mühl 1997b, 42ff).

Aus Untersuchungen bei Professionellen aus dem Behindertenbereich kann gefolgert werden, dass die Tendenz zur sozialen Distanz bei Personen, die mit Menschen mit geistiger Behinderung beruflichen Kontakt haben, deutlich abnimmt. Grzeskowiak (1980) untersuchte Einstellungen bei professionellem Kontakt. Er konnte 1975 bei einer Befragung von 300 Mitarbeiterinnen und Mitarbeitern in 52 Werkstätten für Behinderte nachweisen, dass sie günstigere Einstellungen als Außenstehende äußerten, insbesondere hinsichtlich der Adoptionsbereitschaft und der Frage nach der Lebenserhaltung schwer hirngeschädigter Kinder. Kontaktverhalten und Kontaktbereitschaft ließen eine Zäsur zwischen beruflichem und privatem Bereich erkennen. Kontakte außerhalb der Werkstatt am Feierabend oder am Wochenende fanden selten statt. Die Kontaktbereitschaft hingegen war deutlicher ausgeprägt: 96% würden mit Menschen mit geistiger Behinderung zusammenarbeiten, ca. 60% mit ihnen echte Freundschaft haben, 41% mit ihnen in einer Wohnung leben, 20% mit ihnen regelmäßig die Freizeit verbringen wollen. Günther u.a. (1982) befragten 44 Pflegerinnen und Pfleger bzw. Erzieherinnen und Erzieher von Menschen mit geistiger Behinderung und 56 Personen, die wenig Kontakt mit ihnen hatten. Während erstere im Zusammensein mit ihnen kaum Unsicherheit oder Anspannung äußerten (weniger als 10%), gaben letztere überwiegend angespannte und gestörte Gefühle zu. 86% der Pflegerinnen und Pfleger bzw. Erzieherinnen

und Erzieher würden die Errichtung eines Wohnheimes in der Nachbarschaft unterstützen im Gegensatz zu 31% der anderen Befragten. Während beide Gruppen Menschen mit geistiger Behinderung an erster Stelle für dankbar und am wenigsten für gefährlich und bösartig einschätzten, charakterisierten die Professionellen sie vorrangig als eher sympathisch, fröhlich, lustig, unordentlich, wild, die Befragten mit wenig Kontakt vorrangig als eher unsicher, gehemmt, undurchschaubar und unglücklich.
Bei der Frage nach den Entststehungsbedingungen von sozialen Vorurteilen allgemein und gegenüber Menschen mit Behinderungen sind mehrere Faktoren anzunehmen. Gesellschaftliche Bedingungen stehen im Vordergrund bei Überlegungen zur Entstehung von Vorurteilen. Wirtschaftliche Leitvorstellungen und das damit verbundene Leistungsprinzip spielen eine wichtige Rolle; Wertvorstellungen wie Jugendlichkeit, Schönheit, Gesundheit, Anpassung an modische Trends kommen hinzu. Es wird ferner verwiesen auf die Funktion von Vorurteilen für das Individuum: Orientierung in der Vielfalt der Erscheinungen, Anpassung an die Gruppennormen, Befriedigung von Ichstreben und Darstellung eines eigenen Standpunktes sowie der Selbstbehauptung im Sinne der Verdrängung oder Entlastung. Die Stigma-Theorie geht davon aus, dass bestimmte Merkmale als negative Normabweichungen zu Diskriminierung und Störung der Interaktion als sozialen Zuschreibungsprozessen führen (Jantzen 1974; Thimm 1975; 1976; 1979a; Thomas 1980, 66ff; Söder 1980).
Inwieweit bei der Entstehung von Vorurteilen möglicherweise auch angeborene Dispositionen mitwirken, lässt sich nicht eindeutig entscheiden. Doch dürften hinsichtlich der Entstehung sozialer Vorurteile auch bei Annahme angeborener Dispositionen diese in hohem Maße gesellschaftlich überformt sein. Ferner ist anzunehmen, dass bestimmte Persönlichkeitsstrukturen die Entstehung von Vorurteilen begünstigen; insbesondere autoritär eingestellte Personen neigen in starkem Maße zur Ablehnung von Personen mit äußeren Stigmata oder abweichendem Verhalten (Thomas 1980, 64ff). Auch wenn angeborene Komponenten nicht mit Sicherheit auszuschließen sind, so ist doch aufgrund der Untersuchungsergebnisse, dass sich negative Einstellungen im Laufe des Lebens, und zwar schon im Jugendlichenalter, verstärken und dass bei Mädchen und Frauen weniger stark ausgeprägte Vorurteile vorhanden sind, anzunehmen, dass soziale Vorurteile gegenüber behinderten Menschen im wesentlichen erlernt werden und daher auch beeinflussbar sind (Thimm 1976; 1979b, 101; Hofmann 1979).
Zur Verstärkung bestehender Vorurteile gegenüber Kindern mit geistiger Behinderung trägt offenbar auch die äußere Erscheinung bei. Straßmeier (1983) legte 70 Pädagogik-Studierenden acht Fotos von Kindern mit geistiger Behinderung vor: drei Kinder hatten Down-Syndrom, ein Kind Fettwuchs, eines Skoliose, drei Kinder hatten keine zusätzlichen körperlichen Symptome. Den Fotos zugeordnete Eigenschaften wurden überwiegend im negativ gefärbten Bereich gewählt. Hochsignifikante Abweichungen zeigten sich im Vergleich der Kinder mit und ohne sichtbare Beeinträchtigungen: Die Kinder ohne äußere Stigmata wurden positiver als Kinder mit Down-Syndrom, die anderen beiden

Kinder mit zusätzlichen Beeinträchtigungen am negativsten beurteilt. Straßmeier vermutet als Bedingungsfaktoren für die negative Beurteilung neben dem unmittelbaren Verstehen des mimischen Ausdrucks Einflüsse eines Halo-Effektes – das Prädikat »geistigbehindert« führte dazu, dass die sichtbar behinderten Kinder negativer beurteilt wurden – und emotional gefärbte Bewertungen.

3.2 Veränderungsmöglichkeiten

Entscheidend, wenn auch am schwierigsten zu realisieren, ist sicherlich eine Beeinflussung der gesellschaftlich wirksamen Werteskala (Cloerkes 1982; 1997, 130), die Leistung, Jugendlichkeit, Unversehrtheit favorisiert. Im Rahmen der Behindertenhilfe ist das Prinzip der Normalisierung (Thimm 1984) derzeit wohl am ehesten geeignet, die gesellschaftliche Situation von Menschen mit geistiger Behinderung zu verändern und ihnen in allen Lebensbereichen gesellschaftliche Teilhabe zu eröffnen; nicht unerheblich dürfte auch der Einfluss auf politische Entscheidungen sein. Es erscheint auch legitim, auf gewisse Äußerlichkeiten wie beispielsweise Kleidung von Menschen mit geistiger Behinderung zu achten, so dass sie nicht schon von vornherein aufgrund einer gewissen äußeren Uniformität stigmatisiert werden (Shushan 1981; Straßmeier 1983); entscheidend ist dabei, dass der einzelne behinderte Mensch darüber mitentscheidet. Zu warnen ist in diesem Zusammenhang vor kosmetischen Operationen, insbesondere bei Menschen mit Down-Syndrom (Bundesvereinigung Lebenshilfe 1983).
Aus den Befragungen von von Bracken und von Christiansen-Berndt geht hervor, dass auch die Vermittlung von sachangemessenen Informationen, vor allem auch über die Entstehungsbedingungen von Schädigungen und Behinderungen zum Abbau von Vorurteilen beitragen können. Hilfreich sind neben allgemeinen Informationen die Darstellung von Einzelschicksalen auch in den Medien.
Kontakte mit Menschen mit Behinderungen sind offensichtlich am ehesten geeignet, soziale Distanz zu verringern. Kontakt an sich scheint aber noch nicht die gewünschte Wirksamkeit zu haben; denn oberflächliche, unstrukturierte Kontakte bei schon vorhandenen negativen Einstellungen verstärken diese eher als sie zu abzubauen. Cloerkes (1982; 1985, 209ff; 1997, 120ff) hat diese »Kontakthypothese« unter Auswertung einschlägiger Untersuchungen überprüft und kam zu folgenden Ergebnissen: In 60% von 58 empirischen Untersuchungen konnte diese Annahme bestätigt werden; in 30% der Untersuchungen konnten keine systematischen Zusammenhänge gefunden werden; eine Untersuchung hatte ein gegenteiliges Ergebnis. Die Vermutung, dass die Einstellung umso positiver sei, je häufiger Kontakt möglich sei, bedürfe einer differenzierteren Betrachtung. Die Haltung beispielsweise von Krankenhaus- oder Anstaltspersonal behinderten Menschen gegenüber entspreche eher der von Laien; sonderpädagogisches und Personal im sozialen Bereich zeigten hingegen günstigere Einstellungen. Insgesamt ließ sich aus 34 Untersuchungen folgern, dass

beruflicher Kontakt keineswegs automatisch eine günstigere Einstellung erbringt. Schülerinnen und Schüler reagierten kaum anders als Erwachsene, doch müsse hier nach Behinderungsarten unterschieden werden. Cloerkes nahm zudem an, dass häufige, oberflächliche Kontakte negative Einstellungen eher verstärken, enge Kontakte eher positive Auswirkungen haben können. Schulischer Kontakt müsse diese Bedingungen berücksichtigen, jedoch auch die gesellschaftliche Wertestruktur, z.B. das Leistungsprinzip oder die Verherrlichung von Jugendlichkeit und körperlicher Fitness. Dieser Einfluss wird auch vom gemeinsamen Leben und Lernen von behinderten und nichtbehinderten Kindern und Jugendlichen in Kindergarten und Schule erwartet. Gemeinsamer Unterricht wird u.a. begründet mit der Erwartung, dass der direkte und häufige Kontakt mit behinderten Menschen die Einstellung der nichtbehinderten zu ihnen positiv beeinflusse (Mühl 1997b, 42ff).
Zur Kontakthypothese gibt es auch einige deutsche Studien. Im Rahmen des Schulversuchs zur Kooperation zwischen Schulen für Geistigbehinderte und allgemeinen Schulen in Bayern ging Anderka (1997) der Frage nach, ob sich die Einstellungen von Grundschulkindern gegenüber Kindern mit geistiger Behinderung durch kooperativen Unterricht positiv beeinflussen lassen. Bei 75 Grundschulkindern wurden mit einem soziometrischen Bildwahlverfahren die Einstellungen in der Mitte und am Ende eines Schuljahres ermittelt. Mit einem Fragebogen zur sozialen Distanz gegenüber behinderten Kindern wurden die 76 »Kooperationskinder« mit 76 Kindern aus nicht kooperierenden Klassen untersucht. Beide Gruppen hatten zu Kindern mit geistiger Behinderung die größte soziale Distanz, zu Kindern mit Lernbehinderung die geringste. Die Kinder aus kooperierenden Klassen zeigten eine geringere soziale Distanz. Die Frage, ob ein Kind mit geistiger Behinderung in die gleiche Klasse gehen sollte, wurde unabhängig von der Gruppenzugehörigkeit am ehesten bejaht, ob es am Wochenende bei ihnen übernachten könnte, am häufigsten abgelehnt. Im Rahmen des gleichen Schulversuchs konnten Breitenbach und Ebert (1997) positivere Ergebnisse ermitteln. Sie verglichen die Einstellungen bei 227 Kindern ohne und mit Kooperationserfahrungen gegenüber Kindern mit geistiger Behinderung. Bei Kindern mit Kooperationserfahrungen konnten sie positivere Einstellungen feststellen; geistige Behinderung wurde seltener mit negativen Persönlichkeitsmerkmalen in Verbindung gebracht, Gefühle wie Angst und Unsicherheit waren deutlich geringer ausgeprägt.
Zur Frage der sozialen Distanz oder Integration in Integrationsklassen führte Preuss-Lausitz (1997) eine Befragung bei Kindern des 3. bis 6. Schuljahres in Schulen in Brandenburg durch. Dabei wurde in jeder Schule jeweils eine Klasse mit und ohne Integration befragt. Bestätigt wurde die Hypothese, dass Kinder mit Integration häufiger gern zur Schule gehen als Kinder aus den üblichen Klassen. Die größte statistisch signifikante soziale Distanz im Vergleich zu körperbehinderten, lernbehinderten und ausländischen Kindern bestand zu Kindern mit (aggressiven) Verhaltensauffälligkeiten, gefolgt von geringerer sozialer Distanz zu Kindern mit geistiger Behinderung, allerdings mit großem Abstand. Dennoch waren alle Werte der sozialen Distanz gegenüber allen be-

hinderten und ausländischen Kindern in Integrationsklassen geringer als in den Kontrollklassen. Bestätigt wurde auch die Hypothese, dass Mädchen duchschnittlich geringere soziale Distanz mit Ausnahme zu den verhaltensauffälligen Kindern zeigten als die Jungen.

Die Ergebnisse der Studie von Kurth u.a. (1994) stützen diese Ergebnisse nicht, widerlegen sie aber auch nicht. Sie untersuchten die Einstellungen zu Menschen mit geistiger Behinderung von 319 Schülerinnen und Schülern aus Hannover und Rostock im Alter von 15 bis 20 Jahren mit einem bereits in Irland und Australien eingesetzten Fragebogen. Der Vergleich der Ergebnisse mit jenen aus Irland und Australien, wo der Eingliederung von behinderten Kindern in das allgemeine Schulsystem ein höherer Stellenwert als bei uns eingeräumt wird, ließ keine bedeutsamen Unterschiede in den Einstellungen der Befragten erkennen; die erwarteten Unterschiede der beiden »Integrationsländer« zur deutschen Situation ließ sich nicht bestätigen. Die im deutschen Sprachraum negativ besetzten Bezeichnungen wie »schwachsinnig« und »geisteskrank« wurden von den hier Befragten größtenteils abgelehnt; geistige Behinderung wurde meist als geistige Störung oder geistige Entwicklungsverzögerung umschrieben. Die Befragten bekundeten Hilfsbereitschaft und Interesse an Kontakten mit diesen Menschen.

Berges (1996) hat in einer Studie in Kooperationsklassen u.a. die Schüler-Schüler-Interaktionen von 42 Kindern mit geistiger Behinderung mit 113 nichtbehinderten Kindern sowie die Schüler-Lehrer-Interaktionen nach unterschiedlichen Fragestellungen untersucht. Im Gegensatz zum Unterricht in der Schule für Geistigbehinderte ließ sich im Unterricht in Kooperationsklassen eine stärkere Schülerorientierung und eine geringere Lehrerzentrierung vor allem durch Partnerarbeit beobachten. Gleichzeitig konnte ein vermehrtes Interaktionsverhalten der behinderten Kinder im gemeinsamen Unterricht gegenüber dem Unterricht in der Schule für Geistigbehinderte registriert werden. Die nichtbehinderten Kinder waren zunächst ängstlich, karitativ, aber auch neutral bis negativ eingestellt. Dies änderte sich im Laufe der Zeit hin zu einem unbefangenen und akzeptierenden Umgang. Überraschenderweise interagierten die behinderten Kinder weniger durch sprachliche Äußerungen als durch Körper- und Blickkontakte; offensichtlich erlebten sie sich als sprachlich weniger kompetent und nahmen sich deshalb sprachlich zurück. Allenfalls sprachlich gewandte Kinder fanden Anschluss an die Gruppe, die anderen zogen sich zurück oder entwickelten Verhaltensauffälligkeiten. Bevorzugte Interaktionspartner der behinderten Kinder waren die nichtbehinderten Kinder; diese wandten sich wiederum vorwiegend an ihre nichtbehinderten Mitschülerinnen und Mitschüler.

Hackenberg (1997) untersuchte im Rahmen des Schulversuchs »Förderung der Zusammenarbeit der Schulen für Behinderte und der allgemeinen Schulen in Unterricht und Schulleben« in Bayern die Interaktionsprozesse zwischen Kindern mit geistiger Behinderung und nichtbehinderten Kindern auf der Grundlage der Auswertung von Videobändern. Für die Beobachtung wurden Kleingruppen aus zwei oder drei Kindern ausgewählt und zu drei Zeitpunkten im

Schuljahr 1995/96 Aufzeichnungen vorgenommen. Für die Interaktionsanalyse von 7.500 Interakten aus 20 Gruppenbeobachtungen wurde das Beobachtungssystem von Bales (1950) eingesetzt. Auswertungen sind möglich auf der Aspekt-, Kategorial- und Subkategorialebene. Die vorläufige Analyse, die sich vorwiegend auf der Aspektebene bewegte, ergab einen groben Überblick über die Interaktionsstruktur.

Die Analyse der Interaktionsstrukturen und ihrer Entwicklung während des Schuljahres zeigte, dass die nichtbehinderten Kinder mehr inhaltsgebende Interakte benutzten als die behinderten; es waren in erster Linie »rollen-« oder »richtungsweisende« Interakte. Die Interaktion schien insgesamt überwiegend asymmetrisch zu sein: die nichtbehinderten Kinder wiesen den Weg, die behinderten folgten ihnen. Dies galt allerdings vorrangig für den Beginn der Kooperation, während über die Zeit hinweg eine gewisse Nivellierung aller Interakte zu beobachten war. Diese Nivellierung konnte auch bei den Beziehungsaspekten dokumentiert werden. Damit deutete sich im Laufe des Schuljahres eine Normalisierung im Beziehungsbereich an. Zwei Fallanalysen belegten zudem, dass behinderte Kinder unterschiedliche Interaktionsmuster zeigten und unterschiedliche Rollen einnehmen konnten, dass also Generalisierungen offensichtlich schwierig sind.

Im Hinblick auf gegenseitiges Helfen und Zusammenarbeit gelangten Krappmann und Oswald (1995) aufgrund von Interaktionsanalysen in einer vierten Grundschulklasse, in der keine behinderten Kinder unterrichtet wurden, zu dem Ergebnis, dass Helfen relativ selten vorkam und sich dann vor allem auf das Erbitten von Hilfsmitteln oder Lösungswegen bezog. Allenfalls dann, wenn positive Beziehungen zwischen zwei Kindern bestanden, könnte der Austausch von unterstützenden Handlungen positive Lernwirkungen haben. Die wenigen beobachteten Hilfehandlungen würden den Lernerfolg von Kindern insgesamt kaum beeinflussen, d.h. die soziale Interaktion mit Gleichaltrigen habe kaum eine lernförderliche Wirkung. Podlesch und Schmitt (1997) gelangten im Rahmen der wissenschaftlichen Begleitung des Berliner Schulversuchs zur Integration von Kindern mit geistiger Behinderung und mit mehrfachen Funktionsbeeinträchtigungen zu deutlich positiveren Ergebnissen. Sie führten dies auf den geringeren Leistungsdruck in diesen Klassen zurück; zunehmender Leistungsdruck führe umgekehrt zu einer Abnahme helfender und unterstützender Interaktionen.

Die Ergebnisse der Untersuchungen im Rahmen der Kontakthypothese legen den Schluss nahe, dass hier pauschale Annahmen wenig hilfreich sind und nach mehreren Richtungen hin differenziert werden müssen. Insgesamt darf man jedoch der Hoffnung Ausdruck verleihen, dass zumindest positiver Kontakt Vorurteilen entgegenwirkt. Entstigmatisierung kann sich wohl erst ereignen, wenn Interaktion und Kommunikation mit gleichberechtigter Rollenverteilung stattfinden und die Identitätsbalance der behinderten wie der nichtbehinderten Partner sichergestellt ist. Insbesondere das Personal in Behinderteneinrichtungen ist aufgerufen, schon auf der Beziehungsebene symmetrische Strukturen herzustellen (Thimm 1979a; Hahn 1981).

4. Zusammenarbeit mit den Familien

4.1 Zur Situation von Familien mit einem Kind mit geistiger Behinderung

Eine Familie mit einem Kind mit geistiger Behinderung ist keine »behinderte« oder »Sonderfamilie«, aber dadurch, dass ein behindertes Kind Mitglied der Familie ist, muss sie mit Schwierigkeiten rechnen, die sich aus den Anforderungen, die das Kind stellt, aus den enttäuschten Hoffnungen und der gesellschaftlichen Benachteiligung ergeben. Eine Familie mit einem behinderten Kind ist so stabil oder so labil wie Familien es unter den heutigen Bedingungen sein können, mit dem Unterschied, dass sie für eine zusätzliche schwierige Aufgabe nach Lösungen ringen muss.

Diese Situation ist aufgrund mehr oder weniger abgesicherter empirischer Untersuchungen und aus unterschiedlicher Sicht beschrieben worden (Schatz, Genenger, Stotz 1981; Tatzer, Schubert, Groh 1985; Schatz 1987 u.a.). Dabei ist nicht auszuschließen, dass bestimmte Ergebnisse auch Artefakte der Untersuchung sind (Weiß 1983). Unterschiedliche Ergebnisse können darauf zurückzuführen sein, dass sich öffentliche Meinungen und Einstellungen wie die Auffassungen in den Familien selbst in den letzten Jahren positiv verändert haben (Carr 1978, 127ff; Clemens 1979; Bodenbender 1981). Untersuchungsergebnisse sind Durchschnittsaussagen, welche die Wirklichkeit in einer Familie nie genau treffen; jede hat ihre unverwechselbaren Strukturen und Erfahrungen, die von vielen Faktoren beeinflusst sind. Man sollte sich auch hüten, die Situation aller Familien zu sehr zu dramatisieren; es gibt Familien, die mit der Aufgabe, ein behindertes Kind großzuziehen, realistisch umgehen können.

Das Erkennen einer Schädigung, die zu geistiger Behinderung führen kann, wird von Eltern wie ein Schock erlebt, hervorgerufen durch die Diskrepanz zwischen dem ersehnten, erhofften und dem wirklichen Kind. Sporken (1975, 19f) verglich diese Situation mit dem Erkennen des nahenden eigenen Todes. Vor allem Ärzten, die oft vor der Aufgabe stehen, Diagnosen zu stellen und erste Beratung zu leisten, erwächst daraus eine große Verantwortung (Maneke 1972; Krebs 1973; 1977; 1990; Schön 1979; Bundesvereinigung Lebenshilfe 1990; Sarimski 1998).

Die Behinderung des Kindes führt nicht selten zu einer »Desorganisation« der Familienbeziehungen, d.h. die Rollen der Familie werden aus dem Gleichgewicht gebracht; eine weitere Folge kann die »Desintegration«, die Isolierung der Familie sein (Thimm 1974; vgl. auch Balzer, Rolli 1975, 22f). Dabei wirken sich auch Schweregrad und Erkennbarkeit der Schädigung auf die Bewältigungsmöglichkeiten und die Rollenverteilung der Familie aus (Seidler 1981). Neuerdings wird die Situation dieser Familien auch aus systemtheoretischer Sicht beleuchtet, wonach die Eingebundenheit der Familie in unterschiedliche Systeme hervorgehoben wird und eine Verbesserung der Situation nicht nur als individuelles Problem der Beteiligten, sondern auch als eine gesellschaftliche Aufgabe gesehen wird (Schubert 1987; Guski 1989; Bradl 1990; Seifert 1997).

Besonders betroffen sind die Mütter, die sich mit dem Kind und seiner Unversehrtheit identifiziert haben; durch den täglichen Umgang mit ihm müssen sie sich frühzeitig mit dieser Enttäuschung auseinandersetzen. Jonas (1990) hat sich in ihrer Studie aus psychoanalytischer Sicht mit dem Erleben der Mütter auseinandergesetzt. Deren psychosoziale Situation wird bestimmt durch den Mythos der Mütterlichkeit und die geschlechtsspezifische Arbeitsteilung. Spezifische – kind-, identitäts- und sozialzentrierte – Verlusterfahrungen bestimmen die Phasen der Trauer, die im wesentlichen durch die Ambivalenz zwischen Fürsorge und autonomer Lebensplanung bestimmt werden. Sie plädiert für die Entwicklung von Autonomie als neuem Selbst- und Weltbezug, die jedoch durch die psychische und physische Belastung der Mütter in Frage gestellt wird (vgl. auch Bremer-Hübler 1990; Wacker 1995). Angesichts dieser Situation mag es manchen Müttern verständlicherweise schwerfallen, das Maß an unbefangener und sensibler Zuwendung vor allem in der frühen Mutter-Kind-Interaktion einzuhalten, das sich für eine gedeihliche Entwicklung des Kindes trotz der vorliegenden Schädigung als zuträglich erwiesen hat (Krause 1997).

Die Krisenbewältigung der Eltern kann vielfältige Formen annehmen und von unterschiedlichen Gefühlen und Strebungen begleitet sein: Trauer, Gram, Scham, Verletzung des Selbstwertgefühls, Enttäuschung, Mitleiden, Auflehnung, Verleugnung, Schuldzuschreibungen gegenüber anderen, Selbstbestrafungstendenzen, Rückzug aus sozialen Beziehungen (Vliegenthart, v.d. Dunk 1968; Ross 1977; Prekop 1979; Schatz 1990).

Die Art der Krisenbewältigung kann Auswirkungen auf die Beziehungen der Ehepartner (Görres 1974, 65ff) und die Geschwister haben. Insbesondere Schuldzuschreibungen, Tendenzen zur Selbstbestrafung, die Aufopferung eines Partners für das Kind können den solidarischen Zusammenhalt der Familie gefährden. Nach Hinze (1993) sind beide Partner in ähnlicher Intensität betroffen und auf Hilfe angewiesen; die Reaktionsformen beider sind aufeinander bezogen und beeinflussen sich gegenseitig.

Im Rahmen der Familienbeziehungen kann dem behinderten Kind eine bestimmte Rolle zufallen. Görres (1974, 35ff) hob drei hervor: die Sündenbockrolle – Schwierigkeiten der Familie werden dem Kind angelastet, das isoliert wird, während sich die Restfamilie konsolidiert; die Babyrolle – es besteht eine enge Beziehung zur Mutter, das Kind darf nicht erwachsen werden, der Vater wird ausgeschlossen (das Kind als »Gattensubstitut«, Guski 1980); die Starrolle – das Kind wird zum »gemeinsamen Sorgenkind der Familie« (Guski). Den Eltern und insbesondere der Mutter fällt es mitunter schwer, die richtige Einstellung zur Erziehung zu finden; Überbehütung, Perfektionismus, Überforderung oder Vernachlässigung können die Folge sein (Cholschreiber 1980). Die selbsterlebten oder die bei anderen eigenen Kindern erprobten Erziehungspraktiken greifen oft nicht; Balzer und Rolli (1975, 43ff) sprechen daher von »traditionsloser« Elternschaft. In diesem Zusammenhang ist versucht worden, die Haltung gegenüber dem Kind in der Familie zu typisieren. Rohleder (1977) unterschied aufgrund von Beobachtungen und Tiefeninterviews vier

Typen: patriarchalisch-matriarchalisch-behütend, patriarchalisch-matriarchalisch-fordernd, partnerschaftlich-schützend und partnerschaftlich-fordernd. Mink, Nihira und Meyers (1983; 1987) unterschieden nach Untersuchungen in 115 Familien fünf Lebensstiltypen: kohäsiv-harmonisch, kontroll-orientiert / teilweise unharmonisch, wenig mitteilend / disharmonisch, kind-orientiert / expressiv und ungünstig / geringe Moral. Als praktische Hilfestellung für eine bestimmte Familie erscheint der Wert solcher Typisierungen gering.
Familien mit einem schwerbehinderten, pflegebedürftigen Kind, dessen Verselbständigung äußerst langsam voranschreitet, stehen vor einer besonders schwierigen Aufgabe, die nur unter hohem Einsatz aller Familienmitglieder, vor allem der Mutter, geleistet werden kann; die innerfamiliale Belastung wird oft durch soziale Isolierung verschärft (Züghart 1978; Görres 1981; Fröhlich 1989). Insbesondere diese Eltern können zeit ihres Lebens die Elternrolle nicht aufgeben; Balzer und Rolli (1975, 43) kennzeichnen diese Situation als »permanente« Elternschaft (vgl. auch Jeltsch-Schudel 1988; Jonas 1989).
Das behinderte Familienmitglied beeinflusst auch die Situation der nichtbehinderten Geschwister; sie können zu kurz kommen, vernachlässigt oder überfordert werden, wenn man ihnen zu viel Verantwortung aufbürdet (Görres 1974, 51ff). Dabei spielt möglicherweise auch die Stellung des behinderten Kindes in der Geschwisterreihe eine Rolle (Oriesek-Savioz 1979). Die schwierige Situation der Geschwister ist inzwischen auch empirisch untersucht worden (Krüger 1977; Hackenberg 1983a; 1983b; 1993; Seifert 1989). Sie stehen vor der Aufgabe, soziale Verantwortung und eigene Entwicklung in Einklang zu bringen. Hierzu ist Unterstützung nötig.
In Ergänzung zur Feststellung von Einstellungen und zur Beschreibung von Konstellationen in der Familie sollten Aussagen herangezogen werden, die den Verlaufscharakter und die Veränderungen des Umgehens mit der Behinderung hervorheben. Bach (1980, 89ff) machte auf kritische Phasen im Lebenslauf der Kindes aufmerksam: die Entdeckung der Behinderung durch andere und durch das Kind selbst, das Erfahren seines Ausschlusses von üblichen Bildungschancen bzw. Schulabschlüssen und von üblichen berufsbildenden Maßnahmen. Inwieweit solche Entdeckungen den »Bejahungsprozess«, wie ihn Sporken (1975, 18ff) in Phasen vorgestellt hat, beeinflussen, ist nicht genau auszumachen, doch ist anzunehmen, dass die Eltern dabei eine realistischere Einschätzung der Behinderung gewinnen. Für manche Eltern nimmt Wolfensberger (o.J., 3ff) einen Wandel der Einstellung an, der sie aus der Beschäftigung mit sich selbst, mit dem Kind und der Familie herausführt zur Hilfestellung gegenüber anderen Betroffenen bis hin zu dem Versuch, gesellschaftliche und sozialpolitische Verbesserungen zu erwirken. Die Forderung der Bejahung oder Akzeptanz der Behinderung, das Annahme-Postulat, wird jedoch zunehmend in Frage gestellt (Weiß 1993).
Belastungen und Spannungen in der Familie werden überlagert oder verstärkt von Vorurteilen in der Bevölkerung gegenüber Personen mit geistiger Behinderung. Informationsdefizite über Entstehungsbedingungen und Auswirkungen geistiger Behinderung verbunden mit einem allgemeinen Profit- und Rentabi-

litätsdenken ebenso wie die lange geübte Praxis der Anstaltsversorgung haben eine große soziale Distanz und diskriminierende Verhaltensweisen entstehen lassen, die von den betroffenen Familien schmerzlich bis bedrohlich erfahren werden (Thimm 1974; Balzer, Rolli 1975, 55ff).
Der Anteil der sozial benachteiligten Familien mit einem Kind mit geistiger Behinderung ist im Vergleich zum Anteil in der Gesamtbevölkerung relativ hoch (Eggert 1972; Mohr, Müller, Plein 1979; Hofmann 1979; Eggert, Meywirth, Titze 1980; Rache 1980). Die soziale Benachteiligung und damit verbundene Einstellungen der Familien erschweren den Zugang zu Fachleuten und die Zusammenarbeit mit den Familien, nicht so sehr aufgrund sprachlicher Barrieren als aufgrund der unterschiedlichen Lebensbedingungen und -auffassungen (Bundesminister für Jugend, Familie und Gesundheit 1981, 45ff).
Es gibt eine Vielzahl biographischer und anderer literarischer Zeugnisse über die Situation von Familien mit einem Kind mit geistiger Behinderung (Scheel 1979; Boston 1982; Beuys 1984; u.a.), die Gemeinsamkeiten, aber auch Unterschiede und jeweils individuelle Strukturen verdeutlichen.
In einer Studie zur Lebenssituation von Familien mit behinderten Kindern in den neuen Bundesländern haben Häußler und Bormann (1997) neben Übereinstimmungen vor allem zwei Unterschiede zur Situation in den alten Bundesländern dokumentiert: Orientierungsschwierigkeiten im neuen System verbunden mit der Suche nach Hilfe und die häufigere Berufstätigkeit von Frauen (vgl. auch Theunissen u.a. 1997).

4.2 Aufgaben und Hilfen in der Zusammenarbeit mit den Familien

Die geistige Behinderung eines Kindes betrifft die ganze Familie, so dass nicht nur Maßnahmen zur Förderung des Kindes, sondern auch Angebote der Zusammenarbeit mit der Familie bereitgestellt werden müssen. Die daraus sich ergebenden Aufgaben sind nach dem Alter des Kindes, dem Grad seiner Schädigung, hinsichtlich der Lebensbedingungen sowie den Möglichkeiten des Umgehens mit der Behinderung unterschiedlich und sollten auf die je besondere Situation der einzelnen Familie zugeschnitten sein. Modellhaft und richtungsweisend ist die Zusammenarbeit mit den Familien im Rahmen der Frühförderung, die weithin im Elternhaus und mit den Eltern durchgeführt wird. Hier sollten positive Erfahrungen vermittelt werden, die eine Vertrauensbasis für die Zukunft herstellen (Speck 1983; Guski 1989; Weiß 1989).
Ziel aller Zusammenarbeit mit den Eltern ist, ihnen zu helfen, Probleme möglichst selbständig und realistisch zu lösen, ihnen Hilfe zur Selbsthilfe anzubieten (Thomae 1977a). »Bejahung« hat Sporken (1975) die emotionale Annahme des Kindes genannt, wonach es als individuelles Kind gesehen wird, dessen Probleme die Eltern mit Verständnis und zukunftsorientiert angehen. Diese Sicht ist ein Endstadium, das schwer erreichtbar scheint. Es ist daher wichtig, bei den Eltern vorhandene Schuldgefühle, Ängste und Selbstvorwürfe abzubauen und Spannungsherde zu entschärfen. Dabei kann es nur ausnahmsweise darum gehen, durch Psychotherapie Persönlichkeitsveränderungen anzustreben

(Overbeck 1981; Müller-Hohagen 1987), sondern zu helfen, die Aufgaben in der Familie angemessen aufzuteilen und zu organisieren. Notwendige Entscheidungen, wie z.B. bei der Heimunterbringung oder bei der Übersiedlung des Erwachsenen in ein Wohnheim (Klauß 1988), müssen in der Familie getroffen werden; dazu können allenfalls Entscheidungshilfen angeboten werden (vgl. auch Guski, Langlotz-Brunner 1991; Heimlich, Rother 1991).
Familien brauchen ferner Informationen über medizinische, soziale, pädagogische, steuer- und versicherungsrechtliche Aspekte, über Fragen des Elternrechts und allgemeiner Rechtsansprüche. Sie fragen auch nach der Ursache, nach Art und Grad der Schädigung, nach deren Vererbbarkeit, nach der Zukunft ihres Kindes, wie ihm geholfen werden kann, und ob sie auf weitere Kinder verzichten sollten (Krebs 1974). Vor allem bei sozial benachteiligten Familien sollten Hilfen zur Verbesserung der materiellen Lebensverhältnisse, zur häuslichen Unterstützung und zur Inanspruchnahme von Fachberatung angeboten werden; dies betrifft die Anbahnung von Kontakten zu Fachärzten, Institutionen und Behörden einschließlich der Vermittlung von Maßnahmen der Sozialhilfe und sozialer Dienste wie Hilfen für den Haushalt zur Entlastung der Mutter, von Babysittern oder Familienhelfern zur Pflege des behinderten Angehörigen, von Erholungskuren, Ferienaufenthalten und Freizeitangeboten (Familienentlastende Dienste 1983; Schädler 1990), die Kurzzeitaufnahme des behinderten Menschen bei Urlaub oder Krankheit der Eltern in Pflegefamilien oder in Kurzzeitheimen (Horstmann, Wohlhüter 1985; Klauß 1990), die Vermittlung von Fahrdiensten sowie Hilfen bei der Verbesserung der Wohnverhältnisse.
Die Familie sollte auch in ihrem Bemühen unterstützt werden, eine eingetretene Isolierung zu überwinden, aber auch selbst zum Abbau von Vorurteilen und der Diskriminierung in der Gesellschaft beizutragen. Im Hinblick auf Isolierungstendenzen ist auf die Bedeutung familienübergreifender Sozialbeziehungen in der Nachbarschaft, in der Wohn- und Kirchengemeinde hinzuweisen (Thimm 1974). Um Verständnis für Vorurteile in der Bevölkerung zu wecken und angemessene eigene Reaktionen zu erlernen, sind zunächst eigene Vorurteile über Umweltreaktionen aufzuarbeiten; hier helfen auch Kontakte mit anderen Familien, die mit ähnlichen Problemen zu kämpfen haben. Engagement für Veränderungen politischer und ökonomischer Bedingungen ist vor allem von Eltern zu erwarten, die eine realistische Einstellung zu ihrem behinderten Kind gewonnen haben.
Eine weitere Aufgabe ist die Hilfe zur Förderung der Selbständigkeit des behinderten Kindes. Neben der Vermittlung von Kenntnissen über die Entwicklung des Kindes, über Anregungen durch Spiel- und Lernmaterial ist auch Praxisanleitung anzubieten. Schon in der Frühförderung sollen die Eltern erfahren, dass Ausdauer und Konsequenz gefordert sind, aber nicht durch rigide Programme, sondern eher durch Anregungen für Spiele und Alltagsbeschäftigungen (Thomae 1977b).
Eine schwierige Situation stellt der Umgang mit Gewalt in Familien gegenüber dem eigenen Kind dar. Den Ausführungen von Hennicke (1996) am Beispiel

von Einelternfamilien ist zu entnehmen, dass im Einzelfall Zyklen von aggressiven Verhaltensstörungen des behinderten Kindes und Gegengewalt als Resultat einer emotionalen Verstrickung in einer als ausweglos eingeschätzten Situation vorkommen können. Als Lösungsansatz empfiehlt er eine systemöffnende Erweiterung des Eltern-Kind-Systems. In die gleiche Richtung geht der Vorschlag von Schädler (1998), in solchen Fällen Hilfe durch eine professionelle Unterstützungsperson für einen »gelingenden Alltag« einzusetzen.

4.3 Modelle der Zusammenarbeit zwischen Familien und Fachleuten

Speck (1983) unterscheidet drei Modelle der Zusammenarbeit mit den Eltern: das Laienmodell, das Kotherapie-Modell und das Kooperationsmodell. Nach dem Laienmodell werden Eltern als unwissende Laien betrachtet, denen von wissenden Fachleuten Ratschläge gegeben, aber oft nicht hinreichend begründet werden und die Erfahrungen sowie Möglichkeiten der Familie kaum berücksichtigen. Dieses Modell wird nur noch selten vertreten, was nicht ausschließt, dass in der Praxis noch danach verfahren wird (vgl. auch Warnke 1983b, 74ff).

Im Kotherapie-Modell werden die Eltern in das Therapiekonzept der Fachleute eingebunden und in bestimmte therapeutische Maßnahmen und Techniken eingewiesen. Zum Abbau von Verhaltensstörungen und zum Aufbau lebenspraktischer Fertigkeiten sowie sozialer und sprachlicher Fähigkeiten wurden Therapieprogramme angeboten (Florin, Tunner 1972; Kumpmann u.a. 1974; Schmitz 1976a; 1976b; Meyer 1978; Loeben-Sprengel, Soucos-Valavani, Voigt 1981). Die vorgebrachten Gründe sind zunächst einleuchtend: Hilfe für die oft ratlosen Eltern, stärkerer Einfluss und größere Motivation der elterlichen Bezugspersonen, Vermeidung mehrerer Kontaktpersonen und des Ortwechsels, Ermöglichung jahrelanger systematischer und täglicher Förderung, Intensivierung der Mutter-Kind-Beziehung, große Aufnahmebereitschaft des Kindes in der häuslichen Umgebung, Aufbau sozialer Verstärker überwiegend über primäre Bezugspersonen (Warnke 1978). Kritische Hinweise zur Effektivität solcher Programme unter dem Aspekt der Motivierung der Eltern und des entstehenden Leistungdruckes wurden inzwischen geäußert (Innerhofer, Warnke 1978; Innerhofer 1978). Man erkannte auch, dass familiale Beziehungsprobleme die Hilfen für die Arbeit mit dem Kind in Frage stellen können (Mangold, Obendorf 1981). Eltern haben ferner Schwierigkeiten, weil sie in der Kotherapie in eine Rolle gedrängt werden, die den distanzierten Fachleuten zukommt, sie aber ihrer Elternrolle entfremdet (Speck 1983). Zusätzlich kann das Kind von den Eltern überfordert und damit in seiner Kindrolle gefährdet werden, so dass Blockaden oder Verhaltensstörungen auftreten können (Warnke 1983b, 70ff). Hilfreicher sind Anregungen, die sich dem Alltag der Familie anpassen lassen und sie nicht überfordern (Thomae 1976; Neumann 1980; Whelan, Speake 1981).

Wenn von Spannungen zwischen Eltern und Fachleuten die Rede ist (Prekop 1983), so trifft dies für das Laienmodell ebenso wie für das Kotherapie-Modell

zu. Warnke (1983b) weist auf weitere Spannungspunkte hin, z.B. wenn Fachleute sich einseitig um das Kind bemühen unter Vernachlässigung der Familie, oder wenn für Mütter, die in der Frühförderung eine Therapeutenrolle innehatten, bei der Aufnahme des Kindes in eine Einrichtung ein Rollenverlust dadurch entsteht, dass ihnen die Erziehung des Kindes weitgehend aus der Hand genommen wird. In neueren Elterntrainingsprogrammen werden diese kritischen Einwände berücksichtigt, indem man die emotional-motivationale Lage der Eltern und ihre spezifischen Bedürfnisse einbezieht, die Hilfe zur Selbsthilfe unterstützt und in Gruppen arbeitet (Neugebauer, Zeschitz, Hofmann 1983).
Das Kooperationsmodell basiert auf der Vorstellung, dass die Eltern keine Therapeuten werden, sondern ihre ursprüngliche, umfassendere Elternrolle unvoreingenommen wahrnehmen sollen. Wenn Fachleute diese Erkenntnis akzeptieren, wird aus dem hierarchischen Verhältnis ein partnerschaftliches, in dem Eltern wie Fachleute ihre eigentliche Rolle behalten, aus der heraus sie eine fruchtbare Zusammenarbeit und Ergänzung suchen können (Thomae 1971). Nicht nur in der Frühförderung, wo die Notwendigkeit zur partnerschaftlichen Kooperation am ehesten sichtbar geworden ist, auch in der Schule (Krenzer, Jung 1977; Krumm 1979) werden neue Wege der Kooperation praktiziert (Mertes 1978; Bundesvereinigung Lebenshilfe 1983; Pettinger 1990). Dies gilt auch für andere pädagogische Einrichtungen, wo Eltern auf Mitsprache pochen (Züghart 1980; Biene 1981).
Bislang nicht gelungen ist die Koordinierung der Hilfsangebote, nicht zuletzt deshalb, weil unterschiedliche private oder staatliche Träger in Frage kommen. Dies führt dort zu Gefahren, wo kein Träger zu erreichen ist oder sich keiner zuständig fühlt; andererseits hat dieses System den Vorteil, dass auf vielfältige Fragen und Aufgaben Träger mit unterschiedlichen Angeboten und Leistungen reagieren können. Selbst wenn es sich als sinnvoll und machbar herausstellen sollte, eine zentrale Beratungs- und Anlaufstelle einzurichten, sie könnte keineswegs der Vielzahl der Aufgaben gerecht werden, schon gar nicht könnte dies von einer Person geleistet werden. Daraus folgt, dass alle Einrichtungen, Verbände, Vereine, Behörden, aber auch fachkundige Einzelpersonen, die es mit Menschen mit geistiger Behinderung in den einzelnen Lebensphasen zu tun haben, die Zusammenarbeit mit den Familien suchen und organisieren sollten. Nur so kann notwendige, auch lebensbegleitende Hilfestellung sichergestellt werden. Vor allem Ärzte und Gesundheitsdienste, die oft erste Ansprechpartner für die Familien sind, sollten besser auf den Umgang mit den Familien in der ersten Phase der Auseinandersetzung mit der Schädigung des Kindes vorbereitet sein.
Die begrüßenswerte Zunahme an institutioneller Förderung, Hilfe und Beratung, vor allem durch eine Zunahme an professionellen Helfern, trägt hinsichtlich der Zusammenarbeit mit den Eltern auch Gefahren in sich (Thimm o.J.). Neben der Gefahr der Spezialisierung aufgrund eingeengter Zuständigkeit und Sichtweisen können die Eltern entmündigt werden, so dass nicht mehr sie primär bestimmen, wessen sie bedürfen und beanspruchen sollen, sondern die Fachleute die Bedürfnisse festlegen, denen sie aufgrund ihrer Fachkompetenz

entsprechen. Im Hinblick auf eine Erziehung zur Selbstbestimmung des behinderten Kindes ist auch den Eltern mehr Selbstbestimmung einzuräumen (Mittler 1995). Neuerdings wird in diesem Zusammenhang auf den »Empowerment«-Ansatz (Theunissen 1998) verwiesen, der die Eltern als Experten in der eigenen Sache anspricht.
Nicht zuletzt können Eltern auch Bücher angeboten werden, die in verständlichen Formulierungen dennoch sachlich korrekt informieren und sie nicht durch gutgemeinte Ratschläge und moralisierende Hinweise unter Druck setzen (DeMyer 1986; Miller 1997).
Es gibt nicht die Eltern oder die Familie, nicht die Fachleute, ebensowenig wie es den Menschen mit geistiger Behinderung gibt; es gibt eine Vielfalt von Aufgaben, Fragen, Schwierigkeiten, Situationen, Konstellationen, Einstellungen, Haltungen, die Pauschalisierungen verbieten und alle Beteiligten davon abhalten sollte, in schematisches Denken zu verfallen, wo individuelle Lösungen am Platze sind. Gegenseitige Vorwürfe und Vorurteile erschweren die Zusammenarbeit und schwächen die Wirksamkeit von Angeboten der Hilfe, wenn sie überhaupt angenommen werden.

4.4 Formen der Hilfe

Es lassen sich Konzepte unterscheiden, die auf die einzelne Familie und solche, die auf Gruppen von Familien bezogen sind. Die Zusammenarbeit mit der einzelnen Familie ist geboten zur Stabilisierung in der Anfangsphase der Auseinandersetzung mit der Schädigung des Kindes. Nur in Ausnahmefällen wird hier eine Familientherapie angezeigt sein (Overbeck 1981), die aber nicht von pädagogischer Seite geleistet werden kann. In den unterschiedlichen Intentionen dienenden Gesprächen mit den Eltern sollten diese als Gesprächspartner akzeptiert werden, indem man auf vorgebrachte Fragen und Probleme eingeht, ihnen bei der Artikulation ihrer Gefühle hilft, Einsichten und Deutungen erst dann übermittelt, wenn sie von ihnen mitvollzogen werden können, und bei Entscheidungen allenfalls Hilfestellung anbietet (Bach 1972; Warnke 1983a). Bei sozial benachteiligten Familien bestehen grundsätzliche Probleme darin, dass sie Beratungsangebote sozialer oder anderer Dienste kaum beanspruchen, so dass Beratung nicht nur bereitgehalten, sondern durch leicht erreichbare Dienste angetragen werden muss (Bundesminister für Jugend, Familie und Gesundheit 1981). Oft existieren Sprachbarrieren zum Berater. Neben Fachleuten können Eltern, die mit der Behinderung ihres Kindes realistisch umzugehen wissen, als Berater fungieren (Schauer 1978). Im übrigen hat sich die Beratung in der Gruppe als nützlich erwiesen, da sich die Eltern durch den Erfahrungsaustausch ihrer Isolierung enthoben fühlen und eine bessere Einstellung zu ihrem Kind gewinnen können. Diese Form wurde auch von sozial benachteiligten Eltern akzeptiert.
Dem Ziel der Verselbständigung der Familien, der Gewinnung von Sicherheit gegenüber den Fachleuten und der Überwindung von Isolation dient auch der Einsatz von Kontakteltern und die Bildung von Elterngruppen. Zur emotiona-

len Stützung junger Eltern eines Kindes mit geistiger Behinderung, zur Aufklärung und Übermittlung gezielter Informationen haben sich nach Wolfensberger (o.J., 57ff) Kontakteltern (pilot parents) bewährt; sie sollen erfahrene Eltern sein, die entsprechend vorbereitet worden sind.
Zunehmend bilden sich Elterngruppen (Balzer, Rolli 1975, 163ff; Bundesminister für Jugend, Familie und Gesundheit 1981, 93ff), die Gruppenbewusstsein, Solidarität, Hilfen zur Überwindung von Ängsten vermitteln und Möglichkeiten gemeinsamen Handelns vor allem in der Gemeinde eröffnen. Vielfältige Formen sind entwickelt worden: u.a. Gesprächskreise von Eltern, Eltern-Kind-Gruppen, Gruppen aus Eltern von behinderten und nichtbehinderten Kindern, Elternselbsthilfegruppen (Bundesvereinigung Lebenshilfe 1981; 1982; Behringer 1991). Initiatoren sind oft die Eltern selbst, Elternvereine wie die »Lebenshilfe«, aber auch neutrale Institutionen wie Kommunen, Kirchengemeinden, Volkshochschulen. Je nach Zielsetzung – Analyse und Aufarbeitung von Beziehungsproblemen, Vermittlung von Information und Beratung, Planung von Hilfen und Aktionen verschiedenster Art – ist die Arbeit in der Gruppe eher straffer oder eher offener zu organisieren, ist die Gruppe größer oder kleiner zu halten (Kallbach 1977; Müller-Erichsen 1981; Spörri 1983; Graf 1987).
Die Formen der Kontakteltern und der Elterngruppen sind in den weiteren Bezugsrahmen des Konzeptes »sozialer Netzwerke« einzuordnen, die durch gewachsene soziale Beziehungen über die Familie hinaus in der Nachbarschaft und Gemeinde mit der Bereitschaft zur gegenseitigen Hilfe geprägt sind. Soziale Netzwerke konstituieren sich im Alltagshandeln ihrer Mitglieder und sind daher überwiegend durch räumliche Nähe gekennzeichnet. Sie sind einerseits eine Ergänzung des professionellen, institutionalisierten Hilfsangebotes, beziehen dieses jedoch da mit ein, wo es erwünscht oder notwendig ist (Thimm 1974; von Ferber 1983a; 1983b).
Als wirksame Hilfe für die Familien haben sich in den letzten Jahren »Familienentlastende Dienste« (FED) – inzwischen sind es bundesweit um die 400 – erwiesen. Sie unterstützen durch flexible und bedürfnisorientierte kurzzeitige Angebote in der Familie und durch die Vermittlung von Hilfen die Familien mit behinderten Angehörigen bei alltäglichen, oft jahrelangen häuslichen Belastungen und bieten so eine echte Alternative zur Heimunterbringung (Kaiser, Thimm 1996; Bundesvereinigung Lebenshilfe 1996).

5. Geistige Behinderung aus pädagogischer Sicht

5.1 Bezeichnungen

In der Vergangenheit wurden für geistige Behinderung Bezeichnungen verwendet, die einen Bedeutungswandel ins Negative erfahren haben und daher heute nicht mehr akzeptabel sind, so die Worte »Idiot«, »Idiotie« – abgeleitet vom griechischen Wort »idiotes« (unkundiger, ungeübter Laie, eigentümlich, privat) abgeleitet; die Bezeichnungen »Imbeziller«, »Imbezillität« zeigen eine Schwäche an. Benutzt wurden auch Ausdrücke, die mit »Sinn« in der Bedeutung von Geist, Verstand oder von Sinnestätigkeit verbunden waren, wie »Blödsinn«, »Stumpfsinn« späterhin auch »Schwachsinn«, ebenso der Ausdruck »Oligophrenie« (»oligo« – wenig, »phrenie« – Verstand).

In Anlehnung an den englischen Terminus »mentally handicapped« wurde von der Bundesvereinigung Lebenshilfe 1958 die Bezeichnung »geistig behindert« geprägt und hat seitdem Verbreitung bis in schulrechtliche und sozialpolitische Regelungen gefunden. In vielen Bundesländern wird die entsprechende Sonderschule »Schule für Geistigbehinderte« genannt.

Der Bedeutungsgehalt von »geistig« ist jedoch vielfältig und schillernd, nicht nur aus der philosophisch-religiösen Tradition heraus, sondern auch aus seiner Nähe zu den früher sogenannten Geisteskrankheiten, so dass dieser Vokabel allenfalls noch eine Übergangsfunktion zukommt. Die ursprünglich mit der Übernahme dieses Wortes erwartete Abmilderung der Stigmatisierung und Etikettierung ist heute schon wieder verlorengegangen, wenn viele es wie andere Etikettierungen ablehnen oder von »sogenannten Geistigbehinderten« sprechen. Letztlich hebt die Bezeichnung »geistigbehindert« ein negatives Merkmal hervor und lässt noch offene Möglichkeiten des Lernens unberücksichtigt. Dies galt, wenngleich in weniger vorbelasteter Weise auch für den in Baden-Württemberg benutzten Ausdruck »bildungsschwach«. Ungeachtet der ungelösten Grundproblematik kann eine Bezeichnung in bestimmten Situationen jedoch auch positive Auswirkungen haben (Bak, Siperstein 1986).

Es sind auch positive Bezeichnungen vorgeschlagen worden, wie »motorisch bildbar« in Anlehnung an eine holländische Bezeichnung oder »praktisch bildbar« im Hessischen Schulgesetz, die auf offene Zugangswege des Lernens abheben. Da diese Bezeichnungen jedoch nur basale Bereiche der Bildbarkeit von Kindern und Jugendlichen mit geistiger Behinderung abdecken und weiterführende Lernmöglichkeiten ausblenden, erweisen sich die auf den ersten Blick als günstig erscheinenden Bezeichnungen als ebensowenig hilfreich; nicht zuletzt deshalb haben sich bisher solche Ausdrücke nicht durchgesetzt (Bach 1997, 100ff).

Favorisiert wird in jüngster Zeit die von der »Internationalen Liga von Vereinigungen für Menschen mit geistiger Behinderung« vorgeschlagene Formulierung »mit geistiger Behinderung«. Was ist damit gewonnen? Zum einen wird nicht mehr die Person insgesamt mit dem Etikett »geistigbehindert« belegt, und zum andern wird damit vermieden, in ontologisierender Form von den »Geistigbehinderten« zu sprechen. Der Zusatz »mit geistiger Behinderung« hebt auf ein Merkmal des betroffenen Menschen ab, das für seine Lebenssituation sicherlich einschneidend ist, das aber den Blick auf andere Merkmale nicht von vornherein verstellt. Bezeichnungen wie »der Erwachsene mit geistiger Behinderung«, »die Schülerin mit geistiger Behinderung«, »eine Frau mit geistiger Behinderung«, »ein Kind mit geistiger Behinderung« lenken die Aufmerksamkeit zunächst auf ein Merkmal, das die Verbindung zu einer Gruppe von nichtbehinderten Menschen herstellt, und erst in zweiter Linie die Behinderung anspricht. Grundsätzlich ist jedoch zu bedenken, ob der Zusatz »mit geistiger Behinderung« überhaupt erforderlich ist; soll beispielsweise die Rolle als Patientin bezeichnet werden, so ist der Zusatz »mit geistiger Behinderung« überflüssig.

Sollte man aber nicht völlig auf eine Bezeichnung, die klassifiziert und stigmatisiert, verzichten, da ihn die Betroffenen selbst ablehnen und sich dadurch ausgeschlossen fühlen (Wendeler, Godde 1989)? Feuser (1981, 131) hielt den Begriff »geistige Behinderung« für überflüssig, damals aber erst dann, wenn alle Mitglieder einer Gesellschaft integriert und keine durch negative Zuschreibungen hervorgehoben würden. Mit der provokanten These »Geistigbehinderte gibt es nicht!« hat er diese Auffassung später bekräftigt, der Geistigbehindertenpädagogik aber immerhin noch die Aufgabe zugewiesen, der allgemeinen Pädagogik zu vermitteln, sich dieser Menschen anzunehmen, sie für wichtig zu nehmen und sie vorurteilslos als gleichberechtigte und gleichwertige Menschen anzuerkennen, sie aus den Sondereinrichtungen herauszuführen (Feuser 1996). Bis zu diesem Ziel und solange zusätzliche Leistungen wie spezifische Förderungsmaßnahmen erforderlich sind, ist eine terminologische Hervorhebung legitim, damit sich Sozial- und Schulpolitiker, Erziehende und pädagogische Institutionen, wissenschaftlich Tätige und andere Gruppen sowie die Öffentlichkeit über den gesellschaftlich vermittelten Sachverhalt der geistigen Behinderung verständigen können (Clarke 1974, 18; Bach 1997, 30ff; Speck 1999, 38ff). Wie verwirrend und damit letztlich hinderlich uneinheitliche Begriffsverwendungen sein können, zeigen voreilige Vergleiche bundesdeutscher Regelungen mit anderen Ländern oder Übersetzungen, beispielsweise aus dem anglo-amerikanischen Raum (Spreen 1978), die überzogene Möglichkeiten der Förderung suggerieren. Dessenungeachtet scheint es notwendig, etikettierende Bezeichnungen möglichst zu vermeiden und nach neutraleren Bezeichnungen Ausschau zu halten. Neuerdings wird beispielsweise versucht, der Schule für Geistigbehinderte Namen zu geben, die auf Fördermöglichkeiten abzielen, wie »Schule zur individuellen Lebensbewältigung« (Bayern) oder »Schule zur individuellen Entwicklungsförderung«.

In der anglo-amerikanischen Literatur sind unterschiedliche Termini anzutreffen. Auf die Bezeichnung »mentally handicapped« ist schon hingewiesen worden. Häufig trifft man auch auf Zusammensetzungen mit »mental retardation« bzw »mentally retarded«, nämlich »moderately mentally retarded«, »severely mentally retarded« und »profoundly mentally retarded«, womit Grade der geistigen Behinderung ausgedrückt werden sollen.

In der Alltagssprache werden nichtbehinderte Menschen in Abhebung von behinderten zuweilen als »normal« gekennzeichnet; dies stempelt Menschen mit Behinderung zu »Abnormalen« ab und sollte daher vermieden werden, ebenso Bezeichnungen wie »normaler« Kindergarten oder »Normalschule«. Auch die Bezeichnung »gesund« für nichtbehindert ist nicht korrekt, da Behinderung keine medizinische, sondern eine pädagogische bzw. soziale Kategorie darstellt; behinderte Menschen können ebenso wie nichtbehinderte krank oder gesund sein.

5.2 Beschreibung geistiger Behinderung

5.2.1 Grundsätzliche Erziehbarkeit

Die Erschwerung der Erziehung insbesondere bei schwerer geistiger Behinderung lässt immer wieder die Frage nach den Voraussetzungen und Möglichkeiten der Erziehung entstehen. Die Geschichte der Erziehung und Bildung von Menschen mit geistiger Behinderung in den letzten zweihundert Jahren war ein unermüdliches Ringen um ihre Erziehbarkeit, um wirksame Methoden der Erziehung wie um einen Abbau der isolierenden gesellschaftlichen Bedingungen (Mühl 1971). Immer noch nicht abgetan sind rassehygienische Vorstellungen, Nützlichkeitserwägungen und die katastrophalen Auswirkungen der Gleichsetzung erschwerter Erziehbarkeit mit dem Urteil »lebensunwertes Leben« wie im Nationalsozialismus (Klee 1983) durch eine neu entfachte Diskussion um eine utilitaristische Ethik.

Der Begriff der Bildungs- oder Erziehungsunfähigkeit sollte aufgrund seiner historischen Belastung und seiner etikettierenden Negativwirkung nicht mehr benutzt werden (Speck 1999, 162ff). Auch bei schwerer geistiger Behinderung ist grundsätzlich Erziehbarkeit anzunehmen, die sich aus der Lernfähigkeit ergibt. Das Ausmaß dieser Lernfähigkeit kann jedoch nicht über Vorannahmen zur Lernpotentialität des Individuums erfasst, sondern nur durch qualifizierte erzieherische Bemühungen angemessen beurteilt werden. Erst der Erziehungsversuch als erzieherisches Handeln auf der Suche nach Lernmöglichkeiten kann das Ausmaß der Lernfähigkeit eines Kindes ermitteln. Insofern ist Erziehbarkeit auch in die Verantwortung einer angemessenen Erziehung gestellt und kann nicht primär als Potenz der zu Erziehenden aufgefasst werden. Neuerdings haben Antor und Bleidick (1995) das Recht auf Bildung mit dem Recht auf Leben in einem notwendigen Zusammenhang gesehen und damit auf die ethische Grundlegung des Rechts auf Bildung und Erziehung abgehoben.

Erziehbarkeit zeigt sich vor allem in der Möglichkeit, auf soziale Angebote eines Partners einzugehen, sie aufzunehmen, zu verstehen und auf sie durch motorisch-affektive Äußerungen zu reagieren. Spätestens dann, wenn sich ein Kind in Interaktion mit einem Partner begibt, hat es sich als erziehbar erwiesen; es hat ein »Mindestmaß sozialer Kontakt- und Anpassungsfähigkeit« (Feuser 1981, 21) offenbart. Diesen ersten sichtbaren Anzeichen von Erziehbarkeit sind jedoch Lernprozesse vorausgegangen, die nicht zu beobachten sind, es sei denn, man könnte Hirnstrombilder ableiten, die im Sinne des Lernens interpretierbar sind.

5.2.2 *Beschreibungsversuche*

Wesentliche Gesichtspunkte zur Beschreibung geistiger Behinderung finden sich in der Definition des Deutschen Bildungsrates (1974, 37): »Als geistigbehindert gilt, wer ... in seiner psychischen Gesamtentwicklung und seiner Lernfähigkeit so sehr beeinträchtigt ist, dass er voraussichtlich lebenslanger, sozialer und pädagogischer Hilfen bedarf. Mit den kognitiven Beeinträchtigungen gehen solche der sprachlichen, sozialen, emotionalen und der motorischen Entwicklung einher.«

Folgende Beschreibungsmerkmale werden genannt: Beeinträchtigung der allgemeinen seelischen Entwicklung, der Lernfähigkeit, einzelner psychischer Funktionen, vor allem kognitiver, in deren Gefolge auch sprachliche, soziale, emotionale und motorische Funktionen beeinträchtigt werden, sowie der Bedarf an lebenslanger sozialer und pädagogischer Hilfestellung. Geistige Behinderung wird dabei als komplexes Phänomen verstanden, das unterschiedliche Bereiche berührt. Der Hinweis auf die »voraussichtlich lebenslangen sozialen und pädagogischen Hilfen« muss insofern eingeschränkt werden, als diese Voraussage den Status lebenslang zu Erziehender mitkonstituiert, welcher der Verselbständigung und Selbstbestimmung auch bei notwendigen sozialen Hilfen abträglich sein kann.

Auch Feuser (1980, 123ff) berücksichtigt in seiner Definition diese Aspekte, wobei er außerdem auf deren wechselseitige Beeinflussung hinweist. Die Definition der »American Association on Mental Deficiency« (Grossman 1977, 5) – geistige Retardierung als unterdurchschnittliche, allgemeine intellektuelle Funktion, die im Verlaufe der Entwicklung auftritt und mit einer Störung des Anpassungsverhaltens einhergeht (vgl. auch Heber 1967, 377) – enthält zwei Kriterien: die herabgesetzte intellektuelle Funktion und die mangelnde soziale Anpassungsfähigkeit, die weit gefasst ist, nicht nur im engeren Sinne des sozialen Lernens. Diese für unterschiedliche Lebensalter geltenden Kriterien werden bei Clarke und Clarke (1974, 21) im Hinblick auf das Schulalter durch das Kriterium des Schulversagens ergänzt.

Als ein zentraler Bereich der allgemeinen Retardierung gilt die Beeinträchtigung der kognitiven Entwicklung, eine Sichtweise, die mit der Herausbildung des Intelligenzbegriffs und von Intelligenztestverfahren in den Vordergrund gerückt ist. Die intellektuelle Beeinträchtigung wurde auch aus medizinischer Sicht (Harbauer 1976, 3ff; Rett, Seidler 1981, 127ff) und in früheren Lehrplänen für die Schule für Geistigbehinderte im Hinblick auf die schulischen Anforderungen als das »Leitsymptom« der geistigen Behinderung hervorgehoben, von dem andere psychische Bereiche als abhängig angesehen wurden. Auch in der Definition des Deutschen Bildungsrates ist in der Formulierung »mit den kognitiven Beeinträchtigungen gehen solche der sprachlichen, sozialen, emotionalen und der motorischen Entwicklung einher« die Dominanz der kogniti-

ven Beeinträchtigung angedeutet. Geistige Behinderung manifestiert sich offensichtlich am augenfälligsten zunächst in einer Retardierung im kognitiven Bereich. Damit verbunden wird die Hypothese, dass die beeinträchtigte kognitive Entwicklung die Führung im sich retardierenden Entwicklungsgeschehen übernimmt.
Bedenken hierzu ergeben sich aus Erkenntnissen über die enge Verflochtenheit der einzelnen psychischen Bereiche besonders in den Anfangsstadien der Entwicklung; vor allem Piaget hat deutlich gemacht, dass die kognitive Entwicklung in den ersten beiden Lebensjahren wesentlich von der Sensomotorik abhängt (vgl. auch Eggert 1999). Unter Bezugnahme auf psychoanalytische Theorien der frühen Entwicklung könnte man zudem auf die Abhängigkeit intelligenten Verhaltens von der sozialen Eingebundenheit in ein Netz aus Bezugspersonen, von der Entstehung der Motivation zu explorierendem Verhalten und der sozialen Handlungsfähigkeit hinweisen.
Dennoch bleibt das Niveau der kognitiven Entwicklung ein wichtiger Indikator der geistigen Behinderung, der mit Hilfe von Intelligenztests oder Intelligenzskalen eingeschätzt werden kann. Wenn Intelligenzquotientgrenzen angegeben werden, so sind diese jedoch lediglich als grobe Orientierung aufzufassen; sie geben aufgrund ihrer begrenzten Aussagekraft keine Auskunft über bestimmte Lernansprüche, noch darüber, auf welchem Wege eine Intelligenzretardierung entstanden ist (Stürmer 1975; Liepmann 1979, 22ff; Feuser 1981, 129; Bach 1997, 27f). Ein Vergleich zwischen einzelnen Ländern sowie Autorinnen und Autoren führt zu unterschiedlichen Intelligenzquotientbereichen und -grenzen (Anstötz 1987, 29ff; Speck 1999, 47ff). Bei uns hat sich bei der Abgrenzung zwischen geistiger und Lernbehinderung eine Intelligenzquotientgrenze 50 bis 55 herausgebildet. Sie darf jedoch nicht für sich allein gewertet werden, sondern muss im Ensemble aller wesentlichen Verhaltensbereiche und der Gesamtsituation eines Kindes interpretiert werden.
Aus schuladministrativer Sicht mitentscheidend für die Zuordnung zur geistigen Behinderung ist immer noch das Kriterium des möglichen oder tatsächlichen Versagens in der Schule für Lernhilfe (bzw. Schule für Lernbehinderte) (Speck 1999, 57ff). Schülerinnen und Schüler, die in der Schule für Lernhilfe nicht hinreichend gefördert werden können, werden der Schule für Geistigbehinderte zugewiesen. Nicht sinnvoll ist es, die Förderbarkeit in der Schule für Lernhilfe vom Erlernen der Kulturtechniken allein abhängig zu machen, wie dies in den Anfangsjahren der Fall war (Feuser 1981, 124). Die Zugehörigkeit zu einer Schule, in der Kinder und Jugendliche mit geistiger Behinderung unterrichtet werden, ist jedoch noch kein hinreichendes Kriterium für »geistige Behinderung«; denn es ist nicht auszuschließen, dass auch falsche Platzierungen vorgenommen werden (Bach 1981, 29f; vgl. auch Liepmann 1979, 48ff). Hinzu kommt, dass lernbehinderte Schülerinnen und Schüler relativ selbständig in einer größeren Lerngruppe lernen können und im Sinne Piagets bald die Stufe der konkreten Operationen erreichen, während Schülerinnen und Schüler mit geistiger Behinderung sich relativ lange auf der Stufe des anschauend-vollziehenden Lernens befinden und wesentlich häufiger Anregungen und Un-

terstützung benötigen, was in einer kleinen Lerngruppe am ehesten möglich ist (Bach 1997, 38ff).
Abschließend sei auf die Unterscheidung zwischen geistiger und psychischer Behinderung hingewiesen. Während jene im wesentlichen als kognitive Retardierung und Schwächung der sozialen Kompetenz beschrieben werden kann, ist diese vorrangig eine Schwächung der sozialen Kompetenz und setzt im Gegensatz zu ersterer eher im Jugendlichen- oder Erwachsenenalter ein. Beide Behinderungsarten erfordern je andere Förderungs- und sonstige Maßnahmen, so dass es notwendig ist, sie deutlich zu trennen (Internationale Liga 1982; Theunissen 1996).

5.2.3 Beeinträchtigung einzelner psychischer Funktionen

In Zusammenhang mit der Beeinträchtigung der Kognition wird die Beeinträchtigung der Wahrnehmung und der Sprache verstehbar, da beide Funktionen hohe kognitive Anteile enthalten. Beeinträchtigungen in diesen beiden Bereichen berechtigen jedoch nicht in jedem Fall, von einer Mehrfachbehinderung oder mehrfachen Funktionsbeeinträchtigung zu sprechen.
Die Störung der Wahrnehmung (Rauh 1979, 365; Kobi 1980, 39f) darf nicht mit Schädigungen der Sinnesorgane gleichgesetzt werden; sie meint vielmehr die reduzierte Fähigkeit, sinnlich gegebene Informationen in ihrem Bedeutungsgehalt zu entschlüsseln. Die Fähigkeit der Bedeutungserfassung sinnlicher Informationen muss gelernt und kann nicht vorausgesetzt werden. Es kann auch nicht das Wahrnehmen an sich gelernt werden, sondern allenfalls das Wahrnehmen bestimmter Umweltausschnitte. Die Entwicklung der Wahrnehmung ist insoweit von Lernen abhängig, die retardierte Wahrnehmung ein konstituierender Aspekt der geistigen Behinderung und nicht von ihr getrennt zu sehen. Anders ist die Situation von Kindern mit autistischem Verhalten, die offensichtlich noch spezifische zusätzliche Beeinträchtigungen in den Bereichen der auditiven und/oder der visuellen Wahrnehmung aufweisen.
Auch eine Reihe sprachlicher Beeinträchtigungen bei geistiger Behinderung sind im Kontext der kognitiven Retardierung zu deuten. Kinder mit geistiger Behinderung beginnen – wenn überhaupt – oft später zu sprechen. Die Phase des Spracherwerbs ist zerdehnt; es treten Schwierigkeiten beim Erlernen von Wortbedeutungen und grammatischen Regeln auf, abgesehen von den sprachlich-kommunikativen Beeinträchtigungen, die eher vom sozialen Lernen abhängen. Auch hierbei handelt es sich in der Regel um einen Aspekt der geistigen Behinderung; dies gilt nicht so sehr für die Redebeeinträchtigungen wie Stottern, Poltern oder zentrale motorische oder dysphasische Störungen (vgl. auch Baun 1978).
Mit geistiger Behinderung einher gehen häufig auch Beeinträchtigungen der Fein- und der Grobmotorik (Rauh 1979, 364; Schilling 1979, 315ff). Diese Beeinträchtigungen sind lernabhängig und von motorischen Beeinträchtigungen zu unterscheiden, die von Hirnschädigungen hervorgerufen werden.

5.2.4 Beeinträchtigung der sozialen Kompetenz

In den anglo-amerikanischen Beschreibungen der geistigen Behinderung wird wie erwähnt großer Wert auf die soziale Anpassung oder soziale Kompetenz gelegt. Die soziale Kompetenz, wie sie u.a. von Günzburg (1981) beschrieben worden ist und die Grundlage für die von ihm entwickelten Kompetenzskalen darstellt, umfasst neben der Sozialerziehung auch Fertigkeiten des täglichen Lebens, insbesondere der Selbstbesorgung. Die AAMD (American Association on Mental Deficiency, neute AAMR – American Association on Mental Retardation) hat bestimmte Niveaus der sozialen Anpassung – Selbstbesorgung, Fortbewegung, kommunikative und soziale Fähigkeiten sowie Selbststeuerung – berücksichtigt (Grossman 1977, 20ff; Liepmann 1979, 24ff; Anstötz 1987, 35ff). Ein wichtiger Bereich der sozialen Kompetenz ist die Fähigkeit zur sozialen Interaktion, die bei Kindern mit geistiger Behinderung in der Regel aufgrund unterschiedlicher Bedingungen beeinträchtigt ist (Stürmer 1975, 478f; Rauh 1979, 366).
An dieser Stelle sei auf die psychologische Studie von Holtz (1994) zum Phänomen »geistige Behinderung« verwiesen. Als Basis für ein neues Verständnis menschlicher Kognitionen und geistiger Behinderung orientiert er sich an der Strukturtheorie der Intelligenz von Maturana und Varela. Danach ist Intelligenz nicht primär die Fähigkeit des Problemlösens, sondern die Fähigkeit, »in eine mit anderen geteilte Welt einzutreten«, geistige Behinderung nicht nur eine Intelligenzminderung, sondern u.a. auf eine unzureichende strukturelle Passung subjektiver und objektiver Elemente zurückzuführen. Holtz′ Menschenbild konkretisiert sich in der Annahme, dass der Mensch ein handelndes, reflexives Subjekt ist, dessen Strukturen und Prozesse in komplexer Weise mit seiner Umwelt verbunden sind; es sucht als Organisator seiner Umwelt nach Bedeutungen. »Bedeutung von etwas und Bedeutung für jemanden« sind die zentralen Motivationen menschlicher Handlungen. In seiner weiteren Analyse thematisiert er die soziale Kompetenz unter Vernachlässigung der instrumentellen Kompetenz, die bisher ohnehin im Intelligenzkonstrukt wie in Förderungskonzepten im Vordergrund stand. Mit sozialer Kompetenz gelingt es dem Individuum, die spezifischen Ressourcen sozialer Sachverhalte wahrzunehmen und zu integrieren. Wesentliche Aspekte einer strukturellen Sicht sozialer Kompetenz verkörpern Konstrukte wie Selbstsicherheit und Perspektivenübernahme. Die Ergebnisse seiner eigenen Studie lassen für ihn den Schluss zu, dass prosoziales Verhalten bei dieser Personengruppe nicht eindimensional nur auf kognitive Funktionen zurückgeführt werden kann. Für geistige Behinderung ist daher eine mehrdimensionale Betrachtungsweise angemessen, die auch und vor allem die Situationsdeutung der Betroffenen und die Einschätzung eigener Kompetenzen einschließt.
Die Fähigkeit, die eigene Organisation zu ermöglichen, findet Holtz am besten im Konzept der »ökologischen Kompetenz« abgebildet, die sich in instrumentelle und soziale Kompetenz ausdifferenzieren lässt. »Geistige Behinderung ist auf diesem Hintergrund die Beeinträchtigung der Fähigkeiten, innere und äußere Ressourcen zum Zwecke der Weiterentwicklung zu nutzen, wobei auch hier

die ökologische Gesamtsituation in die Bewertung mit einbezogenen werden muß.« (a.a.O., 190). In dem Versuch, geistige Behinderung als Einschränkung der ökologischen Kompetenz oder intelligenten Handelns zu umschreiben, erscheinen bisherige psychologische Theorien geistiger Behinderung (z.B. Wendeler 1976) lediglich als Teilaspekte kompetenter Problemlösungstrategien.

5.2.5 Geistige Behinderung als Lernbeeinträchtigung

Die bisherigen Überlegungen zur Beschreibung der geistigen Behinderung lassen vermuten, dass es sich im Hinblick auf pädagogische Belange hierbei um eine Erschwerung von Erziehungs- und Lernprozessen handelt. Kinder und Jugendliche mit geistiger Behinderung lassen sich kennzeichnen durch mangelnde Lernerfahrungen sowie durch Besonderheiten ihres Lernverhaltens. Eine Vielfalt von Hypothesen wird dabei diskutiert: u.a. mangelnde Umstellungsfähigkeit, Situationsverhaftetheit, Verlangsamungen und Abweichungen der Entwicklung, Misserfolgserwartung, Außengerichtetheit der Motivation, mangelnde Merkfähigkeit und Organisation von Lernmaterial, mangelnde sprachliche Steuerung und Begriffsbildung, Aufmerksamkeitsdefizite, Transferinsuffizienz, mangelnde Nachahmung und Kreativität (Wendeler 1976; Meyer 1977; Rauh 1979). Gegenüber allgemeinen Aussagen zum Lernverhalten sind grundsätzliche Vorbehalte anzumelden und in ihrem Anspruch auf Ausdehnung auf die Gesamtgruppe nicht haltbar. Dennoch ist nicht zu leugnen, dass Kinder und Jugendliche mit geistiger Behinderung in ihrem Lernen stark beeinträchtigt sind.

Geistige Behinderung kann somit als weitreichende Lernbeeinträchtigung beschrieben werden, die mit einer Hirnschädigung einsetzen kann und all jene Bereiche der Entwicklung und Sozialisation betrifft, die in hohem Maße von Lernprozessen abhängig sind. Dies gilt vor allem für die oben besprochenen Verhaltensbereiche, die alle in mehr oder minder großem Umfang Ergebnis von Lern- und Erfahrungsprozessen sind. Konfrontiert mit der Alltagswirklichkeit ergibt sich daraus eine Beeinträchtigung der Erlebens- und Handlungsfähigkeit und damit eine eingeschränkte Teilnahme am gesellschaftlichen Leben (Pfeffer 1984; vgl. auch Kobi 1983), die für die Erziehung eine besondere Herausforderung darstellt (Speck 1993, 60f).

Wenn geistige Behinderung eine schwere Lernbeeinträchtigung auf der Basis einer Verlangsamung der Lernprozesse ist, so erhebt sich die Frage, ob der Zustand der geistigen Behinderung zu einem bestimmten Zeitpunkt in der Entwicklung eines Kindes nicht dem Entwicklungsstand eines jüngeren Kindes entspricht, d.h. lässt sich die Entwicklung von Kindern mit geistiger Behinderung parallelisieren mit der Entwicklung nichtbehinderter, jüngerer Kinder. Diese Frage ist nicht neu; man trifft sie schon im 19. Jahrhundert bei verschiedenen Autoren, die ähnlich wie heute unterschiedliche Antworten gaben. Während Saegert es für die Idiotenerziehung wichtig hielt, den Stufengang der Entwicklung nichtbehinderter Kinder genau zu kennen, meinten Georgens und Deinhardt, dass der Idiotismus das Produkt einer unregelmäßigen Entwicklung

sei (Mühl 1971, 61f). In der amerikanischen Psychologie hat sich der Entwicklungsvergleich im Begriff des »mental age« niedergeschlagen, so dass es in der Folgezeit in vielen Untersuchungen üblich geworden ist, retardierte Personen danach einzustufen und nicht nach ihrem tatsächlichen, chronologischen Alter. Bach (1995, 10ff, erstmals 1968) verglich früher das Kind mit geistiger Behinderung mit dem ein-, zwei- oder mehrjährigen nichtbehinderten Kind, um dadurch einfühlend Verständnis für die Situation jenes Kindes zu gewinnen, andererseits der Vorstellung von einem Anderssein entgegenzuwirken; schließlich konnte man von dieser Sichtweise aus die Inhalte aus der Kleinkind- oder Kindergartenpädagogik in das Curriculum der Schule für Geistigbehinderte einarbeiten. Bach wies zugleich aber auf Fehlerquellen eines solchen Vergleiches hin: es gibt partielle Entwicklungsspitzen; die Gesamtentwicklung ist insgesamt begrenzt; es entsteht ein Missverhältnis zwischen Können und Umwelterwartung bezüglich des Alters und der Körpergröße; Kinder und Jugendliche mit geistiger Behinderung weisen häufiger Verhaltensstörungen auf. Bei Jugendlichen und Erwachsenen verstellt eine solche Sicht die altersgemäßen Ansprüche und Motivationen. Deswegen wird die Bildung von Schulklassen grundsätzlich nicht nach dem Entwicklungsalter, sondern nach dem chronologischen Alter vorgenommen (vgl. auch Stuffer 1975, 13ff; Feuser 1981, 19f). Allenfalls bei jüngeren Kindern mit geistiger Behinderung ist ein erster Zugang zum Verhalten wie auch zu entsprechenden Förderungsmöglichkeiten durch den Vergleich mit der regelhaften Entwicklung hilfreich; so kann es zur Förderung der nichtsprachlichen Verständigung von nichtsprechenden Kindern nützlich sein, die vorsprachlichen Verständigungsweisen nichtbehinderter Kinder im ersten Lebensjahr mit heranzuziehen.
Als weiterer Gesichtspunkt wird in vielen Beschreibungen die Notwendigkeit umfangreicher, spezieller, pädagogischer und sonstiger Hilfen, die in vielen Fällen voraussichtlich lebenslang zu leisten sein werden, erwähnt. Geistige Behinderung ist eine Situation, die durch einen außergewöhnlichen Erziehungsbedarf gekennzeichnet ist und daher als besondere pädagogische Aufgabe dem Erzieher gegenübertritt (Speck 1993, 60f; Bach 1997, 77ff). Hahn (1981) beschreibt Behinderung als soziale Abhängigkeit, die sich auf alle Lebensbereiche bezieht; sie erweist sich dabei als eine Kategorie, welche die tatsächliche gesellschaftliche Abhängigkeit des behinderten Menschen beschreibt, aber auch seine subjektive Befindlichkeit kennzeichnet. Neben der Erschwerung der Identitätsfindung hat soziale Abhängigkeit die Tendenz, sich auf weitere Bereiche zu generalisieren. Die Prognose der lebenslangen besonderen Hilfen ermöglicht nicht nur die tatsächliche Bereitstellung solcher Hilfen, sondern birgt auch die Gefahr in sich, ein »Mehr« an sozialer Abhängigkeit zu erwirken.

5.2.6 Mehrfache Funktionsbeeinträchtigungen

Zuweilen wurde geistige Behinderung aufgrund empirischer Erhebungen als Mehrfachbehinderung interpretiert (Sondersorge 1967; Hill 1971; Buchka 1973; Hofmann 1973; Wallner 1973; Hartmann 1974; Liepmann 1979, 99f).

Die einzelnen Untersuchungsergebnisse sind jedoch nur begrenzt miteinander vergleichbar, weil die jeweiligen Personengruppen nicht in jedem Falle identisch waren, die Beeinträchtigungen nicht immer mit den gleichen Instrumenten untersucht wurden und teilweise nicht eindeutig zwischen konstitutiven und zusätzlichen Beeinträchtigungen unterschieden wurde. Konstitutive Bedingungen, die wesentlich zur geistigen Behinderung gehören, sollten nicht unbesehen im Sinne der Mehrfachbehinderung interpretiert werden; die sollte nur bei zusätzlichen schwerwiegenden Sinnes-, Sprach- oder körperlichen Beeinträchtigungen geschehen. Die vorgelegten Ergebnisse lassen unabhängig davon vermuten, dass Kinder mit geistiger Behinderung in nicht seltenen Fällen zusätzliche Schädigungen der Sinnesorgane oder der Bewegungsfähigkeit aufweisen. In Anlehnung an einen Einteilungsvorschlag der Weltgesundheitsorganisation (World Health Organization 1980) nach Schädigung (impairment), Funktionsbeeinträchtigung (disability) und Behinderung (handicap) ist es in solchen Fällen sinnvoller, von einer zwei- oder mehrfachen Funktionsbeeinträchtigung zu sprechen, die sich jedoch in einer einheitlichen Behinderung manifestiert. Solche Schülerinnen und Schüler befinden sich nicht nur in der Schule für Geistigbehinderte, sondern vor allem in Schulen für Körperbehinderte und für Sehgeschädigte, deren Schülerschaft mittlerweile fast zur Hälfte aus Schülerinnen und Schülern mit geistiger Behinderung besteht (Fischer 1992).

5.2.7 Einteilungsversuche

Die große Streubreite der Lernniveaus und des Leistungsverhaltens bei Personen mit geistiger Behinderung hat zu verschiedenen Einteilungsversuchen Anlass gegeben. Die AAMD hat geistige Behinderung in drei Grade vorrangig nach dem Intelligenzquotienten eingeteilt; dass eine solche Einteilung bedenklich ist, wurde schon angemerkt. Sinnvoller erscheint der Vorschlag von Speck (1993, 236f), leichte Formen von Durchschnittsformen und intensiven Formen zu unterscheiden, die jeweils andere erzieherische Ansprüche stellen. Schwer durchführbar ist auch die Unterteilung in schwere und schwerste geistige Behinderung, da sie eine Grenzziehung erfordert, für die kaum Kriterien zu finden sein dürften. Eine Unterscheidung im Hinblick auf die Interaktionsfähigkeit schlug Thalhammer (1977, 48ff) vor, indem er geistige Behinderung nach vier Dimensionen einteilte: eindrucks-, ausdrucks-, gewöhnungs- und sozial handlungsfähiges Geistigbehindertsein. Abgesehen von den Schwierigkeiten der Abgrenzung der einzelnen Dimensionen ist es hypothetisch, ein eindrucksfähiges Geistigbehindertsein anzunehmen, da die Eindrucksfähigkeit nur an der Ausdrucksfähigkeit erfasst werden kann; außerdem wird Handlungsfähigkeit erst relativ spät angesetzt.
Medizinische Einteilungen mögen ihre Berechtigung innerhalb der medizinischen Diskussion haben, für pädagogische Belange konnten sie bisher nicht fruchtbar werden. Dies gilt auch für die Bildung von Gruppen aus Kindern mit Down-Syndrom in psychologischen oder pädagogischen Veröffentlichungen. Es ist bisher nicht mit hinreichender Deutlichkeit gelungen, für diese Men-

schengruppe spezifische Verhaltensweisen aufzudecken oder spezifische pädagogische Ansprüche zu formulieren, die nicht für andere Kinder mit geistiger Behinderung in ähnlicher Weise gelten würden, ganz abgesehen davon, dass nicht alle Kinder mit Down-Syndrom dem Lernniveau der geistigen Behinderung zuzurechnen sind.
Alle Unterteilungen kranken letztlich an der Schwierigkeit, Grenzziehungen vornehmen zu müssen, aber auch an der Gefahr, dass durch die Zuordnung zu einer Gruppe Festschreibungen erfolgen, die eine angemessene Förderung beeinträchtigen können.

5.2.8 Anthropologische Aspekte

Insbesondere bei schwerer geistiger Behinderung wird häufig wie in der philosophischen oder pädagogischen Anthropologie die Frage nach dem Spezifikum des Menschseins gestellt. Bisherige anthropologische Bemühungen haben nicht sehr weit reichende Ergebnisse erbracht. Aus einer Literaturanalyse zur Anthropologie des »mongoloiden« Kindes folgerte Buchka (1972), dass es diese nicht außerhalb einer allgemeinen Anthropologie geben könne; Kinder mit Down-Syndrom seien keine besondere Rasse Mensch, für die besondere Merkmale und Kennzeichen gelten würden. Es sei grundsätzlich problematisch, eine Anthropologie der geistigen Behinderung zu konstituieren, die nicht in einer allgemeinen Anthropologie aufgehoben sei. Die Beschreibung der Seinsweise geistiger Behinderung als »kognitives Anderssein« bei Thalhammer (1977, 39ff) enthält die Gefahr, Menschen mit geistiger Behinderung einen Sonderstatus zuzuweisen, der von ihm sicher nicht so gedacht war; Anmerkungen dazu finden sich bei Elbert (1982) und Speck (1993, 44). Eine Analyse zur pädagogischen Anthropologie »Geistig-Schwerst-Behinderter« von Siegenthaler (1980; 1983) hatte zum Ergebnis, dass Menschsein wesentlich auf mitmenschliche Zuwendung angewiesen ist; Menschsein ist Zuwendungsbedürftigkeit, der ein gewisses Maß an Zuwendungsbereitschaft entsprechen muss.
Ist pädagogische Anthropologie darauf aus, bestimmte Merkmale, wie die Fähigkeit zur Sprache, zur kollektiven Arbeit oder Ähnliches festzulegen, muss sie scheitern, da eine Reihe von Menschen mit geistiger Behinderung, die diese Fähigkeiten nicht erworben haben, ausgeschlossen werden. Dies zeigt sich in der neueren Diskussion um die utilitaristische Ethik von Singer (1984; Kuhse, Singer 1993) in drastischer Weise, der Personsein an bestimmten Fähigkeiten wie denen zur Kommunikation, zum Bewusstsein, zur Bildung von Interessen festmacht und danach sich berechtigt glaubt, eine Entscheidung über Leben und Tod fällen zu können.
In der Sonderpädagogik werden in den letzten Jahren ähnlich wie in der allgemeinen Pädagogik zunehmend Fragen der Geschlechterdifferenz diskutiert (Warzecha 1996). In der Geistigbehindertenpädagogik wurden dazu von Friske (1995) erste Überlegungen auf der Basis von Interviews mit Frauen mit geistiger Behinderung angestellt. Es kann davon ausgegangen werden, dass Jungen bzw. Männer und Mädchen bzw. Frauen mit geistiger Behinderung unabhängig

von der Behinderung unterschiedlichen Sozialisationsbedingungen in der Familie, in Erziehungseinrichtungen und in Einrichtungen des Erwachsenenalters ausgesetzt sind, die zur Benachteiligung von Mädchen und Frauen führen können. Die derzeitige Datenbasis ist sicherlich noch relativ schmal, um schon weitreichende Schlussfolgerungen ziehen zu können (vgl. auch Reuther-Dommer, Dommer 1997; Czarski u.a. 1999). Eines scheint jedoch schon jetzt gesicherte Erkenntnis zu sein, dass nämlich Frauen und wahrscheinlich auch schon Mädchen mit geistiger Behinderung in höherem Maße als Jungen und Männer sexueller Gewalt ausgesetzt sind (Noack, Schmid 1994; Becker 1995; Klein, Wawrok, Fegert 1998).

5.2.9 Statistische Daten

Unterschiede bei der Beschreibung und Abgrenzung geistiger Behinderung relativieren die Erfassung der Häufigkeit von Menschen mit geistiger Behinderung und die dabei ermittelten Zahlenwerte. Bei Liepmann (1979, 34f) findet sich eine Zusammenstellung von ausländischen Untersuchungen der Häufigkeitsrate geistiger Retardierung. Die bundesrepublikanischen Schätzungen (a.a.O., 36ff) gruppieren sich im wesentlichen um 0,6% und beziehen sich überwiegend auf das Schulalter. Das gilt auch für die Untersuchung von Liepmann selbst (1979, 65ff), die für Schülerinnen und Schüler mit geistiger Behinderung mit einem Intelligenzquotienten unter 50 eine Häufigkeitsrate von 0,42%, bei einem Intelligenzquotienten gleich oder kleiner 60 eine Häufigkeitsrate von 0,76% ermittelte. Einen Wert von 0,7% ermittelten Cooper und Ort (1984) in ihrer Stichprobe. Berücksichtigt man alle Altersstufen, gelangt man zu niedrigeren Schätzraten, wie die Untersuchung von Thimm u.a. (1985, 96ff) zeigt, die von einer Häufigkeitsrate von 0,4% bis 0,5% ausgehen (vgl auch Thimm 1999; Wallner 1984 für Schweden). Die Häufigkeit ist in den einzelnen Altersbereichen unterschiedlich hoch, im schulischen Alter am höchsten, im vor- und nachschulischen Alter etwas niedriger. Nach den Berechnungen aufgrund offizieller Statistiken bei Kerkhoff (1980, 23) und Freiburg (1989) dürfte der Prozentsatz von 0,6 für den Schulbereich in Deutschland als Mindestwert derzeit realistisch sein; dieser Wert deckt sich auch mit einer finnischen Studie (Rantakallo, von Wendt 1986).

Nach den Grund- und Strukturdaten 1998/99 des Bundesministeriums für Bildung und Forschung (Dez. 1998, 70f) befanden sich 1997 in Klassen für Geistigbehinderte 60.736 Schülerinnen und Schüler. Da aus den Daten nicht zu ersehen ist, ob es sich dabei nur um Klassen in Schulen für Geistigbehinderte oder auch um Klassen für Geistigbehinderte in anderen Sonderschultypen handelt, kann die tatsächliche Zahl nicht endgültig ermittelt werden. Im ersten Fall müsste auch berücksichtigt werden, dass sich viele Schülerinnen und Schüler mit geistiger Behinderung und zusätzlichen Beeinträchtigungen in anderen Sonderschultypen neben der Schule für Geistigbehinderte befinden. Da diese Zahl nach einer Hochrechnung von Fischer (1992, 326) für die alten Bundesländer im Schuljahr 1989/90 ca. 7.000 betragen haben dürfte, müsste für das

Bundesgebiet insgesamt zum heutigen Zeitpunkt mit einer Zahl um 10.000 gerechnet werden. Zählt man die ca. 3.000 Schulpflichtigen mit geistiger Behinderung hinzu, die in Niedersachsen derzeit noch in Tagesbildungsstätten betreut werden, ergibt sich eine Gesamtzahl von über 70.000 Schülerinnen und Schülern mit geistiger Behinderung.
Ähnlich wie bei Schülerinnen und Schülern mit einer Lernbehinderung und anderen Behinderungsarten findet sich bei Menschen mit geistiger Behinderung ein geschlechtsspezifisches Ungleichgewicht; auf drei männliche behinderte Personen kommen zwei weibliche. Eine Reihe von Untersuchungen belegen dieses Verhältnis: 58,7% : 41,3% bei Eggert (1972,74f); 58,4% : 41,6% für das Untersuchungsjahr 1977 bei Kerkhoff (1980); 59,1% : 40,9% bei Liepmann (1979, 69f) (vgl. auch Thimm 1990). Vermutungen zur Erklärung dieses Unterschiedes beziehen sich auf die höhere körperliche Anfälligkeit des männlichen Geschlechts sowie auf die Erfahrung, dass Mädchen anpassungsfähiger sind und ihre Eingliederung leichter erfolgen kann.
Im Gegensatz zur Lernbehinderung fällt geistige Behinderung relativ früh auf. Nach den Angaben von Eggert (1972, 82f) fiel der Verdacht auf eine mögliche spätere geistige Behinderung bei etwa einem Fünftel der untersuchten Kinder schon bei der Geburt auf, häufig in den ersten drei Lebensjahren und dann wieder bei Schuleintritt; die letzte Angabe ist offenbar auf den relativ hohen Anteil von Kindern mit Lernbehinderung in der Gesamtstichprobe von Eggert zurückzuführen. In der Untersuchung von Schmitz (1976, 58) fiel bei einem Drittel der Kinder die zu geistiger Behinderung führende Schädigung gleich nach der Geburt auf, insbesondere wenn es sich um eine schwierige Geburt oder um Fehlbildungen sowie um Down-Syndrom handelte, bei etwa 60% der untersuchten Kinder erst im Laufe der nächsten Jahre.

5.3 Zur Entstehung geistiger Behinderung

5.3.1 Hirnorganische Bedingungen

Man kann grundsätzlich davon ausgehen, dass an der Entstehung geistiger Behinderung hirnorganische Schädigungen, Fehlbildungen oder Fehlfunktionen maßgeblich sind. Solche schädigenden Einflüsse sind nicht immer, aber in vielen Fällen nachweislich beteiligt. Der fehlende Nachweis einer Hirnschädigung berechtigt jedoch nicht zu der Behauptung, dass keine vorläge.
Schmidt (1979) bevorzugt gegenüber dem statischen Konzept der Hirnschädigung, das am Defekt orientiert ist, das der Hirnfunktionsstörung, welches den prozesshaften Charakter der Schädigung betont. Auch für Hirnfunktionsstörungen gelte die Abhängigkeit von schädigenden Einflüssen ebenso wie von den Umweltbedingungen, unter denen sich das geschädigte Hirnsystem entwikkelt. Ein Teil der Folgesymptome könne als Reifungsdefizit und nicht als unbeeinflussbarer Defekt betrachtet werden. Reifung sei zwar endogen gesteuert, aber bestimmte Bedingungen könnten sie fördern; das Gehirn sei ein Organ, das sich durch seine Funktion in seiner Gesamtentwicklung selbst beeinflusse.

Eggert (1972, 80ff) fand in seiner Stichprobe von 1.209 Kindern, die aus heutiger Sicht jedoch nicht mehr hinreichend repräsentativ ist, lediglich bei 33% genauere Angaben über eine hirnorganische Schädigung. Auch Liepmann (1979, 100f) stellte einen ähnlichen Prozentsatz für die Angabe genauer Diagnosen fest, nämlich 31,8%, wobei 4,1% nicht eindeutig für eine Hirnschädigung sprachen. Ohne nähere Angaben wurden Hirnschäden in 22,9% der Gesamtgruppe von 323 Kindern diagnostiziert; für den Rest von 45,3% wurden keine Angaben gemacht. In einer Nachuntersuchung waren etwa 21% aller Schülerinnen und Schüler mit geistiger Behinderung als sicher hirngeschädigt ausgewiesen worden. Von den Schülerinnen und Schülern mit einem Intelligenzquotienten kleiner als 50 waren es 34,3% im Gegensatz zu nur 7,4% hirngeschädigten Kindern bei einem Intelligenzquotienten von 50 und höher; dieser Unterschied erwies sich als hoch signifikant. Mit sinkendem Intelligenzquotienten nimmt offensichtlich die Wahrscheinlichkeit des Nachweises einer Hirnschädigung als Mitverursachung der geistigen Behinderung zu. Auch bei dieser Untersuchung ist jedoch ein Teil der einbezogenen Kinder nach heutigen Kriterien nicht mehr zur Gruppe der Kinder mit geistiger Behinderung zu zählen.
Bei einer Untersuchung von Sander und Sander (1979) an 65 Schülerinnen und Schülern mit geistiger Behinderung konnte bei etwa der Hälfte eine Hirnschädigung ermittelt werden. Die durchgeführte Faktorenanalyse erbrachte drei Bedingungsfaktoren, von denen zwei als somatisch-organische Faktoren interpretiert wurden; ein Faktor betraf sinnesphysiologische und organische Fehlfunktionen und Störungen sowie damit einhergehende Intelligenzminderungen, ein anderer war gekennzeichnet durch ungünstige prä- und perinatale Bedingungen, insbesondere Geburtskomplikationen (vgl. auch Neuhäuser 1984) und Krankheit der Mutter während der Schwangerschaft. Die Autoren folgerten, dass bei der Genese geistiger Behinderung somatische Faktoren eine erheblich determinierende Rolle spielen. Gestützt wird diese These auch durch die Ergebnisse bei Cooper und Ort (1984, 89ff); von 100 Schülerinnen und Schülern mit einem Intelligenzquotienten von unter 50 waren 48,2% schwer und 29,4% leicht neurologisch auffällig.
Auch bei Menschen mit autistischem Verhalten auf dem Lernniveau der geistigen Behinderung ist offenbar in hohem Maße mit neurologischen Auffälligkeiten im prä-, peri- und postnatalen Stadium sowie mit Anfallsleiden zu rechnen, wie aus einer Erhebung von Laxer, Rey und Ritvo (1988) hervorgeht. Spezifische Hirnschädigungen konnten nicht gefunden werden.
Hirnfunktionsstörungen, die an der Entstehung geistiger Behinderung nachweislich beteiligt sind, können sein (Neuhäuser 1999, 110ff):

- chromosomal verursachte; die bekannteste ist die Trisomie 21, auch Down-Syndrom genannt (Pueschel 1995);
- metabolisch-genetisch verursachte;
- exogen bedingte; sie lassen sich nach dem Zeitpunkt der Entstehung einteilen in
  - pränatale (vorgeburtliche): bedingt durch Infektionen (z.B. Virusinfektionen), Strahlen und Medikamente, Alkoholmissbrauch, Störungen der

Schwangerschaft, misslungene mechanische Unterbrechungen der Schwangerschaft, Frühgeburtlichkeit, Blutgruppenunverträglichkeit (z.B. Rhesusfaktor-Unverträglichkeit) u.a.;

- perinatale (während der Geburt): hervorgerufen insbesondere durch Hirnblutungen und Sauerstoffmangel sowie
- postnatale (nachgeburtliche): hervorgerufen durch chemische und physikalische Einwirkungen, z.B. Schädelverletzungen insbesondere nach Verkehrsunfällen, Hirn- oder Hirnhautentzündungen u.a.

Im Gefolge von Hirnschädigungen treten nicht selten auch leichtere oder schwerere Anfallsleiden auf, wobei die Häufigkeit von Anfällen mit der Schwere der geistigen Behinderung zunimmt (Neuhäuser 1982).
Nach Schmidt (1979) ist es bisher noch nicht durchgängig gelungen, Korrelate zwischen Hirnsubstrat, Hirnfunktion und Verhalten zu finden, so dass bei sonderpädagogischer Diagnostik und Förderung hirnorganische Befunde bislang nicht entscheidend berücksichtigt werden können. Zum einen ist es nicht in allen Fällen möglich, Art und Schwere einer Hirnfunktionsstörung eindeutig zu diagnostizieren; zum anderen muss eine Hirnfunktionsstörung nicht zwangsläufig zu einer Beeinträchtigung der Lernfähigkeit führen. Erste Ansätze dazu im Zusammenhang mit genetischen Syndromen entwickelte Sarimski (1997). Unabhängig davon sind die Folgen einer Hirnfunktionsstörung auf die Lernfähigkeit immer auch vom sozialen Umfeld abhängig; eine hypothetisch angenommene gleich schwere und gleichartige Hirnfunktionsstörung wird je nach Art des sozialen Umfeldes als mehr oder weniger schwere Lernbeeinträchtigung in Erscheinung treten. Andererseits kann man davon ausgehen, dass bei vielen Kindern mit geistiger Behinderung keine Hirnfunktionsstörungen nachweisbar sind; dabei darf aber nicht grundsätzlich angenommen werden, dass keine Hirnfunktionsstörung vorläge.

5.3.2 Soziokulturelle Bedingungen

Nicht bei allen Menschen mit geistiger Behinderung können hirnorganische Schädigungen nachgewiesen werden; es bleibt ein Rest, bei dem die Entstehungsbedingungen unklar sind: Liegen Hirnfunktionsstörungen vor, die nicht nachgewiesen werden können oder ist die geistige Behinderung allein durch soziale Beeinträchtigungen entstanden? Es ist davon auszugehen, dass geistige Behinderung grundsätzlich durch Hirnfunktionsstörungen bedingt ist, dass aber Umweltfaktoren an der Entstehung indirekt und bei der Ausprägung der Schwere der Behinderung direkt beteiligt sind.
Maßgebliche Autoren nehmen an, dass bei der Entstehung und Ausprägung geistiger Behinderung auch die gesellschaftlichen Bedingungen eine Rolle spielen. Speck (1993, 51ff) kommt zu dem Ergebnis, dass die soziale Situation, verkörpert durch das System und die Qualität sozialer Hilfen, durch die Einstellungen der Umgebung und die familiale Situation, das Bild der geistigen Behinderung maßgeblich mitprägen. Bach (1997, 72ff) weist auf soziale Be-

nachteiligungen hin, die an der Entstehung geistiger Behinderung beteiligt sein können: ungünstige materielle Bedingungen wie mangelhafte Wohnverhältnisse, ungünstige kulturelle Bedingungen wie fehlende oder unzureichende Erziehungseinrichtungen, ungünstige sozialpsychische Bedingungen wie Ablehnung und Stigmatisierung, ungünstige Lernbedingungen, mangelnde Lerngelegenheiten und Überforderungen. Diese Faktoren können sich wechselseitig in ihrer beeinträchtigenden Wirkung potenzieren und unter Umständen geistige Behinderung überwiegend hervorrufen. Zusammenfassend geht er jedoch davon aus, dass es teils unzureichend, teils falsch sei, geistige Behinderung vorwiegend als hirnorganische Schädigung oder als gesellschaftliche Benachteiligung zu verstehen; er rät, die Vielfalt der Bedingungen aus dem somatischen wie dem sozialen Bereich für die Entstehung geistiger Behinderung zu berücksichtigen.
Während Kinder und Jugendliche mit Lernbehinderung überwiegend aus der unteren Sozialschicht stammen, gilt dies nicht in gleichem Maße für die Gruppe der Kinder und Jugendlichen mit geistiger Behinderung. Jedoch zeigten Untersuchungen, dass der Anteil der unteren Sozialschichten unerwartet hoch liegt (Hofmann 1979; Liepmann 1979, 72; Eggert, Meywirth, Titze 1980; Cooper, Ort 1984, 97ff). Sander und Sander (1979) haben in ihrer Untersuchung neben dem somatisch-organischen auch einen sozialen Faktor ermittelt, den sie kennzeichnen durch die Merkmale »Kinderreichtum«, »geringes Statusniveau der Familie«, »familiäre Belastungsmomente« wie Zerrüttung der Familie, Scheidung oder Tod eines Angehörigen, elterliches Desinteresse an schulischen Belangen, eine längere Zeitdauer bis zu einer angemessenen schulischen Platzierung sowie die »mangelnde Inanspruchnahme von Leistungen öffentlicher und privater Gesundheitsdienste«.
In noch schärferer Form haben Jantzen (1980, 66f, 78f) und Feuser (1981, 123ff) die Auswirkungen sozialer Benachteiligung bei der Entstehung der geistigen Behinderung hervorgehoben. Sie beschreiben die Situation von Kindern mit geistiger Behinderung als hochgradige Isolation von der Aneignung des gesellschaftlichen Erbes auf der Grundlage einer hirnorganischen Schädigung. Diesem Denkmodell liegt die These zugrunde, dass sich die Ausformung der hirnphysiologischen Grundlagen im Wechselspiel mit der Ausformung der Denk- und Handlungsfähigkeit bzw. der Aneignung des gesellschaftlichen Erbes vollzieht.
Als vorerst utopisch ist jedoch die Vorstellung zu betrachten, dass geistige Behinderung aufgrund der Plastizität der funktionalen Hirnorgane und durch eine angemessene Erziehung, Bildung und Therapie jederzeit und prinzipiell überwindbar sei (Feuser 1981, 130f). Die Plastizität der Hirnorgane ist an Möglichkeiten der strukturellen Ausformung gebunden, die bei massiven Hirnfunktionsstörungen nicht mehr in dem erwünschten Maße gegeben sein können; es gibt hirnorganische Schädigungen, die auch bei optimaler Förderung, sozioökonomischer Situation und Integration nicht hinreichend kompensiert werden können. Andererseits kann ein Leben unter den Bedingungen der Isolation katastrophale Auswirkungen haben, wie Beschreibungen extremer Hospitalisierung durch Spitz, Bowlby u.a. (Schmalohr 1968) gezeigt haben, die zu Retar-

dierungen im sozialen und kognitiven Bereich bis zum Niveau einer geistigen Behinderung führen kann.

6. Pädagogische Beurteilung

6.1 Aufgaben

Die Aufgaben pädagogischer Beurteilung bei geistiger Behinderung orientieren sich an pädagogischen Aufgaben und sind daher an Entscheidungen der Zuweisung zu sonderpädagogischen oder allgemeinen Einrichtungen und im Rahmen der Planung, Durchführung und Kontrolle von Lern-, Lehr- und Erziehungsprozessen anzusiedeln. Diagnostische Ergebnisse für sich allein können nicht Grundlage von Zielsetzungen sein; sie werden erst sinnvoll im Rahmen von vorab getroffenen Zielentscheidungen. Beurteilungen sind vorrangig notwendig zur Feststellung des sonderpädagogischen Förderbedarfs

- bei der Analyse der individuellen Lernsituation und des individuellen Lernstandes, um auf dieser Grundlage Maßnahmen der Erziehung möglichst effektiv festzulegen,
- bei der Platzierung in eine allgemeine oder sonderpädagogische Institution, aber auch bei der Überweisung von einer pädagogischen Einrichtung in eine andere, und bei der in zeitlichen Abständen zu wiederholenden Überprüfung getroffener Platzierungsentscheidungen.

Letztlich geht es pädagogischer Beurteilung darum, optimale Voraussetzungen für Lernprozesse zu schaffen und deren Effektivität zu kontrollieren (Dittmann 1971; Moog 1981, 14ff; Wohlfarth 1983, 247; Schmitz 1985).

Solchen Fragestellungen kann weder das Modell der kausalorientierten medizinischen Diagnostik, der es primär um die Feststellung von Schädigungsbildern oder körperlichen Defekten geht, noch das traditionelle Modell der normorientierten psychologischen Diagnostik, die das untersuchte Verhalten an der Norm einer Bezugsgruppe bewertet, hinreichend gerecht werden. Dazu bedarf es eines diagnostischen Modells, das an Kriterien orientiert ist, die sich auf individuelles Verhalten beziehen (Eggert 1975; 1979, 394ff; Müller 1982, 39ff; Bremer-Hübler, Eggert 1999). Eine solche Förderungsdiagnostik ist noch nicht erreicht mit der Forderung nach einer mehrdimensionalen Psychodiagnostik, die neben der Messung der Intelligenz auch die soziale Anpassung und die Psychomotorik beurteilt; sie muss vielmehr all jene Bereiche umfassen, in denen Lernziele angestrebt werden (Strasser 1993).

Pädagogische Beurteilung kann sich daher nicht nur auf standardisierte Tests, geschweige denn nur auf Intelligenztests, die in der Mehrzahl Vergleiche mit Gruppen nichtbehinderter Personen anstellen, begnügen, sondern muss weitere Verfahren und Möglichkeiten der Informationsgewinnung einbeziehen. Dazu gehören die Erhebung der bisherigen Sozialisation durch Gespräche mit den Eltern und Erziehungspersonen, die Einsichtnahme in Entwicklungsberichte und Gutachten, aber auch die Verhaltensbeobachtung und im Hinblick auf bestimmte Lernbereiche oder -funktionen halbstandardisierte Tests sowie Beobachtungs- und Beurteilungsverfahren.

6.2 Erhebung der Vorgeschichte und Verhaltensbeobachtung

Die Erhebung der Vorgeschichte liefert Informationen über die bisherige Entwicklung und Sozialisation des behinderten Menschen, soweit sie für pädagogische Fragestellungen von Belang sind; dies schließt Informationen über seine Lebensbedingungen mit ein. Als Informanten kommen all jene Personen in Frage, die wesentliche Aussagen über die Entwicklung und Sozialisation machen können.

Nach Moog (1981, 19ff) kann die Erhebung der Vorgeschichte mehrere Funktionen erfüllen. Die gewonnenen Informationen ermöglichen es, die weitere Untersuchung gezielt auf bestimmte Bereiche zu lenken und dabei Hypothesen über die Beurteilung von Lerndefiziten und Lernmöglichkeiten zu erstellen. Bei der Interpretation und Einordnung weiterer Untersuchungsdaten können anamnestisch gewonnene Daten die Deutung von Einzeldaten im Rahmen der individuellen Sozialisation erleichtern. Schließlich gestattet die Erhebung der Vorgeschichte eine bessere Beurteilung der Bedingungen und Möglichkeiten, unter denen Fördermaßnahmen realistisch durchgeführt werden können. Fehlerquellen, denen die Erhebung der Vorgeschichte sowohl auf der Seite der Befragenden wie auch auf seiten der Befragten unterworfen sein können, stellen ihren Wert nicht grundsätzlich in Frage, sofern die gewonnenen Daten mit der gebotenen Vorsicht behandelt werden. Allgemeine Hinweise zur Durchführung der Erhebung der Vorgeschichte finden sich bei Schmidt und Keßler (1976).

Die Verhaltensbeobachtung von der Gelegenheits- bis zur systematischen Beobachtung lässt sich als Instrument zur Datengewinnung aus der Erziehung und Bildung von Menschen mit geistiger Behinderung nicht wegdenken. Sie muss vor allem da eingesetzt werden, wo noch keine Tests entwickelt worden sind oder sich grundsätzlich keine standardisierten Verfahren eignen. Ihr Vorteil liegt darin, dass man im Alltag vorkommendes Verhalten registrieren und in seinem Kontext interpretieren kann. Wie die Erhebung der Vorgeschichte kann sie der Gewinnung und Überprüfung von Hypothesen über bestimmte Verhaltensweisen sowie über begünstigende oder hemmende Faktoren dienen. Sie spielt eine besondere Rolle bei der Bewertung und Einschätzung des Unterrichtsgeschehens sowie begleitend bei der Durchführung standardisierter Verfahren als Voraussetzung zur Interpretation und Kontrolle der Ergebnisse.

Probleme entstehen da, wo komplexes, schnell ablaufendes oder mehrfach bedingtes Verhalten beobachtet werden soll, wenn gewonnene Daten überinterpretiert werden oder die Beobachtungsmerkmale allzusehr negatives Verhalten hervorkehren und eine umfassende Erhebung des Verhaltensrepertoires vernachlässigen. Der Vorteil der Verhaltensbeobachtung gegenüber anderen Verfahren liegt u.a. darin, dass die gesamte Breite psychischer Funktionen wie Motorik, Wahrnehmung, Sprechen, Arbeitsstil, aber auch die Kompetenzen zur Bewältigung unterschiedlicher Lebenssituationen erfasst werden können (Moog 1981, 38ff; Müller 1982, 105ff; Wohlfarth 1983, 269ff).

6.3 Beobachtungs- und Beurteilungsbögen

Beobachtungs- und Beurteilungsbögen sind systematisch geordnete Listen von Fragen oder Aussagen, die einen bestimmten psychischen Funktionsbereich oder den Bereich eines Lehr- oder Erziehungsangebotes erfassen sollen; bei Einschätzungsskalen wird auch der Grad der Ausprägung bewertet. Beobachtungs- und Beurteilungsbögen können auch im Rahmen der Erhebung der Vorgeschichte oder zur Verhaltensbeobachtung eingesetzt werden. Mit ihnen erlangt man in kurzer Zeit einen Überblick über die erreichten Fertigkeiten und erhält durch wiederholte Befragungen oder Beobachtungen Grundlagen für systematische, kontrollierte Förderungsmaßnahmen. Werden die festgestellten Verhaltensweisen in ein Lernprofil oder -diagramm übertragen, können mit einem Blick die Stärken und Schwächen des behinderten Menschen registriert werden. Da die vorliegenden Beobachtungs- und Beurteilungsbögen kaum qualitative Aspekte, z.B. Aussagen zu Stimmungen und Motivation, Problemverhalten, und selten die besonderen Erfordernisse einer bestimmten Befragungs- oder Beobachtungsaufgabenstellung berücksichtigen, ist es zuweilen notwendig, Frage- oder Beobachtungskataloge im Hinblick auf die jeweilige Aufgabenstellung selbst zu konstruieren (Müller, Kane, Kane 1978, 319ff; Müller 1982, 64ff).
Im folgenden werden einige gebräuchliche Beurteilungsskalen kurz vorgestellt. Dazu gehören u.a. die P-A-C-Bögen von Günzburg (1978; P-A-C Handbuch 1977; S/P = P-A-C Leitfaden 1980). P-A-C ist die Abkürzung für »Pädagogische Analyse und Curriculum« (»Progress Assessment Chart«). Folgende Bereiche werden überprüft:

- Selbsthilfe (Tischmanieren, Bewegungsfähigkeit, Toilettengang und Waschen, Anziehen),
- Verständigungsvermögen (Sprache, Unterschiede, Zahlenbegriffe, Tätigkeiten mit Papier und Bleistift),
- Beschäftigung (Grobmotorik, Fingerfertigkeit),
- Sozialanpassung (häusliche Tätigkeiten, Spielen).

Die Eintragungen ergeben das »Sozialbild« der jeweils Beurteilten. Die Frage nach der Einpassung bzw. Erträglichkeit, soll im »Persönlichkeitsbild« erfasst werden. Es ist normiert, wobei drei die Toleranzschwelle der Gemeinschaft darstellt, fünf ist dasjenige Benehmen, das empfehlenswert ist. Aus heutiger Sicht wie aus grundsätzlichen Erwägungen ist eine solche Normierung bedenklich (Bollinger-Hellingrath 1981), womit nicht die Notwendigkeit der Vermittlung von Fähigkeiten des Sich-zurechtfindens in einer Gruppe geleugnet werden soll.
Es gibt mehrere P-A-C-Formen:

- P = P-A-C (Primäre Pädagogische Analyse und Curriculum) für jüngere Kinder und ältere mit schwerer geistiger Behinderung mit ca. 130 Entwicklungsschritten und dem dazugehörigen

- P = P-E-I (Primärer Pädagogischer Einschätzungsindex = Persönlichkeitsbild), das einen quantitativen Vergleich mit nichtbehinderten Kindern bis zu drei Jahre ermöglicht.
- S/P = P-A-C mit 181 Entwicklungsschritten für Menschen mit schwerster geistiger Behinderung (Leitfaden 1982).
- P-A-C 1 für die Überprüfung sozialer Fertigkeiten im Schulalter von 6 bis 16 Jahren mit dem dazugehörenden P-E-I 1.
- P-A-C 1 A ist die Fortführung des P-A-C 1 vor allem für Ziele der Sozialerziehung.
- M = P-A-C 1 ist eine Spezialform für Kinder mit Down-Syndrom von 6 bis 15 Jahren mit dem dazugehörenden M = P-E-I.
- P-A-C 2 gilt für Heranwachsende und Erwachsene mit dem dazugehörenden P-E-I 2. Nach Bollinger-Hellingrath (1981) ist diese Form für den Einsatz des Selbständigkeitstrainings in Wohnstätten geeignet, jedoch sind einzelne Bereiche zu wenig differenziert.

Diagnosebögen zum Zwecke der Förderung schwer körperbehinderter Kinder sind im Versuch zur Förderung schwerstbehinderter Kinder des Rehabilitationszentrums in Landstuhl entwickelt worden. Fröhlich (Begemann, Fröhlich, Penner 1979, 114ff) konzipierte einen Diagnosebogen zu einer kurzen Bestandsaufnahme in allen für die Förderung relevanten Bereichen wie Wahrnehmung, Motorik, Selbständigkeit im Essen, Sozialbereich, Reflexe, statische Funktionen. Ausführlicher und zur fortlaufenden Kontrolle vorgesehen ist der Entwicklungsbogen zur Förderdiagnostik bei Schwerstbehinderten von Fröhlich und Haupt (Haupt, Fröhlich 1982, 145ff); er enthält Fragen zu den Bereichen: Beziehung zwischen Mutter/Betreuer und Kind, Reaktion des Kindes auf Ansprache und auf äußere Reize (u.a. Hören und Sehen), Manipulation mit den Händen, Bewegungen des ganzen Körpers, Trinken und Essen. Ein vergleichbares diagnostisches Instrumentarium für Kinder mit schwerer geistiger Behinderung haben Franger und Pfeffer (1983) entwickelt. Es enthält zur Erhebung der Vorgeschichte einen Eltern-, Erzieher- und Therapeuten-Fragebogen, einen Erhebungsbogen für körperliche und psychische Merkmale sowie eine Sammlung von Aufgaben zur senso- und psychomotorischen Funktionstüchtigkeit. Von Mitarbeitern der Mosbacher Anstalten ist ein »Entwicklungsbogen für Schwerstbehinderte« (Arbeitsgemeinschaft 1986) zur Erfassung der Fähigkeiten in den Bereichen der Wahrnehmung, Grob- und Feinmotorik, Sozialkontakt, Kommunikation, Selbsthilfe, Konzeptbildung, positives und negatives Verhalten vorgelegt worden. An dieser Stelle ist auch das TARC-Verfahren (Niedermann, Müller, Simmen 1986) einzuordnen. Grundsätzliche Fragen der Diagnostik bei schwerer geistiger Behinderung hat Müller (1985) diskutiert.
Zur Erfassung der sensomotorischen Kompetenz (Piaget) sind mehrere Verfahren konzipiert worden. Bibl (1980) konnte zeigen, dass die bei Erwachsenen mit schwerer geistiger Behinderung durchgeführten, auf Piagets Entwicklungstheorie aufbauenden Skalen von Uzgiris und Hunt (1975) für die sensomotorische Phase zu förderungsrelevanten diagnostischen Entscheidungen führen

können; ein näherer Nachweis dieser Hypothese für die Alltagspraxis steht jedoch noch aus (Sarimski 1982). Sarimski (1987) hat diese Skalen für den deutschen Sprachraum bearbeitet. Weitere Verfahren zur Überprüfung der sensomotorischen Intelligenz haben Wohlfarth (1986; 1987), Bigger (1987) und Hennige u.a. (1988) entwickelt.
Von Holtz u.a. (1982; 1984) ist ein Inventar zur Erfassung der kognitiven, praktischen und sozialen Kompetenz für das Schulalter (7 bis 16 Jahre) mit 152 Aufgaben u.a. zu den Bereichen Motorik, Wahrnehmungsdifferenzierung, Selbstversorgung, Umweltorientierung, Kulturtechniken und Lernverhalten, Sprache und Sozialverhalten entwickelt und erprobt worden (HKI – Heidelberger Kompetenz-Inventar). Untersuchungen haben ergeben, dass diese Kompetenzskala inhaltsvalide ist und eine hohe Beurteilungsobjektivität aufweist. In einer Faktorenanalyse sind drei Faktoren ermittelt worden: Selbstversorgung, soziale Anpassung und aktive Umweltbewältigung. Für schulische Ansprüche geeignet sind auch die Überlegungen von Fischer (1991).
Zur Verlaufsmessung (Müller, Kane 1978, 327f; Müller 1982, 92ff) vorgesehen sind die im Zusammenhang mit Übungsprogrammen anzuwendenden Beurteilungsverfahren von Liljeroth und Nimeus (1973) für die Bereiche Kleidung, Essen, Hygiene, visuelle Unterscheidung, verbales Vermögen und Motorik sowie von Schmitz (1976) zu den Bereichen Essen und Trinken, Kleiden, Körperpflege, Toilettentraining, unerwünschtes Verhalten, Sprachanbahnung und praktische Hilfen im Alltag. Anspruchsvoller in der Protokollierung, in der Kontrolle der Hilfen, der Verstärker und des Therapeutenverhaltens sowie in der Auszählung und Bewertung sind Bögen zur Verlaufsmessung von Kane und Kane (1978) für die Bereiche Lenkbarkeit, Sauberkeit, An- und Ausziehen sowie Essen. Kritische Anmerkungen zu diesen Verfahren sind bei Müller (1982, 92ff) nachzulesen (Zur Überprüfung lebenspraktischer Fertigkeiten vgl. auch Browder 1987).
Die Beurteilungsbögen sind auf ein breites Spektrum von Fähigkeiten und Fertigkeiten insbesondere aus dem lebenspraktischen Bereich angelegt. Dazu gehört auch die Kurzform der »Vineland Social Maturity Scale« (VSMS) von Lüer, Cohen und Nauck (1972) in Anlehnung an einen amerikanschen Beurteilungsbogen von Doll aus dem Jahre 1936. Dieser erfasst neben lebenspraktischen Fähigkeiten auch soziale Fertigkeiten und ist für das 7. bis 12. Lebensjahr normiert (vgl. auch Eggert, Betcke 1972).
Zur Erfassung des sozialen und emotionalen Bereichs ist der »Verhaltensfragebogen für geistig und lernbehinderte Heimkinder« (VFHK) von Stahl (1980) geeignet. Er soll nach Angaben des Verfassers Selbständigkeit und Ausdauer, Durchsetzungsfähigkeit, Kommunikations- und Kooperationsbereitschaft mit Erwachsenen und Kindern sowie Unsicherheit und psychische Labilität überprüfen. Diese vier Dimensionen sind nach Angaben des Verfassers statistisch gut abgesichert und überschneiden sich nicht mit bereits bestehenden Verfahren; der Fragebogen soll ferner eine hohe Differenzierungsfähigkeit bezüglich der Merkmale eines möglichen hirnorganischen Psychosyndroms besitzen.

Müller, Kane und Kane (1978, 332ff) haben einen nicht standardisierten Fragebogen zur Erfassung von unerwünschtem oder Problemverhalten bei Kindern mit schwerer geistiger Behinderung entworfen. Er erfasst Störverhalten beim Alleinsein, gegen Erwachsene und Kinder sowie sonstiges Störverhalten. Befriedigende Gütekriterien haben Hacke u.a.(1980) für den Aggressionsfragebogen für geistig Behinderte ermittelt; die 48 Punkte des Fremdbeobachtungsbogens erfassen in 28 Punkten aggressives Verhalten, in 15 Punkten selbstverletzendes Verhalten und 5 Punkte dienen der Kontrolle. Bei der Untersuchung der Beurteilungsübereinstimmung in einem Persönlichkeitsfragebogen zu den Bereichen Geltungsbedürfnis, Wunsch nach Zuwendung, Ordnungsbedürfnis, Trotzverhalten, Unruhe und Einordnen in die Gruppe haben Hofer, Krauss und Eggert (1972) festgestellt, dass aufgrund der geringen Übereinstimmung die diagnostische Brauchbarkeit dieses Fragebogens nicht allzu hoch eingeschätzt werden darf. Im Anschluss an dieses Ergebnis stellen die Autoren die grundsätzliche Frage, ob solche Verfahren bei Kindern mit geistiger Behinderung eingesetzt werden können.
Ähnlichen Aufgabenstellungen wie Fragebögen können Situationsproben (Müller, Kane, Kane 1978, 324ff; Müller 1982, 77ff) dienen. Sie sollen zur Erleichterung der Planung erzieherischer Maßnahmen Fähigkeiten genauer als der Fragebogen erfassen und damit präzisere Überprüfungsmöglichkeiten schaffen; sie sind somit direkter in den Lehrplan integriert. Durch die Beobachtung in Alltagssituationen oder eigens zugerüsteten Testsituationen, verbunden mit der fortlaufenden Protokollierung in der jeweiligen Situation, sollen insbesondere lebenspraktische und soziale Verhaltensweisen überprüft werden.

6.4 Entwicklungsverfahren

Die Entwicklungsverfahren beziehen sich vor allem auf das Alter von null bis sechs Jahren und sind geeignet zur Ermittlung einer schnellen Grobeinschätzung des Entwicklungsstandes behinderter Klein- und Vorschulkinder; mit Einschränkungen sind sie auch bei älteren Kindern mit schwerer geistiger Behinderung durchführbar. Ihre testtheoretische Fundierung lässt jedoch häufig viele Wünsche offen (Moog 1981, 80ff).
Eines der ersten Entwicklungsverfahren war der »Bühler-Hetzer-Kleinkinder-Test« (BHKT) von Bühler und Hetzer (1972). Er ist ein Entwicklungsverfahren für das erste bis sechste Lebensjahr und überprüft die Verhaltensbereiche sinnliche Rezeption, Körperbewegung, Sozialität, Lernen, Materialbeherrschung und geistige Produktion. Die jeweils angebenen Mittelwerte in den einzelnen Altersstufen sind jedoch nicht hinreichend auf ihre Repräsentativität überprüft.
Der Früherkennung von Entwicklungsverzögerungen und Behinderungen dienen die Denver-Entwicklungsskalen (DES), die von Flehmig (1973; 1977) für deutsche Verhältnisse normiert worden sind. Es handelt sich um einen Suchtest mit 105 Aufgaben zum persönlich-sozialen Bereich, zur Feinmotorik und Ad-

aption, zur Sprache und zur Grobmotorik vom ersten bis zum sechsten Lebensjahr, wobei die ersten beiden Lebensjahre am stärksten differenziert sind. Er ist in relativ kurzer Zeit durchzuführen und soll Unregelmäßigkeiten erfassen, um gezielt weitere Verfahren einsetzen zu können. Die Skalen sind auch in der Arbeit mit älteren Menschen mit schwerer geistiger Behinderung brauchbar (Schmitz 1978). Die Bayley-Skalen haben sich nach Jähnichen (1982) als ein brauchbares Verfahren zur Feststellung der kognitiven Entwicklung bei Kleinkindern mit geistiger Behinderung erwiesen.
Eine ähnliche Funktion – Grobdiagnostik von Störungen und Behinderungen im ersten bis vierten Lebensjahr – sollen die von Kiphard (1977a) entworfenen »Entwicklungsgitter« erfüllen. Das sensomotorische Entwicklungsgitter erfasst die Funktionsbereiche visuelle Wahrnehmung, Handgeschick, Körperkontrolle, Sprache und auditive Wahrnehmung mit je 48 Aufgaben, das psychosoziale Entwicklungsgitter mit 48 Aufgaben überprüft den Sozialkontakt. Über die Normierung des Verfahrens werden keine genauen Angaben gemacht.
Stärker aus medizinischer Sicht konzipiert ist die Münchener »Funktionelle Entwicklungsdiagnostik« für das erste Lebensjahr (Hellbrügge u.a. 1978) mit den Bereichen Krabbeln, Sitzen, Laufen, Greifen, Perzeption, Sprechen, Sprachverständnis und soziales Verhalten – nach Hellbrügge die acht wichtigsten psychomotorischen Funktionen im Säuglingsalter. Zur Durchführung und Interpretation bestimmter Aufgaben ist medizinisches Wissen und Können erforderlich; es ist daher ratsam, den entsprechenden Bildband (Hellbrügge, von Wimpffen 1976) heranzuziehen. Bei der Entwicklungsdiagnostik des zweiten und dritten Lebensjahres entfallen Krabbeln und Sitzen (Coulin u.a. 1977).
Ebenfalls für die Frühförderung vorgesehen sind die Diagnosebögen von Straßmeier (1979) für die Bereiche Sozialentwicklung/Selbstversorgung, Wahrnehmung/kognitive Fähigkeiten, Sprache, Fein- und Grobmotorik mit statistisch abgesicherten Aufgaben, von Ohlmeyer (1979) mit ca. tausend Aufgaben für die visuelle und auditive Wahrnehmung, die Hautsensibilität, den Tastsinn, Geschmack und Geruch, für Körperkontrolle und Handgeschick, Sprache und Sozialkontakt bis zum Entwicklungsalter von sieben Jahren und von Bondzio und Vater (1980) für die Sinnes-, Denk-, Bewegungs-, Sprach-, Sozial- und Selbständigkeitserziehung, für die Anbahnung des Kauens, Ess- und Trinktherapie, Atem- und Blaseübungen, Zahnpflege, gymnastische und rhythmisch-musikalische Übungen für das Entwicklungsalter bis drei Jahre.
Zur Erfassung von Entwicklungsrückständen bei älteren Kindern geeignet ist die »Testbatterie für entwicklungsrückständige Schulanfänger« (TES) von Kornmann (1977). Diese eigentlich als Schuleingangstest konzipierte Testbatterie überprüft Motorik, Wahrnehmung, logisches Denken, Wortbestand und Konzentration mit Hilfe von elf Teiltests, wobei die individuelle Leistung zu den durchschnittlichen Leistungen eines Schulanfängers in Beziehung gesetzt werden können, was dann die Einschätzung eines Entwicklungsrückstandes erlaubt. Da diese Testbatterie auch Wahrnehmung und Motorik überprüft, sind erste Hinweise auf eine mögliche Hirnfunktionsstörung ableitbar.

Zur Überprüfung des Entwicklungsstandes von Kindern mit autistischem Verhalten oder anderen schweren Entwicklungsretardierungen ist das Entwicklungs- und Verhaltensprofil P.E.P. (Psychoeducational Profile) von Schopler und Reichler (1981) konstruiert und von Horn auf deutsche Verhältnisse umgearbeitet worden. Dieses Entwicklungsverfahren für die ersten sieben Lebensjahre weist eine hohe Korrelation mit der VSMS aus der im nächsten Abschnitt besprochenen TBGB auf und soll als Basis für die Erstellung von Förderplänen dienen. Überprüft werden die Bereiche Imitation, Wahrnehmung, Fein- und Grobmotorik, Auge-Hand-Koordination, kognitive und verbale Leistungen; zusätzlich wird auffälliges Verhalten in den Bereichen Affektivität, sozialer Kontakt/Kooperationsverhalten, Materialbetätigung/Spielverhalten, Einsatz der Sinnesmodalitäten und Sprachverhalten abgefragt. Weitere Hinweise zur Diagnostik des frühkindlichen autistischen Verhaltens liefern Innerhofer und Klicpera (1984) sowie Dalferth (1986).
Eine Übersicht über wichtige deutsche und ausländische Entwicklungstests geben Rennen-Allhoff und Allhoff (1987). Einwände gegen Entwicklungsverfahren als Basis der Förderung bringt Bremer-Hübler (1986) vor.

6.5 Intelligenztests, Testbatterie (TBGB)

Für die Durchführung von Tests werden häufig genaue Angaben darüber gemacht, wie sich die Testdurchführenden zu verhalten haben, welche Hilfen sie geben dürfen, wieviel Zeit für die Lösung einer Aufgabe vorgesehen ist u.a. Beim Testen von Menschen mit geistiger Behinderung lassen sich solche Bedingungen häufig nicht genau einhalten. Im Hinblick auf die geringe Ausdauer, die hohe Ablenkbarkeit und Ängstlichkeit sind Veränderungen in der Testdurchführung vorzunehmen. So sind Tests durchweg als Einzeluntersuchung vorzunehmen, Zeitbegrenzungen müssen häufig aufgegeben werden; es sollte eine freundliche Atmosphäre herrschen und nichts erzwungen werden, nach Misserfolgen sollte durch leichtere Aufgaben wieder Mut gemacht werden, bei Ermüdung oder Unlust die Tätigkeit gewechselt, eine Spielphase eingeschoben oder die Durchführung der restlichen Aufgaben auf einen anderen Tag verschoben werden. Wichtig ist eine testbegleitende Verhaltensbeobachtung, in der u.a. der Grad der Motivation, die Art der Mitarbeit und mögliche Störungen festgehalten werden.
Bei der Interpretation von Testergebnissen besteht häufig die Gefahr der Verallgemeinerung auf Bereiche, die durch den inhaltlichen Rahmen der Testaufgaben nicht hinreichend abgedeckt sind. Es ist ferner problematisch, aus Testergebnissen Prognosen über einen längeren Zeitraum zu erstellen. Die Ergebnisse sind in jedem Falle aufgrund der bei der Testdurchführung gemachten Beobachtungen ergänzend zu interpretieren. Sind dabei allzuviele Abweichungen und Veränderungen erfolgt, kann eine normorientierte Interpretation nur in eingeschränktem Maße vorgenommen werden. Wird ein Test außerhalb der Altersnorm angewendet, so wird die erbrachte Leistung – sofern der Test nicht

zu leicht oder zu schwierig war – auf die Altersgruppe bezogen, deren Mittelwert sie am nächsten kommt (Moog 1981, 64ff).
Intelligenztests eignen sich häufig nicht für die Anwendung bei Personen mit geistiger Behinderung, da sie im »unteren« Bereich häufig nicht mehr genügend differenzieren. Dies gilt beispielsweise beim HAWIK für den Quotientbereich unter 70 bis 80 (Eggert 1979, 408f). Intelligenztests lassen sich nur dann anwenden, wenn sie sich auf ein Lebensalter beziehen, das dem Intelligenzalter von Kindern mit geistiger Behinderung in etwa parallelläuft. Folgende Verfahren sind daher eingschränkt anwendbar:

- Der CFT 1 (Cattell, Weiss, Osterland 1978) ist mit den beiden Intelligenztests der TBGB vergleichbar und ihnen vorzuziehen, wenn genügend Zeit zur Verfügung steht. Die unterschiedlichen Gruppennormen für Kindergarten und Vorschule, für die Klassen eins bis vier der Grundschule und der Schule für Lernbehinderte ermöglichen den Vergleich einer individuellen Leistung mit der jeweiligen Gruppe.
- Der »French-Bilder-Intelligenztest« (FBIT) von Heller und Horn (1976) besteht aus 137 Bilderkarten und gilt für das vierte bis neunte Lebensjahr. Hinsichtlich der Auswertung gilt das gleiche wie für den CFT 1.
- Der Hannover-Wechsler-Intelligenztest für das Vorschulalter (Hawiva) von Schuck und Eggert (1976) überprüft die verbale Intelligenz und die Organisation der Wahrnehmung von 4 bis 6½ Jahren. Für die Auswertung gilt das gleiche wie für den CFT 1.
- Die »Snijders-Oomen nicht-verbale Intelligenztestreihe« (S.O.N.) von Snijders und Snijders-Oomen (1977) ist normiert für 2½- bis 7jährige Kinder und auch für Kinder mit geistiger Behinderung geeignet, weil die Instruktionen auch durch gestische Zeichen gegeben werden können. Die materialgebundenen Subtests (Sortieren, Mosaik, Kombination von Bildern, Gedächtnis, Nachzeichnen) differenzieren auch bei niedrigen Intelligenzstufen, weil die Aufgabenschwierigkeiten langsam ansteigen. Die Materialgebundenheit der Aufgaben liefert gute Anreize zur längerdauernden Mitarbeit (Moog 1981, 93f).
- Das Binetarium nach Bobertag und Norden (Norden 1953) hat sich aufgrund der Untersuchungen von Dittmann (1974) und von Dittmann und Metzler (1976) als Ergänzungsverfahren zur TBGB als brauchbar erwiesen. Die vielen kindgemäßen und handlungsorientierten Aufgaben kommen dem Lernverhalten von Kindern mit geistiger Behinderung entgegen. Bei der Auswertung sind Vergleiche mit dem Vorschul- und Schulalter möglich (Wohlfarth 1983, 252ff).

Gegenüber Intelligenztests im allgemeinen und im Hinblick auf die Anwendung bei Kindern und Jugendlichen mit geistiger Behinderung werden eine Reihe von Einwänden vorgebracht:

- Intelligenztests sind nicht für diese Gruppe konstruiert und können nur mit Vorbehalten bei ihnen angewendet werden. Die Grenzwerte zwischen Lern- und geistiger Behinderung sind oft willkürlich gesetzt.

- Der Intelligenzquotient ist ein pauschales Urteil, das zwar zur Groborientierung verwendet werden kann, ansonsten aber wenig aussagekräftig ist.
- Der Intelligenzquotient ist über längere Zeiträume hinweg nicht konstant; es besteht daher die Gefahr der Fixierung auf das Ergebnis einer punktuellen Messung.
- Der Intelligenzquotient ist umweltabhängig. Die Überbetonung sprachlich gegebener oder sprachlich zu lösender Aufgaben benachteiligt Kinder aus sozial schwachen Schichten.
- Der Intelligenzbegriff eines Tests ist ein Konstrukt, das nur eine begrenzte Stichprobe aus dem Gesamtbereich des kognitiven Problemlöseverhaltens umfasst.
- Der Intelligenzquotient wie die Ergebnisse einzelner Untersuchungstests geben nur selten Hinweise auf Erziehungsansprüche des Kindes und pädagogische Maßnahmen.
  (Bach 1976, 25ff; Eggert 1979, 402; Feuser 1981, 129; Speck 1999, 47ff; Bremer-Hübler, Eggert 1999).

Die oben besprochenen Verfahren sind für eine bestimmte Altersstufe normiert; dies gilt meist auch für jene Tests, die nicht die Intelligenz prüfen. Sie differenzieren oft in dem Bereich, in dem Leistungen bei geistiger Behinderung anzutreffen sind, nicht mehr hinreichend, so dass aus den Ergebnissen keine differenzierten Schlüsse gezogen werden können. Um diesem Mangel zu begegnen, haben Bondy u.a. (1969) die Testbatterie für geistig behinderte Kinder entwickelt (Eggert 1970; 1972).
Diese Testbatterie besteht aus sechs eigenständigen Tests und erlaubt diagnostische Aussagen im Bereich der geistigen Behinderung; für einzelne Tests sind auch Normen für lernbehinderte oder nichtbehinderte Kinder errechnet worden. Die Ergebnisse der sechs Tests lassen die Ermittlung eines globalen Intelligenz- oder Leistungsquotienten nicht zu, sondern erfordern eine Einzelbewertung im Sinne einer Profildiagnostik (Kleber 1970; 1972). Gegenüber der Profilauswertung wurden Bedenken vorgebracht, da die Eigenständigkeit der einzelnen Tests nicht genügend belegt sei (Reincke 1973, 180; Scharlau, Schmitz 1978).
Zur Testbatterie gehören zwei Intelligenztests. Die »Columbia Mental Maturity Scale« (CMM) besteht aus Tafeln, auf denen unter mehreren Objekten das herauszufinden ist, was nicht dazugehört, z.B. ein Dreieck unter vier Vierekken. Sie prüft Denkfähigkeit, Abstraktionsfähigkeit und schlussfolgerndes Denken. Der Test besitzt eine gute Retestreliabilität (Dittmann 1973); es besteht aber die Gefahr, dass sich die Kinder auf ein bestimmtes Bild in der Reihenfolge festlegen (Scharlau, Schmitz 1978); ferner differenziert er kaum zwischen Kindern mit einer Lernbehinderung und einer geistigen Behinderung (Liepmann 1979, 58). Der zweite Intelligenztest, die »Bunten und Progressiven Matrizen« (BM + CM), ist eine Erweiterung der Bunten Matrizen von Raven und prüft die allgemeine Intelligenz sowie die Erfassung der Relationen zwi-

schen abstrakten Formen. Beide Tests sind relativ sprachfrei und schichtunabhängig.

Der »Peabody Picture Vocabulary Test« (PPVT) prüft das Wortverständnis von Dingbezeichnungen und besitzt eine hohe Korrelation mit sprachlichen Intelligenztests (Scharlau, Schmitz 1978). Der guten Retestreliabilität nach einen Jahr (Dittmann 1973) steht ein Deckeneffekt, der sich bei etwa 12 Jahren einstellt, gegenüber (Liepmann 1979, 58).

Der Test »Kreise Punktieren« soll die Feinmotorik prüfen; er prüft aber offensichtlich auch die Aufmerksamkeit bzw. die Konzentration (Meyer 1976; Scharlau, Schmitz 1976) und ist daher für die Praxis wenig geeignet (Dittmann 1973; Moog 1981, 92).

Die Hamburger Version des Lincoln-Oseretzky-Tests (LOS) soll den psychomotorischen Entwicklungsstand erfassen; der ursprünglich sehr langwierige Test wurde mittlerweile durch eine Kurzform LOS KF 18 (Eggert 1971) abgelöst. Aber auch diese Kurzform wird noch als zu schwer erachtet (Scharlau, Schmitz 1978).

Die sechs Tests der Testbatterie überprüfen vor allem das kognitive und motorische Leistungsniveau (Schuck 1980). Walter und Masendorf (1981) ordnen die sechs Tests drei Hierarchieebenen zu, wobei der LOS den komplexesten Leistungsbereich überprüft; dies entspricht der Hypothese, dass der psychomotorische Leistungsstand ein wesentliches Kriterium zur Diagnose der geistigen Behinderung darstellt (vgl. die Kritik bei Reincke 1982).

Neben kritischen Hinweisen zu den einzelnen Tests gibt es Probleme, welche die Testbatterie insgesamt betreffen. Positive Ergebnisse zur Retestreliabiltät (Dittmann 1971; 1972; Eggert, Schuck 1972) lassen keine hinreichend sicheren Schlüsse über die Gültigkeit und Messgenauigkeit der Testbatterie zu (Reincke 1973, 183). Andererseits haben Längsschnittuntersuchungen gezeigt, dass mit ihrer Hilfe gute Vorhersagen in der Schulpraxis möglich waren und sie insgesamt relativ schichtunabhängig prüfte (Eggert 1974; Eggert, Altemöller 1980; 1982). Probleme erwachsen auch aus der mangelnden Repräsentativität der Standardisierungsstichprobe. Lebten von den damals in die Untersuchung einbezogenen Kindern 70% in Heimen und Anstalten und nur 30% in der Familie, so liegen die Verhältnisse heute umgekehrt. Ferner wurden relativ viele eher lernbehinderte Kinder erfasst (Meyer 1976); dadurch haben sich die Varianzen verändert, so dass eine Neunormierung nötig wäre. Es kommt hinzu, dass der T-Wert, der zwischen Lern- und geistiger Behinderung differenzieren könnte, zu niedrig liegt. Die Testbatterie eignet sich daher in erster Linie eher für eine Aussage zur Platzierung innerhalb der Gruppe der Kinder mit geistiger Behinderung mit Hilfe des Testprofils (Dittmann 1971; Reincke 1973, 191; Meyer 1976; Eggert, Altemöller 1982). Reincke (1973, 198) vermutet auch grundsätzliche teststatistische Probleme für die Eichung und Normierung aufgrund der großen Streuung des Lernniveaus bei Kindern mit geistiger Behinderung. Ferner messen einzelne Tests komplexere Merkmale als dies ursprünglich angenommen worden ist (Eggert, Altemöller 1982). Neben noch offenen Fragen

bezüglich der Durchführung (Dittmann 1972) ist auch mit Problemen der Altersnormierung zu rechnen (Scharlau, Schmitz 1978).
Aufgrund der Tatsache, dass die Aufgaben der Testbatterie nur einen Ausschnitt dessen erfassen, was Kinder mit geistiger Behinderung insgesamt lernen können, und aufgrund der Realitätsferne vieler Aufgaben ist der aktuelle Lernstand nur begrenzt zu ermitteln (Dittmann 1971). Es ist daher nur schwer vorstellbar, wie die einzelnen Aufgaben der Testbatterie in Lernziele umgesetzt werden können (Buchka 1973). Wurde die Testbatterie am Anfang noch als zur Groborientierung brauchbar angesehen (Feuser, Jantzen 1972), mehren sich zunehmend Stimmen, die eine Überarbeitung für dringend erforderlich halten (Scharlau, Schmitz 1978; Wohlfarth 1983, 249ff).

6.6 Weitere diagnostische Verfahren zur Motorik und Kommunikation

Zur Überprüfung des motorischen Entwicklungsstandes sind schon einige Verfahren genannt worden; dazu gehören der LOS aus der TBGB sowie die Entwicklungsverfahren aus dem vorschulischen Bereich, die auch die Motorik erfassen. In der TES (Kornmann 1971) werden neben anderen Fähigkeiten auch die Auge-Hand-Koordination, die Geschicklichkeit der Hände und grobmotorische Fertigkeiten überprüft. Der Körper-Koordinationstest für Kinder (KTK) von Kiphard und Schilling (1974) überprüft die allgemeine Körperkoordination, und ist für Kinder mit geistiger Behinderung zwar nicht normiert, kann aber bei vorsichtiger Interpretation mit Hilfe der Normen für Hirnorganiker verwendet werden (Irmischer 1980, 42). Allgemeines Bewegungsverhalten in acht Bereichen und in alltäglichen Situationen kann mit Hilfe der »Checklist motorischer Verhaltensweisen« (CMV) von Schilling (1976) beobachtet werden. Auch dieses standardisierte Beobachtungsverfahren gibt für Kinder mit geistiger Behinderung keine eigenen Normen an, kann aber nach Irmischer (1980, 41) für Fördermaßnahmen angewandt werden. Der Trampolin-Körperkoordinations-Test (TKT) von Kiphard (1977b) ist ein Verfahren zur Beobachtung insbesondere pathologischen Bewegungsverhaltens. Zur Überprüfung von Leistungsdifferenzen der rechten und linken Hand eignet sich das standardisierte Testverfahren des »Hand-Dominanz-Tests« (H-D-T) von Steingrüber (1971), der für Kinder mit geistiger Behinderung teilweise anwendbar ist. Nach Eggert (1979, 410) ist der »Hampelmann« (Zwei-D-T)-Test von Schilling (1973) als eine Verbesserung des Tests »Kreise Punktieren« aus der TBGB anzusehen und daher vorzuziehen.
Zur Untersuchung der Sprach- und Sprechfähigkeit in unterschiedlichen Situationen eignet sich vor allem die Beobachtung; sie ist insbesondere da einzusetzen, wo es keine standardisierten Verfahren gibt, z.B. zur Überprüfung der kommunikativen Funktion des Sprechens. Im Zusammenhang mit der TBGB ist schon der PPVT, der Wortverständnis überprüft, besprochen worden; ein Subtest des TES von Kornmann enthält ähnliche Aufgaben wie der PPVT. Sprachverständnis untersucht auch der »Anweisungs- und Sprachverständni-

stest« (ASVT) von Kleber und Fischer (1980). Umfassender angelegt, u.a. auch die Sprechfähigkeit erfassend, ist der »Landauer-Sprachent-wicklungs-Test für Vorschulkinder« (LSV) von Götte (1976); dies gilt auch für den »Psycholinguistischen Entwicklungstest« (PET) von Angermaier (1974), die deutsche Bearbeitung des »Illinois-Test of Psycholingustic Abilities«; er ist normiert für das erste bis vierte Lebensjahr. Die Artikulation kann mit Hilfe des »Bremer-Artikulationstests« (BAT) von Niedermeier (1976b) überprüft werden. Zur Einschätzung des Laut-Unterscheidungs-vermögens kann der »Bremer Diskriminationstest« (BILDT) vom gleichen Autor (1976a) herangezogen werden. Eine wichtige Voraussetzung für das Lesenlernen ist die visuelle Unterscheidungsfähigkeit. Dazu geeignet ist die »Prüfung optischer Differenzierungsleistungen« (POD) von Sauer (1979); der Test bewertet Figur-Grund-Erfassung, Raumlage-Erkennen und Wahrnehmungsgenauigkeit.
(vgl. zu diesem Kapitel auch Fischer 1991; Speck 1999, 151ff; Bremer-Hübler, Eggert 1999).

7. Allgemeine Ziele der Erziehung und Förderung

Erziehungsmaßnahmen werden getroffen im Hinblick auf Erziehungsziele auf dem Hintergrund von Wissen über die Bedürfnisse und Voraussetzungen von Seiten der zu Erziehenden. Wissen über die Bedürfnisse, Lernvoraussetzungen und Sozialisationsbedingungen von Kindern und Jugendlichen mit geistiger Behinderung allein reichen nicht aus, um Erziehungsziele verbindlich ableiten zu können; auch aus der erfahrungswissenschaftlichen Beschreibung von Behinderung ergeben sich noch keine Erziehungsziele (Dönhoff 1980). Nach welchen Maßgaben sollen Erziehungsziele gesetzt werden?

Geschlossene Zielsysteme aufgrund religiöser oder ideologischer Überzeugungen können nicht mehr Allgemeingültigkeit beanspruchen, da es weniger denn je gelingt, sie wissenschaftlich zu begründen und für alle Gruppen der Gesellschaft für verbindlich zu erklären. Bleidick (1979) hat dies für die drei wesentlichen Konzepte zur Legitimation von Erziehungszielen – den rationalistischen Konsens, den praktischen Diskurs und die anthropologische Fundierung – aufgewiesen; sie liefern keine wissenschaftliche Sicherheit und sind häufig schon in ihren Prämissen problematisierbar. Versuche zu einer anthropologischen Grundlegung, die in der Geistigbehindertenpädagogik häufig unternommen worden sind, konnten zu einer Zielbegründung nichts Entscheidendes beitragen, im Gegenteil, dezidierte anthropologische Aussagen haben eher zu einer einseitigen Sicht von geistiger Behinderung beigetragen. Bleidick ist zuzustimmen, wenn er in Anlehnung an die Kritische Anthropologie die Unmöglichkeit der Festlegung eines Begriffs vom Menschen aufzeigt. Dies gilt auch für Menschenbildannahmen und Versuche, Leid und Behinderung verstehbar und sinnhaft zu machen.

Angesichts der Schwierigkeit der überzeugenden Begründung von Erziehungszielen bietet der praktische Diskurs in gemeinsamer Diskussion und Entscheidung unter Berücksichtigung aller bedeutsamen Argumente und der zur Lebenssicherung erforderlichen Bedürfnisse eine gangbare Methode. Dem entspricht auch die Auffassung von Bach (1982, 26ff), wonach Ziele gesetzt, historisch bedingt und interessengebunden sind, daher aber in ihrer Begründung offengelegt werden müssten. Dies ist bei den folgenden Ausführungen zu bedenken.

Erziehung soll Qualifikationen vermitteln, um in dieser Welt zu leben, zu überleben und im Leben Sinn zu erfahren. Dazu ist es notwendig, die bisher entwickelten gesellschaftlichen Techniken des Lebens und Überlebens und der Wege der Suche nach Sinn weiterzureichen. Inwieweit darüberhinaus das Leben vom einzelnen als erfüllt und befriedigend erfahren wird, inwieweit »Lebenszutrauen« (Speck 1999, 184ff) gewonnen werden kann, steht weitgehend nicht mehr in der Macht von Erziehung (Asmus u.a. 1974), aber sie hat die Voraussetzungen dafür zu schaffen.

Auch in der Erziehung von Kindern und Jugendlichen mit geistiger Behinderung sind individuelle Ansprüche mit gesellschaftlichen in Einklang zu bringen (Bach 1982, 36ff); Lebenserfüllung gibt es vorrangig innerhalb der in einer

Gesellschaft bereitgestellten Möglichkeiten des Lebens und Erfahrens. Für Menschen mit geistiger Behinderung standen bislang die Interessen der Gesellschaft im Vordergund in Form von Vorurteilen, Etikettierung und Diskriminierung, die zu Ausschluss und Isolation führten; Anstrengungen, sie aufzuheben, kommen nur mühsam voran. Die nachfolgend beschriebenen Zielperspektiven tragen dazu bei, die gesellschaftliche Eingliederung zu unterstützen.

7.1 Normalisierung

Wirksame Anstöße zur gesellschaftlichen Anerkennung von Menschen mit geistiger Behinderung gingen und gehen noch vom »Normalisierungsprinzip« aus, das als ursprünglich sozialpolitische Maxime auch auf die Erziehung ausstrahlt. Es ist erstmals von dem dänischen Sozialpolitiker Bank-Mikkelsen (1972) formuliert worden und war die Grundlage eines 1959 erlassenen dänischen Gesetzes über die Fürsorge von Menschen mit geistiger Behinderung, in dem ihre Gleichstellung mit anderen Bürgerinnen und Bürgern anerkannt und ein möglichst normales Leben außerhalb der Anstalten gefordert wurde. Eine Konkretisierung erfolgte zehn Jahre später durch Nirje (1974) mit Forderungen wie Trennung der Orte von Arbeit, Freizeit und Wohnen, normaler Tages- und Jahresrhythmus sowie normaler Lebensablauf, ausreichende wirtschaftliche Versorgung, Respektierung von Bedürfnissen, Leben in einer bisexuellen Welt, angemessener Standard von Einrichtungen. Eine differenzierende Fortschreibung nahm Wolfensberger (1972) vor und beeinflusste in den Vereinigten Staaten und Kanada entscheidend die Bemühungen zur gesellschaftlichen Akzeptanz von Menschen mit geistiger Behinderung. Er differenzierte Normalisierung auf drei Handlungsebenen: Menschen mit Behinderungen, der Gruppen und Institutionen, in denen diese lebten, sowie der umfassenden Gesellschaftssysteme. Diesen drei Ebenen wies er jeweils zwei Dimensionen zu: die Art und Weise des Umgangs mit dem behinderten Menschen und die Einwirkung auf sein Verhalten einerseits, die Weise seiner Präsentation nach außen andererseits. Das bedeutete u.a. im einzelnen, dass der behinderte Mensch ein gesellschaftlich möglichst akzeptables Verhaltensrepertoire erwerben und zugleich in seiner äußeren Erscheinung dem in einer Gesellschaft Üblichen entsprechen sollte, dass die primären sozialen Systeme, in denen er lebt, die Entwicklung gesellschaftlich erforderlicher Verhaltensweisen ermöglichen, dass sie sich aber auch selbst wie analoge Institutionen für Nichtbehinderte organisieren und der Öffentlichkeit präsentieren sollten, und dass schließlich auf der gesellschaftlichen Ebene das Wertesystem so verändert werden sollte, dass Behinderung mit ihren abweichenden Aspekten toleriert und akzeptiert wird. In Deutschland hat Thimm durch Veröffentlichungen (v.a. Thimm 1984), durch Anregung und maßgebliche Beteiligung an einer umfangreichen Vergleichsstudie (Thimm u.a. 1985) und eines europaweiten Kongresses (Bundesvereinigung Lebenshilfe 1986) für die Umsetzung des Normalisierungsprinzips in der Behindertenhilfe, vor allem in der Versorgung von Menschen mit geistiger Behinderung entscheidend beigetragen (vgl. auch Eisenberger u.a. 1999).

Das Normalisierungsprinzip beschreibt eine Strategie, wie die Integration von Menschen mit geistiger Behinderung auf verschiedenen Ebenen der Gesellschaft bewerkstelligt werden kann. Dies ist zweifelsohne zunächst mit einer Anpassung der behinderten Menschen an die Gesellschaft und ihre Normen verbunden; zugleich kann die Gesellschaft, die behinderte Menschen akzeptiert und integriert, nicht mehr die gleiche sein wie vorher. Mit der Eingliederung von behinderten Menschen in die Gesellschaft ist sicherlich die Gefahr der Übernahme gesellschaftlicher Fehlentwicklungen für sie gegeben; davor kann man sie aber ebensowenig schützen wie andere Mitglieder der Gesellschaft, die sich gesellschaftlichen Entwicklungen nicht entziehen können. Andererseits kommen ihnen gesellschaftliche Errungenschaften und Fortschritte zugute, wenn sie an ihren Kreislauf angeschlossen sind.
Adam (1977; 1978, 55ff) zog aus dem Normalisierungsprinzip Konsequenzen für den Lehrplan der Schule; er soll den Schülerinnen und Schülern Einstellungen, Fertigkeiten und Kenntnisse vermitteln, die sie benötigen, um mitten unter uns sich bewegen und leben zu können. Ein solcher Lehrplan müsse sich folgenden Fragen stellen: Was trägt er zu einer neuen Definition von Devianz bei? Inwieweit wird die Integration in die Gesellschaft angestrebt? Entsprechen die vermittelten Techniken den heutigen Ansprüchen? Lernen die Schülerinnen und Schüler mit geistiger Behinderung, Bedürfnisse zu artikulieren und Selbstbestimmung zu üben? Werden auch jene mit schwerer geistiger Behinderung berücksichtigt? Ist geschlechtliche Erziehung vorgesehen? Werden sie auf die Risiken des täglichen Lebens vorbereitet? Werden sie auf den Umgang mit der eigenen Behinderung vorbereitet?

7.2 Selbstverwirklichung in sozialer Integration

Eine weithin akzeptierte Zielsetzung ist der pädagogische Auftrag der Empfehlungen für den Unterricht in der Schule für Geistigbehinderte (Sekretariat 1980, 7) »Selbstverwirklichung in sozialer Integration« mit den Zielbereichen: Erfahren der eigenen Person und Aufbau eines Lebenszutrauens, Selbstversorgen und Beitragen zur eigenen Existenzsicherung, Zurechtfinden in der Umwelt und angemessenes Erleben der Umwelt, Orientieren in sozialen Bezügen und Mitwirken bei ihrer Gestaltung, Erkennen und Gestalten der Sachumwelt.
Auf den ersten Blick lässt sich diesem Auftrag der Zuschnitt auf Kinder und Jugendliche mit geistiger Behinderung nicht ansehen; er könnte auch für nichtbehinderte gelten. Bei genauerem Hinsehen werden dennoch Unterschiede deutlich: Ein so weitgehendes und grundlegendes Ziel wie Selbstverwirklichung wird für diese selten formuliert, schon gar nicht mit dem Zusatz »in sozialer Integration«; für sie wird soziale Integration vorausgesetzt.
Der pädagogische Auftrag steht in der Spannung zweier Dimensionen: Selbstverwirklichung, die eher auf das Individuum zielt, soziale Integration, die eher auf die Beziehung des Individuums zu anderen, zu gesellschaftlichen Gruppen gerichtet ist. Beide stehen nicht beziehungslos nebeneinander, was sich in der Konjunktion »und« niederschlagen würde, sondern werden als zwei Seiten ei-

ner Zielperspektive betrachtet. Das Ich bildet sich nicht aus sich selbst heraus, sondern nur in der Auseinandersetzung mit der sozialen und der technischen Umwelt. Selbstverwirklichung als Identitätsfindung, Entstehung von Ichbewusstsein und Lebensglück stellen sich nicht in Isolation und Auf-sich-bezogen-Sein ein, sondern ereignen sich, wenn es gelingt, in Gruppen aufgenommen zu werden, in ihnen tätig sein zu können und von ihnen akzeptiert zu werden. Umgekehrt können zwischenmenschliches Handeln und gesellschaftliche Integration besser gelingen, wenn Ichbildung und Identitätsfindung in einem gewissen Ausmaß stattgefunden haben. Die beiden Dimensionen bilden sich nicht unabhängig voneinander, sondern in einem wechselseitigen, schrittweisen, spiraligen Aufbau.
Die Doppelseitigkeit des pädagogischen Auftrages soll Gefahren vorbeugen, die aus der Hervorkehrung einer der beiden Dimensionen entstehen können. Die Überbewertung der Selbstverwirklichung könnte zur Schaffung einer Eigenwelt für Menschen mit geistiger Behinderung führen und das Gegenteil von Normalisierung erreichen, zu einer Zuweisung gesellschaftsfremder Verhaltensweisen und Tätigkeiten führen (Adam 1978, 46ff). Die Überbewertung gesellschaftlicher Eingliederung könnte sie unter Missachtung ihrer Interessen, Neigungen und Bedürfnisse einseitigen gesellschaftlichen Leistungs- und Anpassungsansprüchen unterwerfen und sie lediglich funktionalisieren.
Ähnlich wie die Empfehlungen formuliert Bach (1982, 82ff) das allgemeine Erziehungsziel für die Erziehung von Kindern und Jugendlichen mit geistiger Behinderung: »Weitmögliche Selbstverwirklichung in sozialer Eingliederung«, wobei beide Aspekte in einem strukturellen Zusammenhang stehen und der Selbstverwirklichung die Aspekte Erfülltheit/Erlebnisfähigkeit, praktische Tüchtigkeit/Handlungsfähigkeit, Orientiertheit/Denkfähigkeit, der sozialen Eingliederung die Aspekte Normenbezogeheit/Interaktionsfähigkeit und Einbezogenheit/Integration zugeordnet werden (vgl. auch Speck 1999, 180ff).

7.3 Handlungs- und Erlebnisfähigkeit

In allgemeiner, konkretisierungsbedürftiger Weise ließe sich das allgemeine Erziehungsziel auch als Handlung- und Erlebnisfähigkeit umschreiben. Eine solche Interpretation steht im Einklang mit der vorgenannten Zielsetzung, deren Ausdifferenzierung im wesentlichen aus Handlungszielen besteht; der Zielkatalog der KMK-Empfehlungen (Sekretariat 1980) leistet zugleich eine Konkretisierung des Zieles Handlungsfähigkeit. Erlebnisfähigkeit lässt sich nicht in gleichem Maße vermitteln; sie unterliegt in hohem Maße der Subjektivität und ist schwer in lehrbare Teile zu analysieren. Im übrigen enthält Handeln selbst Erlebnisanteile als affektive und motivationale Aspekte neben eher kognitiven Qualifikationen wie Ziele-Setzen, Planen, Umsetzen der Pläne, Kontrollieren. Im Zielsetzen und Planen steckt auch der Aspekt des Mitbestimmens und Mitentscheidens, der andererseits aber auch zur Verantwortung und Verantwortlichkeit aufruft.

Handlungsfähigkeit ist nicht mit Selbsttätigkeit oder Bewegungsfähigkeit identisch; die Bewegung ist eine wichtige Komponente bei der Ausführung von Handlungsplänen, ebenso wie die Wahrnehmung oder das Denken, die im Dienste der Zielerreichung stehen und quasi als Instrumente vom Individuum eingesetzt werden. Es gibt Handlungen, die einen hohen Bewegungsanteil besitzen, wie z.B. das Einschlagen eines Nagels mit einem Hammer; es gibt andererseits Handlungen mit geringeren Bewegungsanteilen, wie z.B. sprachliche Äußerungen. Letztlich kann auch Unterlassen, z.B. als unterlassene Hilfeleistung, als Handeln gedeutet werden, da man dafür zur Verantwortung gezogen werden kann.

Durch die Sozialisation werden einfache Handlungen zu größeren Einheiten zusammengefasst, so dass das Kind immer komplexere Handlungen durchführen lernt. Vermutlich entstehen bestimmte Handlungen wie das soziale Schreien, Lächeln, Lallen sowie das Greifen aus reflexhafter Tätigkeit. Komplexere Handlungen sind aus einfacheren Handlungen zusammengesetzt, die durch das Ziel der umfassenderen Handlung gebündelt werden. Der komplexeste Handlungsentwurf ist die Lebensperspektive, die einen Großteil der Handlungen eines Menschen bestimmt.

Alltagshandlungen lassen erkennen, dass es eine Abstufung der Bewusstheit, Geplantheit und Kontrollierbarkeit des Handelns gibt; sie sind häufig Routine und Gewohnheit. Deshalb ist der Alltag aber nicht immer unproblematisch, vertraut und selbstverständlich, sondern gerade für Menschen mit geistiger Behinderung häufig komplex, gefährdend, risikoreich. Routinehandlungen sind daher zur Entlastung unerlässlich, aber auch für den Aufbau komplexerer Handlungseinheiten erforderlich. Es ist daher vertretbar, zur Vermittlung von Handlungsfähigkeit auch Techniken des Trainierens, Gewöhnens und Nachahmens einzusetzen.

Die Anfänge des Lernens sollten sich nicht primär auf psychische Funktionen, sondern auf Ansätze zum Handeln, gewissermaßen auf Handlungskerne beziehen. Von Handlungskernen her, wie sie schon die Reflextätigkeiten darstellen, ist es eher möglich, höhere Handlungseinheiten aufzubauen, die von vornherein unterschiedliche psychische Funktionen erfordern, als von psychischen Funktionen auszugehen, die in einem nur schwer kontrollierbaren Prozess gebündelt und mit einer Motivation versehen zu einer Handlung integriert werden müssten.

Wenn sich Lernen auf frühesten Stufen schon als Erlernen von Handlungen kennzeichnen lässt, so gilt dies auch für Kinder mit schwerer geistiger Behinderung. Von diesen Überlegungen kann auch die Frage beantwortet werden, ob das Ziel »Handlungsfähigkeit« auch bei Schülerinnen und Schülern mit schwerer geistiger Behinderung, die sich vielleicht auf dem Entwicklungsniveau von einjährigen oder jüngeren Kindern bewegen, gültig sein kann. Oder anders gefragt: Kann man ihrem Verhalten Handlungscharakter zuschreiben? Ist es möglich, ihre Lernprozesse nach dem Modell des Handlungsablaufs zu organisieren? Eine mögliche Antwort könnte der indirekte Nachweis von Anfängen des Lernens sein, indem man die Entstehung bestimmter Handlungsmuster bei

nichtbehinderten Kindern gleicher Entwicklungsstufe verfolgt und dann Vergleiche mit Kindern mit schwerer geistiger Behinderung zieht. Solche frühen Handlungsmuster sind vor allem soziale Verhaltensweisen, wie sie bei Säuglingen schon in den ersten Lebenswochen und -monaten vermutet werden können. Immer, wenn es gelingt, Kinder mit schwerer geistiger Behinderung in soziale Interaktionen einzubeziehen, wird deren soziale Handlungsfähigkeit angesprochen und gefordert; spontanes soziales Handeln wäre besonders hoch einzuschätzen. Ähnliches ließe sich hinsichtlich des technischen Handelns vermuten. Immer, wenn ein strebendes Bemühen, Dinge und Erscheinungen der Umgebung wahrzunehmen, zu bemerken oder zu ergreifen, beobachtet wird, sind Ansätze technischen Handelns zu vermuten. Es gibt somit Anfänge und Vorstufen des Handelns, die üblicherweise nicht so interpretiert werden, die aber unter sonderpädagogischen Zielsetzungen zu berücksichtigen sind.
(vgl. zu diesem Abschnitt Mühl 1993; 1997, 33ff).

7.4 Selbstbestimmung

Neuerdings wird der Aspekt der Selbstverwirklichung in der Förderung und Betreuung von Menschen mit geistiger Behinderung durch die Forderung nach Selbstbestimmung in besonderer Weise hervorgehoben (Bundesvereinigung Lebenshilfe 1996).
Zunächst bedeutet Selbstbestimmung die Möglichkeit des Individuums, Entscheidungen zu treffen, die den eigenen Wünschen, Bedürfnissen, Interessen oder Wertvorstellungen entsprechen, und demgemäß zu handeln. Der Gegenbegriff »Fremdbestimmung« meint, tatsächlich oder zumindest nach eigener Befindlichkeit von anderen bestimmt oder überstimmt zu werden; er charakterisiert die Unmöglichkeit oder Schwierigkeit, Selbstbestimmung zu üben. Aus der Gegenüberstellung zur Fremdbestimmung lässt sich das Erziehungsziel »Selbstbestimmung« begründen. Als übereinstimmende Auffassung kann angenommen werden, dass Fremdbestimmung nicht das Ziel der Erziehung sein soll, weil es dann eine Minderheit von Menschen geben würde, die Selbstbestimmung übten, indem sie andere fremdbestimmten und damit über sie verfügten. In einem demokratisch verfassten Staat kann es aber grundsätzlich keine unterschiedlichen oder gar gegensätzlichen Erziehungsziele geben. Da aber nicht für alle das Erziehungsziel »Fremdbestimmung« gelten kann, lässt sich als Erziehungsziel nur Selbstbestimmung legitimieren.
Selbstbestimmung hat jedoch Grenzen. Sie liegen da, wo die Selbstbestimmung der eigenen Person die Selbstbestimmung anderer Personen in Frage stellt. Ein mögliches Erziehungsziel könnte daher in Anlehnung an den oben vorgestellten pädagogischen Auftrag der KMK-Empfehlungen »Selbstbestimmung in sozialer Integration« heißen.
Kindheit und Jugend sind vor allem dadurch gekennzeichnet, dass ihnen nicht das Ausmaß an Selbstbestimmung wie dem Erwachsenensein zukommt, nicht, um an Kindern und Jugendlichen Macht auszuüben, sondern weil sie noch nicht die Kompetenzen zur Selbstbestimmung erreicht haben. Kinder und Ju-

gendliche als zu Erziehende befinden sich in der Situation, zumindest in Teilbereichen fremdbestimmt zu werden. Ihnen wird zugemutet, dass sie anerkennen, dass andere über sie bestimmen, soweit und solange sie dies noch nicht selbst können. Diese Zumutung kann nur dann abgefordert werden, wenn die Fremdbestimmung zur Selbstbestimmung hinführt und sich von dieser Zielsetzung her legitimiert. Die Lösung dieses Widerspruchs liegt darin, dass die jeweilige Erziehungsmaßnahme ein bestimmtes Maß an Selbstbestimmung voraussetzt und nur dort Fremdbestimmung ausübt, wo Selbstbestimmung noch nicht gelingt. Auf Erziehung und Unterricht bezogen gilt das sowohl für die Lehrziele und Lehrinhalte wie auch für die Lehrmethoden. Ein gewisses Maß an Selbstbestimmung wird in der Beschreibung der Lernausgangslage vorausgesetzt; in der Lernzielformulierung ist das weitergesteckte Maß an Selbstbestimmung enthalten, das erreicht werden soll.

Menschen mit geistiger Behinderung gehörten bis in die jüngste Vergangenheit zu den gesellschaftlichen Gruppen, die in hohem Maße und häufig lebenslang Fremdbestimmung erfuhren. Hahn (1981) hat in seiner Studie zur sozialen Abhängigkeit behinderter Menschen aufgezeigt, dass dieses höhere Maß an Fremdbestimmung bei einer schweren Behinderung noch zunimmt, so dass er die Hypothese belegen konnte: Je schwerer die Behinderung, umso größer die Fremdbestimmung. Wenn mit der Schwere der Behinderung das Maß an Fremdbestimmung zunimmt, bedeutet dies für die Erziehung bei Menschen mit schweren Behinderungen, und zu ihnen zählen Menschen mit geistiger Behinderung, dass sie in besonderer Weise darauf zu achten hat, »Selbstbestimmung in sozialer Integration« zu vermitteln.

Einschränkungen ihrer Selbstbestimmung und damit ihrer Handlungsmöglichkeiten sind zum Teil Folge der Hirnfunktionsstörung, zum Teil aber auch Folge einschränkender Sozialisationsbedingungen. Solche Einschränkungen können im einzelnen entstehen durch

- mangelnde Planungsfähigkeit und Kontrolle oder Impulsivität infolge geringer kognitiver Kompetenzen,
- Stereotypien insbesondere als hochautomatisierte psychomotorische Muster, vor allem bei Schülerinnen und Schülern mit autistischem Verhalten,
- Verhaltensstörungen vor allem bei schwerer geistiger Behinderung und bei autistischem Verhalten,
- Fixierungen an die ursprüngliche Lernsituation, an bestimmte Personen und Dinge durch häufige Wiederholung des gleichen Handlungsablaufes,
- mangelnde Umstellungsfähigkeit auch infolge eingeschränkter Erfahrungen,
- Blockaden aufgrund von Versagensängsten oder Übererregbarkeit,
- bloße Übernahme von nicht verstandenen Handlungsmustern anderer,
- Verführbarkeit infolge mangelnder Selbstbehauptung und Ichstärke,
- reduzierte Selbsteinschätzung als Schwierigkeit, die durch die Behinderung gesetzten Grenzen zu erkennen und in eine realistische Lebensperspektive einfließen zu lassen und
- Vorurteile in der Bevölkerung und mangelndes Zutrauen bei Eltern und Erziehungspersonal in die Verselbständigungstendenzen des behinderten

Menschen, welche die Teilnahme am gesellschaftlichen Leben beschneiden und damit die Handlungserfahrungen reduzieren, so beispielsweise, wenn Jugendliche und Erwachsene mit geistiger Behinderung infantilisiert und wie Kinder angesprochen werden, ihre Lebenswelt eher kindlichen Bedürfnissen entsprechend organisiert wird, ihnen zugängliche Entscheidungsspielräume vorenthalten werden.

Meine These zur Umsetzung des Zieles lautet: »Selbstbestimmung in sozialer Integration« wird vor allem durch handlungsbezogenes Lehren vermittelt. Selbstbestimmung zeigt sich wesentlich im Handeln, und es ist insofern konsequent, zur Förderung der Selbstbestimmung Handlungsfähigkeit zu vermitteln und Förderungssituationen im Sinne von Handlungen zu strukturieren (Mühl 1994).

8. Pädagogische Angebote in der frühen Kindheit und im Vorschulalter

8.1 Frühe Hilfen

8.1.1 Begründung und Aufgaben

Die Notwendigkeit des rechtzeitigen Erkennens von deutlichen Entwicklungsverzögerungen vor allem im Gefolge von Hirnschädigungen und der Einleitung entsprechender Maßnahmen gegebenenfalls schon im Säuglingsalter ist vor allem von Seiten der »Lebenshilfe erkannt und im Bewusstsein der Fachleute verankert worden. Deren dritte Studientagung stand 1963 unter dem Thema »Geistige Entwicklungsstörungen in der frühen Kindheit« (Bundesvereinigung Lebenshilfe 1964). Dank des Engagements von Ingeborg Thomae entstand in Bonn eine die Praxis einschließende Konzeption von Frühförderung, die richtungsweisend wurde. In eine breitere Öffentlichkeit getragen wurden diese Bemühungen mit der 8. Studientagung der Bundesvereinigung Lebenshilfe »Frühe Hilfen – wirksamste Hilfen« in 1974, eine Tagung, die Perspektiven aufzeigte, die bis heute nachwirken. Die in der Sonderpädagogik geführte Diskussion um die frühe Förderung geschädigter Kinder fand ihren Niederschlag in der Empfehlung des Deutschen Bildungsrates (1974, 44ff). Neuerdings hat die »Lebenshilfe« mit der Empfehlung »Frühe Hilfen« (Bundesvereinigung Lebenshilfe 1998, erstmals 1995) den aktuellen Stand der wissenschaftlichen Diskussion und der derzeitigen Angebotspalette einschließlich noch zu leistender Aufgaben prägnant zusammengefasst.

Das Abrücken von der Bezeichnung »Frühförderung« hin zur Bezeichnung »Frühe Hilfen« charakterisiert den konzeptuellen Wandel, den diese Hilfeart in den letzten Jahrzehnten erfahren hat. Stand anfangs die Förderung des entwicklungsbeeinträchtigten Kindes im Mittelpunkt, so ist heute die Begleitung der gesamten Familie als gleichberechtigte Aufgabe hinzugetreten (Fabich, Klein 1985; Weiß 1987; 1989; Vereinigung für Interdisziplinäre Frühförderung 1991; Warnke 1999). Eine über die Förderung des Kindes hinausgehende Berücksichtigung der Familie im Rahmen der Frühförderung wird neuerdings auch von systemtheoretischen Ansätzen nahegelegt (Dunst 1985; Straßmeier 1986; Speck 1989). Diese beiden Aufgaben sind zugleich die Begründung für die Notwendigkeit der rechtzeitigen Hilfe, in der Regel vom Erkennen der Schädigung oder der Entwicklungsbeeinträchtigung an. Das ist zum einen die frühe Angewiesenheit der Familie mit einem geschädigten oder von Behinderung bedrohten Kind auf kompetente Begleitung, zum anderen die Erkenntnis, dass in den ersten Lebensmonaten und -jahren entscheidende Lernprozesse in Gang gesetzt werden, die in späteren Jahren auf ungünstigere Bedingungen treffen. Der erste Aspekt ist schon im Kapitel »Zusammenarbeit mit den Familien« angesprochen worden.

Die grundlegende Bedeutung von Lernprozessen in der frühen Kindheit lässt sich aus Beiträgen unterschiedlicher wissenschaftlicher Disziplinen (Speck

1977b, 13ff; Heese 1978, 12ff; Horstmann 1982, 12ff; Anstötz 1987, 46ff) begründen:

- Die psychoanalytische Forschung zur Deprivation hat die Abhängigkeit der Entwicklung von emotionaler Zuwendung aufgedeckt (Hellbrügge 1981, 51ff).
- Die Verhaltensbiologie hat auf optimale Lernphasen in der frühen Kindheit hingewiesen.
- Nach Auffassung der kognitiven Entwicklungspsychologie kommen nach der Geburt kognitive Lernprozesse in Gang, die nahtlos auf höhere Stufen und Lernniveaus übergehen.
- Lernpsychologische Theorien haben die hohe Bedeutung von Lernprozessen, angefangen von der Konditionierung bis hin zum Problemlöseverhalten, neben erblicher Fixierung herausgestellt.
- Selbst für die Ausreifung des Zentralnervensystems hat die Neurologie nachgewiesen, dass neben biologischen Reifungsvorgängen Umwelteinflüsse Entscheidendes beitragen; von hier aus lassen sich Möglichkeiten zur Kompensation und Substitution ableiten. Häufig wird dabei das Ausmaß der »Bereizung« als ausschlaggebend hervorgehoben. Eine Bereizung allein bewirkt jedoch wenig. Eher muss das Kind angeregt werden, seinen Bedürfnissen und Neigungen entsprechend zu handeln, Informationen aus der Umwelt aufzunehmen und umzusetzen, indem es relevante Reize aus der Umwelt sucht und interpretiert.
- Die Soziologie der Behinderten hat auf die Auswirkungen von Benachteiligung und Stigmatisierung der Eltern auf das Kind hingewiesen, Prozesse, die mit dem Erkennen einer Schädigung einsetzen können.

8.1.2 Maßnahmen

Frühförderung beginnt mit der Früherkennung und Früherfasssung, mit der Feststellung einer eingetretenen Schädigung, die zu einer Entwicklungsbeeinträchtigung oder Behinderung führen kann, und der Einleitung entsprechender Maßnahmen (Bach 1973; Deutscher Bildungsrat 1974, 47ff).
Im Rahmen der Früherkennung kommt der medizinischen Diagnostik eine hohe Bedeutung zu, wie überhaupt die Zusammenarbeit mit Medizinern, insbesondere Pädiatern, in stärkerem Ausmaße erforderlich ist als in anderen Lebensaltern (Krebs 1977; Weinmann 1977; Hellbrügge 1981, 273ff; Neuhäuser 1977; 1981; 1985; Jawad 1987; Steinebach 1988; Bundesvereinigung Lebenshilfe 1997; 1998, 28ff). Die seit 1971 empfohlenen Vorsorgeuntersuchungen umfassen Untersuchungen während der Schwangerschaft, während und nach der Geburt. Sie bieten bei Säuglingen und Kleinkindern gute Voraussetzungen für das Erkennen von Schädigungen und drohenden Behinderungen (Theopold 1977).
Im Hinblick auf die Situation im Dritten Reich und bisherige Erfahrungen wird eine Meldepflicht, die Pflicht für medizinisches Personal, geschädigte Kinder namentlich dem Gesundheitsamt zu melden, nicht praktiziert (Speck 1975, 118ff). Außerdem wandten sich die Verbände der Ärzte entschieden dagegen,

da ihnen der Preis für eine Beeinträchtigung des Vertrauensverhältnisses zwischen Arzt und Klient angesichts der fragwürdigen Erfolgsaussichten zu hoch schien. So erhalten Aufklärung und Beratung der Eltern eine hohe Bedeutung. Zudem muss die mit der Einleitung von Maßnahmen zur Frühförderung verbundene Stigmatisierung sowohl des Kindes wie auch der betroffenen Familie beachtet werden. Wöhler (1980) weist auf die in der Familie ablaufenden Prozesse bis zum Zeitpunkt der Einleitung von professionellen Maßnahmen hin. Er geht davon aus, dass die Eltern weniger Furcht vor dem Erkennen einer Schädigung oder Behinderung haben als vor den daraus sich ergebenden Folgen für die eigene Situation wie die des Kindes. Vor dem Gang zur Frühförderstelle durchlaufen die Eltern eine Phase, in der sie zur Diagnose und Therapie Laiensysteme wie Verwandte, Fremde u.a. konsultieren, bis sie schließlich zu der Überzeugung gelangen, dass die Inanspruchnahme professioneller Hilfe unabwendbar sei. Die Frage der Früherkennung sei daher nicht primär ein Problem des Zugangs zu Beratungsstellen oder der Aufklärung schlechthin, sondern müsse die Programme des Laiensystems mit berücksichtigen. Frühfördereinrichtungen sollten daher alles vermeiden, was einer unnötigen und voreiligen Stigmatisierung Vorschub leistet, und z.B. eine Bezeichung führen, die nicht stigmatisiert.

Im Hinblick auf die fehlende Meldepflicht, die unterschiedliche Versorgung mit Frühförderstellen und die grundsätzlichen Schwierigkeiten der Früherkennung lassen sich genaue Zahlen derjenigen Kinder, die in Frühförderung einzubeziehen sind, schwer ausmachen. Die Denkschrift der Arbeitsgemeinschaft Sozialpädiatrischer Zentren und Abteilungen (Schlack 1981) ging davon aus, dass von 10.000 geborenen Kindern etwa 600 bis 700 behindert oder von Behinderung bedroht sind; hinzu kämen pro Jahrgang etwa 1.000 bis 1.500 Kinder mit Risikobelastung und Überwachungsbedürftigkeit. Die Denkschrift der Bundesvereinigung Lebenshilfe (1981) ging von 2,5% der Kinder eines Geburtsjahrganges aus, die Frühförderung benötigen, eine Zahl, die der Realität nahekommen dürfte. In diesem Prozentsatz sind alle behinderten Säuglinge und Kleinkinder enthalten, unabhängig von Art und Schwere der Behinderung. In vielen Fällen ist es in diesem Lebensalter noch nicht möglich und auch nicht notwendig, ein geschädigtes Kind einer bestimmten Behinderungsart zuzuordnen. Bei Kindern, die späterhib voraussichtlich der geistigen Behinderung zuzurechnen sind, empfiehlt es sich, von entwicklungsbeeinträchtigten Kindern zu sprechen, es sei denn zur Inanspruchnahme bestimmter Leistungen sei eine genaue Zuordnung erforderlich.

Für die Förderung des Kindes kann die Bedeutung der Eltern-Kind-Beziehung nicht hoch genug eingeschätzt werden; Horstmann (1982) verspricht sich von deren Stabilisierung eine wesentliche Förderung der sozial-emotionalen Entwicklung des Kindes (vgl. auch Kautz 1988; Krause 1997). Solange den Müttern im Rahmen der Frühförderung eine zentrale Bedeutung zukommt, ist es durchaus legitim, das mütterliche Einstellungsverhalten zu einem wesentlichen Indikator für die Effektivität von Maßnahmen mit heranzuziehen (Klein 1982); doch sollte die Gesamtsituation der Familie wie auch das gesellschaftliche Umfeld nicht außer acht gelassen werden. Es ist problematisch, die Irritierung der Familienbeziehungen einseitig an der jeweiligen Familie festzumachen und damit eine individualisierende Psychologisierung der Familiensituation vorzunehmen, wie dies häufig in psychoanalytisch orientierten Darstellungen geschieht (Weiß 1980).

Die Akzentverlagerung weg von der Förderung des Kindes hin zur Arbeit mit der gesamten Familie (Arbeitsstelle Frühförderung 1982, 48ff) lässt sich am besten mit der Formel »Hilfe zur Selbsthilfe« (Bundesvereinigung Lebenshilfe 1981) umschreiben. Die Autonomie und Handlungsfähigkeit der Familie soll wiederhergestellt und von professioneller Bevormundung befreit werden (Weiß 1989; 1991). Frühförderung ist daher nicht Arbeit an der Familie, sondern Arbeit mit der Familie (Speck, Warnke 1983). Im Hinblick darauf sind Formen der Elternmitarbeit zu praktizieren, die zum einen den Bedürfnissen der Eltern entgegenkommen und gleichzeitig dazu beitragen, einer drohenden Isolierung oder Desintegration der Familie vorzubeugen. Nach den Erfahrungen des Münchener Modellversuchs haben sich in diesem Zusammenhang Eltern-Kind-Gruppen und Elterngruppen bewährt (Arbeitsstelle Frühförderung 1982, 246ff, 271ff). Dabei sollte jedoch berücksichtigt werden, dass zu der durch die Schädigung des Kindes entstehenden Belastungen nicht zusätzliche Belastungen hinzukommen (Müller-Erichsen 1981).

Damit verknüpft ist eine grundsätzliche Kritik am Konzept der Kotherapie, welche die Familie offensichtlich eher in die Abhängigkeit führt als die Aktivierung von Selbsthilfekräften anregt (Speck 1981; Arbeitsstelle Frühförderung 1982, 202ff, 231ff; Neubauer, Zeschitz, Hofmann 1983), ganz abgesehen von den Problemen, die mit der Vermittlung fachspezifischer Methoden an die Eltern verbunden sind (Innerhofer 1977; Weiß 1980). Ein auf die jeweilige Familie zugeschnittenes Förderungskonzept kann den unterschiedlichen sozialen Bedingungen besser gerecht werden (Klein 1989).

Speck (1983) weist in diesem Zusammenhang auf die Tendenz der »Pädagogisierung« hin, wenn Eltern ausschließlich in ihrer Förderungsfunktion gesehen werden. Auch die mobile Förderung, die unter dem Aspekt der Nähe zur Familie und Berücksichtigung ihrer Situation und Bedürfnisse organisiert worden ist, wird problematisch, wenn sie in den Intimbereich der Familie einbricht und als Bevormundung empfunden wird (Weiß 1983). Professionelles Personal der Frühförderung ist in der Regel überfordert, wollte es der Familie bei der Bewältigung aller Probleme direkt behilflich sein; seine Chancen liegen darin, über die Arbeit mit dem Kind auch zur Wiederherstellung einer tragfähigen Familiendynamik beizutragen (Wagner 1976; Grond 1978; Guski 1980).

Nach den Erfahrungen im Münchener Modellversuch (Arbeitsstelle Frühförderung 1982, 138ff) hat sich folgender, interdisziplinär angelegter diagnostischer Prozess als sinnvoll erwiesen: Nach einem Erstgespräch in der häuslichen Umgebung folgt eine genaue Erhebung der Vorgeschichte in der Arbeitsstelle. Beide Maßnahmen leiten über zu einer multidisziplinären Diagnostik, an deren Anfang die Erhebung des ärztlichen Befundes steht. Die Ergebnisse von Entwicklungsverfahren zeigen im wesentlichen Defizite auf, über die Verhaltens-

beobachtung werden offengebliebene Fähigkeiten und qualitative Merkmale ermittelt; im Vordergrund steht die Beobachtung von Affekten, der Motivation, der Ausdauer und Konzentration sowie der Möglichkeit zur Interaktion mit der Mutter. Die Durchführung erfolgt weitgehend in der häuslichen Umgebung in den Alltagssituationen des freien Spiels, des Umgangs zwischen Mutter und Kind, insbesondere bei Pflegehandlungen.
Ausführliche Darstellungen zur Diagnostik finden sich bei Horstmann (1978), Straßmeier (1979, 54ff), Weigand (1980), Hellbrügge (1981, 149ff, 193ff) und Tietze-Fritz 1992. Verfahren weisen zuweilen Mängel auf: sie erfassen häufig bestimmte Funktionen, nicht aber Alltagshandlungen wie Spielen und Selbstbesorgung; bei vielen fehlt eine teststatistische Absicherung; die Aufgabenanalyse ist häufig an nichtbehinderten Kindern vorgenommen worden, und in fast allen Verfahren fehlt der Bezug zur Förderung. Straßmeier (1979, 94ff; 1981, 10ff) hat daher einen Entwicklungstest konstruiert, der die genannten Mängel zu vermeiden sucht. Sein Verfahren hat den Vorzug, von den diagnostischen Ergebnissen Förderungsmaßnahmen ableiten zu können; aber auch hier hat sich gezeigt, dass insbesondere bei schwerer behinderten Kindern eine weitere Differenzierung der Aufgabenstellungen notwendig wird. Zur Feststellung des Entwicklungsstandes eignet sich auch die Beschreibung der Entwicklung nichtbehinderter Kinder im ersten Lebensjahr von Brazelton (1982), die nicht als diagnostisches Instrumentarium geplant war, aber doch in diesem Sinne genutzt werden kann, teilweise auch von den Eltern.
Förderungsmaßnahmen sollten folgende Prinzipien beachten:

- Individualisierung: Dies meint die Anpassung der Fördermaßnahmen an die Möglichkeiten des jeweiligen Kindes und die Sozialisationsbedingungen in seiner Familie. Für die Zielsetzung und Abfolge von Förderungsmaßnahmen kann es keine Pauschalprogramme geben. Dennoch sind Kenntnisse über den allgemeinen Entwicklungsverlauf von Kindern und deren Sozialisationsbedingungen nützlich.
- Handlungsbezogenheit: Es ist anzunehmen, dass schon im frühen Kindesalter eher Handlungen als isolierte psychische oder psychomotorische Funktionen erworben werden; das Kind lebt schon von früh an in einer Welt, in der es auf bestimmte Anforderungen ganzheitlich reagiert. Für die Konzipierung von Fördermaßnahmen bedeutet dies, eher Handlungseinheiten zu üben als einzelne psychische Funktionen.
- Alltagsbezogenheit: Die Prinzipien der Individualisierung und der Handlungsbezogenheit lassen sich am ehesten in alltäglichen Lebensvollzügen der Familie realisieren; aus der Sicht des Kindes sind dies die täglich wiederkehrenden Versorgungshandlungen, aber auch spielerische Interaktionen zwischen Erwachsenem und Kind.
- Interdisziplinarität: Dies setzt die Zusammenarbeit unterschiedlicher Professionen – Medizin, Pädagogik, Psychologie, Sozialarbeit – in sich sinnvoll ergänzender Weise voraus.

- Gesamtplan: Da in der Frühförderung häufig Maßnahmen von Mitarbeiterinnen unterschiedlicher Qualifizierung einzubringen sind, müssen die unterschiedlichen Aspekte in ein gemeinsames Konzept integriert werden. (Weiß 1980; Speck 1981; Arbeitsstelle Frühförderung 1982, 141ff; Bundesvereinigung Lebenshilfe 1998, 17ff).

Seit den Anfängen der Frühförderung sind zahlreiche pädagogische Konzepte entwickelt worden, die im folgenden mit den wesentlichen Inhalten chronologisch geordnet aufgelistet sind:

- Josef (1971): Wahrnehmung, Bewegung, Affekte, sonstige Fertigkeiten und Fähigkeiten in den ersten beiden Lebensjahren, Sauberkeitserziehung, Zeichengebrauch, Gewissenserziehung und Strafe;
- Peter (1973): Bewegung, Wahrnehmung, Denken, Sprache;
- Bach (1975): Wahrnehmung, Motorik, Sprache, Sozial- und Gefühlsbereich vor allem im ersten Lebensjahr;
- Thomae (1976): Sprache, Kontaktformen, Spiel, sonstige Anregungen;
- Kiphard (1977): Wahrnehmung, Hand- und Körpermotorik, Sprache, emotional-sozialer Bereich;
- Pechstein (1975): Motorik, Wahrnehmung/praktische Intelligenz, Sprache, soziale Fähigkeiten (»Lerntherapie«);
- Schamberger (1978): Greifen, Perzeption, Sprache, Sozialentwicklung (»Entwicklungstherapie«);
- Becker (1978): Motorik, Sinne;
- Ohlmeier (1979; 1982; 1983): Wahrnehmung, Hand- und Körpermotorik, Sprache, psychosoziale Entwicklung;
- Klein (1979, 1981): Dimensionen handelnden Lernens: Bedürfnis/Motivation, Bewegen, Wahrnehmen, Denken und Sprechen integriert in Handlungen;
- Cunningham und Sloper (1980): Grob- und Feinmotorik, Fertigkeiten und geistige Entwicklung, Kommunikation, ichbezogenes und soziales Verhalten;
- Bondzio und Vater (1980): Sprechen/Verstehen, Wahrnehmung, Handmotorik, Bewegung, Denken, Wollen/Fühlen;
- Straßmeier (1981): Selbstbesorgung/Sozialentwicklung, Fein-/ Grobmotorik, Sprache, kognitive Fähigkeiten/Wahrnehmung (260 Aufgaben);
- Jetter (1984): Gestaltung von Alltagshandlungen auf der Basis der Entwicklung sensumotorischen Handelns;
- Dmitriev (1987): Grob- und Feinmotorik, Wahrnehmung, Sprache, Nachahmung;
- Cordes, Dzikowski (1991): umfassendes therapeutisches Konzept zur Frühförderung autistischer Kinder;
- Fischer (1998): Kritische Bestandsaufnahme der Wahrnehmungsförderung.

Die Konzepte reichen von programmartigen Sequenzen (Ohlmeier, Dmitriev) und eher funktionalistisch angelegten Therapien (Kiphard, Pechstein, Scham-

berger) bis hin zu alltags- und handlungsbezogenen Anregungen (Klein; Straßmeier; Bondzio, Vater; Cunningham Sloper; Jetter). Gute Übungsbeispiele für die motorische Förderung im ersten Lebensjahr finden sich bei Ruppelt und Ruppelt (1982). Für die Kommunikations- und Sprachförderung bieten Bondzio und Vater (1981) gute Hinweise, sieht man einmal davon ab, dass die Hypothese einer übergangslosen Entwicklung vom Schreien zum Sprechen nicht belegt ist. Über die konkrete Arbeit mit Kindern aus der Praxis berichten Gratt und Ratte (1977), Spörri (1985) sowie Vogel, Rauh und Jordan für Berlin (1990).
Viele Konzepte sind so aufgebaut, dass eine enge Beziehung zwischen dem diagnostischen Instrument und den Aufgaben besteht. Es gibt jedoch grundsätzlich keinen nahtlosen Übergang zwischen Diagnostik und eigentlicher Förderung; in jedem Falle sind zusätzliche Entscheidungen notwendig. Kritische Anmerkungen zu Programmen finden sich bei Taupitz (1985) und Speck (1986). Effizienzüberprüfungen von gängigen Hypothesen der Frühförderung haben teilweise überraschende Fehleinschätzungen aufgedeckt (Casto, Mastropieri 1986).
(vgl. zu diesem Abschnitt auch Speck, Thurmair 1989; Werner 1996; Wilken 1999).

8.1.3 Organisation

Für die Organisierung früher Hilfen haben sich bestimmte Formen bewährt (Wagner 1976; Speck 1977a; Arbeitsstelle Frühförderung 1982; Der Bundesminister für Sozialordnung 1995): Frühförderstellen als wohnortnahes Angebot und Sozialpädiatrische Zentren (Schlack 1981; Speck 1990) oder Neuropädiatrische Abteilungen an Kinderkliniken, ggfs. auch kinderpsychiatrische Kliniken für Diagnostik und Therapie, welche die Möglichkeiten in örtlichen Angeboten übersteigen (Bundesvereinigung Lebenshilfe 1998, 10f).
Dabei waren zwei Prinzipien bestimmend: das der Wohn- und Familiennähe, das zu einer Regionalisierung der pädagogischen Einrichtungen geführt hat, und das der Interdisziplinarität infolge des Anspruchs einer mehrdimensionalen Hilfe im medizinisch-therapeutischen, pädagogischen, psychologischen und sozialen Bereich (Speck 1977b; Neuhäuser 1977). Das Prinzip der Wohn- und Familiennähe haben schon Josef und Josef (1971) sowie den Deutschen Bildungsrat (1974, 53ff) dazu bewogen, eine Hausfrüherziehung zu fordern, eine Frühförderung, die im wesentlichen im Elternhaus stattfindet. Von daher war es folgerichtig, Frühförderstellen als offene Anlaufstellen auch mit Nebenstellen einzurichten, um für die betroffenen Familien leicht erreichbar zu sein (Speck 1977a, 48ff). Die wesentliche Arbeit der Frühförderstelle erfolgt weniger ambulant als aufgrund eines mobilen Dienstes; Erhebungen im Rahmen des Münchner Modellversuchs (Arbeitsstelle Frühförderung 1982, 148ff) haben ergeben, dass bei schwerer geschädigten Kindern die ambulante Tätigkeit ein Drittel, die mobile zwei Drittel ausmachte. Die Einzelförderung mit dem Kinde wird ergänzt durch Spiel- und Wechselgruppen, die erfahrungsgemäß jedoch

erst in späterem Alter in Frage kommen (Deutscher Bildungsrat 1974, 54f; Speck 1975, 124). Nach bisherigen Erfahrungen kann davon ausgegangen werden, dass für ca. 150.000 Einwohner – Einwohnerzahl einer Großstadt oder eines Landkreises – eine Frühstation erforderlich ist. Im Sinne der Interdisziplinarität erwies es sich als notwendig, mit ergänzenden, insbesondere mit medizinischen Einrichtungen und Diensten zusammenzuarbeiten.
Das Personal einer Frühförderstelle sollte medizinische, medizinisch-therapeutische, sonderpädagogische, psychologische und sozialpädagogische Kompetenzen abdecken. Für eine bestimmte Familie sollte eine bestimmte ahuptamtliche Mitarbeiterin Ansprechperson sein, die in der Regel die Familie jede Woche besucht. Erfahrungsberichte über den Aufbau, die Organisation und den Arbeitsablauf von Frühstationen liefern Schöbel (1977), Kessler (1977) und Weiß (1980).
Als begleitende Maßnahmen im Rahmen früher Hilfen können auch Dienste oder Einrichtungen in Frage kommen, die in diesem Lebensalter Angebote vorhalten. Dies sind neben den Familienentlastenden Diensten vor allem institutionelle Tagesangebote für entwicklungsbeeinträchtigte Kinder unter drei Jahren (Baronjan 1993; Bundesvereinigung Lebenshilfe 1997). Sie sollen schon in der frühen Kindheit insbesondere bei Berufstätigkeit der Eltern Versorgung bieten, soziale Kontakte zu anderen Kindern herstellen und die Isolierung der Familien vermeiden helfen. Organisationsformen können u.a. Krabbelgruppen, Tagesmütter, sozialpädagogische Spielkreise sein. Die insbesondere von pädiatrischer Seite vorgebrachten Bedenken gegenüber institutioneller Förderung vor dem dritten Lebensjahr sollten ernst genommen und in der pädagogischen und organisatorischen Konzeption dieses Angebote berücksichtigt werden, können aber die Notwendigkeit solcher Angebote nicht grundsätzlich in Frage stellen.

8.2 Pädagogische Förderung im Vorschulalter

Die Aufgaben von Einrichtungen zur Förderung von Kindern mit geistiger Behinderung im Vorschulalter, wie sie von Thomae (1969) schon in den 60er Jahren formuliert worden sind, gelten im wesentlichen heute noch. So soll die Erziehung im Vorschulalter die Frühförderung durch eine gezielte sonderpädagogische Förderung in einer außerhäuslichen Erziehungseinrichtung ohne Bruch fortsetzen und die häusliche Erziehung ergänzen (vgl. auch Deutscher Bildungsrat 1974, 55). Die Eltern sollen ferner entlastet werden, da die Erziehung eines behinderten Kindes oft mit erheblichen zeitlichen und physischen Anforderungen verbunden ist. Beratung und Anleitung der Eltern sind wie in anderen Bereichen Teil des Aufgabenkataloges. Die Vorbereitung auf eine geeignete Schule ist als weitere Aufgabe zu nennen. Damit ist nicht die Forderung verbunden, nur solche Kinder an die Schule abzugeben, die bestimmten Voraussetzungen genügen. Dieser Aufgabe entspricht der Hinweis, Erziehung im Vorschulalter und in der Schule als eine Einheit zu sehen (Wagner 1977, 7f; Mühl 1979). In Bayern dokumentiert sich diese Einheit dadurch, dass die »Schulvor-

bereitende Einrichtung« Bestandteil der Schulorganisation ist (Pettinger 1977; Speck, Thalhammer 1977, 110).
Kinder mit geistiger Behinderung sind häufig eng an häusliche Bezugspersonen gebunden. Die Bindung an neue Bezugspersonen soll ohne Bruch zu den bisherigen erfolgen. Erziehung im Elternhaus und in der Einrichtung müssen sich daher ergänzen und aufeinander abstimmen durch wechselseitige Informationen über Verhaltensweisen, Interessen und Erfahrungen des Kindes sowie durch Beteiligung der Eltern an der Planung und Durchführung von Fördermaßnahmen und besonderen Unternehmungen (Straßmeier 1983).
Der Notwendigkeit zur Eingewöhnung in eine Einrichtung kann durch eine zeitlich gestufte Teilnahme entsprochen werden. Zunächst kann Einzelförderung im Beisein der bisherigen Bezugsperson notwendig sein, späterhin dann auch ohne die bisherige Bezugsperson erfolgen, und schließlich kann eine Kleingruppe aus zwei oder mehr Kindern gebildet werden. Ob diese Maßnahmen überhaupt angebracht sind, in welchem Ausmaß und wie lange, hängt von den Bedürfnissen des einzelnen Kindes ab. Selbst nach einer Eingewöhnungszeit kann es sich als notwendig erweisen, die Anwesenheit eines Kindes auf bestimmte Tage oder Tageszeiten zu begrenzen.
Nach der Eingewöhnung ist die Stammgruppe die Bezugsgruppe für das Kind. Deren Zusammensetzung sollte weniger nach dem Lebensalter als nach pädagogischen oder gruppendynamischen Gesichtspunkten vorgenommen werden; Gruppen für schwer behinderte oder mehrfach beeinträchtigte Kinder sollten nicht gebildet werden. Im Hinblick auf die unterschiedlichen Lernbedürfnisse der einzelnen Kinder sollten in jeder Gruppe mindestens zwei Erziehungskräfte tätig sein.
Richtpunkt der Erziehung auch im Vorschulalter kann das allgemeine Erziehungsziel »Selbstverwirklichung in sozialer Integration« aus den »Empfehlungen für den Unterricht in der Schule für Geistigbehinderte« (Sekretariat 1980, 5) sein. Daraus und in Übereinstimmung mit Zielsetzungen für nichtbehinderte Kinder ergeben sich in Anlehnung an die Bundesvereinigung Lebenshilfe (1992, 8) folgende Teilaufgaben:
- Erleben des Kindseins,
- Förderung der Kommunikationsfähigkeit,
- Förderung der Selbständigkeit,
- Förderung der Gruppenfähigkeit einschließlich der Konfliktfähigkeit,
- Förderung kreativ-gestalterischer Fähigkeiten,
- Förderung psychomotorischer Fähigkeiten.

Die Lernsituationen bzw. Lernfelder können aus den Aufgabenstellungen des häuslichen Lebens, aus dem Leben in der Einrichtung und aus den Aufgaben der künftigen Lebensgestaltung abgeleitet werden. Geplante Förderung und freie Betätigung insbesondere im Spiel sollten dabei in einem ausgewogenen Verhältnis stehen. Daraus ergeben sich ein Reihe von Lernfeldern (Klein 1974, 111; Speck, Thalhammer 177, 110; Bundesvereinigung Lebenshilfe 1992,12):
- Spielsituationen,

- lebenspraktische Tätigkeiten,
- Singen, Musizieren, rhythmisches Tun,
- Bewegungserziehung,
- Gestalten mit Materialien,
- Feiern,
- Umwelterkundung. Dieses Lernfeld kann aufgeteilt werden in die Bereiche Familie/Wohnung, Hausgemeinschaft/engere Nachbarschaft, erweiterte Nachbarschaft/Wohnbezirk und fremde Umgebung außerhalb des Wohnbezirks.

In allen Lernfeldern soll die Fähigkeit des sozialen Verhaltens einschließlich der Verständigung mit vorsprachlichen und sprachlichen Mitteln der jeweiligen Situation gemäß berücksichtigt werden.
Die Erziehung von Kindern mit geistiger Behinderung im Kindergartenalter bedarf einer sorgfältigen Planung (Hippler 1979), die sich für die Lernbedürfnisse des einzelnen Kindes offenhält. Sie muss die individuellen Fähigkeiten kennen, um daraus die individuellen Lernziele ableiten zu können. Diese sollen in Abstimmung mit den Eltern in einem individuellen Erziehungsplan zusammenfasst werden (Kaschade 1992, 260f). Die für die einzelnen Kinder ausgewählten Ziele sollen möglichst in einen Gruppenplan integriert werden. Ziele, die sich in der Gruppe nicht realisieren lassen, sollen in der Einzelförderung angestrebt werden. Didaktische Medien dienen der Verwirklichung der Ziele und sind daher nachrangig, d.h. ihr Einsatz muss auf die jeweiligen Ziele hin ausgerichtet sein. Zu den didaktischen Medien zählen vor allem Spielmaterialien, Gebrauchsgegenstände des Alltags, Geräte für die Bewegungs- und rhythmische Erziehung, Musikinstrumente, Gestaltungsmaterialien und audiovisuelle Mittler. Häufig müssen Medien selbst hergestellt werden.
Auch in der Lernorganisation spielt der Grundsatz der Individualisierung eine zentrale Rolle. Im Vordergund stehen die Bedürfnisse und Interessen des Kindes, wobei auch bescheidene Ansätze spontanen Tuns und Äußerns aufzugreifen sind. Häufig ist es jedoch notwendig, spontanes Tun gezielt anzuregen, indem Bewegungs- und Handlungsmöglichkeiten angeboten werden; die Erzieherin soll also nicht nur abwarten, sondern auch Angebote machen, die zur Initiative anregen (Klein 1974, 110). Dem freien Spiel kommt hierbei eine zentrale Rolle zu. Insgesamt ist neben der systematischen Förderung auch in der Einzelsituation der freien Betätigung ausreichend Raum zu geben (Regel, Wieland 1993).
In den ersten Jahren nach Gründung der »Lebenshilfe« sind unterschiedliche Organisationsformen mit dem Schwerpunkt spezifischer Förderung vorgehalten werden: Sonderkindergarten für Geistigbehinderte als selbständige Einrichtung, Sonderkindergarten für Geistigbehinderte als Teil einer Schule für Geistigbehinderte, Sonderkindergarten für Kinder mit unterschiedlichen Behinderungsarten, Sonderkindergarten für Geistigbehinderte als Teil eines allgemeinen Kindergartens (Deutscher Bildungsrat 1974, 56). Die Bundesvereinigung Lebenshilfe (1992, 2) setzt sich für den Fortbestand dieses »gewachsenen Sy-

stems von Sondereinrichtungen für geistig behinderte Kinder im Kindergartenalter« ein, hält sich aber für neue Entwicklungen offen. Mittlerweile gibt es gleichwertige Alternativen (Mühl 1987, 8-37), aber sie werden noch nicht flächendeckend angeboten, und Eltern bevorzugen nicht selten noch die Sondereinrichtungen. Seit den 70er Jahren wurden Modellversuche zur gemeinsamen Erziehung durchgeführt (Kaplan u.a. 1993, 33ff), zuletzt in Niedersachsen (Fichtner, Timmann 1995) und in Sachsen (Landesverband Sachsen der Lebenshilfe 1997a), die unter bestimmten Rahmenbedingungen zu positiven Ergebnissen geführt haben. Die Modellphase ist weitgehend abgeschlossen und hat an vielen Orten zur Einführung von unterschiedlichen Organisationsformen gemeinsamer Erziehung geführt. Unter der Perspektive »Kindergarten für alle« hält die Bundesvereinigung Lebenshilfe (1992, 17) folgende Organisationsformen für sinnvoll:

- Einzeleingliederung im wohnortnahen allgemeinen Kindergarten,
- Bildung integrativer Gruppen in einem allgemeinen Kindergarten,
- Bildung integrativer Gruppen in einem Sonderkindergarten,
- Kooperation von Sonderkindergarten und allgemeinem Kindergarten »unter einem Dach«,
- Kooperation von Sonderkindergarten und allgemeinem Kindergarten aus der Distanz.

Nach den Erfahrungen in Niedersachsen (Fichtner, Timmann 1995) und in anderen Bundesländern sollten v.a. folgende Rahmenbedingungen gegeben sein: Gruppenzusammensetzung aus 14 bis 18 nichtbehinderten mit bis zu vier behinderten Kindern, drei Erziehungskräfte mit sozial- bzw. sonderpädagogischer bzw. ergänzender Kompetenz, Räume für Differenzierungsmaßnahmen, Zugang zu Fortbildung und Fachberatung. Als problematisch wird die Einzeleingliederung eingeschätzt, insbesondere bei ungünstigen Rahmenbedingungen, aber auch wegen der Gefahr der sozialen Isolierung. Ähnlich wie im Sonderkindergarten sollten auch bei gemeinsamer Erziehung Kinder mit schwerer geistiger Behinderung einbezogen werden; dass dies möglich ist, belegten die Erfahrungen von Rothmayer (1989). Besonderes Augenmerk wurde gelegt auf die Untersuchung und Förderung der wechselseitigen sozialen Interaktion (Kaplan u.a. 1993), auch im Rahmen eines Konzeptes zur integrativen Spielförderung als Gegenpol zur sonderpädagogischen Einzelförderung (Heimlich 1995; Landesverband Sachsen 1997b). Kron (1988) untersuchte die Erfahrung von Behinderung auf Seiten der nichtbehinderten Kinder und legte dar, dass in der Auseinandersetzung mit dieser Erfahrung Chancen zu deren persönlichen Weiterentwicklung wie zur produktiven Beziehungsgestaltung mit den behinderten Kindern liegen.

9. Schulpädagogik

9.1 Konzeption der Schule für Geistigbehinderte

Die Schule für Geistigbehinderte ist der jüngste Zweig am Baum der Sonderschultypen. Ein Grund dafür mag darin liegen, dass diese Schule Inhalte vermittelt, die sich zumindest teilweise vom üblichen Inhaltskanon allgemeiner Schulen und auch von denen anderer Sonderschultypen deutlich abheben. Es handelt sich aber insofern eindeutig um eine Schule, als Kinder und Jugendliche im schulpflichtigen Alter von eigens dafür ausgebildeten Lehrkräften nach offiziellen Lehrplänen überwiegend in Gruppen unterrichtet werden. Diese Gemeinsamkeit mit anderen Schulen hat jedoch bis in die 60er Jahre hinein nicht ausgereicht, um Schulen für Geistigbehinderte zu legitimieren.
In der Gründungszeit der 60er Jahre wurde zunächst eine Schule konzipiert, die sich teilweise an den üblichen schulischen Standards anlehnte (Bundesvereinigung Lebenshilfe 1983, erstmals 1968). Ausdruck dieses Zugeständnisses insbesondere gegenüber schulpolitischen Entscheidungsträgern war zunächst die Setzung von Aufnahmevoraussetzungen, u.a. eine gewisse Bewegungsfähigkeit, Sauberkeit im allgemeinen, Kontaktfähigkeit, die Möglichkeit, bei einer Tätigkeit zu verweilen. Auch in den Rahmenrichtlinien und Erlassen der Bundesländer wurden solche Mindestvoraussetzungen festgesetzt. Das führte dazu, dass viele Kinder und Jugendliche mit schwerer geistiger Behinderung nicht eingeschult wurden. Diese rigide Anwendung der Einschulungsvoraussetzungen hatte den Pädagogischen Ausschuss der »Lebenshilfe« schon 1973 veranlasst, darauf hinzuweisen, dass die Einrichtungen für Kinder mit geistiger Behinderung nicht auf Ablehnung und Ausschließung, sondern auf Annahme, Aufnahme und erzieherische Hilfe bis zur Grenze des Menschenmöglichen konzipiert seien und dass für die Aufnahme in die Schule lediglich ein körperlicher Zustand, der die Teilnahme an schulischen Veranstaltungen möglich erscheinen lässt, gegeben sein müsse. Diese Aussage stand in Übereinstimmung mit der Forderung zahlreicher Autorinnen und Autoren, keine Grenze der Schulbildungsfähigkeit zu markieren und alle Kinder und Jugendlichen mit geistiger Behinderung aufzunehmen (z.B. Dittmann 1971; Fischer 1976; Mühl 1978; Feuser 1981, 94ff). Die KMK-Empfehlungen (Sekretariat 1980) forderten ebenfalls eindeutig: »Grundsätzlich ist jeder Geistigbehinderte unabhängig von Art und Schwere seiner Behinderung in pädagogische Fördermaßnahmen einzubeziehen« (vgl. auch Bundesvereinigung Lebenshilfe 1997).
Die Schule für Geistigbehinderte ist nach Stufen gegliedert, die jeweils drei Jahrgänge umfassen: Unter- bzw. Grund-, Mittel-, die Ober- bzw. Haupt- und Abschluss- bzw. Werkstufe. In den Empfehlungen des Pädagogischen Ausschusses der »Lebenshilfe« (Bundesvereinigung Lebenshilfe 1983) wurde die Stufung in den Anfangsjahren der Schule für Geistigbehinderte im wesentlichen aufgrund unterschiedlicher Erfahrungswelten und Lernverhaltensweisen der Schülerinnen und Schüler begründet, beides Faktoren, die sich jedoch schwer genauer bestimmen lassen. Eine eindeutigere Zuordnung zu Stufen wä-

re möglich, wenn man jeder Stufe bestimmte Lehrziele wie an allgemeinen Schulen zuordnen könnte. Was bleibt, ist die Begründung von Stufen durch altersgemäße Ansprüche und den körperlichen Entwicklungsstand insbesondere ab der Pubertät. Grundsätzlich sollen alle Schülerinnen und Schüler alle Stufen einschließlich der Abschlussstufe durchlaufen.
Hier soll aufgrund ihrer Besonderheit nur auf die Abschluss- oder Werkstufe (Sekretariat 1980, 16; Mertes 1985; Schammler 1987; Bayerisches Staatsministerium 1989; Niedersächsisches Kultusministerium 1994) kurz eingegangen werden. Sie soll die Bemühungen der vorausgegangenen Stufen in allen Lernbereichen kontinuierlich fortsetzen, soll also nicht nur der beruflichen Vorbereitung dienen, sondern die Jugendlichen und jungen Erwachsenen auf das Erwachsenenleben in allen Lebensbereichen vorbereiten, auch auf Wohnen und partnerschaftliches Zusammenleben, auf Freizeit und Sichzurechtfinden in der Öffentlichkeit. Die berufliche Vorbereitung soll ohne Bindung an bestimmte Berufsfelder mit der Situation und den Problemen des Arbeitslebens vertraut machen. Diesem Ziel dienen vorrangig die Lerninhalte, die in der allgemeinen Schule im Fach »Arbeitslehre« (Mertes 1985) zusammengefasst werden, in dessen Rahmen auch Arbeitsprojekte und Betriebspraktika durchgeführt werden sollen. Die eigentliche berufliche Ausbildung erfolgt im Arbeitstrainingsbereich der Werkstatt für Behinderte und teilweise schon auf dem allgemeinen Arbeitsmarkt. (vgl. auch 12.2 Seite 151)
Wurde in den Anfangsjahren der Schule für Geistigbehinderte die Zuordnung der Schülerinnen und Schüler zu einer Klasse ähnlich wie bei der Stufenzuordnung nach dem Entwicklungs- oder Lernniveau vorgenommen, so setzte sich mehr und mehr die Auffassung durch, die Zuordnung vorrangig nach dem Lebensalter vorzunehmen. Die Zuweisung nach dem Lebensalter hat seitdem zur Folge, dass die einzelnen Klassen hinsichtlich des Lernstandes heterogen zusammengesetzt sind. Diese Heterogenität im Verein mit einem höheren Bedarf an Lernanregungen machen eine niedrigere Klassenmesszahl unabdingbar; sie bewegt sich in der Regel zwischen sechs und zehn mit einem Durchschnitt von acht. Bei jüngeren Schülerinnen und Schülern und bei einem hohen Anteil von Schülerinnen und Schülern mit schwerer geistiger Behinderung werden häufig kleinere Klassen gebildet. Die Heterogenität hat immer wieder zu Differenzierungsversuchen Anlass gegeben, die sich jedoch in der Praxis nicht durchsetzen konnten, da solche Einteilungen selten praktikabel, wegen negativer Zuschreibungen fragwürdig und teilweise nicht hinreichend theoretisch fundiert waren.
Geblieben ist dennoch die Frage, wie die Zuordnung der Schülerinnen und Schüler mit schwerer geistiger Behinderung, die nach einer Erhebung von Dittmann und Klöpfer (1979) in Baden-Württemberg in den 70er Jahren etwa 10% der Schülerschaft ausmachten, deren Prozentsatz heute deutlich höher liegen dürfte (Fischer 1992), organisiert werden kann. Breitinger und Fischer (1993, 256ff) diskutierten vier Organisationsmodelle:
- Schule für Schwer- und Mehrfachbehinderte,
- Integration in die üblichen Klassen,

- Bildung eigener Klassen,
- Bildung einer Einheit aus zwei Klassen, die gleichmäßig mit schwerer und leichter behinderten Schülerinnen und Schülern besetzt sind.

Während sie keines dieser Modelle favorisierten, hatten sich die KMK-Empfehlungen (Sekretariat 1980, 15) eindeutig für ein »Integrationsmodell« entschieden: »Geistigbehinderte Schüler mit besonders hohen Förderbedürfnissen sollen nicht auf Dauer in eigenen Klassen zusammengefasst werden«. Die Gründe für heterogen zusammengesetzte Klassen – Vermeidung isolierender Bedingungen (Feuser 1981, 94ff), wechselseitige Anregung der Lernprozesse, Entlastung für die Lehrpersonen (Becker 1980) – konnte Adam (1980b) aus eigenen Erfahrungen bestätigen. In jedem Falle sind konzeptionelle, personelle und sächliche Rahmenbedingungen zu schaffen, die den spezifischen Bedürfnissen dieser Personengruppe gerecht werden (Hahn 1979a; 1979b).
Werden schwer körperbehinderte Schülerinnen und Schüler mit geistiger Behinderung in die Schule für Körperbehinderte aufgenommen (Spreng 1979), besteht die Tendenz, eigene Klassen oder Abteilungen zu bilden. Im Landstuhler Schulversuch zur Förderung schwerstbehinderter Schülerinnen und Schüler (Fröhlich 1980; 1982; Haupt 1980) gab es eine Abteilung für sie mit Gruppen von fünf Kindern, da sie nicht in Klassen mit mobilen, sozial und kognitiv weiter entwickelten Kindern integriert werden konnten. Es wurden jedoch Maßnahmen vorgeschlagen, um ihrer Isolierung vorzubeugen: die Klassen sollten als Aufnahme- und Übergangsklassen fungieren, die Gruppen sollten halboffene Strukturen aufweisen, um Personal sowie Schülerinnen und Schüler austauschen zu können, die Klassenräume sollten auf die Schule gleichmäßig verteilt werden (vgl. auch Martinez 1985).
In diesen Zusammenhang hat das Modell des LOGESCH-Projektes von Straßmeier, Speck und Homann (1990) einen richtungsweisenden Lösungsvorschlag für die Abschlussstufe unterbreitet, der aber auch für die anderen Stufen gangbar sein dürfte. Ausgang der Überlegungen zur Erarbeitung des Modells war die Erfahrung, die inzwischen bundesweit zu beobachten ist, dass die Schülerschaft der Schule für Geistigbehinderte zunehmend heterogener wird. Die Zahl der Schülerinnen und Schüler mit schwerer geistiger Behinderung, mit mehrfachen Funktionsbeeinträchtigungen und mit Verhaltensstörungen nimmt offensichtlich zu; hinzu kommen Schülerinnen und Schüler mit autistischem Verhalten. Deshalb wird es zunehmend schwieriger, den Lernbedürfnissen all dieser Gruppen hinreichend gerecht zu werden. Als Lösung empfehlen die Autoren, ein Team-Großgruppen-Modell zu praktizieren. Diese kann aus zwei oder mehr Klassen bestehen; am günstigsten ist die Zusammenfassung von Klassen einer Stufe. Aus flexiblen Zusammenstellungen von Untergruppen und der größeren Anzahl von Schülerinnen und Schülern bieten sich mehr Möglichkeiten angemessener Unterrichtsangebote und sozialer Kontakte; die zeitweise Zusammenstellung leistungshomogener Lerngruppen ist leichter zu organisieren; mehr Neigungskurse sind möglich; Schülerinnen und Schüler mit schwerer geistiger Behinderung können in Kleingruppen intensiv lernen, aber auch an

Lernvorhaben der Großgruppe teilhaben. Das Team der Großgruppe kann zudem über die Bildung und Zusammensetzung von Klassen und Lerngruppen, die Zuteilung der Lehrkräfte und Räume, die Aufgabenverteilung in der Stufe, die Unterrichtsorganisation und das didaktische Konzept, Pausenordnung und Vertretung, die Gestaltung des Schullebens, die Verwendung der Sachmittel u.a. eigenständig entscheiden.
In den meisten Bundesländern wird die Schule für Geistigbehinderte als Ganztagseinrichtung geführt. Die KMK-Empfehlungen (Sekretariat 1980, 15) haben sich im Hinblick auf die besonderen Lernerfordernisse und das Lernverhalten der Schülerinnen und Schüler für die Ganztagsschule ausgesprochen. Sie bietet eine größere Vielfalt an Lernmöglichkeiten, z.B. zur Freizeiterziehung, durch längere Unterrichtsgänge, insgesamt durch eine »Entschulung« der Lernprozesse, wodurch die Schule eher als erfahrungs- und handlungsbezogener Lernort organisiert werden kann. Demgegenüber steht die Halbtagseinrichtung unter einem gewissen Zeitdruck und in der Gefahr, einer für das Lernen abträglichen Verschulung anheimzufallen, was angesichts der Verlangsamung der Lernprozesse insbesondere schwerer behinderter Schülerinnen und Schüler von Nachteil ist. Hinzu kommt, dass die Schülerinnen und Schüler oft einen langen Anfahrtsweg haben, so dass Ruhezeiten notwendig werden, die auch aus anderen Gründen angebracht sein können. Ferner bietet die Ganztagseinrichtung den Familien Entlastung. Bei Ganztagsbeschulung sollte jedoch darauf geachtet werden, dass der gesamte Tagesablauf angemessen genutzt wird; eine bloße Verwahrung oder Beschäftigung am Nachmittag kann die Ganztagsschule nicht hinreichend rechtfertigen.
Nachteilig kann sein, dass der lange Schultag und lange Fahrten die Schülerinnen und Schüler so ermüden, dass sie zu Hause kaum noch ansprechbar und Unternehmungen mit der Familie kaum mehr möglich sind. Einige haben am Nachmittag vielleicht Gelegenheit, sich in einem Verein zu betätigen oder mit Kindern in der Nachbarschaft zusammen zu sein; für solche Fälle sollten flexible Lösungen angestrebt werden. Insgesamt überwiegen jedoch die Vorteile und wirken sich für den Großteil der Schülerinnen und Schüler günstig aus (Mühl 1981, 18f; Reiser 1982; Bundesvereinigung Lebenshilfe 1982; Falk 1984).
Die Differenzierung der Sonderschultypen schafft Probleme für Schülerinnen und Schüler mit geistiger Behinderung, die eine zusätzliche Funktionsbeeinträchtigung aufweisen, vor allem körperbehindert und/oder sinnesgeschädigt sind. Deren Zahl scheint höher zu sein als bisher angenommen, vor allem in Schulen für Körperbehinderte und für Sinnesgeschädigte. Nach einer Hochrechnung für das alte Bundesgebiet von Fischer (1992, 326) aus den genau ermittelten Zahlen für Rheinland-Pfalz ergeben sich für die Schule für Körperbehinderte etwa 40%, für Schulen für Sehgeschädigte etwa 38% und für Schulen für Hörgeschädigte etwa 7% von Schülerinnen und Schülern mit geistiger Behinderung. Solche Schulen sind – ausgenommen die größeren Großstädte – häufig weiträumig über ein Bundesland verteilt, so dass ihr Besuch oft mit Internatsunterbringung und der Herauslösung aus der Familie verbunden ist. In

diesem Falle sollte überlegt werden, ob die Schülerin oder der Schüler nicht in der nächsten Schule für Geistigbehinderte eingeschult werden kann, wobei zugleich dafür gesorgt werden muss, dass die zusätzlichen Förderungsansprüche über Beratung durch eine zuständige Sonderschullehrkraft erfüllt werden (vgl. auch Falkhausen 1981).

Lage, Gelände und bauliche Ausstattung des Schulgebäudes einer Schule für Geistigbehinderte dienen der pädagogischen Zielsetzung; daraus lassen sich einige Forderungen ableiten. So sollte die Schule nicht fernab vom pulsierenden Leben im »Grünen« errichtet werden, sondern inmitten von Gemeinden, um das Sichzurechtfinden in der Öffentlichkeit einüben zu können und Begegnungen mit nichtbehinderten Menschen zu erleichtern. Gemeinsame Aktivitäten bis hin zu gemeinsamem Unterricht mit allgemeinen Schulen lassen sich eher arrangieren, wenn sich die Schule für Geistigbehinderte in räumlicher Nähe zu einer allgemeinen Schule oder gar in deren Gebäude befindet. Unter dieser Perspektive sollten eigentlich keine neuen Schulbauten für diese Schülergruppe errichtet, sondern versucht werden, sie in Räumen allgemeiner Schulen unterzubringen oder neue Räume nur an allgemeine Schulen anzubauen. Dabei sollten altersgemäße Zuordnungen vorgenommen werden. Die Schule soll ferner den Erfordernissen der Ganztagsbeschulung entsprechen und den Schülerinnen und Schülern zum Erfahrungs- und Handlungsraum werden, in dem realitätsgerechte Aktivitäten und Lernprozesse erleichtert werden (Janknecht 1984; Mühl 1986, 98ff; Klöpfer, Rauch 1987). Da die Schule für Geistigbehinderte grundsätzlich auch körperbehinderten Schülerinnen und Schülern offen stehen soll, muss das Schulgebäude körperbehindertengerecht ausgestattet sein. Die Unterrichtsräume selbst sollen ausreichend Bewegungsspielraum lassen und unterschiedliche Funktionsräume enthalten, z.B. zur Zubereitung und Einnahme von Mahlzeiten, zum Ausruhen, zur Gruppenarbeit, zum Spielen. Daneben sollten Fachräume für Arbeitslehre, Sport, Hauswirtschaft, Einzelunterricht, Krankengymnastik, Elternberatung, ärztliche Betreuung u.a. zur Verfügung stehen.

Das Personal der Schule für Geistigbehinderte hat vielfältige Aufgaben zu erfüllen. Der auf die Klasse und die einzelnen Schülerinnen und Schüler zentrierte Unterricht erfordert eine umfassende pädagogische Diagnostik, eine detaillierte Individual- und Klassenplanung sowie eine Unterrichtsdurchführung, die vielfältige Organisationsformen und Methoden vorsehen muss. Ferner sind außerunterrichtliche Aufgaben zu bewältigen wie die Zusammenarbeit mit den Familien, das Wirken in die Öffentlichkeit, die Zusammenarbeit mit anderen Schulen, Behörden, Gesundheitsdiensten u.a. Dies alles hat zur Konsequenz, dass es für eine Lehrkraft nicht möglich ist, alle Aufgaben in einer Klasse zu erfüllen. Das Konzept des Pädagogischen Ausschusses der »Lebenshilfe« (Bundesvereinigung Lebenshilfe 1983), wonach neben Sonderschullehrkräften mit der Fachrichtung Geistigbehindertenpädagogik pädagogische Fachkräfte mit einer sonderpädagogischen Zusatzausbildung arbeiten sollen, hat sich bewährt.

In einigen Bundesländern betreuen Sonderschullehrkräfte mehrere Klassen, so dass die für Planung und Durchführung des Unterrichts notwendige Kenntnis der einzelnen Schülerinnen und Schüler nicht hinreichend gewährleistet ist. Unabhängig davon sollten Sonderschullehrkräfte die Klassenleitung für nur eine Klasse in Zusammenarbeit mit weiteren pädagogischen Fachkräften innehaben, wie dies mittlerweile in vielen Bundesländern üblich ist; sie entspräche der Regelung, wie sie an den anderen Sonderschultypen gehandhabt wird (Bundesvereinigung Lebenshilfe 1997).
Oft ist es notwendig, medizinisch-therapeutisches Personal mit krankengymnastischer oder logopädischer Kompetenz einzusetzen. Darüber hinaus ist es üblich geworden, auch für primär pädagogische Aufgabenstellungen Therapien in Anspruch zu nehmen oder einzufordern, die sich oft jedoch nur schwer in ein einheitliches Erziehungskonzept integrieren lassen. Lehrkräfte sollten daher möglichst breit qualifiziert sein, um die oft der Therapie angesonnenen Aufgaben möglichst in den Unterricht einbinden zu können.

9.2 Der Unterricht und seine Formen

Die übliche Definition von Unterricht muss für die Schule für Geistigbehinderte in zwei Punkten erweitert oder zumindest präzisiert werden. Zum Unterricht im weitesten Sinne gehören nicht nur Gruppenaktivitäten, sondern auch die Einzelförderung sowie all jene Lernsituationen, die sich auch außerhalb des Unterrichts während des Schulalltages ergeben. »Der Unterricht an der Schule für Geistigbehinderte umfasst alle Lernsituationen, die sich im Klassenzimmer, im Schulgebäude, auf dem Schulgelände und unter Aufsicht des pädagogischen Personals auch außerhalb des Schulgeländes ereignen« (Sekretariat 1980, 7). Diese Erweiterung ergibt sich aufgrund der basale Qualifikationen der Lebensbewältigung einschließenden Lernziele und der im Rahmen der Organisationsform »Ganztagsschule« möglichen Lernsituationen. Die Befähigung beispielsweise zur selbständigen Bewältigung des Toilettengangs und der Nahrungsaufnahme gehört daher ebenso zu den Aufgaben des Unterrichts wie die Ermöglichung angeleiteter Aktivitäten außerhalb des Schulgeländes wie auch die Befähigung zur selbständigen Bewältigung des Schulweges.

Die allgemeinen Zielvorstellungen erfordern es, dass zum einen bei den unterrichtlichen Lernprozessen die Bedürfnisse, Interessen und Lernerfahrungen der jeweiligen Schülergruppe berücksichtigt und nach Möglichkeit von ihr mitangeregt und teilweise mitgesteuert werden und dass zum anderen der Unterricht gemäß den Voraussetzungen der Schülerinnen und Schüler in die soziale und gesellschaftliche Umwelt außerhalb des Klassenraumes und des Schulgeländes verlagert wird. Vom Lernort Schule aus sind also jene Orte außerhalb der Schule als Lernorte aufzusuchen, mit denen die Schülerinnen und Schüler in Berührung kommen werden und für die sie bestimmte Qualifikationen erwerben sollen.
Da Schülerinnen und Schüler mit geistiger Behinderung durch praktische Bedürfnisse und Interessen sowie durch deren Verwirklichung in realitätsnahem

Handeln und Lernen zu motivieren sind, ist auch das Lernen am Lernort Schule so zu organisieren, dass der in anderen Schulformen übliche Unterricht auf ein Minimum beschränkt wird. Der »Stuhl-Tisch-Unterricht«, der in vielen Fällen auch ein »Papier-Bleistift-Unterricht« ist, sollte zu Gunsten praktischer und von Handlungszielen gesteuerter Aktivitäten weitgehend vermieden werden. Ein nicht zu unterschätzendes Argument für die Vermeidung eines solchen Unterrichts ist auch darin zu sehen, dass allzulanges Sitzen die Neugierhaltung und Lernfähigkeit insgesamt einschränken und die oft anzutreffenden motorischen Unzulänglichkeiten und Bewegungsbeeinträchtigungen verschärfen.
Im Klassenunterricht wird die zu einer Klasse zusammengestellte Lerngruppe als Stammlerngruppe gemeinsam unterrichtet. Hier werden die Lehrkräfte für die Schülerinnen und Schüler am ehesten zu Bezugspersonen, die Klasse zur sozialen Bezugsgruppe. Deshalb sollte der Klassenunterricht in einem zeitlich ausreichenden Umfang praktiziert werden und sich nicht überwiegend in den anderen Organisationsformen auflösen. Dieses soziale Refugium soll der Ausgangspunkt für das Anknüpfen weiterer Kontakte zu anderen Schülerinnen und Schülern und Erwachsenen werden. Dies gilt besonders auch bei kooperativer Beschulung.
Die Form des Frontalunterrichtes ist überall dort einzusetzen, wo die Arbeit in der Gesamtgruppe notwendig ist, z.B. beim Singen und Musizieren, bei Lehrgängen, bei Erzählungen und Gesprächen, auch um den Zusammenhang eines gemeinsamen Vorhabens aufzuzeigen.
Der Kursunterricht führt Schülerinnen und Schüler aus einer oder mehreren Klassen, die hinsichtlich bestimmter Lernziele relativ gleiche Voraussetzungen einbringen, vorübergehend zu einer Lerngruppe zusammen. Er kann vor allem zur Förderung der Psychomotorik und der Sprache, zum Vermitteln der Kulturtechniken, zur Vorbereitung auf den Übergang zur Schule für Lernhilfe erteilt werden. Im Gegensatz zum Klassenunterricht, der auf weite Strecken Handlungsziele in Verbindung mit Lernzielen verfolgt, wird der Kursunterricht durch Lernziele gesteuert, die eher in einem systematischen Aufbau stehen.
Im Einzelunterricht oder in der Einzelförderung werden einzelne Schülerinnen und Schüler, die gravierende Beeinträchtigungen aufweisen und für deren Förderung Kursunterricht in der Gruppe nicht durchführbar ist, intensiv gefördert. Inhaltlich vermittelt der Einzelunterricht vorrangig Lernziele, die Fähigkeiten der ersten Lebensjahre entsprechen, vor allem auch Lehrziele der Kommunikationsförderung. Die Grenzen zwischen Kleingruppen- und Einzelunterricht sind fließend, z.B. da, wo der Einzelunterricht in den Unterricht einer Zweiergruppe übergeführt wird, um so den Übergang zur Klassengruppe zu erleichtern und um Fixierungen von gelernten Verhaltensweisen an die jeweilige Lehrperson zu vermeiden. So erscheint es wirksam, um soziale und kommunikative Verhaltensweisen bei einem Kind mit autistischem Verhalten anzubahnen, nach einer Anfangsphase des Einzelunterrichts ein zweites Kind hinzuzunehmen, das gewisse Verhaltensmodelle für jenes Kind bieten kann. Darüber hinaus wird dabei in Ergänzung zur Interaktion mit der Lehrperson auch die Interaktion mit anderen Kindern geübt. Es ist deutlich geworden, dass die In-

halte des Kurs- oder Einzelunterrichts in vielen Fällen Ziele des Klassenunterrichts stützen und erweitern. Deshalb sollen sie zeitlich auf das notwendige Maß beschränkt bleiben.
Partner- und Gruppenarbeit sind nicht nur Lehrmethoden, die zur Optimierung von Lernprozessen eingesetzt werden, sondern die auch Lernziele im Rahmen der Sozial- und Selbständigkeitserziehung vermitteln sollen. Dass dieser Lernprozess langdauernd und schwierig sein wird, ist unbestritten; dennoch können Schülerinnen und Schüler mit geistiger Behinderung durchaus in die Lage versetzt werden können, in kleinen Gruppen relativ selbständig miteinander zu arbeiten.
Insbesondere am Nachmittag können Neigungsgruppen zum Erwerb bestimmter Techniken und Fertigkeiten gebildet werden. So kann es Gruppen geben, die fotografieren oder filmen lernen, wieder andere, die eine bestimmte Sportart betreiben. In diesen Gruppen werden vor allen Dingen Qualifikationen vermittelt, die sich im Freizeitbereich anwenden lassen, zum Teil sind sie selbst gestaltete Freizeit.
Der Unterricht an der Schule für Geistigbehinderte kann von der Lehrstrukturform her stattfinden als handlungsbezogener Unterricht, Fachunterricht, Gelegenheitsunterricht und lehrgangsartig fortschreitender Unterricht (vgl. auch Speck 1999, 268 ff).
Der handlungsgesteuerte, projektorientierte Unterricht entspricht dem situationsverhafteten und praxisgeleiteten Lernen der Schülerinnen und Schüler mit geistiger Behinderung und geht von ihren Bedürfnissen, Interessen, Erfahrungen und Ansprüchen aus. Er strebt realitätsgerichtete Aktivitäten und Erfahrungsmöglichkeiten an, wobei die gesellschaftliche Realität im Hinblick auf die anzustrebende gesellschaftliche Eingliederung wesentlicher Bestandteil unterrichtlichen Handelns darstellt. Zur Realisierung von Handlungszielen im handlungsgesteuerten Unterricht sind Übungsphasen erforderlich, die Lernziele anstreben, welche wiederum zur Erreichung des Handlungszieles notwendig sind. Diese Übungsphasen sind dann am sinnvollsten, wenn sie aus dem Handlungsablauf entstehen.
Neben der Lehrstrukturform des projektorientierten Unterrichts kann der Klassenunterricht auch als Fachunterricht erteilt werden. Diese Lehrstrukturform ist immer dann angebracht, wenn Lehrziele oder Lehrinhalte nicht sinnvoll in den handlungsbezogenen Unterricht integriert werden können, wie beispielsweise beim Sportunterricht, beim Unterricht in Musik und Rhythmik. Dabei ist jedoch zu überlegen, ob nicht bestimmte Inhalte des Fachunterrichtes auch handlungsorientiert angelegt werden können.
Im Gelegenheitsunterricht können aktuelle, die Schülerinnen und Schüler interessierende Ereignisse und Fragen aufgegriffen und die Situationsverhaftetheit ihres Lernverhaltens zur Anregung von Lernprozessen genutzt werden. Dies gilt für Lerninhalte, die an den Jahresablauf gebunden sind oder sich sinnvoll an aktuelle Ereignisse anlehnen, beispielsweise an den Besuch des Schulzahnarztes oder die Tätigkeit von Handwerkern auf dem Schulgelände, an den Krankenhausaufenthalt eines Mitschülers. Der Gefährdung eines kontinuierli-

chen Unterrichtsgeschehens durch Zufälligkeiten und Aktualitäten wird entgegengewirkt, indem die aufgegriffenen Ereignisse im handlungsbezogenen Unterricht vertieft werden. Außerdem wird man nur dann die sich von außen aufdrängenden Ereignisse als Unterrichtsinhalte aufgreifen, wenn man erwarten darf, dass sie den Interessen der Schülerinnen und Schüler entsprechen und für sie bedeutsame Lernerfahrungen enthalten. Gelegenheitsunterricht findet auch da statt, wo die sich im Tagesablauf bietenden Möglichkeiten zu Übungen vor allem im Bereich der Selbstversorgung wahrgenommen werden; so wird beim Mittagessen das Tischdecken und die Beachtung von Tischsitten, nach dem Sportunterricht das Duschen und Kopfwaschen, nach der Ankunft mit dem Bus das Auskleiden und vor dem Abfahren das Anziehen geübt.
Eine lehrgangsartig aufgebaute Lehrstrukturform bis hin zum programmierten Unterricht ist in der Regel im Kurs- oder Einzelunterricht anzutreffen. Als Beispiel sei auf den Leseunterricht verwiesen, der eher systematisch aufzubauen ist.

9.3 Zur Didaktik der Schule für Geistigbehinderte

9.3.1 Auf der Suche nach dem eigenen Profil

Ein entscheidender Schritt hin zu einer eigenständigen Didaktik waren die »Empfehlungen für den Unterricht in der Schule für Geistigbehinderte« der Kultusministerkonferenz (Sekretariat 1980). Das didaktische Konzept der Empfehlungen (Mühl 1997a, 67ff) ging nicht von Fächern, Lernbereichen, psychischen Funktionen oder Themen aus, sondern von Zielen – Unterrichts- und Erziehungszielen. Bei der Findung, Auswahl und Anordnung der Ziele waren neben der Berücksichtigung vorliegender Lehrpläne und didaktischer Literatur Überlegungen über die zur Bewältigung gegenwärtiger und künftiger Lebenssituationen für Menschen mit geistiger Behinderung notwendigen Qualifikationen maßgebend (Mühl 1986, 105ff). Dabei wurde mitbedacht, dass von den Lebenssituationen her allein die Ziele und Inhalte des Unterrichts nicht hinreichend bestimmt werden können. Maßgaben waren auch die angenommenen Lernvoraussetzungen der Schülerinnen und Schüler und der pädagogische Auftrag »Selbstverwirklichung in sozialer Integration«. In ähnlicher Weise ging Adam (1977; 1978a) bei der Analyse amerikanischer Curricula vor und erstellte einen Arbeitsplan für den Unterricht (1980a) mit den Bereichen Selbstbesorgung, Gebrauch des Körpers, Kommunikation, Grundwissen, praktische Fertigkeiten und Sozialverhalten. Eine Reihe von Veröffentlichungen bezieht sich direkt auf die Empfehlungen und liefert Hinweise zur weiteren theoretischen Fundierung oder Praxisbeispiele (Stuffer u.a. 1980; Pohl 1981; Oberakker 1983; Anstötz 1987, 68ff). Die Lehrplanung dazu war für viele Lehrpersonen eine schwierige Aufgabe, da sie ohne Strukturierung durch Fächer oder Lernbereiche direkt mit einer Lehrzielpyramide konfrontiert wurden; lediglich die fachorientierten Lehrgänge Religion, Sport und die Kulturtechniken sind mit einigen allgemeinen Bemerkungen eigens ausgewiesen.

Die Bayerischen Rahmenrichtlinien (Staatsinstitut für Schulpädagogik 1982; vgl. auch Mühl 1997a, 69ff) sind auf der Basis der KMK-Empfehlungen entstanden und 1985 ohne Überarbeitung des Lehrplanteils für Niedersachsen übernommen worden, aber sie sind handbarer als diese und werden daher auch in anderen Bundesländern neben den KMK-Empfehlungen verwendet. Die Bayerischen Rahmenrichtlinien haben die Lehrzielorientierung beibehalten, haben aber eine Einteilung der Lehrziele nach Lernbereichen vorgenommen und sie den Lehrzielen als Strukturierungshilfe vorgeschaltet. Diese Lernbereiche sind nur bedingt mit den Fächern des Lehrplans einer allgemeinen Schule oder auch der Schule für Lernhilfe zu vergleichen; am ehesten noch sind die fachorientierten Lernbereiche – Musik, Rhythmik, ästhetische Erziehung, Werken, Textilarbeit, Hauswirtschaft und Bewegungserziehung /Sport – als Fächer anzusehen, da sie teilweise besonderer Räume bedürfen und aus organisatorischen Gründen eher als Fächer ausgewiesen werden müssen. Die übrigen Lernbereiche sind so angelegt, dass sie in eine lernbereichsübergreifende Lehrstruktur einzubinden sind.
Die Einteilung der Lernbereiche in drei Gruppen ist theoretisch nicht hinreichend fundiert. Die Lehrziele der entwicklungsorientierten Lernbereiche – Motorik, Wahrnehmung, Sprache, Denken – lassen sich ohne Informationsverluste anderen Lernbereichen zuordnen. Auch die Heraushebung einer Gruppe von Lernbereichen als handlungsorientiert – Selbstversorgung, Spielen, soziale Beziehungen, Heimat, Natur, Technik, Zeit, Verkehr, Freizeit, Mathematik, Lesen und Schreiben – suggeriert, dass die anderen beiden Gruppen nicht als handlungsorientiert vermittelbar seien.
Die Heraushebung der entwicklungsorientierten Lernbereiche als basale Lernbereiche erscheint zudem aus theoretischer wie praktischer Sicht nicht angemessen. Angewendet wird dieses Konzept teilweise auch in der Frühförderung und bei Personen mit schwerer geistiger Behinderung als basale Förderung psychischer Funktionen. Dem entwicklungsorientierten Vorgehen liegt nach Speck (1999, 245ff) die These der Invarianz von Entwicklungssequenzen psychischer Funktionen zu Grunde, wonach sich die kindliche Entwicklung nach relativ allgemeingültigen Gesetzmäßigkeiten vollzieht. Er bezweifelt neben anderem – rigides Vorgehen, Vernachlässigung emotionaler Prozesse – die Gleichsetzung der Entwicklung bei nichtbehinderten Kindern und denen mit geistiger Behinderung; sonderpädagogisches Handeln müsse sich zudem eher an individuellen Bedingungen und Lernbedürfnissen orientieren, weniger an allgemeinen Normen. Das weitere Bedenken bezieht sich auf die funktionelle Zergliederung des Handelns, die bei solcher Förderung als Gefahr gegeben ist. Miessler und Bauer (1978), Dittmann (1983) sowie Fischer (1981) warnen daher vor einem isolierten Funktionstraining und fordern die Einbettung von Funktionsübungen in alltagsbezogene Lernsituationen, so dass auf diese Weise die Verbindung zum handlungsbezogenen Lernen (Mühl 1993) hergestellt wird.
Für die Abschlussstufe ist die Hinwendung zu gesellschaftlichen Lebenswelten und die Abwendung vom üblichen Fächerkanon allgemeiner Schulen noch

deutlicher zu erkennen als im Lehrplan für die vorausgehenden Stufen. So enthalten die Richtlinien für die Werkstufe (Bayerisches Staatsministerium 1989) und die Rahmenrichtlinien für die Abschlussstufe in Niedersachsen (Niedersächsisches Kultusministerium 1994) übereinstimmend die Lernbereiche Ich-Erfahrung, Wohnen, Freizeit, Arbeit und Beruf, Öffentlichkeit sowie Umwelt und Umweltschutz. Das allgemeine Ziel der Abschlussstufe ist die dezidierte Vorbereitung auf das Erwachsenenleben in allen Bereichen. Dieses Ziel gilt selbstverständlich auch schon auf den vorhergehenden Stufen, aber der Unterricht ist jetzt noch stärker auf die Alltagsbewältigung als Erwachsene ausgerichtet, auch weil sich die Schülerinnen und Schüler zum Teil schon vom Alter her dem Erwachsenenstatus annähern oder ihn schon erreicht haben. Deshalb spielen jetzt auch erwachsenenpädagogische Kriterien eine wichtige Rolle. Neben den sonstigen allgemeinbildenden Aufgaben sollte die Abschlussstufe eine breit angelegte berufsorientierende und vorberufliche Vorbereitung durch Vermittlung grundlegender Kenntnisse und Arbeitstechniken anstreben (vgl. dazu vor allem Mertes 1993; Mühl 1997c). Der berufsvorbereitende Auftrag besteht nicht in der unmittelbaren Vorbereitung auf die Übernahme einer bestimmten Tätigkeit in der Werkstatt für Behinderte oder auf dem allgemeinen Arbeitsmarkt. Schwerpunkte hat die berufsvorbereitende Bildung im technischen Werken, in der Textilarbeit und im hauswirtschaftlichen Unterricht (Mertes 1984).
Ein hervorstechendes Merkmal der Lehrpläne für alle Stufen ist ihre Offenheit. Diese Offenheit ist eine zweifache. Sie kommt zunächst darin zum Ausdruck, dass die Lehrziele und Inhalte der einzelnen Lernbereiche nicht einzelnen Schuljahrgängen oder Schulstufen zugeordnet sind. Das ergibt sich als Konsequenz aus der Art der Klassenbildung. Die Zusammenstellung von Klassen erfolgt nicht nach dem Lernniveau, sondern nach dem Lebensalter, was zur Folge hat, dass in einer Klasse Schülerinnen und Schüler mit unterschiedlichem Lernniveau unterrichtet werden müssen. Der andere Aspekt der Offenheit betrifft die Auswahl der Lehrziele und deren Zusammenstellung in Unterrichtseinheiten und Projekten aus den einzelnen Lernbereichen. Es ist somit der Verantwortung der Lehrperson anheim gestellt, welche Lehrziele sie auswählt, wann sie diese erreichen möchte und wie sie diese in Unterrichtseinheiten zusammenführt.
Daneben sind auch inhaltliche Besonderheiten oder Schwerpunkte auszumachen. Einige Lernbereiche ähneln von der Bezeichnung wie von den Inhalten her den üblichen Fächern, wohingegen die Inhalte einiger anderer Lernbereiche im Inhaltskanon der allgemeinen Schule überhaupt nicht auftauchen, insbesondere die entwicklungsorientierten Lernbereiche und die Lernbereiche der Abschlussstufe. Ein weiterer spezifischer Inhaltsaspekt ist die Tatsache, dass in allen Lernbereichen die vorschulischen Lern- und Entwicklungsstufen, gewissermaßen von der Geburt an, als Lernziele mit einbezogen sind. Das bedeutet nicht, dass sie für alle Schülerinnen und Schüler auch realisiert werden müssten; das ist nur dann erforderlich, wenn diese Ziele noch nicht erreicht sind.

Welches sind Spezifika einer Didaktik für Schülerinnen und Schüler mit geistiger Behinderung (Mühl 1997, 77ff), die auch bei gemeinsamem Unterricht zu berücksichtigen sind?
Zunächst ist darauf hinzuweisen, dass sich die Geistigbehindertendidaktik intensiv um die Frage einer grundsätzlichen, von Institutionen unabhängigen Erziehungs- und Bildungsfähigkeit bemüht hat. Sie hat dieses Problem dadurch gelöst, dass sie die Forderung erhoben hat, dass Erziehung und Bildung an keine Lernvoraussetzungen gebunden sein dürfen; sie haben diese gegebenenfalls selbst zu erzeugen.
Ferner hat der Unterricht bei Schülerinnen und Schülern mit geistiger Behinderung Ziele und Inhalte zu vermitteln, die nichtbehinderte im Vorschulalter und später im außerschulischen Umfeld erlernen. Dazu gehören Ziele und Inhalte vor allem für jene mit schwerer geistiger Behinderung und mit autistischem Verhalten. Die Geistigbehindertenpädagogik ist in den letzten Jahren zunehmend auch aufgerufen, für Schülerinnen und Schüler mit mehrfachen Funktionsbeeinträchtigungen Unterrichtskonzepte zu entwickeln.
Außerdem ist der Aspekt der Verlangsamung der Lernprozesse und der daraus folgenden ausgedehnteren zeitlichen Verteilung der Lernbereiche zu bedenken. Dazu zwei Beispiele: Lesenlernen erfolgt bei nichtbehinderten Schülerinnen und Schülern spätestens bis zum Ende des 2. Schulbesuchsjahres. Bei lernbehinderten Schülerinnen und Schülern muss man einen Zeitraum bis zum dritten oder vierten Schulbesuchsjahr einrechnen. Bei Schülerinnen und Schülern mit geistiger Behinderung ist ein noch längerer Zeitraum anzusetzen, sofern sie überhaupt die Phase des Eintritts in den Leselernprozess erreichen. Die zeitliche Zerdehnung des Leselernprozesses verlangt darüber hinaus teilweise ein anderes Vorgehen, d.h. andere Methoden und andere Leseinhalte. Ein anderes Beispiel ist der Sachunterricht. Die Inhalte des Sachunterrichts der Grundschule finden sich weithin auch in den Lernbereichen des Lehrplans für die Schule für Geistigbehinderte, jedoch mit zwei Unterschieden. Die Inhalte, die sich in der Grundschule auf vier Jahre verteilen, sind in der Schule für Geistigbehinderte auf neun Jahre verteilt. Zum andern müssen den Jugendlichen mit geistiger Behinderung unter der gleichen Themenstellung teilweise andere, altersgemäße Inhalte und auf altersgemäße Weise vermittelt werden; Beispiel ist u.a. die geschlechtliche Erziehung.
Ferner ist die Didaktik der Schule für Geistigbehinderte mit dem Versuch, einzelne Fächer oder Lernbereiche vor allem durch handlungsbezogenen Unterricht miteinander zu vernetzen, im Hinblick auf die Lernerfordernisse ihrer Schülerpopulation am weitesten fortgeschritten; sie hat dabei Konzepte der Reformpädagogik konsequent umgesetzt.
Auf Spezifika der Lehrplanung sei schließlich hingewiesen. Als Standard hat sich inzwischen ergeben, dass nicht nur für die Klasse als Ganzes, sondern für jede einzelne Schülerin und jeden einzelnen Schüler ein Plan oder ein Förderprogramm erstellt werden muss, dessen Lernziele nach Möglichkeit in den Klassenplan integriert werden sollen, die aber auch in der Einzelförderung rea-

lisiert werden können. Dies ist in allgemeinen Schulen bisher nicht üblich gewesen.
Das Lehrangebot für Schülerinnen und Schüler mit geistiger Behinderung hat sich im Vergleich zu den Inhalten aus den Anfängen der Schule für Geistigbehinderte in den 60er Jahren erweitert (Mühl 1997, 80ff). Da ist zunächst auf die Veränderung der Schülerschaft hinzuweisen: Zunahme von Schülerinnen und Schülern mit schwerer geistiger Behinderung, mit mehrfachen Funktionsbeeinträchtigungen, mit autistischem Verhalten und mit Verhaltensstörungen. Dieser Zunahme muss auch von den Zielen und Inhalten her entsprochen werden. Um didaktische Konzepte für geistig- und körperbehinderte Kinder hat sich Fröhlich verdient gemacht. Für die sinnesgeschädigten Schülerinnen und Schüler mit geistiger Behinderung fehlen sie weitgehend; erste Ansätze für sehgeschädigte Schülerinnen und Schüler mit geistiger Behinderung sind bei Klostermann (1996) zu finden.
Veränderungen gesellschaftlicher Anforderungen und Normvorstellungen schlagen sich offensichtlich auch im Lehrplan der Schule für Geistigbehinderte nieder. Erinnert sei zunächst an die Umwelterziehung, die zum festen Bestandteil des Lehrplans geworden ist. Die geschlechtliche Erziehung wird als Bestandteil des Lehrplans ebenfalls nicht mehr in Frage gestellt; es lässt sich allenfalls darüber streiten, welche Inhalte im Einzelnen dazugehören sollten. Neben den üblichen Inhalten zählen dazu neuerdings auch präventive Erziehungsmaßnahmen im Zusammenhang mit sexuellem Missbrauch (Averwald u.a. 1994), dem behinderte Menschen möglicherweise in noch stärkerem Umfang als nichtbehinderte ausgesetzt sind. Im Zuge der Regelungen zur Sterilisation Einwilligungsunfähiger im Betreuungsgesetz ist für die Schule für Geistigbehinderte das Erfordernis entstanden, sich Gedanken zu machen, wie man mit der Vorbereitung auf Empfängnisverhütung umgeht und ob und wie Schülerinnen und Schüler auf der Abschlussstufe auf eine eheliche Partnerschaft und mögliche Nachkommenschaft vorbereitet werden sollen? Ein weiterer Punkt ist der Umgang mit dem Computer. Er ist Teil unserer gesellschaftlichen Wirklichkeit geworden und hat auch als Medium schon Eingang in unsere Schulen gefunden; es gibt mittlerweile vielfältige Programme zu unterschiedlichen Lernbereichen.
Aber auch innerhalb der Sonderpädagogik finden Entwicklungen statt, die uns helfen, behinderten Menschen neue Kompetenzen zu vermitteln. Beispielhaft sei erinnert an die vielfältigen Möglichkeiten der unterstützten Kommunikation für nichtsprechende Menschen, angefangen von Modellen oder Bildern für bestimmte Referenten über die zahlreichen optischen Systeme wie z.B. Bliss, über Handzeichen bis hin zu Sprechhilfen oder Sprechcomputern (Adam 1993; Mühl 1996b).
Diese Veränderungen in den Inhalten und Anforderungen haben offensichtlich zu Überlegungen geführt, den Namen der Schule zu ändern, zumal dieser wie die Bezeichnung »geistige Behinderung« als etikettierend in die Kritik geraten ist, so dass auch deshalb nach neuen Bezeichnungen gesucht wird. In Hessen wurde schon von Anfang an die Bezeichnung »Schule für praktisch Bildbare«

benutzt, die aber nicht unproblematisch ist. Auf den ersten Blick weniger diskriminierend einzuschätzen sind die Bezeichnungen »Schule zur individuellen Lebensbewältigung« in Bayern und Mecklenburg-Vorpommern sowie die von einem Autorenteam (1999) vorgeschlagene Bezeichnung »Schule für individuelle Entwicklungsförderung«.

9.3.2 Aspekte bei schwerer geistiger Behinderung

Der Beschulung aller Schulpflichtigen mit geistiger Behinderung, auch derjenigen mit schwerer geistiger Behinderung, muss auch vom Lehrplan her entsprochen werden. Bemühungen um diese Schülergruppe in der Bundesrepublik, u.a. durch die »Lebenshilfe« (Bundesvereinigung Lebenshilfe 1978), im Modellversuch Primarstufe der Körperbehindertenschule in Landstuhl (Begemann, Fröhlich, Penner 1979) und im Schulversuch im Zentrum für Körperbehinderte Würzburg-Heuchelhof (von Nordheim, Schöbel 1982) liefen parallel zu Bestrebungen in anderen Ländern (Adam 1978b; Speck 1978).
Von den Zielen und Inhalten her kam es darauf an, vorliegende Lehrpläne zu erweitern (Meyer 1980) und bestimmte Lernbereiche für diese Schülergruppe entsprechend zu differenzieren, wie dies beispielsweise in den KMK-Empfehlungen und in den Bayerischen Rahmenrichtlinien geschehen ist. Favorisiert wurde dabei ein Vorgehen, das sich an die regelhafte Entwicklung in den ersten Lebensjahren anlehnt und das als Entwicklungsförderung konzipiert ist, vor allem in den Bereichen des Psychomotorik, der Kognition, der Wahrnehmung und der Emotionalität (Wenz 1978; Fröhlich 1981a; 1981b; Breitinger, Ficher 1981; Feuser 1981, 94ff; Haupt, Fröhlich 1982; Pfeffer 1983; 1988; Feuser, Oskamp, Rumpler 1983; Fröhlich 1991b; Mall 1997). Die Förderung in diesen Bereichen sollte im Hinblick auf die notwendige Handlungskompetenz nicht auf diese Bereiche isoliert erfolgen, sondern von basalen Handlungseinheiten ausgehen (Pfeffer 1988; Arbeitskreis Kooperative Pädagogik 1993). Einen Überblick über vorhandene Konzepte geben Fischer (1985) und Jakobs (1991; vgl. auch Dank 1987). Neuerdings veröffentlichte Breitinger (1998) einen überzeugenden Entwurf zur alltagsnahen schulischen Förderung.
Nähere Ausführungen liegen zur Objekterkundung über das Greifen (Schmitz 1978), zur Förderung der Kommunikation (Tuckermann 1978; Fröhlich 1979; Mall 1990; Mühl 1996b) und zur Interaktion mit Hilfe von Musiktherapie (Goll 1993) vor. Programme zur lebenspraktischen Förderung auf der Basis verhaltensmodifikatorischer Prinzipien lieferten Schmitz (1976) zu den Bereichen Verständigung, Aufmerksamkeit, Essen und Trinken, Kleiden, Körperpflege, Toilettengang, Kane und Kane (1978) zu den Bereichen Lenkbarkeit, Sauberkeit, An- und Ausziehen sowie Essen, Richter (1980) zur Körperpflege mit den Bereichen Hände- und Gesichtwaschen, Abtrocknen, Zähneputzen, Baden, Haarebürsten, Naseputzen. Auf die Möglichkeiten einer realitätsgerechten Strukturierung der Umwelt, um anregende Erfahrungen zu liefern, wies Günzburg (1981) hin.

Auf der Grundlage anthropologischer bzw. ethischer Überlegungen haben Fornefeld (1989; 1995) und Kleinbach (1994b) die pädagogische Beziehung bei Schülerinnen und Schülern mit schwerer geistiger Behinderung erörtert und dabei vor allem auch leiborientierte Kommunikationsformen in ihrer didaktischen Relevanz hervorgehoben. Notwendige Pflegemaßnahmen sind so zu strukturieren, dass sie den pädagogischen Intentionen der Verselbständigung, der Herstellung sozialer Beziehungen und der Förderung der Identitätsfindung nachkommen (Thalhammer 1976; 1980; Last, Schulz, Schwager 1979; Breitinger, Fischer 1981, 106ff; Hahn 1981; Siegenthaler 1983; Hahn 1983; Bienstein, Fröhlich 1991).
(vgl. zu diesem Abschnitt insbesondere Fröhlich 1991a).

9.4 Handlungsbezogener Unterricht

Der handlungsbezogene Unterricht ist eine Lehrstrukturform, bei der Handlungsziele in einem von der Lehrperson strukturierten Handlungsprozess angestrebt werden. Konzepte handlungsbezogenen Lernens sind im Rahmen der allgemeinen Didaktik ebenso wie für Schülergruppen anderer Behinderungsarten entwickelt worden. Insoweit ist dieses Konzept innerhalb der Schulpädagogik für Schülerinnen und Schüler mit geistiger Behinderung nichts grundlegend Neues; allerdings führen hier die Voraussetzungen der Schülerschaft, die Zielvorgaben des Lehrplans und die Rahmenbedingungen der Schulorganisation zu spezifischen Ausprägungen. Die Vorstellungen von handlungsbezogenem Unterricht bei Schülerinnen und Schülern mit geistiger Behinderung sind aus der Auseinandersetzung mit Unterrichtskonzepten der Reformpädagogik, vor allem des Projektunterrichts, aus der Praxis des Unterrichts an der Schule für Geistigbehinderte (Lernen konkret; Praxis-Info G; Mertes 1980; Stuffer u.a. 1980) und konzeptionellen Ansätzen (Fischer 1981, 44ff; Walburg 1986; Mühl 1986; Speck 1999, 253ff) heraus entwickelt worden.
Handlungsbezogener Unterricht bei Schülerinnen und Schülern mit geistiger Behinderung lässt sich vor allem aus dem allgemeinen Ziel der Handlungsfähigkeit, aus ihren Lernmöglichkeiten sowie aus Einschränkungen ihrer Handlungsfähigkeit her begründen. Diese Lernmöglichkeit ist das Lernen durch Handeln als Erfahren von Handlungen anderer, als Beteiligung am Handeln anderer und durch eigenes Handeln.
Den Anfang der Entwicklung der Handlungsfähigkeit bilden offensichtlich nicht einzelne psychische Funktionen, sondern Handlungskerne, Handlungsansätze, »sensomotorische Grundmuster« (Jetter 1984) als Kristallisationspunkte für Handlungsmuster, die in der regelhaften Entwicklung in den ersten Lebensjahren erworben werden. Damit verbunden ist die These, dass psychische Strukturen zum Handeln durch das Handeln selbst und dessen Verinnerlichung entstehen. Handlungsmöglichkeiten sind insoweit Entwicklungsmöglichkeiten der Persönlichkeit.
Da vor allem jüngere Schülerinnen und Schüler wie auch ältere mit schwerer geistiger Behinderung diesem Entwicklungsniveau weithin entsprechen, ist die

Forderung nach handelndem Lernen bei ihnen insofern gerechtfertigt. Handeln lernt man durch Handeln in der realen Situation oder zumindest durch Probehandeln in realitätsnahen Lernsituationen ohne Realitätsdruck. Das schließt nicht den Erwerb bestimmter Teilkompetenzen auf abstrakterer oder formalerer Ebene aus, soweit sie für einen Handlungsvollzug erforderlich sind. Das Konzept des Lernens durch das Handeln reicht insofern nicht aus, um alle Lernmöglichkeiten aller Schülerinnen und Schüler mit geistiger Behinderung auszuschöpfen. Je älter Schülerinnen und Schüler sind und je weniger schwer behindert sie sind, umso eher treten Lernweisen hinzu, die modellhafter, operationaler, abstrakter werden, z.B. beim Erlernen des Lesens und Rechnens, des Messens, des Erfassens der Zeit mit Hilfe der Uhr. Aber auch die dabei notwendigen Lernprozesse haben ihre Grundlagen im Handeln und sollten in Alltagshandlungen eingebunden sein und hier übend angewendet werden.
Dem Ziel der Handlungsfähigkeit und den Lernmöglichkeiten von Schülerinnen und Schülern mit geistiger Behinderung wie auch deren Einschränkungen kommt ein Unterricht entgegen, der Handlungsmöglichkeiten bereitstellt und abbildet. Die Schule für Geistigbehinderte sollte ein Lebens- und Lernort sein, in dem die oft beklagte Kluft zwischen Schule und Leben möglichst gering gehalten wird. Sie sollte daher insbesondere auch als Ganztagseinrichtung alle sich bietenden Möglichkeiten realitätsnahen Handelns nutzen, die ihren Zielen entsprechen. Dazu gehören u.a. Selbstbesorgung, Herrichten und Einnehmen von Mahlzeiten, Schmücken und Verändern des Klassenraums, Freizeitaktivitäten, Arbeiten auf dem Schulgelände und im Schulgarten, das Wohntraining in einer Trainingswohnung, das Beobachten und Befragen von Personen, die in die Schule kommen. Der gesamte Tagesablauf in der Schule sollte als Möglichkeit zum Handeln und damit zum Lernen genutzt werden. Dem entspricht auch die Forderung, alles, was in der Schule geschieht, als Unterricht anzusehen und nicht nur die Zeiten, die eigens als Unterricht im Stundenplan ausgewiesen sind.
Unter Berücksichtigung der Prinzipien der Normalisierung und der Integration kommt es ferner darauf an, Schule nicht nur im Schulgebäude, sondern überall dort stattfinden zu lassen, wo sich die Schülerinnen und Schüler auch außerhalb und nach der Schulzeit innerhalb der Gemeinde bewähren sollen; dies ist nur als handlungsbezogenes Lernen zu organisieren. Das gilt vor allem für die Abschlussstufe. Darüber hinaus sollten Möglichkeiten gemeinsamen Lebens und Lernens mit nichtbehinderten Schülerinnen und Schülern eröffnet werden. Die den fachorientierten Lernbereichen innewohnenden Möglichkeiten praktischen Betätigens lassen sie auch geeignet erscheinen, gemeinsamen Unterricht mit nichtbehinderten Schülerinnen und Schülern zu organisieren. Auch projektorientierter Unterricht bietet günstige Gelegenheiten, zumindest für eine bestimmte Zeit mit einer Klasse einer allgemeinen Schule zusammenzuarbeiten.
Neben handlungsbezogenem Gelegenheitsunterricht und handlungsbezogener Einzelförderung ist projektorientierter Unterricht die häufigste Form handlungsbezogenen Unterrichts. Er ist eine Variante des Projekt- oder Vorhaben-

unterrichts angesichts der eingeschränkten Handlungsfähigkeit von Schülerinnen und Schülern mit geistiger Behinderung, nach der sich Ausmaß und Komplexität der Vorhaben zu richten haben. Dazu gehören auch kürzerfristige Vorhaben für jüngere Schülerinnen und Schüler auf der Grundstufe, die innerhalb einer Doppelstunde oder an einem Tag durchgeführt werden können, die schon für sich sinnvoll sind und als Hinführung zu umfangreicheren Vorhaben dienen können. Vorhaben reichen daher vom Teekochen bis zur Vorbereitung und Durchführung von Landschulheimaufenthalten sowie von Arbeitsprojekten. Zentrales Kriterium solcher Vorhaben ist eine Zielsetzung, die als Handlungsziel formuliert sein sollte. Ein Vorhaben sollte daher nicht lauten »Das Fahrrad«, sondern beispielsweise »Wir reparieren ein Fahrrad«. Neben Beiträgen von Buchka (1981; 1985) zur Planung im Rahmen des projektorientierten Unterrichts gibt es zahlreiche Beispiele zur Durchführung von Projekten unter Bezugnahme auf die KMK-Empfehlungen (Mertes 1980), im Rahmen der lebenskundlichen Orientierung (Walburg o.J.), unter dem Aspekt der Ersten Hilfe (Lingenau 1981), im Hinblick auf die Handlungsrelevanz eines Schullandheimaufenthaltes (Mertes 1978), des Lernortes Museum (Grampp 1980a) oder als Projekt „Blockhütte“ (Lamp, Hahn 1983) (vgl. auch Dittmann u.a. 1983; Fischer 1995). Auch viele Hefte der Zeitschrift »Lernen konkret« beschreiben Beispiele projektorientierten Unterrichts. Ein verwandtes Konzept ist das des partnerschaftlich-offenen Unterrichts von Grampp (1980b; 1981; 1982; Grampp, Kunz, Szekely 1980; vgl. auch Klein 1989) mit einer Betonung des entdeckenden Lernens und unter Berücksichtigung der von den Schülerinnen und Schülern geäußerten Lerninteressen.
Fachorientierter Unterricht muss nicht von handlungsbezogenem abgesetzt werden, wie dies in den Bayerischen Rahmenrichtlinien nahegelegt wird. Für die fachorientierten Lernbereiche Arbeitslehre, Werken, Textilarbeit, Hauswirtschaft, Bildende Kunst sind schon immer didaktische Modelle mit Handlungsbezug vor allem als Projektunterricht entworfen worden; auch Musik und Sport lassen sich teilweise ähnlich organisieren. Hier kommt es vor allem darauf an, bei der Lösung praktischer Aufgaben nicht so sehr die Nachahmung anzusprechen und sie in kleinen Lernschritten den Schülerinnen und Schülern anzubieten, sondern selbständig Lösungswege suchen und gestalten zu lassen. Auch für die entwicklungsorientierten Lernbereiche gilt grundsätzlich, dass sie am ehesten umzusetzen sind, wenn deren Lernziele in umgreifende Handlungsbezüge eingebettet werden.
Der Ansatz des handlungsbezogenen Unterrichts hat Grenzen: Es gibt Ziele, die eng umschriebene Teilfähigkeiten für wirksames Handeln anstreben und die relativ handlungsabstrakte Lernweisen erfordern, vor allem da, wo es um kognitive Techniken geht, die zwar handlungsbezogene Komponenten oder Phasen vor allem am Anfang beinhalten, letztlich aber relativ handlungsfern vollzogen werden. Eine Grenze liegt auch da, wo der Unterricht Erleben anspricht, wo sich die Schülerinnen und Schüler als Handelnde zurücknehmen sollen, z.B. um sich ästhetischem Erleben beim Hören von Musik oder dem

Betrachten eines Bildes zu öffnen. Hier ist nicht handelndes Zupacken, sondern zurücknehmendes Aufsichwirkenlassen gefragt.
Ein Problem teilt handlungsbezogener Unterricht mit jedweder pädagogischen Maßnahme. Im handlungsbezogenen Unterricht werden zwar Handlungsziele verfolgt, aber die dahinterstehenden Motive und Ziele sind meist die der Lehrperson. Wie kann Handlungsfähigkeit vermittelt werden, wenn hinter dem Tun, das als Handeln gelten soll, nicht die eigenen Motive und Gründe stehen, die zum Wesen des Handelns gehören? Das ist beispielsweise auch das Problem des spontanen Sprechens in der Sprachförderung: Wie kann ich es erreichen, dass Schülerinnen und Schüler mir nicht nur nachsprechen, sondern von sich aus eine kommunikative Äußerung hervorbringen, also nicht reaktives, sondern spontanes Verhalten zeigen? Hier gilt es, zu warten und zu hoffen; die Erfahrung lehrt, dass es sich einstellt.
(vgl. zu diesem Abschnitt auch Mühl 1997a, 85ff; Mühl 1998, 92ff).

9.5 Lehrplanung

Die Lehrplanung umfasst die längerfristige Lehrplanung für ein Schuljahr oder Teile des Schuljahres und die mittelfristige Planung für ein Thema oder eine Schulwoche. Die Unterrichtsvorbereitung oder kurzfristige Planung ist für eine Unterrichtseinheit von wenigen Minuten bis ca. ein bis zwei Stunden Dauer sowie für einen Schultag gedacht. Die Rahmenrichtlinien oder Lehrpläne für die Schule für Geistigbehinderte sind durch eine relative Offenheit gekennzeichnet, d.h. es werden keine Vorgaben gemacht, in welcher Reihenfolge die Ziele anzustreben sind und es werden auch keine stufenspezifischen Ziele ausgeworfen. Die Ausführungen zu den einzelnen Lernbereichen enthalten zwar teilweise die Lehrplanung erleichternde Hinweise; sie reichen aber nicht aus, um Unterricht längerfristig zu planen.
Die längerfristige Lehrplanung soll von den Zielen ausgehen. Der Primat der Ziele gegenüber Themen oder Lernsituationen ergibt sich aus der Lernausgangslage der einzelnen Schülerinnen und Schüler, die im wesentlichen Lehrziele betreffen, und ein zieldifferentes Vorgehen ermöglicht. Einen Überblick über die einzelnen Planungsebenen liefert der Sammelband von Fischer und Mertes (1990). Möglichkeiten der Ausrichtung der Lehrplanung der einzelnen Schule unter Berücksichtigung des schuleigenen Konzeptes und lokaler Gegebenheiten zeigen Oberacker (1988) und Horvath (1987; 1990) auf.
Bei allen didaktischen und methodischen Entscheidungen müssen die Bedürfnisse, Interessen und Lernerfahrungen der jeweiligen Schülergruppe beachtet werden. Diese Forderung gilt nicht nur für den Unterrichtsprozess selbst, sondern auch für seine Planung. Dies ist ein Kernsatz für die Lehrplanung bei dieser Schülergruppe, der ihr das Charakteristikum der Schülerorientierung verleiht. Neben der Ermittlung der Lernvoraussetzungen für den Unterricht mit der gesamten Lerngruppe ist es unerlässlich, die Lernvoraussetzungen der einzelnen Schülerinnen und Schüler einer Lerngruppe möglichst genau zu kennen. Die ermittelten Lernvoraussetzungen werden nicht von einem Durchschnitts-

maß her, sondern von den früheren Lernerfolgen her beurteilt; aber dieser Vergleich hat keinerlei Auswirkung für die Aufnahme in eine Klassenstufe.
Die weiteren Überlegungen beziehen sich auf diejenigen Lehrziele, welche die Lernausgangslage der Lerngruppe und der einzelnen Schülerinnen und Schüler ausmachen. Die Kategorien zur Erfassung der Lernausgangslage der Klasse als Einheit einerseits und den einzelnen Schülerinnen und Schülern andererseits sind teilweise identisch, erfordern jedoch unterschiedliche Sichtweisen. Als Diagnoseinstrumente zur Ermittlung der individuellen Lernausgangslagen eignen sich neben eigenen Beobachtungen u.a. das Heidelberger Kompetenzinventar (HKI) von Holtz u.a. (1984) und der »Lernbegleiter« von Stuffer (o.J.). Das erstgenannte Verfahren ist ein Inventar zur Erfassung der kognitiven, praktischen und sozialen Kompetenz für das Schulalter (7 bis 16 Jahre) mit 152 Beobachtungsaufgaben u.a. zu den Bereichen Motorik, Wahrnehmungsdifferenzierung, Selbstversorgung, Umweltorientierung, Kulturtechniken, Lernverhalten, Sprache, Sozialverhalten. Der »Lernbegleiter«, der eine Schülerin oder einen Schüler durch seine gesamte Schulzeit begleitet, ist Diagnoseinstrument und Förderplan zugleich. Als Plan enthält er Lehrziele der Rahmenrichtlinien für alle vier Schulstufen und ist auf die Erfordernisse didaktischer Entscheidungen abgestimmt. Immer dann, wenn die Schülerin oder der Schüler eine neue Kompetenz erworben hat oder ein Lernangebot abgeschlossen ist, sollen Eintragungen vorgenommen werden.
Neben den schon für die individuelle Lernausgangslage genannten Kategorien kommen für die Lerngruppe zwei weitere hinzu. Zum einen sind dies im Rahmen der schulischen Vorerfahrungen die bisher behandelten Unterrichtseinheiten oder Themen, zum anderen ist dies die Situation der jeweiligen Klasse, z.B. die Gruppenbeziehungen, die Bedingungen, unter denen Unternehmungen außerhalb der Schule durchgeführt werden können, das Vorhandensein notwendiger Medien.
Die Kenntnis der Lernausgangslage, insbesondere der bisher erreichten Ziele ist eine wichtige Voraussetzung für die Auswahl der Ziele, die in einem längeren Zeitraum als nächste realisiert werden sollen. An dieser Stelle erweist sich der Vorteil eines Prüfungsinstrumentes, dessen Einzelaufgaben als Basis für zu erreichende Ziele gelten können. Es gibt jedoch keinen nahtlosen Übergang von der Lernausgangslage zu den nächsten Zielen; dies wäre nur dann zu erwarten, wenn es möglich wäre, die Ziele mitsamt ihren Differenzierungen in einem zeitlichen Nacheinander genauestens zu hierarchisieren. Dass dies in Grenzen bei einigen Zielen durchzuführen ist, sei unbestritten; doch gibt es angesichts der sehr unterschiedlichen Lernprofile der Schülerinnen und Schüler grundsätzliche Schwierigkeiten, solche zeitlichen Hierarchisierungen generell auszumachen.
Unabhängig davon muss jedoch darauf geachtet werden, dass grundsätzlich alle Lernbereiche berücksichtigt werden, wobei zugegebenermaßen im Vergleich zwischen Schülerinnen und Schülern der Unterstufe und der Abschlussstufe deutliche Akzentverschiebungen eintreten werden. In Analogie zur Feststellung der Lernausgangslage und unter deren Beachtung sind auch bei der

Auswahl der Ziele solche für die gesamte Klasse und solche für die einzelnen Schülerinnen und Schüler festzulegen (Individuelle Förderplanung 1993), wobei zunächst Ziele auf höherem Niveau auszusuchen ratsam ist, um notwendige Differenzierungen vornehmen zu können. Bei diesem Schritt sollte vorläufig schon mitbedacht werden, bei mehreren Schülerinnen und Schülern gleiche Ziele zu berücksichtigen, um das Unterrichten in der Lerngruppe zu erleichtern und zu koordinieren. So ergeben sich Ziele, die eher für alle Schülerinnen und Schüler als Lerngruppe und solche, die jeweils nur für einzelne Schülerinnen und Schüler gelten.

Für die Klassenplanung sind neben der Auswahl von Zielen auch Themen für Unterrichtseinheiten einschließlich von Vorhaben vorzusehen. Eine Möglichkeit der Themenfindung ist die der Ableitung von Zielen, die für alle oder die meisten Schülerinnen und Schüler gelten. Eine weitere Möglichkeit ist die der Ableitung aus Lebenssituationen, indem diese analysiert und ihnen notwendige Qualifikationen zugeordnet werden. Nach den KMK-Empfehlungen sollen reale oder realitätsbezogene Situationen so gewählt werden, dass sie für das gegenwärtige und zukünftige Leben der Schülerinnen und Schüler bedeutsam sind. Darüber hinaus kann insbesondere mit älteren Schülerinnen und Schülern ein Verfahren der Mitbestimmung bei der Auswahl von Themen praktiziert werden, indem man für einen bestimmten Zeitraum mehrere Themen vorstellt und gemeinsam entscheidet, welche Themen in den Plan aufgenommen werden sollen. Ferner können auch aktuelle Ereignisse oder Erlebnisse in Themen einmünden, sofern auch hier wiederum ein Interesse bei vielen Schülerinnen und Schülern vermutet werden kann und die ausgewählten Ziele dies zulassen. Bei der Zusammenstellung der Themen für ein Schuljahr sollte man die Themen, die in der letzten Zeit behandelt worden sind, mitberücksichtigen. So kann man es vermeiden, dass sich Themen nach kurzer Zeit wiederholen, um eine gewisse Vielfalt von Themen sicherzustellen; so kann man aber auch dafür sorgen, dass Themen nach längerer Zeit wiederholt, dabei aber zugleich variiert und erweitert werden. Dies gilt auch für die Abfolge der Themen innerhalb eines für ein Schuljahr zusammengestellten Themenkataloges; dieser wird ca. 20 bis 30 Themen umfassen.

Die Ausarbeitung von Themen kann als mittelfristige Lehrplanung charakterisiert werden. Hierbei sollten weitere Ziele für die Gruppe insgesamt oder für einzelne Schülerinnen und Schüler zugeordnet werden; hinzukommen sollten Ziele, die sich aus der Ausdifferenzierung des themenbezogenen Handlungszieles ergeben. Die dem Thema als Handlungsziel zuzuordnenden Ziele resultieren im wesentlichen daraus, dass man den Ablauf einer Handlungseinheit daraufhin analysiert, welche Teilqualifikationen zu dessen Erreichung notwendig sind. Diese werden vom Handlungsziel her in einen sinnvollen Zusammenhang gebracht, wodurch eine nach eher äußerlichen Aspekten gefügte Aufeinanderfolge der Ziele wie im »konzentrierenden« Gesamtunterricht vermieden wird.

Beispiele zu handlungsbezogenen Themen liefert eine von Fischer (1995) verfasste Zusammenstellung von Unterrichtseinheiten, die auf den Planungsüberlegungen von Fischer und Mertes (1990) basiert. Es handelt sich um Rahmenthemen für den Klassenunterricht neben fachorientierten Lehrgängen oder Kursen und der Einzelförderung. Die insgesamt 26 detailliert ausgearbeiteten Vorhaben, Lernsituationen und Unterrichtseinheiten entstammen den fünf Leitzielbereichen der KMK-Empfehlungen mit einem Übergewicht im Sachunterricht mit folgenden Themen: Körper, Gesundheit, Sexualität, Familie und Wohnen, Fahrrad fahren, Telefonieren, Polizei und Feuerwehr, zeitliche Orientierung, Pflanzen, Schulgarten, Herbstfrüchte, Wald, Einkaufen, Landschulheim, Kooperation mit einer Grundschulklasse Klasseneinrichtung, Arbeiten mit Holz, Metall und Ton, Praktikum in der WfB, Freizeit gestalten. Hervorzuheben sind eine Unterrichtseinheit als gemeinsamer Unterricht mit einer Grundschulklasse und über ein Praktikum in einer Werkstatt für Behinderte. Weitere Unterrichtsvorbereitungen zu Themen aus unterschiedlichen Lernbereichen legten Walburg (1978) sowie Heits und John (1993) vor (vgl. auch Unterrichtsplanung 1984; Lützenkirchen 1988).

9.6 Medien

Der Einsatz didaktischer Medien steht in didaktisch-methodischen Entscheidungen an nachgeordneter Stelle und ist abhängig von der Zielsetzung der Lernsituation, vom Lernverhalten und den Lernvoraussetzungen der Schülerinnen und Schüler (Bundesvereinigung Lebenshilfe 1983). Es ist daher problematisch, wenn Medien empfohlen oder benutzt werden, ohne ihren Stellenwert im Lernprozess hinreichend zu begründen. Das gilt auch für das Montessori-Material, das selbst von wohlwollenden Befürwortern in seiner Anwendbarkeit bei Kindern mit geistiger Behinderung kritisch beurteilt wurde (Neise 1973; von Oy 1978). Neben Bedenken gegenüber der Rigidität und der Spielfremdheit des Einsatzes sowie der Vernachlässigung sozialer Lernprozesse durch betont individualisierende Anwendung ist die Künstlichkeit einiger Materialien anzumahnen. Ferner ist mit Mertes (o.J., 151ff) zu fragen, ob die formale Schulung des Zuordnens, Vergleichens und Unterscheidens von gleichem Wert wie für nichtbehinderte Kinder ist. Diese Gesamtkritik ist auch bei Materialien angebracht, die eher der Beschäftigung dienen als zur Realisierung von Lernzielen beitragen. Dies gilt vor allem für viele Sinnesübungsmaterialien, die zwar zur Beschäftigung anregen, aber nicht erkennen lassen, wie eine Übertragung auf reale Situationen aussehen könnte, d.h. wie sie Wahrnehmung fördern könnten (Fischer 1998). Möglichkeiten des realitätsgerechten Einsatzes von Medien für Schülerinnen und Schüler mit schwerer geistiger Behinderung zeigte Schurad (1992) auf.

Die Ziele des Unterrichts sind vor allem auf Qualifikationen zur Bewältigung von Alltagssituationen gerichtet; das Lernverhalten der Schülerinnen und Schüler ist als überwiegend handlungsbezogen zu charakterisieren. Daher sind alle möglichen Gegenstände der täglichen Umwelt bevorzugt als didaktische Medien einzusetzen, so dass in vielen Fällen nicht nach speziellen gesucht werden muss. Der Vorteil realer Gegenstände liegt darin, dass mit ihnen die

angestrebten Alltagshandlungen am effektivsten eingeübt werden können, dass sie keine Übertragungsleistungen erfordern und zugleich die notwendigen kognitiven, psychomotorischen und sozialen Dimensionen der geforderten Qualifikationen wirksam erschließen können. Beziehen sich spezielle didaktische Medien auf eher isolierte Funktionen oder Teillernschritte, sollte die Übertragung auf bzw. der Einbau in Alltagshandlungen eingeplant werden. Möglichkeiten dazu bietet vor allem der projektorientierte Unterricht.
Bildmaterial sollte je nach dem angestrebten Ziel unterschiedlich strukturiert sein; es sollte darauf geachtet werden, dass es eindeutig ist, reale Größenverhältnisse erkennen lässt und Zusammenhänge der Wirklichkeit erschließt. Der Einsatz von gedruckten Medien oder Bilderbüchern (Stöppler 1987) erfüllt grundsätzlich die gleichen Funktionen wie für nichtbehinderte Schülerinnen und Schüler; sie erhöhen die Lesefertigkeit, übermitteln Informationen und dienen der Unterhaltung. Die Hinführung zum Umgang mit gedrucktem Material wird durch eine eigene Schulbücherei ebenso wie durch den Besuch öffentlicher Büchereien unterstützt.
Der Einsatz audiovisueller Medien im Unterricht sowie zur Freizeiterziehung und -gestaltung kann durch eine Mediothek, wie sie Krenzer (1979) beispielhaft in seiner Schule realisiert hat, erleichtert werden. Bonn und Lemm (1982) präsentierten überzeugende Beispiele, wie man technische Medien sinnvoll zur Übung des Symboldenkens einsetzen kann. Möglichkeiten der Verwendung des Kassettenrecorders zeigte Kleinbach (1994a) auf.
Dass in den letzten Jahren der Computer auch in der Schule für Geistigbehinderte zu Recht Einzug gehalten hat, zeigen eine Reihe von fundierten Veröffentlichungen (Schmitz 1990; 1991; Schmitz, Gottschalk, Oertel 1991; Computer im Unterricht 1991; Hagmann 1993; 1994; Kutterolf 1995; Staatsinstitut für Schulpädagogik 1995; Lernen mit dem Computer 1997; Duismann, Neeb 1998; Meschenmoser 1999).

9.7 Schulische Eingliederung

9.7.1 Etablierung der Schule für Geistigbehinderte

Zum Verständnis schulischer Eingliederung bei Schülerinnen und Schülern mit geistiger Behinderung ist noch einmal ein kurzer Blick vor allem auch auf die Nachkriegsgeschichte der Beschulung von Schulpflichtigen mit geistiger Behinderung hilfreich (Mühl 1997b, 9ff).
In der ersten Hälfte des 19. Jahrhunderts sind für Kinder und Jugendliche mit geistiger Behinderung private Schulen oder Internate als Piloteinrichtungen gegründet worden, die nicht lange existiert, aber deren Erziehungs- und Bildungsfähigkeit belegt haben. Vom Bestand her erfolgreicher waren die in der zweiten Hälfte des Jahrhunderts entstandenen »Idiotenanstalten«, die eine größere Anzahl dieser Kinder und Jugendlichen versorgten und die meist noch heute existieren. Ergänzend zu ihnen waren ab den achtziger Jahren die Hilfsschulen die ersten regionalen Einrichtungen, die auch Schülerinnen und Schü-

ler mit geistiger Behinderung beschulten. Innerhalb der Hilfsschulen wurden ab den zwanziger Jahren unseres Jahrhunderts erstmals eigene Klassen für diese Schülergruppe, sog. Sammelklassen, eingerichtet und auf sie zugeschnittene Lehrziele und -inhalte formuliert. Es bestand für sie jedoch keine Schulpflicht, so dass nur wenige von ihnen, vor allem leichter behinderte – etwa ein Zehntel der Gesamtgruppe –beschult wurden. Der größere Teil, vor allem auch die schwerer behinderten verblieben im Elternhaus oder wurden in den Heil- und Pflegeanstalten untergebracht. Im Dritten Reich wurde diese Möglichkeit wohnortnaher Beschulung unterbrochen und die Schulbildungsunfähigkeit von Schülerinnen und Schülern mit geistiger Behinderung im Reichsschulpflichtgesetz von 1938 festgeschrieben. Die Nichtbeschulung in öffentlichen Schulen sollte die Einweisung in Anstalten begünstigten und damit auch den Zugriff der Euthanasiemaschinerie zur »Vernichtung lebensunwerten Lebens« begünstigen.
Nach 1945 gab es daher zunächst kein schulisches Angebot für Kinder und Jugendliche mit geistiger Behinderung, da die Regelung des Reichsschulpflichtgesetzes von den Bundesländern übernommen worden war. Berlin war die erste Stadt, die an der Tradition der Sammelklassen anknüpfte und damit eine offizielle Lösung anstrebte. In den anderen Bundesländern wurden ähnliche Lösungen jedoch nur sporadisch praktiziert. Daneben wurden vor allem in den 50er Jahren auf privater Basis einige außerschulische Bildungseinrichtungen gegründet. Von der Schulpolitik war keine Hilfe zu erwarten, zumal sich auch eine Denkschrift des Verbandes Deutscher Hilfsschulen 1954 für die Ausschulung der »Bildungsunfähigen« aussprach. Die Entwicklung hin zur eigenständigen Schule war jedoch allenfalls noch zu verzögern, nicht mehr aufzuhalten, nachdem durch die Gründung der Bundesvereinigung »Lebenshilfe für das geistig behinderte Kind e.V.« im Jahre 1958 diesem Anliegen ein einflußreicher Partner beistand.
Nach der Gründung von Tagesbildungsstätten, vergleichbar den später in der ehemaligen DDR gegründeten Rehabilitationspädagogischen Förderungseinrichtungen, wurde ab den 60er Jahren in den meisten Bundesländern die Schulpflicht für diese Schülergruppe gesetzlich verankert. Eine lange nachwirkende Folge der Umwandlung der Tagesbildungsstätten in Schulen war die Schwierigkeit, Schulpflichtige mit schwerer geistiger Behinderung zu beschulen bzw. nach erfolgter Einschulung eine angemessene Förderung zu konzipieren. Als 1980 die »Empfehlungen für den Unterricht in der Schule für Geistigbehinderte (Sonderschule)« der Kultusministerkonferenz (Sekretariat 1980) eine einheitliche Lehrplangrundlage im ganzen Bundesgebiet geschaffen hatten, war die Etablierung dieser Sonderschulform abgeschlossen und schien längerfristig gesichert.
Die Schule für Geistigbehinderte war nicht primär zum Zwecke der Separierung geschaffen worden, sondern vor allem aus der Situation der antizipierten Unmöglichkeit von schulischer Bildung bzw. aus der Situation des Scheiterns von Bildungsversuchen allgemeiner Schulen oder der Hilfsschulen. Wenn man nach den Motiven für die Gründung von Schulen für Kinder und Jugendliche

mit geistiger Behinderung fragt, dann ging es nicht um eine weitere Differenzierung des Sonderschulsystems, auch nicht wie im 19. Jahrhundert um den Nachweis der grundsätzlichen Bildungs- oder Erziehungsfähigkeit, sondern es ging um die Beschulungsmöglichkeit in öffentlichen, regionalen oder kommunalen Institutionen. Diese Bemühungen, die den Beginn der räumlichen und physischen Eingliederung in das öffentliche Schulsystem darstellten, sind weder von der allgemeinen Pädagogik oder Schulpädagogik noch von der allgemeinen Sonderpädagogik oder anderen sonderpädagogischen Fachrichtungen nachhaltig unterstützt worden. Die Kultusministerkonferenz und der Verband Deutscher Sonderschulen haben die Entstehung von Schulen für Geistigbehinderte anfangs eher unterlaufen als gefördert. Die Eltern von Kindern mit geistiger Behinderung haben zusammen mit Fachleuten den Kultusbehörden und der etablierten Sonderschulpädagogik diese Schule abgetrotzt. Es ist deshalb verständlich, wenn alle Versuche, sie aufzulösen oder in ihrem Bestand zu gefährden, mit Argwohn beobachtet werden. Dies darf jedoch nicht dazu führen, Verkrustungen zu akzeptieren und neue Herausforderungen zu übersehen. Dazu gehören Möglichkeiten des gemeinsamen Unterrichts vor allem in Integrationsklassen und in kooperativen Organisationsformen (Mühl 1994, 13ff; 1997b; 1999).

9.7.2 Erfahrungen aus Integrationsklassen

Integrationsklassen sind eingerichtet worden, um Schülerinnen und Schüler mit und ohne sonderpädagogischen Förderungbedarf gemeinsam zu unterrichten. Die Zahl der Schülerinnen und Schüler mit sonderpädagogischem Förderungbedarf schwankt zwischen zwei bis fünf, die Klassenfrequenz bewegt sich um die 20. Gründe für die Forderung nach Integrationsklassen waren ausländische Erfahrungen vor allem aus Skandinavien, Italien und den Vereinigten Staaten, das Gutachten des Deutschen Bildungsrates (1974) und positiv bewertete Erfahrungen gemeinsamer Erziehung im Kindergartenalter. Schulversuche in den Stadtstaaten, aber auch in einigen Flächenländern erbrachten positive Ergebnisse, die dazu führten, dass in dreizehn Bundesländern die gemeinsame Unterrichtung in den Schulgesetzen verankert wurde, aber unter dem Vorbehalt, dass die personellen, sächlichen und organisatorischen Voraussetzungen für den gemeinsamen Unterricht gegeben sind; danach wurde und wird gemeinsamer Unterricht je nach Finanzlage realisiert.
Nicht selten waren die Eltern von Kindern mit geistiger Behinderung der Motor für die Einrichtung von Schulversuchen mit Integrationsklassen in den 70er und 80er Jahren; daher waren auch relativ viele Kinder mit geistiger Behinderung einbezogen. In den von Demmer-Dieckmann (1989) befragten 21 Integrationsschulen wurden im Schuljahr 1987/88 insgesamt 110 Kinder mit geistiger Behinderung unterrichtet, ca. 20% der Gesamtzahl; höhere Prozentzahlen erreichten nur die lernbehinderten (27%) und die körperbehinderten (21%) Kinder. Frühauf (1996) schätzte Ende 1996 die Zahl der Schülerinnen und

Schüler mit geistiger Behinderung in den Grundschulen auf ca. 850, die im Sekundarbereich I auf ca. 250.

Die Unterrichtung in Integrationsklassen hat weithin positive Ergebnisse gezeitigt, aber auch Probleme aufgedeckt. Der Nachweis einer angemessenen Unterrichtung von Schülerinnen und Schülern mit geistiger Behinderung aller Schweregrade konnte bislang noch nicht eindeutig oder nur fallweise geführt werden. Die Berichte sind entweder zu allgemein gehalten, geben eher Eindrücke wieder als nachprüfbare Ergebnisse, oder der Berichtszeitraum ist zu kurz, um Langzeiterfahrungen festhalten zu können. Daher sind die von Maikowski und Podlesch (1988) aus den Ergebnissen der Schulversuche mit Integrationsklassen abgeleiteten Konsequenzen hinsichtlich der Unterrichtung von Schülerinnen und Schülern mit geistiger Behinderung nicht zu verallgemeinern. Es müsste noch eingehender der Frage nachgegangen werden, welche Lernfortschritte sie erfahren, wenn sie überwiegend nach dem Lehrplan der allgemeinen Schulen am Unterricht beteiligt werden.

Nach den Angaben von Hinz (1987) befanden sich im Schuljahr 1986/87 in den 22 Integrationsklassen in Hamburg keine Kinder mit schwerer geistiger Behinderung; mittlerweile hat sich dies dort und anderswo geändert. Trotz einiger Schwierigkeiten sieht er unter bestimmten Bedingungen die Möglichkeit, auch solche Kinder in Integrationsklassen zu fördern. Nach seiner Auffassung kann es für deren Besuch in Integrationsklassen nicht primär um gemeinsame Lerninhalte gehen, sondern um die gegenseitige Beschäftigung der Kinder miteinander. Außerdem bilden mehrere Bezugspersonen für sie eine Bereicherung ihrer Beziehungsarmut. Daher muss für sie eine Praxis entwickelt werden, in der eine Ausgewogenheit von Ruhe und Anregung, gemeinsamen und individualen Situationen besteht, in der durch ritualisierte Abläufe eine zeitliche Struktur entsteht, in der Freiräume für aktivierende und beziehungsstiftende Pflege vorhanden sind, in denen eine bedürfnisorientierte Förderung stattfinden kann, in denen basale, auch gemeinsame Wahrnehmungsqualitäten aufgegriffen werden und unterschiedliche pädagogische und therapeutische Kompetenzen zum Tragen kommen. Probleme sieht er im fehlenden Nachmittagsangebot und der Fortführung der Beschulung in der Sekundarstufe (Hinz 1990; 1991).

Speck (1988; 1995) befürchtet durch die derzeitige Praxis der Integrationsklassen die Entstehung eines Zwei-Klassensystems, wenn vor allem weniger schwer behinderte Kinder in Integrationsklassen beschult werden. Dadurch könnte die Schule für Geistigbehinderte zu einer Einrichtung für Schülerinnen und Schüler mit schwerer geistiger Behinderung werden und fordert konsequenterweise, alle einzubeziehen.

Für Kinder mit geistiger Behinderung besteht nicht selten die Situation, dass sie in der Regel die lernschwächsten Kinder einer Integrationsklasse und mit dieser Situation als einzelne konfrontiert sind. Auf dieses Problem der Vereinzelung hat Prengel (1989) am Beispiel gehörloser Schülerinnen und Schüler aufmerksam gemacht; dies könnte im Einzelfall auch auf jene mit geistiger Behinderung zutreffen. Sie vermutet den Wunsch nach Begegnung mit Menschen gleicher Erfahrung auf dem Weg der Identitätsfindung. Nach ihrer An-

sicht wurde in der bisherigen Integrationsdiskussion zu sehr die »Akzeptanz der Heterogenität« hervorgehoben; dies müsse durch die Ermöglichung der Identitätsfindung in der Begegnung mit Menschen gleicher Situation erweitert werden. Vor allem bei Maßnahmen der Einzelintegration ist daher besonders darauf zu achten, dass Kinder mit geistiger Behinderung nicht in soziale Isolierung geraten und keine Identifikationspartner finden.
Angesichts der didaktischen Erfordernisse für Schülerinnen und Schüler mit geistiger Behinderung ist zunächst die Fage zu stellen, ob die allgemeine Schule mit ihrer Überbewertung kognitiver Lerninhalte und ihrem Leistungsdenken einschließlich der Forderung nach Einhaltung bestimmter Lernzeiten für bestimmte Lerninhalte diesen Ansprüchen immer gerecht werden kann. Dieser Einwand gilt vorrangig für die Fächer der Kulturtechniken und für die Sachfächer der Sekundarstufe; er muss nicht in gleichem Maße gelten für Fächer wie Sport, Musik, Bildende Kunst, Hauswirtschaft, die beträchtliche Anteile praktischen Tuns beinhalten und sich von daher für gemeinsame Lernsituationen eher eignen. Schülerinnen und Schüler mit geistiger Behinderung sollen vorrangig Handlungsmuster durch Handeln auch in der Öffentlichkeit und in der Gemeinde erwerben; der allgemeinen Schule kommt es dagegen eher darauf an, solche Handlungsmuster zu analysieren, weniger sie einzuüben. Im gemeinsamen Unterricht geht es also darum, Schülerinnen und Schüler mit unterschiedlichen Lernmodi, unterschiedlichen Lernansprüchen und Fähigkeiten in eine Lernsituation so einzubinden, dass alle davon hinreichend profitieren; für diejenigen mit geistiger Behinderung mag dies umso eher gelingen, wenn sie über elementare Kenntnisse in den Kulturtechniken verfügen, wie Wocken (1987, 113) vermutet. Die Forderung nach gemeinsamem Lernen schließt jedoch aus, dass sie, wenn auch nur zeitweise, zu Handlangern der nichtbehinderten werden, indem sie z.B. beim Demonstrieren Medien hochhalten oder beim Rechnen auf Zahlen zeigen, die andere multiplizieren (Wilken 1987).
Eine allzu starre Rollenaufteilung der beiden Lehrkräfte sollte dabei im Hinblick auf einen möglichen Kompetenztransfer und den Entwicklungsauftrag der Lehrkräfte vermieden werden. Hinzu kommt, dass eine Betreuung der behinderten Kinder nur durch die Sonderschullehrkraft bei diesen die Erwachsenenfixierung eher verfestigt und eine Selbständigkeit im Lernen behindert. Bei Kindern, die aus Integrationsklassen in die Schule für Geistigbehinderte überwechseln, wurde zuweilen beobachtet, dass sie sich nur dann einer Aufgabe zuwandten, wenn sie Einzelbetreuung erhielten (Bohl u.a. 1997).
In einigen Bundesländern sind Integrationsklassen nur im Primarbereich vorgesehen. Aber auch da, wo der Übergang in den Sekundarbereich möglich ist, bildet er für die Kinder mit geistiger Behinderung eine nur in wenigen Fällen überwindbare Schwelle, d.h. sie werden in die Schule für Geistigbehinderte rücküberwiesen. Dies wird als Rückschritt im Eingliederungsprozess bewertet. Andererseits bietet diese Schule durch ihre Abschlussstufe derzeit gute Voraussetzungen für den Übergang in das berufliche Leben wie in das Erwachsenenleben insgesamt. Nicht selten stellt die soziale Akzeptanz und Eingliede-

rung in die Klassengruppe insbesondere der Jugendlichen mit geistiger Behinderung im Pubertätsalter eine besondere Problematik dar. Der Wechsel vom Primar- in den Sekundarbereich und die möglicherweise damit verbundene anfängliche Einsamkeit sowie Probleme im Zusammenhang mit der geschlechtlichen Reifung und Identitätsfindung könnten erhebliche Schwierigkeiten bereiten. Probleme könnte auch die tägliche Auseinandersetzung mit der immer häufiger erlebten Erfahrung, nicht immer mit den anderen im Unterricht mithalten zu können, bereiten.

Jugendliche mit geistiger Behinderung aus Integrationsklassen besuchen nach der Schulentlassung in der Regel nicht mehr die Abschlussstufe der Schule für Geistigbehinderte und beabsichtigen auch nicht, in den Trainingsbereich der Werkstatt für Behinderte einzutreten. Deshalb sollten spätestens im letzten Schuljahr in der Sekundarstufe Maßnahmen der Berufsvorbereitung durch Unterricht und Praktika angeboten werden. Unter Mitwirkung der Berufsberatung sollte ein Ausbildungsplatz in einem Betrieb gesucht werden, mit dem ein Ausbildungsvertrag allerdings unterhalb der Ausbildung in anerkannten Ausbildungsberufen ausgehandelt werden sollte.

(vgl. zu diesem Abschnitt auch Mühl 1994, 13ff; 1999, 172ff).

9.7.3 Erfahrungen aus Kooperationsklassen

In den letzten Jahren sind neben Integrationsklassen zunehmend auch Kooperationsklassen eingerichtet worden. Hierbei kooperieren eine Klasse einer allgemeinen Schule und eine in der Regel altersgleiche Klasse einer Schule für Geistigbehinderte aus räumlicher Distanz oder in einem gemeinsamen Gebäude in unterschiedlichem Ausmaß miteinander (Mühl 1997b). Die unterrichtliche Kooperation kann von einem begrenzten Unterrichtsvorhaben bis hin zu gemeinsamem Unterricht in einem oder mehreren Unterrichtsfächern reichen.

In Übereinstimmung mit Bach (1972) hatte schon die Bildungskommission des Deutschen Bildungsrates (1974, 87ff) ein Votum für »Kooperative Schulzentren« zur Eingliederung von behinderten Schülerinnen und Schülern abgegeben. Eine allgemeine Schule sollte mit einer Sonderschule für eine bestimmte Behinderungsart ein gestuftes System gemeinsamen schulischen Lebens und Unterrichts organisieren.

Unabhängig davon hatte die Schule für Geistigbehinderte von ihren Anfängen her versucht, Kontakte und Zusammenarbeit mit allgemeinen Schulen herzustellen (Mühl 1997b, 19f). Günstig für die Erprobung gemeinsamen Unterrichts waren und sind zeitlich begrenzte Projekte (Pitsch, Mittermüller 1984; Ribbat 1997). Ein erfolgreicher, mehrjähriger Kooperationsversuch war das Modell »Gemeinsamer Unterricht« zwischen mehreren Klassen einer Schule für Praktisch Bildbare in Rüsselsheim und der Grundschule in Königstädten seit dem Schuljahr 1984/85 (Einsiedel, Grubmüller, Ziemer u.a. 1989).

Gemeinsamen Unterricht begünstigen Fächer mit hohen Anteilen handlungsbezogenen Lernens. Zum gemeinsamen Sportunterricht beispielsweise liegen ermutigende Berichte vor; allerdings mussten dabei die Rahmenbedingungen

teilweise verändert werden. Aus ihrer Untersuchung folgerten Streicher und Leske (1985), dass das soziale Lernfeld »Sport« zur Integration beider Schülergruppen besonders geeignet sei. Bös und Scholtes (1990) führten mit einer Schülergruppe eines Gymnasiums und einer Abschlussstufe einer Schule für Geistigbehinderte im Rahmen der Gestaltung einer Spielstation »Spielen mit außergewöhnlichen Materialien« für das Internationale Spiel- und Sportfest in Heidelberg 1986 eine ähnliche Studie durch. Das Ziel der sozialen Integration mit den Verhaltensdimensionen Kontaktaufnahme, Hilfeleistung, Toleranz und Kooperation wurde erreicht und blieb hinsichtlich der Einstellungen über ein halbes Jahr hindurch konstant (vgl. auch Fediuk 1990).
Es gibt auch Beispiele der Zusammenarbeit der Schule für Geistigbehinderte mit Berufsbildenden Schulen. So pflegte und pflegt die Schule für Geistigbehinderte in Springe eine solche Kooperation im Bereich Gartenbau und Floristik, um weitere Lernbereiche außerhalb der Schule für die Schülerinnen und Schüler der Abschlussstufe zu erschließen (Hensch 1997). Im Rahmen einer Kooperationsprojektes zwischen der Schule für Geistigbehinderte in Osterholz-Scharmbeck und der Berufsbildenden Schule wurde Unterricht in den Fachpraxisräumen der Berufsbildenden Schule von beiden Lehrkräften und einer pädagogischen Mitarbeiterin mit einer ganzen Klasse durchgeführt; später kamen weitere Klassen hinzu (Schulleitung 1991).
Im Anschluss an lokale Versuche haben einige Bundesländer landesweite Bemühungen zur kooperativen Beschulung auf den Weg gebracht. In Bremen wurde ab dem Schuljahr 1988/89 eine zunehmend flächendeckende Kooperation zwischen allgemeinen Schulen und Schulen für Geistigbehinderte zunächst im Primar- und später auch im Sekundarstufenbereich begonnen. Im Schuljahr 1996/97 waren für Schülerinnen und Schüler mit geistiger Behinderung und einer schweren Mehrfachbehinderung bis zum 6. Schulbesuchsjahr Kooperationsklassen an zehn Standorten allgemeiner Schulen mit insgesamt 26 Kooperationsklassen eingerichtet, so dass sich an allen Schulen für Geistigbehinderte in Bremen die Unterrichtung zumindest für den Primarbereich und im Sekundarbereich bis einschließlich zum 6. Schuljahr erübrigt hatte (Kleine-Schimmöller 1997). Eine ähnliche Entwicklung fand in Bremerhaven statt.
In Baden-Württemberg gewann die »vertiefte Kooperation« im Rahmen des Modellversuchs der Bund-Länder-Kommission »Gemeinsam handeln – einander erleben« (Klein, Nestle 1995) an Bedeutung. Das Ministerium für Kultus und Sport hat in der Folge verfügt, dass Klassen aus Schulen für Geistigbehinderte an eine Grundschule verlagert werden können, wenn Eltern und alle schulischen Gremien sowie der Schulträger zustimmen. Seit dem Schuljahr 1994/95 wurden zunehmend Klassen von Schulen für Geistigbehinderte an Grundschulen ausgelagert (vgl. auch die empirische Studie von Berges 1996).
Berichten lässt sich entnehmen, dass in Bayern alle Spielarten der Kooperation praktiziert werden, angefangen von kurzfristigen gemeinsamen Unternehmungen bis hin zum regelmäßigen gemeinsamen Unterricht mit einem Schwergewicht auf eher kürzerfristigen Projekten aus räumlicher Distanz (Schor, Eberhardt 1994; Staatsinstitut 1996; 1997; Sucharowski 1993; 1997).

Im Land Brandenburg wurden in Ergänzung zur wohnortnahen Integration Empfehlungen zur Kooperation von Grundschulen und Schulen für Geistigbehinderte vom Arbeitskreis Kooperation (1995) erarbeitet. Die rechtlichen Grundlagen hierzu sind im Schulreformgesetz und in Verordnungen gegeben. Bei der Auswahl kooperierender Klassen sollen die Altersgemäßheit und die Klassenfrequenzen – Grundschulklasse ca. 18, Förderschulklassen ca. vier – beachtet werden (Martius 1996; Grüning 1997).
Nach den »Empfehlungen zur sonderpädagogischen Förderung in den Schulen in der Bundesrepublik Deutschland« der Kultusministerkonferenz vom 6.5.1994 kann sonderpädagogische Förderung auch in kooperativen Formen erfolgen.
Grundlage der Planung für den gemeinsamen Unterricht in Kooperationsklassen, die schon vor Schuljahresbeginn zumindest in groben Zügen erfolgen sollte, sind die Lehrpläne der allgemeinen Schule und der Schule für Geistigbehinderte. Lehrkräfte und Schulen sollten für die inhaltliche Planung und Durchführung gemeinsamen Unterrichts je nach ihren Möglichkeiten vorgehen können und nicht an allzu feste Vorgaben gebunden sein. Die Auswahl der Fächer bzw. Lernbereiche für gemeinsamen Unterricht wird daher von Kooperationsverbund zu Kooperationsverbund unterschiedlich sein. Für den Einstieg in gemeinsamen Unterricht eignen sich Unterrichtsprojekte und am ehesten Fächer bzw. Lernbereiche mit Lernfeldern, die handlungsbezogenes Vorgehen erleichtern.
Es sollte möglich sein, dass in einem Fach nur ein Teil der Stunden gemeinsam durchgeführt wird. Im ersten Bremer Kooperationsversuch (Fruck u.a. 1985) wurden viele Unterrichtsinhalte aus den Fächern Sachunterricht, Musik, Textiles Werken und Bildende Kunst aus dem Bildungsplan der Grundschule nach dem gemeinsamen Unterricht in der Klasse für Geistigbehinderte vertieft. Sowohl der gemeinsame Unterricht wie der Rückzug in die eigene Klasse war für beide Gruppen von Vorteil. Dies lässt sich dann leichter realisieren, wenn für die Schülerinnen und Schüler mit geistiger Behinderung Ganztagsbeschulung vorgehalten wird. Dann kann der zusätzliche Unterricht für die Kinder mit geistiger Behinderung vor allem für Lernziele im lebenspraktischen Bereich sowie für die Vor- und Nachbereitung der gemeinsamen Stunden genutzt werden.
Beide Elterngruppen sollten rechtzeitig über die geplanten Vorhaben informiert und in die Vorbereitung der Einrichtung kooperativer Klassen einbezogen werden. Sie sollten kontinuierlich über die Durchführung gemeinsamen Unterrichts, sonstige gemeinsame Aktivitäten und die Lernfortschritte ihrer Kinder unterrichtet und an der Durchführung von gemeinsamen Elternabenden, Landschulheimaufenthalten, Schul- und Klassenfesten u.ä. beteiligt werden.
Kooperationsklassen können zumindest folgende Vorteile gegenüber der Sonderbeschulung vorweisen: Abbau einiger Aspekte der Isolation der behinderten Schülerinnen und Schüler, ihrer Eltern und der Sonderschulen, Möglichkeit zu Kontakten und Zusammenarbeit zwischen beiden Schüler-, Eltern- und Lehrergruppen auf unterschiedlich breiter Basis, Möglichkeiten zu sozialer und

sprachlicher Interaktion zwischen beiden Schülergruppen, Erwerb spezifischer sonderpädagogischer Kompetenz durch Lehrkräfte der allgemeinen Schule, finanzielle Vorteile, z.B. durch Nutzung von Räumlichkeiten der allgemeinen Schule. Besonders deutlich werden die Vorteile von Kooperationsklassen auf der Sekundarstufe; im Gegensatz zur Sonderbeschulung können angemessene und häufige Interaktionen mit nichtbehinderten Jugendlichen stattfinden und damit Kompetenzen einer altersangemessenen Kommunikationsfähigkeit erworben werden.

Auch gegenüber Integrationsklassen haben Kooperationsklassen Vorteile: günstigere Realisierungschancen unter den gegebenen gesellschaftlichen, schulpolitischen und finanziellen Bedingungen, ein Kontinuum unterschiedlichen Ausmaßes der Beteiligung an gemeinsamen Aktivitäten bis hin zu gemeinsamem Unterricht, allmähliche Anbahnung gemeinsamer Unterrichtung, Bereitstellung integrativer Maßnahmen für alle Schülerinnen und Schüler mit geistiger Behinderung, Aufrechterhaltung der Ganztagsbeschulung unabhängig von der allgemeinen Schule, Vorbereitung der Lehrkräfte der allgemeinen Schule auf nur eine Behindertengruppe, hier der Schülerinnen und Schüler mit geistiger Behinderung, günstigere Möglichkeiten zur Hinführung und Eingliederung in das Erwachsenenleben auch im Rahmen der Gemeinde. Diese Vorteile zeigen sich besonders deutlich im Sekundarstufenbereich. Nachteile liegen möglicherweise in fehlender Verbindlichkeit und bei räumlicher Distanz.

(vgl. zu diesem Abschnitt auch Mühl 1997b, 59ff; 1999, 175ff).

9.7.4 Erfahrungen und Anforderungen zum gemeinsamen Unterricht

Im Folgenden sollen Erfahrungen und Anforderungen zum gemeinsamen Unterricht im Hinblick auf didaktische, methodische und soziale Aspekte erörtert werden, und zwar unabhängig vom Lernort (vgl. Mühl 1997b, 36ff; 1999, 167ff).

Viele Beispiele belegen, dass es durchaus möglich ist, Schülerinnen und Schüler mit geistiger Behinderung auf ihrem Lernniveau am gemeinsamen Unterricht zu beteiligen, wenn entsprechende Hilfestellungen gegeben werden können und das Thema so angelegt ist, dass sie nicht grundsätzlich und in jeder Unterrichtsphase überfordert werden. Ob sie dabei allerdings immer das lernen, was für sie nötig war und ob sie das, was sie lernen sollten, auch effektiv gelernt haben, kann daraus noch nicht abgelesen werden.

Nach Erfahrungen aus Integrationsklassen galten für die Schülerinnen und Schüler mit geistiger Behinderung die Lehrpläne der Schule für Geistigbehinderte; ähnlich wie in dieser Schule wurden auch Einzellehrpläne im Sinne von Förderplänen sowie Entwicklungsberichte erstellt. Die Lehrplanung des Unterrichts insbesondere in Integrationsklassen der Grundschule realisierte sich überwiegend in fächerübergreifenden, projektorientierten Verfahren; diese Lehrstrukturformen kamen den Lernerfordernissen der Schülerinnen und Schüler mit geistiger Behinderung entgegen. Auch lebenspraktische Fertigkeiten wurden in projektorientierte Aktionen eingebettet und häufig durch eine pädagogische Mitarbeiterin angeleitet, z.B. beim Einkaufen oder beim Zubereiten des Frühstücks. Wie schon erwähnt erwiesen sich einige Fächer für gemeinsamen Unterricht als günstig, vor allem die Fächer Sport, Musik, Bildende Kunst, Arbeitslehre, Sachunterricht.

Die Auswahl der Inhalte in Musik und Bildende Kunst erfolgte im ersten Bremer Kooperationsversuch (Fruck u.a. 1985) im Hinblick auf die Ermöglichung einer klaren Strukturierung und handlungsbezogenen Lernens. Dabei wurde deutlich, dass sich nur Ausschnitte des Lehrplans der Grundschule den Lernbedürfnissen der Schülerinnen und Schüler mit geistiger Behinderung angleichen ließen. Themen, die sich in beiden Bildungsplänen fanden, wurden als größere Unterrichtseinheiten fächerübergreifend erarbeitet. Dabei hatte sich die Handlungsorientierung und der deutlichere Lebensbezug des Lehrplans der Sonderschule auch als Gewinn für die nichtbehinderten Kinder erwiesen. Von den fünf Lernfeldern für Musik – Musik ausüben, Musik hören, Musik und Bewegung, musikalische Elementenlehre und Musik in unserer Umwelt – eigneten sich für den gemeinsamen Unterricht vorrangig die ersten drei. Der Musikunterricht fand abwechselnd gemeinsam und getrennt statt. Im gemeinsamen Musikunterricht wurden Lieder gelernt und diese mit Orffschen Instrumenten begleitet; dabei konnten sich die behinderten Schülerinnen und Schüler problemlos in die Rhythmusbegleitung einordnen. Im Kunstunterricht eigneten sich weniger Inhalte für den gemeinsamen Unterricht, weshalb er nur einmal alle zwei Wochen stattfand. Lediglich aus den Bereichen Entwicklung von Fertigkeiten für das Lernziel Kreativität, ästhetische Sensibilisierung, Fähigkeiten zur Kommunikation und zur Auseinandersetzung mit optischen Zeichen, künstlerische Kritik sowie Einbeziehung von Umweltbeobachtungen ließen sich Themen auswählen. Aus dem Lernfeld »Optische Zeichen« beispielsweise lernten die behinderten Schülerinnen und Schüler, dass Zeichen zur Orientierung benutzt werden können. Beim Projekt »Wir bauen eine Hochhausstadt« lernten sie, Häuser in unterschiedlichen Größen herzustellen, beim Thema »Veränderung eines Gesichtes«, mit Farbstiften und Schminke unter Hilfestellung ihr Gesicht zu verändern.

Im Verlauf des Kieler Schulversuchs mit Integrationsklassen (Sucharowski u.a. o.J., 227ff) zeigte sich allerdings, dass die Anlehnung an die Lehrpläne beider Schülergruppen zugunsten der Berücksichtigung der Ergebnisse von Beobachtungen des Verhaltens und von Interessen der behinderten Kinder aufgegeben wurde. Außerdem wurde festgestellt, dass sich während der Grundschulzeit das gemeinsame Lernen an demselben Gegenstand immer deutlicher auseinanderentwickelt hat. Eine Schwierigkeit für Kinder mit geistiger Behinderung war es, aus sprachlich dargebotenen Aufgaben und Inhalten die wesentlichen Informationen zu entnehmen. Auch für die Lehrkräfte war es schwierig zu erkennen, inwieweit jene Informationen erfasst hatten. Hinweise gaben hier die Reaktionen auf das Dargebotene; bei bestimmten Themen klinkten sie sich aus, indem sie im Raum herumliefen und die anderen Kinder beobachteten. Sie waren auf handlungsorientiertes Lernen angewiesen; rein verbale bzw. Papier-und-Stift-Methoden trafen ihre Lernbedürfnisse nicht oder nur ausnahmsweise.

Zum gemeinsamen Handeln im Spiel beispielsweise kamen die nichtbehinderten Kinder dann, wenn sie die einzelnen Aktivitäten mit dem behinderten Kind gemeinsam durchführten und die Abfolge genau einübten; eine lediglich verbale Darstellung scheiterte. Die Einübung einer Tätigkeit erfolgte nicht primär durch reines Abschauen, sondern durch eine besondere Art der Bewusstmachung im konkreten Vollzug.
Behinderte Schülerinnen und Schüler hatten in den Klassen der allgemeinen Schulen aufgrund oft erlebten Versagens im Leistungs- und/oder Sozialbereich und ihres Bedürfnisses nach sozialer Anerkennung zuweilen motivationale Defizite; sie mieden eher Situationen, von denen sie annahmen, dass sie ihre Bewältigungsmöglichkeiten überstiegen und suchten eher diejenigen, die sie glaubten bewältigen zu können. Sie wurden eher durch Fehlervermeidung als durch Erfolgsstreben motiviert und gerieten häufig in eine Abwehr- oder Verweigerungshaltung. Dieses Problem kann teilweise durch kooperatives Lernen im Gegensatz zu invidualisierendem Wetteiferlernen aufgefangen werden; hierbei kommt es darauf an, die behinderten Kinder in Lerngruppen einzubinden und die Ergebnisse der Lerngruppe insgesamt zu beurteilen.
Eine noch zu leistende Aufgabe wird eine integrative Didaktik und Methodik sein, welche den Lernerfordernissen beider Schülergruppen unter Einschluss der jeweiligen Lehrpläne weitgehend gerecht wird.
Im Hinblick auf die soziale Einbindung von Schülerinnen und Schülern in den gemeinsamen Unterricht kommt den nichtbehinderten eine wichtige Funktion zu. Die Beobachtungen aus den Kieler Integrationsklassen (Sucharowski u.a. o.J., 147ff, 192ff) gaben hierzu differenzierte Antworten, wenngleich auf der Basis von nur wenigen Einzelfallstudien. Danach hatten Kinder mit geistiger Behinderung zunächst Schwierigkeiten, die Regeln beim unterrichtlichen Lernen einzuhalten. Die behinderten Kinder fanden zur Kommunikationssituation »Unterricht« einen guten Zugang, wenn die Klasse regelhafte Verhaltensweisen im Unterricht entwickelt hatte, deren Muster übernommen werden konnten. Allmählich wurde die sonst übliche Erwachsenenfixierung der behinderten Kinder durch die Orientierung an den nichtbehinderten deutlich geringer. Zudem lernten sie, sich in die Tischgruppen mit den nichtbehinderten Kindern einzuordnen und sich in bestimmten Situationen Hilfe bei ihnen zu holen. Die nichtbehinderten Kinder mussten sich an die Sonderrechte der Kinder mit geistiger Behinderung gewöhnen, indem sie diese wie ihre kleineren Geschwister behandelten.
Im Bremer Kooperationsversuch (Fruck u.a. 1985) lernten die behinderten Schülerinnen und Schüler schnell – sie waren etwas älter als die nichtbehinderten Grundschulkinder –, sich den Regeln des Unterrichts in der Grundschulklasse anzupassen, auf deren Kontaktangebote angemessen zu reagieren und selbst Kontakte herzustellen. Nach anfänglichen Berührungsängsten normalisierte sich das Verhalten der Grundschulkinder gegenüber den Kindern mit geistiger Behinderung; auch ihre überbesorgte Hilfestellung verlor sich nach einigen Monaten und wich einer positiven Gleichgültigkeit, zeigten aber eine insgesamt akzeptierende Einstellung.

Gemeinsamer Unterricht wird u.a. begründet mit der Erwartung, dass Kontakt mit behinderten Menschen die Einstellung der nichtbehinderten zu ihnen und deren sozialer Eingliederung positiv beeinflusse. Als nachhaltig werden frühe Kontakte im Kindergarten und in der Schule eingeschätzt. Cloerkes (1982; 1985, 209ff) hat diese »Kontakthypothese« unter Auswertung einschlägiger Untersuchungen überprüft und eine differenzierte Sichtweise empfohlen. Danach können häufige, oberflächliche Kontakte negative Einstellungen eher verstärken, enge Kontakte eher positive Auswirkungen haben. Schulischer Kontakt solle diese Bedingungen berücksichtigen ebenso wie die gesellschaftliche Wertestruktur wie u.a. das Leistungsprinzip. Untersuchungen aus gemeinsamer Beschulung belegen im großen und ganzen die Kontakthypothese.
Andererseits können schon Kinder und Jugendliche Vorurteile gegenüber behinderten Menschen erworben haben (Cloerkes 1985, 243ff). Man kann davon ausgehen, dass die Einstellung von nichtbehinderten Kindern gegenüber ihren Altersgenossen mit geistiger Behinderung ein komplexes Phänomen darstellt, das sich aus einer Mischung von positiven und negativen Einstellungen zusammensetzt. Diese verändern sich über die Zeit hin, können auch von der Umgebung, dem häuslichen Hintergrund und anderen Faktoren abhängig sein. Die Entstehung eher negativer Einstellungen ist zu erwarten gegenüber behinderten Schülerinnen und Schülern vor allem mit geringen Schulleistungen, körperlichen Auffälligkeiten und sozialer Inkompetenz. Vor allem Maßnahmen zur Förderung sozialer Fähigkeiten werden empfohlen. Solche Maßnahmen sind insbesondere strukturierte Kontakte wie Tutortätigkeit nichtbehinderter Schülerinnen und Schüler, gemeinsame Spielaktivitäten und kooperatives Lernen.
In den Vereinigten Staaten werden nichtbehinderte Schülerinnen und Schüler zuweilen als Tutorinnen oder Tutoren eingesetzt. Dies wird mit der Erfahrung begründet, dass es für sie oft schwierig sei, mit Kindern mit geringen sozialen und sprachlichen Fähigkeiten sinnvoll zu interagieren, so dass die Zahl der Interaktionen mit der Zeit deutlich abnehme und gemeinsame Tätigkeiten lästig würden. Biete man stattdessen Übungstätigkeiten an, könnten sie mit den behinderten Kindern auf natürliche und befriedigende Weise umgehen. Jedoch scheint die Tutortätigkeit bei der sozialen Einbindung nicht so erfolgreich zu sein wie altersangemessene Spielaktivitäten; diese haben offensichtlich günstigere Auswirkungen auf die Einstellung. Im Gegensatz zur Tutortätigkeit regten letztere die soziale Interaktion vor allem der nichtbehinderten Schülerinnen und Schüler gegenüber den behinderten deutlich an; während erstere vor allem die »Instruktionsfähigkeit« ansprach, lösten letztere eher partnerschaftliche Interaktionen aus.
Ein Hindernis für die Akzeptanz behinderter Schülerinnen und Schüler sind Lernsituationen, die Wettbewerb und individuelles Lernen in den Vordergrund rücken. Johnson und Johnson (1989) vertreten nach Auswertung vieler Studien die These, dass erst zielgerichtete Lernkooperation die erwarteten positiven Auswirkungen sozialer Interaktion mit Gleichaltrigen zur Folge habe. Die positiven Auswirkungen kooperativen Lernens ließen sich darauf zurückführen,

dass es gegenseitige Hilfe fördere, die Beteiligten nach ihrer Wahrnehmung mehr Hilfe und Akzeptanz erführen, das Einfühlen in die Rolle des anderen und damit auch eine Differenzierung der Sicht des anderen unterstütze. Untersuchungen im Rahmen von Freizeitaktivitäten und im Unterricht lassen vermuten, dass kooperative Erfahrungen eher positive Beziehungen zwischen behinderten und nichtbehinderten Schülerinnen und Schülern fördern als individuelles Lernen.

10. Sexualpädagogik

10.1 Ausgangslage

Geschlechtliche Erziehung bei Kindern, Jugendlichen und Erwachsenen mit geistiger Behinderung hat bestimmte Rahmenbedingungen zu beachten: u.a. das Verständnis von Geschlechtlichkeit, die Vorurteile gegenüber der Geschlechtlichkeit dieser Personengruppe und sich daraus ergebende Probleme, ihre geschlechtliche Reifung und Sozialisation sowie die damit verbundenen Pubertätsprobleme, Einschränkungen der Wohnumgebung und die Möglichkeiten von Erwachsenen im Umgang mit Geschlechtlichkeit (Walter 1996a).

Überlegungen zur Geschlechtlichkeit bei geistiger Behinderung liegt überwiegend ein weit gefasster Begriff von Geschlechtlichkeit zugrunde (Sporken 1974; 1976; 1980; Siegenthaler 1980; Feuser 1980; Bach 1981; Walter, Hoyler-Herrmann 1987, 95ff; Schmetz 1998, 18ff). Wesentliche Aspekte der menschlichen Existenz, in denen das Frau- oder Mannsein bedeutsam werden kann, werden berücksichtigt: die Genitalsexualtität, der »Mittelbereich« (Sporken) der Zärtlichkeit und Erotik (van der Arend 1980) sowie die sozialen Beziehungen in geschlechtlicher Partnerschaft. Huber (1975) unterschied neben dem individualen Aspekt – Erfahren des Körperichs und der Geschlechtlichkeit im Körperlichen – den sozialen Aspekt als Kontaktaufnahme und Verständigung über das Körperliche sowie den zukunftsorientierten Aspekt als Tendenz zur Bildung einer längerfristigen Partnerschaft. Die Funktionen der Geschlechtlichkeit – Fortpflanzung, Befriedigung körperlicher Bedürfnisse, die Herstellung geschlechtlicher Partnerschaft und damit die Verwirklichung als Frau oder Mann – kommen grundsätzlich auch für Menschen mit geistiger Behinderung in Betracht. Dem Streben nach körperlicher Nähe und partnerschaftlichen Beziehungen kommt eine besondere Bedeutung zu, da die Gefahr der Beziehungslosigkeit infolge der aus unterschiedlichen Gründen begrenzten Möglichkeiten, Beziehungen einzugehen, größer ist als bei nichtbehinderten Menschen (Feuser 1980). Die Fähigkeit zur Kontaktaufnahme und zur Pflege von Beziehungen vor allem über den Mittelbereich als »kommunikatives Potential« (Walter 1980a) sollte daher besonders gefördert werden. Geschlechtliche Partnerschaft kann zur Persönlichkeitsbildung und »Selbstverwirklichung in sozialer Integration« von Menschen mit geistiger Behinderung wesentlich beitragen. Dem Recht auf Arbeit und Teilnahme am übrigen gesellschaftlichen Leben muss das Recht auf Geschlechtlichkeit beigesellt werden (Sporken 1974, 161; Schumacher 1977, 210ff; Walter, Hoyler-Herrmann 1987).

Die Vorurteile gegenüber Menschen mit geistiger Behinderung beeinflussen auch die Einstellungen gegenüber deren Recht auf ein geschlechtliches Leben. Morgenstern (1975) nimmt aufgrund der Auswertung der Literatur und eigener Erfahrungen eher negative Einstellungen an; sie seien »Untermenschen« und triebhaft wie Tiere oder »unschuldige Kinder«, gewissermaßen geschlechtslose Wesen; es gebe auch die positive Auffassung, wonach sie sich »in der Entwicklung« befänden und insofern der geschlechtlichen Erziehung bedürften.

Walter (1983) sieht in ähnlicher Weise drei »typische Problemfelder«: die Verdrängung, die zur Vorstellung der Geschlechtslosigkeit führe, die Dramatisierung, die Menschen mit geistiger Behinderung als »Wüstlinge« erscheinen lasse, und die Fehldeutung nichtsprachlicher Äußerungsformen, die ihnen den Ruf der »klebrigen Distanzlosigkeit« einbringe. Solche Vorurteile schränken ihr geschlechtliches Leben ein und wirken als zusätzliche Beeinträchtigung (Feuser 1980; Neuhäuser u.a. 1986; Walter 1996b).
Viele Autorinnen und Autoren teilen demgegenüber die Auffassung, dass Kinder und Jugendliche mit geistiger Behinderung in ihrer körperlichen Reifung eine ähnliche Entwicklung wie nichtbehinderte erfahren und nur ausnahmsweise abweichen (Katz 1975; Stöckmann 1979; Walter 1980a; 1980b, 38; Lempp 1983; Engler 1983; Schmetz 1998, 27ff). Unregelmäßigkeiten der körperlichen Reifung können insbesondere bei Chromosomenstörungen auftreten, beispielsweise bei gonosomalen Aberrationen, die aber nicht immer mit geistiger Behinderung einhergehen müssen; bei Männern mit Down-Syndrom ist bisher Zeugungsfähigkeit nicht nachgewiesen; bei Frauen wird nur in wenigen Fällen von Schwangerschaften berichtet. Erkrankungen des Zwischenhirns können zur vorzeitigen Reife führen (Stöckmann 1971; Wendt 1976; Engler 1978; 1983).
Jugendliche mit geistiger Behinderung können also in der Regel nicht als geschlechtslos betrachtet werden, schon gar nicht lässt sich dies von Erwachsenen behaupten, bei denen auch genitalsexuelle Betätigungen relativ häufig beobachtet wurden (Walter 1980b, 148ff; Walter, Hoyler-Herrmann 1987). Nach einer Elternbefragung (Bier 1989) kamen auch bei Menschen mit autistischem Verhalten die üblichen sexuellen Regungen vor, sieht man einmal davon ab, dass die Kontakte zu Gleichaltrigen relativ selten waren.
Zuweilen wird exzessive Selbstbefriedigung bei männlichen Jugendlichen und Erwachsenen, auch im Beisein anderer registriert; homosexuelle Betätigungen werden oft aus Anstalten und Großheimen berichtet. Diese Beobachtungen bestätigen allerdings nicht das Vorurteil »ungezügelter Triebhaftigkeit«, sondern sind Ergebnis mangelnder Erfahrung, Erziehung und/oder Artefakte der isolierenden Bedingungen (Walter 1980a; Feuser 1980; Schmetz 1998, 29ff).
Die geschlechtliche Sozialisation als Erlernen des Umgangs mit den geschlechtlichen Strebungen verläuft im allgemeinen infolge der beeinträchtigten Lernfähigkeit und eingeschränkter Erfahrungen verzögert (Walter, Hoyler-Herrmann 1987, 155ff). Nicht selten bleibt die übliche Pubertätskrise und die Einleitung des Ablösungsvorgangs vom Elternhaus aus oder ist nur schwach ausgeprägt, da die oft enge Bindung an die Eltern das Selbständigwerden insgesamt verzögern kann. Das Auseinanderklaffen von körperlicher Reifung und kognitiver Verarbeitungs- und Umgangsmöglichkeiten erschwert es den Jugendlichen, das körperliche Geschehen in den Prozess der Persönlichkeitsbildung einzuordnen (Walter 1980a; 1980b, 38f; 1985; Hauenstein 1981; Görres 1982; Lempp 1983; 1989). Ferner haben Erwachsene mit geistiger Behinderung im Elternhaus wie bei anderen Wohnformen wenig Möglichkeiten zu altersgemäßen geschlechtlichen Erfahrungen (Gebhard 1975), ihr Wissen über geschlechtliche Dinge ist geringer (Walter 1980b, 51f), das Erlernen der Rolle

als Frau oder Mann verlangsamt. Diese Schwierigkeiten wirken sich nicht bei allen in gleicher Weise aus, so dass von nicht wenigen Jugendlichen und Erwachsenen Interesse an geschlechtlichen Freundschaften und Partnerschaften bis hin zum Wunsch nach Eheschließung und Nachkommenschaft geäußert wird (Walter 1980b, 148ff; Walter-Hoyler-Herrmann 1987, 177ff), wenngleich sich viele über die Voraussetzungen und Folgen ihrer Wünsche nicht immer voll im klaren sein werden. Ihre Bestrebungen zielen auch nicht immer primär auf die Befriedigung körperlicher Bedürfnisse, sondern haben auch körperliche Nähe und Zärtlichkeit zum Ziel. Es könnte sein, dass bei ihnen die körperliche Sprache der Zärtlichkeit eine größere Rolle spielt als für nichtbehinderte Menschen (Baert 1974; van der Arend 1980; Siegenthaler 1980).
Die Bedingungen, unter denen jene häufig lebten und zum Teil noch leben, entsprechen dem Recht auf Geschlechtlichkeit nicht in jedem Falle. In Großeinrichtungen hat Walter (1980b) noch im Jahre 1977 nicht gerade positive Ergebnisse ermittelt. Die Erwachsenen lebten zu fast drei Vierteln in getrennten Stationen und Häusern, zu zwei Dritteln in nach Geschlechtern getrennten Gruppen mit überwiegend geschlechtsgleichem Personal, zu zwei Dritteln in Drei-, Vier- und Mehrbettzimmern, hatten nur selten einen Schlüssel für ihr Zimmer oder das Haus und gingen relativ früh zu Bett. Eine solche kasernenähnliche, teilweise wie für Kinder kontrollierte Wohnsituation schränkt geschlechtliches Leben vor allem im sozialen Bereich weitgehend ein. Dennoch wurden von Seiten des Personals häufig Händchenhalten, Streicheln und Küssen, seltener auch Ehewünsche, feste Freundschaften und Petting beobachtet. Nach diesen Beobachtungen suchte ein Teil der Erwachsenen Partnerschaften, auch wenn die Bedingungen dafür nicht günstig waren. Inzwischen dürfte sich die Situation im Hinblick auf die Möglichkeiten geschlechtlichen Lebens sicherlich zum Positiven gewendet haben, wenngleich optimale oder zumindest normalisierte Bedingungen immer noch nicht die Regel sein werden, wie eine Befragung von Wacker (1999) ergeben hat. Nach den Aussagen von Bewohnerinnen und Bewohnern in Heimen bzw. des Personals zu insgesamt 188 Personen waren die Bedingungen für positive emotionale Kontakte und intime Beziehungen deutlich erschwert, hervorgerufen durch die geringe Zahl der in Frage kommenden Partnerinnen und Partner, der wohnökologischen Rahmenbedingungen und der Vorurteile beim Personal.
Vergleicht man dagegen die Wohnsituation in kleineren Wohneinheiten, vor allem in Schweden der beginnenden 80er Jahre, wo Erwachsene in Wohnheimen zu 83% ein eigenes Zimmer hatten, 11% in einem Zimmer mit einem andersgeschlechtlichen Partner und zu 6% mit einem gleichgeschlechtlichen Partner wohnten (Grunewald, Linner 1982), mag man ermessen, welche Möglichkeiten geschlechtlichen Lebens sich dadurch eröffneten. Dabei zeigten sich oft positive Nebenwirkungen: die Bewohner in gemischtgeschlechtlichen Einrichtungen legten mehr Wert auf das Äußere und benahmen sich rücksichtsvoller, waren zufriedener und aktiver, wendeten sich nicht bei jeder Kleinigkeit an das Personal und regelten vieles mit der Partnerin oder dem Partner (Sporken 1980, 64; Schröder 1982).

Unter dem Einfluss der allgemeinen Diskussion über sexuelle Gewalt an Kindern sowie von Erhebungen und Erfahrungen über ein höheres Ausmaß an sexueller Gewalt an Mädchen mit geistiger Behinderung als bei nichtbehinderten Mädchen aus Kanada und den Vereinigten Staaten (Senn 1993; Becker 1995) begann auch bei uns eine intenvise Auseinandersetzung mit dieser Problematik, vor allen Dingen auch in den Komplexeinrichtungen. Neldner (1993) berichtete über das Projekt »Prävention sexuellen Missbrauchs an Frauen und Mädchen mit geistigen Behinderungen« in der Anstalt Bethel. Noack und Schmid (1994) führten in Einrichtungen der »Lebenshilfe«, des Verbandes evangelischer Einrichtungen für Menschen mit geistiger und seelischer Behinderung und der Anthroposophen eine Befragung durch. Die Auswertung von ca. 300 Fragebögen ergab, dass zwar in der Mehrzahl der antwortenden Einrichtungen das Problem im Gespräch sei, von vielen Mitarbeiterinnen und Mitarbeitern in seinem Stellenwert jedoch noch nicht gesehen werde und daher noch mit einer hohen Dunkelziffer zu rechnen sei. Nach einer Erhebung in Berliner Wohneinrichtungen für Menschen mit geistiger Behinderung wurde vermutet (Klein, Wawrok, Fegert 1998), dass in der Altersgruppe der 12- bis 25jährigen Mädchen bzw. Frauen bei ca. einem Viertel der Bewohnerinnen Erfahrungen mit sexueller Gewalt vorgekommen seien (vgl. auch Bundestagsfraktion Bündnis 90/Die Grünen 1996). Die deutlich erhöhte Gefahr der sexuellen Gewalt gegenüber Mädchen und Frauen mit geistiger Behinderung hat mehrere Gründe; mit Sicherheit spielen die größere Abhängigkeit der Betroffenen und die Vermutung der Täter, dass die Opfer nicht richtig verstehen würden, worum es ginge bzw. man würde ihren Aussagen keinen Glauben schenken, eine wesentliche Rolle. Ein Problem ist sicherlich auch die diagnostische Schwierigkeit, aus dem Verhalten Betroffener die richtigen Schlüsse zu ziehen (Steiniger 1997).
Eltern von Kindern mit geistiger Behinderung, aber auch das Personal in Einrichtungen und noch mehr die Öffentlichkeit tun sich schwer, bei Menschen mit geistiger Behinderung eine Eheschließung zu akzeptieren, unabhängig davon, dass dazu auch bestimmte rechtliche Voraussetzungen gegeben sein müssen. Daher sind zunächst u.a. von Schröder (1977; 1982) »beschützte Ehen« empfohlen worden, als begleitete, eheähnliche Lebensgemeinschaften, die von einer geeigneten Person begleitet werden sollten. Diese Person sollte ein gewisses Maß an Lebenserfahrung und innerer Festigkeit mitbringen sowie langfristig zur Verfügung stehen; ein ständiger Wechsel würde einer solchen Partnerschaft nicht gut bekommen. Nach Miehe (1979) ist die »beschützte Ehe« insbesondere bei behinderten Menschen mit fehlender Geschäftsfähigkeit der rechtmäßigen Ehe vorzuziehen. Die mit einer Scheidung verbundenen Unannehmlichkeiten sollten insbesondere dem Partner, der nicht die Scheidung wünscht, erspart bleiben; eine Vormundschaft könne auch vor Übervorteilung und anderen Schwierigkeiten schützen (Schmetz 1998, 42ff). In Schweden verfährt man offensichtlich großzügiger, da Ehen geschlossen werden können, wenn die Partner verstehen, worum es geht und der Vormund einwilligt (Grunewald 1978). In den letzten Jahren ist auch bei uns zunehmend die Bereitschaft gewachsen, bei Menschen mit geistiger Behinderung eine Eheschließung

zu akzeptieren, wenn die rechtlichen Bedingungen gegeben sind (Bundesvereinigung Lebenshilfe 1993a).
Streben die Partner eine Ehe, eine eheähnliche Gemeinschaft oder engere Partnerschaft an, sollte die Empfängnisverhütung geregelt sein, wenn keine Kinder gewünscht werden; dies ist ein wichtiges Ziel der Vorbereitung auf die Partnerschaft (vgl. u.a. Katz 1975). Grundsätzlich kommen dabei die gleichen Verhütungsmittel wie für nichtbehinderte Menschen in Betracht (Laveck 1973; Engler 1978; Schmetz 1982, 76ff; Neuer-Miebach 1989; Schmetz 1998, 45ff). Sind sie nicht anwendbar oder ihre Anwendung nicht hinreichend sicher, kann als letztes Mittel die Sterilisation erwogen werden; dabei sind die Regelungen des Betreuungsgesetzes zu beachten.
Vielfach wird die Ansicht vertreten, dass Menschen mit geistiger Behinderung nur ausnahmsweise Kinder bekommen sollten (Thesen 1981); dies gilt nicht, wenn nur ein Partner als geistigbehindert einzustufen ist. Mehrere Argumente werden vor allem angeführt. Ein Kind müsse ausreichend gepflegt, versorgt, erzogen und angeregt werden; dies könnten Menschen mit geistiger Behinderung nur ausnahmsweise leisten, so dass das Kind vielleicht einer Pflegefamilie oder einem Heim übergeben werden müsste. Angesichts der Vorurteile in der Bevölkerung könne man es den Kindern nicht zumuten, Eltern mit geistiger Behinderung zu haben (Sporken 1974; Grunewald 1978; Schröder 1977; Görres 1982; Schmetz 1998, 56ff). Das Argument des genetischen Risikos gilt nur für die vererbbaren Hirnfunktionsstörungen (Wendt 1976; Neuhäuser 1980), die aber selten auftreten; in Schweden waren in einem Bezirk mit 274.000 Einwohnern nur drei von 93 Kindern, die eine Mutter mit geistiger Behinderung hatten, auch geschädigt (Grunewald, Linner 1981). Den vorgebrachten Argumenten gegenüber steht das Recht der freien Persönlichkeitsentfaltung, die auch das Recht auf Nachkommenschaft einschließt.
Nach einer behutsamen Annäherung an diese Problematik (Bundesvereinigung Lebenshilfe 1993b) hat die »Lebenshilfe« ein Forschungsprojekt unter der Leitung von Pixa-Kettner (Pixa-Kettner, Bargfrede, Blanken 1996; Ehrig 1998) unterstützt, um einen Überblick über die Zahl der Kinder von Eltern mit geistiger Behinderung zu erhalten und die Situation dieser Eltern und ihrer Kinder zu erfassen. Von 1.732 befragten Einrichtungen der wichtigsten Träger antworteten 668. Fast 300 (ca. 44%) meldeten etwa 1.000 Elternschaften mit über 1.300 Kindern mit steigender Tendenz. Neben erfreulichen Daten und vielen positiven Beispielen ließen sich auch einige Probleme herauslesen: viele Eltern kamen aus Herkunftsfamilien mit psychosozialer Belastung, ca. 40% lebten nicht mit dem Partner zusammen, die Betreuung wurde nicht immer als hilfreich erfahren, die Kinder hatten ein gewisses Risiko für sozialisationsbedingte Entwicklungsverzögerungen, sofern keine hinreichende Betreuung für die Eltern und die Förderung des Kindes vorgehalten wurde, Fachkräfte vermieden die Erörterung von Kinderwunsch und Elternschaft, Familienangehörige schienen erheblichen Belastungen ausgesetzt zu sein. Als Konsequenz wurde ein hoher Bedarf an Beratung, Betreuung und Unterstützung abgeleitet. Für weitere Forschung wurde die Untersuchung u.a. folgender Fragen empfohlen: Wie

entwickeln sich die Kinder? Wie erleben Kinder die Trennung vom Elternteil mit geistiger Behinderung? Gibt es einen Trend zur normalen Familie? (vgl. auch Pixa-Kettner, Bargfrede, Blanken 1995).
Rechtliche Fragen im Zusammenhang mit geschlechtlichen Handlungen, der Aufsichtspflicht, der Ehefähigkeit und der Empfängnisverhütung wurden erörtert u.a. bei Kühl (1974), Miehe (1979), Jacobi (1980; 1984, 58ff). Rechtliche Aspekte der Sterilisation wurden diskutiert u.a. von Wild (1985), der Deutschen Gesellschaft für Medizinrecht (Hiersche, Hirsch, Graf-Baumann 1988), Heinz-Grimm (1999).

10.2 Pädagogische Aspekte

Das Recht auf Geschlechtlichkeit, die grundsätzliche Bedeutung der Geschlechtlichkeit für das menschliche Leben sowie der hohe Lernbedarf von Menschen mit geistiger Behinderung begründen geschlechtliche Erziehung. Gelernt werden sollen die Befriedigung geschlechtlicher Strebungen im Rahmen sozialer Normen sowie die Fähigkeiten zur Gestaltung einer geschlechtlichen Partnerschaft, die Menschen mit geistiger Behinderung auch vor Isolierung bewahren kann. Dieser Lernprozess ist erheblich erschwert und verzögert, was sich deutlich in der Pubertät zeigt, wo sich körperliche Reifung und deren Verarbeitung hin zur Entfaltung als Frau oder Mann nicht entsprechen (Sporken 1980, 9ff).
Die geschlechtliche Begleitung durch professionelles Personal in Einrichtungen steht im Spannungsfeld vielfältiger Interessen, Normen und Tabus. Dazu gehören auch die Einstellungen zur Geschlechtlichkeit der Mitarbeiterinnen und Mitarbeiter. Diese können ebensowenig wie die Eltern ihre Positionen nicht ohne Gewissenskonflikte aufgeben (Baert 1974, 68; Walter 1983), was nicht der Verantwortung enthebt, diese Positionen im Hinblick auf die sexuelle Begleitung Erwachsener mit geistiger Behinderung zu überdenken. Nach der Erhebung von Walter (1980b) sind dazu in der Einstellung von Mitarbeiterinnen und Mitarbeitern in Anstalten günstige Voraussetzungen gegeben. Wenn dort die Möglichkeiten geschlechtlichen Lebens dennoch eingeschränkt sind, ist dies mit eine Folge gewachsener Strukturen wie sozialpolitischer Defizite. Es ist jedoch nicht zu übersehen, dass auch in den Anstalten qualitative Verbesserungen vorgenommen worden sind, die zur Entfaltung der Geschlechtlichkeit der behinderten Menschen beitragen, ohne die Schutzfunktion gegenüber sexuell bedrängten oder in der Gefahr des Missbrauchs stehenden aufzugeben (Jacobi 1982, 59ff; Sexualität und Partnerschaft 1984). Ein höheres Maß an zugestandener Selbständigkeit erhöht das Risiko des Scheiterns, aber auch die Chance größerer Lebenserfülltheit.
Die Anfänge der Bemühungen um geschlechtliche Erziehung reichen in die frühen 70er Jahre zurück (Bach 1971; Sandre, Raute 1972; Schlaich 1974, 211ff). Schilberth (1972) forderte Sexualerziehung in der Schule für Geistigbehinderte vor allem für die am stärksten gefährdete leistungsstarke Gruppe unter dem Aspekt des Schutzes vor Verführung. Eine erste wissenschaftliche

Bestandsaufnahme und zugleich eine Analyse der Vorbehalte gegenüber der geschlechtlichen Erziehung von Kindern und Jugendlichen mit geistiger Behinderung leistete Schumacher (1977).
Geschlechtliche Erziehung ist zunächst Aufgabe der Eltern (Stöckmann 1979), da die geschlechtliche Sozialisation schon bald nach der Geburt beginnt; die Eltern leiten sie ein und bestimmen sie in den ersten Jahren, u.a. dadurch, wie zärtlich die Eltern zum Kind und zueinander sind, wie sie auf geschlechtliche Regungen des Kindes reagieren, welches geschlechtliche Rollenverhalten sie präsentieren und vom Kind erwarten. Wenn es für die Eltern schwer ist, die Behinderung des Kindes zu akzeptieren, wird dies auch ihre Einstellung zur Geschlechtlichkeit des Kindes beeinflussen.
Unabhängig von der Frage der Bejahung ergeben sich Schwierigkeiten bei der geschlechtlichen Aufklärung und im Umgang mit den körperlichen Reifeerscheinungen. Hierbei können professionell Erziehende Hilfe und Begleitung anbieten, weil sie aus der Distanz urteilen und den Vergleich mit anderen Jugendlichen haben. Dies sollte aber nicht gegen die Vorstellungen von Geschlechtlichkeit bei den Eltern erfolgen, um die Jugendlichen nicht in Normenkonflikte zu stürzen und sie damit eher zu verunsichern als ihnen zu helfen (Görres 1982; 1983). Geschlechtliche Erziehung und Begleitung in Institutionen hat eine familienergänzende Funktion vor allem in der Vermittlung von Kenntnissen, in der Ermöglichung von Erfahrungen des Miteinanderumgehens in der Gruppe und als Partner sowie in der Verarbeitung von Erfahrungen in der Einrichtung. Sie kann auch zum Ablösungsprozess in der Pubertät beitragen, der von den Eltern unterstützt werden sollte (Schmetz 1998, 78ff).
Zur geschlechtlichen Erziehung bei geistiger Behinderung gibt es eher konservative und eher progressive Ansätze; Bach (1982, 30f) teilt ein in restriktive, einseitige Abschirmungspädagogik und revolutionäre, stimulierende Sexualerziehung. Während erstere mehr bewahrend, beschützend, anpassend ausgerichtet ist, plädiert letztere für eine totale Gleichberechtigung bis hin zum uneingeschränkten Geschlechtsverkehr und möglicher Nachkommenschaft. Die sich in den letzten Jahren abzeichnende Tendenz bejaht das Recht auf Geschlechtlichkeit von Menschen mit geistiger Behinderung, und man strebt Bedingungen an, um dieses Recht einzulösen, wobei noch bestehende Tabuisierungen nur schrittweise abgebaut werden können. Geschlechtliche Erziehung hat auch zu bedenken, dass Menschen mit geistiger Behinderung eine heterogene Gruppe darstellen (Schumacher 1977, 259ff; Haeberlein 1978). Es gibt behinderte Menschen, die geschlechtliche Partnerschaften kaum eingehen können, aber dennoch vor allem im »Mittelbereich« ansprechbar sind, ohne den Genitalbereich völlig zu vernachlässigen (Bader 1988; Dank 1993), und behinderte Menschen, die ihr geschlechtliches Leben weithin selbst bestimmen und Partnerschaften aufnehmen können, und behinderte Menschen, für die Ehe und Nachkommenschaft nicht von vornherein auszuschließen sind.
Die folgenden Lerninhalte geschlechtlicher Erziehung von Schmetz (1998, 81ff) sind ein Maximalplan, der auch die Bedürfnisse schwerbehinderter Menschen berücksichtigt. Er ordnet fünf Grundkategorien – Körperaufbau, Hygiene

und Gefahrenvermeidung, Begegnung und Bindung der Geschlechter, Glück und Verantwortung, Sexualität und Gesellschaft – acht Inhaltsbereichen zu. Diese sind:

- Freundschaft, Liebe, sexuelles Erleben (Gefühle zeigen, Kontaktaufnahme, Ausdrucksformen von Zärtlichkeit und Zuneigung, Freundschaft und Liebe bewahren vor Alleinsein, Probleme in Freundschaft und Partnerschaft, Petting, Geschlechtsverkehr als Form der Liebe, homosexuelle Partnerschaften u.a.),
- Geschlechtsrollenverständnis (Junge/Mädchen, Mann/Frau, positive Einstellung zum eigenen Geschlecht, Geschlechtsrollenklischees aufarbeiten, Werbung mit Geschlechtsrollen u.a.),
- Mein Körper (Merkmale des eigenen Körpers, Geschlechtsmerkmale bei Junge und Mädchen, bei Mann und Frau, Geschlechtsorgane als Ausscheidungsorgane, pubertätsbedingte Veränderungen wie Menstruation und Pollution, Eizellenreifung u.a.),
- Körperpflege (Waschen der Geschlechtsorgane insbesondere auch in der Pubertät, Monatshygiene erlernen, Geschlechtskrankheiten u.a.),
- Zeugung, Schwangerschaft, Geburt (Zeugung und Empfängnis, Wachsen der Frucht im Mutterleib, Geburt, Empfängnisverhütung u.a.),
- Ehe und Familienformen (jeder hat Vater und Mutter, Stellung des Kindes in der Familie, unvollständige Familien, Aufgaben in der Familie, Trauung, Partnerschaft ohne Ehe, Zusammenleben in der Wohngemeinschaft, man kann auch allein leben u.a.),
- Sexualstrafrecht, Ehe- und Familienrecht (Sexualstraftäter und ihre Praktiken, nicht mit Fremden mitgehen, Voraussetzungen, Aufgaben und Verantwortung in der Ehe, Scheidung, Schwangerschaftsabbruch u.a.).

  Unterrichtliche Inhalte, die sich der Prävention gegenüber sexueller Gewalt widmen, haben Lehrkräfte der Schule für Geistigbehinderte in Nordkirchen vorgestellt, u.a. über gute und schlechte Gefühle, angenehme und unangenehme Berührungen, Körperwahrnehmung, Nein-sagen und Hilfeholen, Geheimnisse, juristische Orientierungshilfen bei Verdacht auf sexuellen Missbrauch (Sexueller Mißbrauch 1994).
- Handlungsmotive im partnerschaftlichen und gesellschaftlichen Zusammenhang (Interessen erkennen, Kompromisse eingehen, genitalsexuelle Befriedigung gehören zur Intimsphäre und nicht in die Öffentlichkeit, unerwünschte Schwangerschaft ist unverantwortlich, Geschlechtsverkehr nicht erzwingen, beide Partner sind für Empfängnisverhütung verantwortlich, Verzicht auf Nachkommen, wenn man mit der Erziehung überfordert ist u.a.).

  (vgl. auch Jung, Krenzer 1976; Schumacher 1977; Stöckmann 1979; Bach 1981).

Weitere Anregungen sowie Medien zur Umsetzung dieser Inhalte bieten Veröffentlichungen, die primär für die Erwachsenenbildung gedacht sind, aber auch in der Schule eingesetzt werden können (Wrenne 1976; Riegel 1984; Lebenshilfe Österreich 1990; Walter 1994; Dittli, Furrer 1994; Hoyler-Hermann 1994; Bundesvereinigung Lebenshilfe 1999).

Für die Umsetzung der Ziele in der Schule kommen zwei sich ergänzende Lehrformen in Frage: Gelegenheitsunterricht zum Einüben sozialen Verhaltens, wenn entsprechende Fragen auftauchen oder bestimmte Ereignisse Anknüpfungspunkte bieten, und Unterricht in thematischen Einheiten. Wichtig ist die rechtzeitige Vorbereitung auf die körperlichen Veränderungen in der Pubertät, die ansonsten zu Verwirrung und Verunsicherung führen können. Beispiele für die Planung von Unterrichtseinheiten liegen nur wenige vor; Schmetz (1981) hat die Themen »Wie unterscheiden sich Mann und Frau«, »Vaterschaft/Geburt« und »Verhütungsmittel« bearbeitet. Die Durchführung der Einheit »Junge-Mädchen, Mann-Frau« in der Mittel- und Oberstufe einer Schule für Geistigbehinderte hat gezeigt, dass die Schülerinnen und Schüler große Informationsdefizite hatten, diese aber im Verlauf des Unterrichts abbauen konnten, dass sie anfangs ziemlich unsicher waren und oft kicherten, aber Interesse zeigten (Müller 1978; Schlicht 1978).

Da das Lernen von Schülerinnen und Schülern mit geistiger Behinderung in realen oder realitätsnahen Situationen am effektivsten ist, sind viele Medien wie Diareihen und sonstiges Bildmaterial, Filme oder Modelle nur ausnahmsweise geeignet; sie enthalten entweder zu viele Detailinformationen, sind oft nicht übersichtlich genug, verlangen oft ein hohes Abstraktionvermögen oder treffen nicht die Realität der Situation der jeweiligen Schülergruppe. Medien sollten realitätsnah und verständlich sein, daher sorgfältig ausgewählt oder selbst erstellt werden. Schröder (1983) empfiehlt die Erstellung eines Medienpaketes im Zusammenhang mit einem Puppenhaus für acht Wohneinheiten, denen die wichtigstenThemen der geschlechtlichen Erziehung zugeordnet sind.

Als Ratgeber für die Hand der Eltern kann die umfassend und sachlich informierende Schrift von Achilles (1998) als betroffener Mutter und als Einführung für Personal in Wohneinrichtungen die Schrift von Römer (1995) aus der Sicht eines Betreuers empfohlen werden.

11. Freizeitpädagogik, Erwachsenenbildung

Freizeit und Erwachsenenbildung stehen hier nicht deshalb unter einem Kapitel, weil das eine vom anderen abhängig wäre oder das eine im anderen aufgehen würde, sondern weil es sich in der Regel um Angebote handelt, die von ähnlichen Prinzipien ausgehen – u.a. Selbstbestimmung, Freiwilligkeit, partnerschaftliche Beziehung – und sich inhaltlich wie organisatorisch überlappen können (Niermann 1989). Erwachsenenbildung darf aber nicht mit Freizeit, auch nicht mit therapeutischen Angeboten (Thimm 1988), gleichgesetzt werden; das würde zudem im öffentlichen Bereich die Finanzierung erschweren.

11.1 Freizeitpädagogik

Für Menschen mit geistiger Behinderung hat Freizeit einen ähnlich hohen Stellenwert wie für nichtbehinderte, und sie haben Freizeit in gleichem Ausmaß wie diese (Ebert, Villinger 1999). Aber sie sind aufgrund individueller und gesellschaftlicher Einschränkungen ihrer Situation in unterschiedlichem Ausmaß auf Förderung und Begleitung angewiesen, eine Aufgabe, deren Bedeutung nicht hinter derjenigen der beruflichen Bildung zurücksteht.
Einige Untersuchungen, unter denen sich auch Befragungen von Personen mit geistiger Behinderung befinden, stimmen in ihren Ergebnissen weithin überein und haben die Problemhaftigkeit der Freizeit dieser Personengruppe aufgedeckt. Als erste hat Schmidt-Thimme (1971) 100 Jugendliche und Erwachsene mit geistiger Behinderung über ihre Freizeitaktivitäten befragt. Im Vordergrund der Nennungen standen Fernsehen, Mithilfe im Haushalt, Spazieren u.ä., Musikhören/Musizieren, Basteln, Sammeln; 54 der Befragten gaben an, manchmal Langeweile zu haben. Thannhäuser (1976, 47ff) stellte bei der Befragung von 82 Müttern von Jugendlichen und Erwachsenen, die in einer Werkstatt für Behinderte arbeiteten, fest, dass nur sieben der behinderten Menschen kein Interesse am Fernsehen hatten; als Lieblingssendungen wurden der Häufigkeit nach genannt: Shows/Musiksendungen, Werbefernsehen, Kindersendungen, Kriminalfilme (Wilken, Pich 1999); 71% hatten eine oder mehrere Lieblingsbeschäftigungen, vorrangig Musikhören, Handarbeit/Basteln, Lesen/Kreuzworträtsel; 53% gingen schon bis 21.00 Uhr zu Bett, 84% bis 22.00 Uhr; ein Großteil ging abends selten aus. Zwei Drittel der Jugendlichen und Erwachsenen hatten keine Kontakte zu Gleichaltrigen; bestanden solche, so waren sie zumeist von den Müttern initiiert. Willand und Schwedes (1980) befragten 41 Eltern von Schülerinnen und Schülern einer Schule für Geistigbehinderte mit Hilfe eines Fragebogens. Folgende Tätigkeiten wurden am häufigsten genannt: Mithilfe im Haushalt, Spielen, Musikhören, Fernsehen. Sie hatten selten Freunde, spielten selten mit den Geschwistern, außerschulische Veranstaltungen wurden kaum besucht; 51% hatten oft Langeweile.
Auch Schatz, Genenger und Stotz (1982) ermittelten bei der Befragung von 175 Eltern von behinderten Erwachsenen aus einer Werkstatt für Behinderte überwiegend passives oder fremdgeleitetes Freizeitverhalten; der Häufigkeit

nach wurden genannt: Fernsehen, Musikhören, Zusammensein mit der Familie, Spazierengehen, Hausarbeiten. Partner waren in der Hauptsache die Eltern mit 96,5%, es folgten die Geschwister mit 27,6%. Die behinderten Menschen gingen früh zu Bett (25% gegen 20.00 Uhr, 43% gegen 21.00 Uhr), erhielten selten regelmäßig Taschengeld, rauchten zu 98% nicht, 79% nahmen keinen Alkohol zu sich; 46% langweilten sich manchmal. Die Autoren folgerten, dass die Freizeit vor allem in der Familie verbracht wurde und in hohem Maße der Kontrolle der Eltern unterlag.
Ebert und Villinger (1999) befragten 188 Mitarbeitende aus einer Werkstatt für Behinderte; für weitere 25 wurde der Fragebogen von den Eltern oder den Betreuenden ausgefüllt. Sie konnten die referierten Ergebnisse weitgehend bestätigen und teilweise weiter differenzieren. Insgesamt ergab sich eine hohe Zufriedenheit mit der Freizeitsituation, aber auch der Wunsch nach ergänzenden und integrativen Angeboten. Sie konnten u.a. auch geschlechtsspezifische Unterschiede gemäß den traditionellen Geschlechterrollen ermitteln; Frauen hatten eine etwas kürzere Freizeit und orientierten sich in ihrem Freizeitverhalten stärker im häuslichen Umfeld. Befragte, die als weniger schwer behindert eingeschätzt wurden, zeigten ein deutlich selbständigeres Freizeitverhalten. Ferner konnten sie den schon von Wacker u.a. (1996) ermittelten Zusammenhang zwischen Wohnart und Freizeitverhalten bestätigen. Befragte mit Down-Syndrom zeigten sich in ihrer Freizeit am wenigsten selbständig; sie konnten den Fragebogen nicht selbst ausfüllen und erwiesen sich in ihrem Freizeitverhalten am stärksten von der familialen Gruppe abhängig.
Zusammenfassend ergibt sich für das Freizeitverhalten der meisten Jugendlichen und Erwachsenen mit geistiger Behinderung eine Bilanz, die ein gewisses Ausmaß an Förderung und Assistenz rechtfertigt:

- Im Vordergrund standen eher rezeptive Freizeitbeschäftigungen.
- Sie konzentrierten sich in hohem Ausmaß auf den häuslichen Bereich.
- Damit verbunden war eine starke Bindung an die Familienmitglieder, vor allem an die Mutter, die dadurch stark belastet sein kann.
- Außerfamiliale Kontakte, insbesondere Freundschaften mit Nichtbehinderten, waren selten.
- Relativ oft wurde offenbar Langeweile erlebt.
- Man kann vermuten, dass bei pflegebedürftigen, zusätzlich körperlich beeinträchtigten und/oder umfassender Aufsicht bedürftiger Personen die genannten Aspekte verstärkt auftreten.
- Diese Aussagen kennzeichnen das Ausmaß relativer sozialer Isolation in der Freizeit.
  (vgl. auch Kerkhoff 1982, 42ff).

Wenn im folgenden von Freizeitförderung die Rede ist, so ist dabei zu bedenken, dass diese Förderung, soweit sie sich an Erwachsene außerhalb und nach der Schulzeit richtet, nicht mit Freizeit gleichgesetzt werden darf. Freizeit ist von Erziehung und Förderung freizuhalten, sonst kann sie nicht mehr als solche verstanden und wahrgenommen werden. Ausgenommen sind selbstbestimmte

Entscheidungen für ein Förderangebot beispielsweise in der Erwachsenenbildung. Auch die Freizeitförderung selbst ist als Angebot zu verstehen, das in selbstbestimmter Entscheidung von den einzelnen wahrgenommen werden kann oder auch nicht. Insofern ist der Forderung nach »Entpädagogisierung« der Freizeit zuzustimmen (Niehoff 1996; Bundesvereinigung Lebenshilfe 1998, 11ff).
Aus der Bestandsaufnahme zur Situation der Freizeit und im Hinblick auf die bei nichtbehinderten Menschen üblichen Freizeitmöglichkeiten ergeben sich die Aufgaben einer Freizeitförderung (Zielniok 1980; Kerkhoff 1982, 44ff; Bundesvereinigung Lebenshilfe 1998, 16ff):

- Hinführung zur Teilnahme an Freizeitaktivitäten der nichtbehinderten Menschen und gegebenenfalls mit ihnen als Aspekt der gesellschaftlichen Integration sowie Erweiterung der sozialen Erfahrungen und des Erlebnishorizontes (u.a. Teilnahme an Freizeitveranstaltungen der Wohnumgebung, an öffentlichen kulturellen Veranstaltungen, die Mitgliedschaft in Sport- und anderen Vereinen). Diesem Anspruch kommt die Wirklichkeit nur ungenügend nach; ähnlich wie in anderen Bereichen zeigen sich hier deutliche Grenzen. Die »Lebenshilfe« (a.a.O., 9ff) vermutet als Gründe die unzureichende finanzielle Absicherung und das geringe Prestige der Arbeit und des Personals in diesem Bereich.
- Vermittlung von Fähigkeiten zur Erholung, Entspannung und Kompensation,
- Vermittlung von Spass, Muße und Geselligkeit,
- Förderung der Ich-Identität sowie Entwicklung und Aktivierung der Persönlichkeit durch eine weitmögliche Verselbständigung und Förderung der Selbst- und Mitbestimmung durch Bewusstwerdung der eigenen Rolle und Situation,
- Weiterbildung im Hinblick auf die Anforderungen als Erwachsener aufgrund des grundsätzlich unabgeschlossenen schulischen Lernens, u.a. im lebenspraktischen Bereich, in der Hinführung zum Sich-zurecht-Finden in der Öffentlichkeit, in den sog. Kulturtechniken,
- Vermittlung spezifischer Freizeittechniken, z.B. Basteln/Werken, Musizieren, Lesen bzw. Bücher-betrachten, sportliche Betätigungen, Pflegen von Hobbys u.a.

Die Erfüllung dieser Aufgaben trägt auch zur Entlastung der Familie bei, die häufig die Freizeitgestaltung allein zu bewältigen hat, es sei denn, das Angebot richtet sich an die ganze Familie (Kapustin 1986). Aus den eingangs referierten Untersuchungen geht hervor, dass Menschen mit geistiger Behinderung, die im Elternhaus wohnen, dort auch den größten Teil ihrer Freizeit verbringen, was die Familien häufig überfordert, und zudem häufig Langeweile haben. Dies erfordert angemessene Hilfestellungen und Angebote. Angesichts des ausgedehnten Fernsehkonsums ist auch eine Erziehung zum Umgang mit diesem Medium sicher angebracht (Kerkhoff 1978). Hilfen benötigen die Familien auch im Urlaub und bei der Durchführung von Reisen (Zielniok 1983; Sparty

1973; Bundesarbeitsgemeinschaft Hilfe für Behinderte 1986; Bundesvereinigung Lebenshilfe 1989).
Anregungen, Beispiele und Berichte von Freizeitaktivitäten in unterschiedlichen Bereichen finden sich u.a. in folgenden Veröffentlichungen: Krenzer (1974); Anke u.a. (1975); Zielniok (1975); Zur Orientierung (1978); Bundesvereinigung Lebenshilfe (1990a).
In der nachschulischen Zeit tragen auch die Wohnheime und Anstalten (Kaempf 1978; Huber 1983; Heggbacher Einrichtungen 1984; Kreativ den Alltag gestalten 1987) ebenso die Werkstätten für Behinderte (Menning 1978) Verantwortung für die Freizeitgestaltung, eine Aufgabe, die sie jedoch infolge Personalmangels oder nicht hinreichend qualifizierten Personals nicht immer zufriedenstellend erfüllen können; zunehmend wird daher die Forderung nach hauptamtlichen Freizeitpädagogen laut. Gut angenommen werden die Angebote von Freizeit- und Bildungswerken (Zielniok 1983d), Freizeitclubs (Solly 1978; Frohnhöfer, Schmidt 1981) sowie Spiel- und Sportfesten (Siebert 1987). Weitere Möglichkeiten bieten Freizeitläden mit Büchern, Bildbänden, Spielen, Schallplatten u.ä. zur Benutzung und Ausleihe (Kerkhoff 1982, 76f).
Die Schule für Geistigbehinderte, insbesondere in der Ganztagsform, hat günstige Möglichkeiten der Freizeiterziehung (Staatsinstitut für Schulpäd-agogik 1982, 169ff; Zielniok 1983c). Neben der Vermittlung von spezifischen Fertigkeiten der Freizeitgestaltung (Krenzer 1976; Kerkhoff 1982, 57ff; Berges 1986; Seebaum 1990) tragen auch Lehrziele vor allem aus der lebenspraktischen Erziehung, der Sozialerziehung und der Verständigungsförderung indirekt zur Freizeiterziehung bei (Pohl 1982). Für den internen Schulbetrieb sind geeignete Räumlichkeiten – u.a. Schulhof mit Spielplatz, Sportgelände, Garten, Raum für Mediothek (Krenzer 1983) – und Ausstattungen – Spiel- und Beschäftigungsmaterial, Musikinstrumente, Sportgeräte u.a. – erforderlich. Eine integrative Wirkung kommt der Nutzung von Freizeitmöglichkeiten außerhalb der Schule zu, vor allem der Durchführung von Schülerfahrten (Mertes 1978; Marcus 1982), dem Besuch von öffentlichen Spiel- und Sportplätzen sowie Schwimmbädern, Museen, kulturellen Veranstaltungen, Tiergärten, Büchereien.
Exemplarisch sei auf die Freizeitbereiche des Spielens und der sportlichen Betätigung näher eingegangen. Spielen bei Kindern und Jugendlichen bei geistiger Behinderung unterliegt nicht mehr dem aus früheren Untersuchungen abgeleiteten Vorurteil, sie könnten nicht oder nur eingeschränkt spielen. Spielen ist aber von Lernen abhängig und bedarf daher der Förderung (Wohlfarth 1983). Spielerziehung (Mühl 1976; Straßmeier 1982) ist ein Bereich der Erziehung auch im Hinblick auf die Freizeiterziehung. Vor allem in der Schule kommt es darauf an, das Spielen selbst zu erlernen, nicht so sehr darauf, es als methodisches Hilfsmittel einzusetzen, was ohnehin erst möglich ist, wenn Spielen in einem gewissen Maß erlernt worden ist. Gelernt wird nicht vorrangig das Spielen als solches, sondern das Spielen bestimmter Spiele, sofern die notwendigen Lernvoraussetzungen erworben worden sind. Es erscheint zweifelhaft, ob es spezielle Spiele für Behinderte gibt oder geben soll; sicherlich gibt es Spiele,

die eher den jeweiligen Fähigkeiten angepasst und daher beliebter als andere sind (Weinfurtner 1983). Im Hinblick auf das Zusammensein mit nichtbehinderten Menschen ist es vorteilhaft, vor allem Gesellschafts- und Sportspiele auch in der üblichen Version zu vermitteln sowie konkurrenzarme Spiele anzubieten (Michels 1989; 1990).

Sport mit Menschen mit geistiger Behinderung ist lange Zeit durch Krankengymnastik, Rhythmik, rhythmisch-musikalische Bewegungserziehung, Mototherapie u.ä. ersetzt worden. Neben diesen Förderungskonzepten hat der Sport eigenständige Aufgaben insbesondere auch für die Freizeitgestaltung (Bewegungserziehung und Sport 1982; Kapustin 1983; Sander-Beuermann 1985; Bös, Knoll 1989; Bundesvereinigung Lebenshilfe 1990b; 1999; Doll-Tepper, Lienert 1991). Für den Sportunterricht dieser Personengruppe liegen zahlreiche Veröffentlichungen von Vertretern der Sportdidaktik vor (Irmischer 1980; 1983; Adolph 1981; Rieder, Buttendorf, Höss 1981; Jochheim, van der Schoot 1981; Höss, Wolf 1982; Sandvoß 1983) sowie ein Lehrplan, der die Bewegungserziehung mit Übungen zur Körpererfahrung ebenso einschließt wie das Tanzen (Staatsinstitut für Schulpädagogik 1982, 319ff; Fallak 1988). Eine empirische Studie untersucht Möglichkeiten der Analyse von Bewegungshandlungen im Sportunterricht, aus der sich Hinweise für die Optimierung der Vermittlung sportlicher Handlungen ergeben (Day 1980), eine andere untersucht die Auswirkungen des Sports auf hyperaktive Kinder (van der Schoot 1976). Große Bedeutung für Menschen mit geistiger Behinderung in allen Altersstufen haben das Schwimmen (Diederley 1977; Lause 1992a; 1992b) und das Reiten bzw. Voltigieren (Marreck 1982; Kaune, Urbat, Werner 1982; Kaune 1993). Es besteht zuweilen die Tendenz, sportbezogene Tätigkeiten als Therapie auszuweisen. Sofern damit medizinisch indizierte Funktionsstörungen angegangen werden, ist dies gerechtfertigt, nicht jedoch, wenn es sich um die Vermittlung von Lernerfahrungen handelt, die deutlich pädagogischen Zielsetzungen entsprechen (Bach 1980).

11.2 Erwachsenenbildung

In den letzten zwei Jahrzehnten hat sich insbesondere in größeren Städten Erwachsenenbildung als weiteres pädagogisches Tätigkeitsfeld für Erwachsene mit geistiger Behinderung etabliert, unterstützt durch die »Gesellschaft zur Förderung der Erwachsenenbildung für Menschen mit geistiger Behinderung« mit zahlreichen Tagungen und einer eigenen Zeitschrift (»Erwachsenenbildung und Behinderung«).

Die Forderung nach Erwachsenenbildung und die Entwicklung entsprechender Konzeptionen und Modelle für Menschen mit geistiger Behinderung hat mehrere Gründe. Zunächst ist die Inanspruchnahme von Angeboten der Erwachsenenbildung allen Bürgerinnen und Bürgern eines Landes möglich. Diese Möglichkeit muss grundsätzlich auch von Erwachsenen mit geistiger Behinderung genutzt werden können. Die Ziele der allgemeinen Erwachsenenbildung gelten auch für diesen Personenkreis. Besonders hervorzuheben ist die Notwendigkeit

lebenslangen Lernens, der die Erfahrung und das Postulat lebenslangen Lernens gerade auch für Erwachsene mit geistiger Behinderung entspricht. Angesichts einer latenten Gefahr zur Fixierung der Kindrolle benötigen sie zudem kompetente Begleitung in der Übernahme und Festigung der Erwachsenenrolle, die schon in der Schule vorbereitet werden muss, aber dort nicht zum Abschluss gelangen kann. Hinzu kommt, dass die Schule für Geistigbehinderte formal keinen Abschluss erteilt, der die Berechtigung für Anschlussausbildungen enthält. Damit soll nicht behauptet werden, dass alle von dieser Schule Abgehenden nicht in der Lage wären, weiterführende Bildungsmöglichkeiten wahrzunehmen und davon zu profitieren. Es ist jedoch bei vielen so, dass bestimmte Lernfelder – u.a. der lebens-praktischen Förderung, der sog. Kulturtechniken, auch der ästhetischen Fächer, der Identitätsbildung auch im geschlechtlichen Bereich – bei weitem noch nicht als abgeschlossen betrachtet werden können und weiterer Bildungsbemühungen bedürfen. Selbstverständlich geht es auch darum, neue Bereiche und Lernfelder zu erschließen, wie beispielsweise den Umgang mit Computern (Speck 1982; 1990; Meyer-Jungclaussen 1985; Linden, Schwarte 1985; Dalkner u.a. 1988; Beisse u.a. 1989; Ackermann 1989; Preuß 1990; Bundesvereinigung Lebenshilfe 1991; Schwarte 1991; Theunissen 1991; 1993; Badelt 1992).
Derzeit ergänzen sich unterschiedliche Organisationsformen der Erwachsenenbildung für Erwachsene mit geistiger Behinderung. Dem Normalisierungsprinzip entsprechen am ehesten Modelle, die unter Begleitung durch einen Helfer den Besuch allgemeiner Kurse an Volkshochschulen vorsehen und vor allem in England praktiziert werden (Knust-Potter 1993). Bei uns hat Lindmeier (1996; 1998) ein solches Projekt durchgeführt und daraus die Forderung nach mehr integrativen Angeboten ähnlich den Schulerfahrungen abgeleitet (vgl. auch Eder-Gregor 1998) und in Abhebung von Zielgruppen-orientierten Konzepten (Schuchardt 1987; Gieseke 1988). Aber damit können derzeit nur wenige Erwachsene erfasst werden. Einen größeren Personenkreis erschließen eigene Kurse für behinderte Erwachsene an allgemeinen Volkshochschulen wie beispielsweise in Nürnberg, Heidelberg (Höss, Goll 1987; Josek, Rotter 1995) oder Oldenburg (Eike, Meyer-Jungclaussen 1986), die zeitlich ähnlich wie allgemeine Kurse organisiert werden, damit aber den Regelungen und gleichzeitig Begrenzungen der jeweiligen Erwachsenenbildungsgesetze unterliegen. Probleme entstehen vor allem hinsichtlich der Finanzierung und der Teilnahme von schwerer behinderten Erwachsenen, die zusätzliche Begleitung und Betreuung erfordern.
Eigenständig geführte Einrichtungen der Erwachsenenbildung, die über einen längeren Zeitraum von mehreren Monaten bis zu einem Jahr dauernd besucht werden können, stehen allen Erwachsenen mit geistiger Behinderung offen. Diese Organisationsform ist in Dänemark üblich; in Deutschland ist das Theodor-Heckel-Werk in München nach diesem Modell organisiert (Speck 1982; Meyer-Jungclaussen 1885; Bundesvereinigung Lebenshilfe 1991). Die intensiven Bemühungen der Großeinrichtungen um die Erwachsenenbildung ihrer Bewohner sind teils den schon genannten Organisationsformen zuzuordnen,

haben jedoch teilweise auch eigene Formen entwickelt, die dem besonderen Lebensort entsprechen (Maibauer 1989; Niermann 1989; Preuß 1989).
Die Inhalte der Erwachsenenbildung sind einerseits eine Fortsetzung der Lerninhalte der Abschlussstufe der Schule für Geistigbehinderte unter den besonderen Ansprüchen des Lebens als Erwachsener und andererseits eine Erschließung neuer kultureller und berufsbildender Qualifikationen und Inhalte. Meyer-Jungclaussen (1985, 58ff) unterschied sozialbezogene (Umweltorientierung, zwischenmenschliche Beziehungen, Basisfertigkeiten und Kulturtechniken), freizeit-, wohn- und arbeitsbezogene Inhalte (vgl. auch Baumgart 1991; Buchka 1991; Carroll 1998). Es ist hier nicht der Ort, die Vielzahl möglicher Kursinhalte vorzustellen. Daher seien beispielhaft einige dokumentierte Inhalte genannt: Selbsterfahrung (Badelt 1984), Körpererfahrung (Baumgart u.a. 1990), Sexualität (Schünemann, Müller 1993), ästhetisches Gestalten (Bruckmüller 1993; Bulmahn, Grimm 1993), Alphabetisierung (Glasbrenner 1988), Wohnen (Göbel 1998) (vgl. auch Grampp 1992).
Methodische Aspekte sind teilweise ähnliche wie in der Schule – Differenzierung und Individualisierung, handlungsbezogenes Lernen, Bedürfnisorientierung –, tragen aber auch dem Erwachsenenstatus Rechnung durch die Prinzipien der Freiwilligkeit, der Wahlmöglichkeit, der partnerschaftlichen Beziehung. Insofern respektiert die Erwachsenenbildung die Selbstbestimmung der Erwachsenen mit geistiger Behinderung (Niehoff 1996).
Die Erwachsenenbildung für diesen Personenkreis hatte und hat immer noch mit einer Reihe von Problemen zu kämpfen. Da ist zunächst die Vorstellung, Erwachsenen mit geistiger Behinderung käme der sonst nicht in Abrede gestellte Erwachsenenstatus nicht in jedem Falle zu. Die Geistigbehindertenpädagogik hat daher immer wieder Versuche unternommen, dieses Problem anzugehen (u.a. Wohlhüter 1983; Baumgart 1986; Walter 1987; Gaedt-Sachse 1994; Jakobs 1998). Die eleganteste Lösung dieses Problems besteht darin, eine Angleichung an die Regelung bei nichtbehinderten Erwachsenen zu fordern; dies ist die Vollendung des 18. Lebensjahres. Eine solche Lösung ist grundsätzlich unabhängig von Fragen der Geschäftsfähigkeit bzw. der Betreuung zu sehen. Versuche, erwachsenengemäße Kompetenzen oder Verantwortlichkeiten ins Spiel zu bringen, scheitern auch bei vielen nichtbehinderten Erwachsenen, und sollten daher bei jenen mit geistiger Behinderung mit Vorsicht erwogen werden. Der Aspekt der Selbstbestimmung könnte eine Richtung sein, in der eine inhaltliche Füllung des Erwachsenseins liegen könnte, auch bei Menschen mit schwerer geistiger Behinderung. Ungesichert ist die Finanzierung aufgrund der ungeklärten Frage der Zuordnung zur Erwachsenenbildung oder zur Behindertenhilfe (Ackermann 1993). Die offene Finanzierungsfrage hat zu Versuchen geführt, außerhalb oder neben der üblichen Finanzierung im Rahmen der allgemeinen Erwachsenenbildung Finanzierungsquellen zu erschließen, die aber insgesamt nur in wenigen Fällen zu einer längerfristigen Absicherung geführt hatten. Ein weiteres Problem stellt die Beteiligung von Erwachsenen mit schwerer geistiger Behinderung an Angeboten der Erwachsenenbildung dar. Sie sind weniger mobil, fallen häufig aus dem inhaltlichen

Rahmen vieler Angebote, so dass zuweilen besondere Maßnahmen ergriffen werden (Speck 1985; Göbel 1991; Theunissen, König 1998).
(vgl. zu diesem Abschnitt auch Baumgart, Bücheler 1998).

12. Pädagogische Aspekte der Arbeit und Berufsbildung

12.1 Arbeitsmöglichkeiten für Menschen mit geistiger Behinderung

Abgesehen von Arbeitsangeboten in den großen Anstalten und einzelnen Werkstattgründungen in den 20er Jahren (Bernhart 1977, 48; Dieterich 1999, 282ff) ist die Mehrzahl der Werkstätten ab den 60er Jahren vor allem auf Initiative der Bundesvereinigung Lebenshilfe gegründet worden (Schmitz 1981, 3ff). Neben der »Lebenshilfe« haben vor allem das Diakonische Werk, der Deutsche Caritas-Verband, die Arbeiterwohlfahrt und Vereinigungen des Deutschen Paritätischen Wohlfahrtsverbandes zu einem dichten Netz von Werkstätten beigetragen. 1962 existierten 17 Werkstätten mit 5.000 Plätzen; 1976 waren es schon 140 mit 53.000 Plätzen (Bernart 1977), 1986 379 mit rund 100.000 Plätzen und 1998 635 mit 155.000 Plätzen.
Am Anfang standen Funktionen des Schutzes, der Integration, der Persönlichkeitsbildung neben dem Arbeitsprinzip im Vordergrund (Speck 1974, 142 ff), deutlich zum Ausdruck kommend in der Bezeichnung »Beschützende Werkstatt«. Unterstützt wurde die Entstehung von Werkstätten durch das Bundessozialhilfegesetz (erstmals 1961), in dem im Rahmen der Eingliederungshilfe Maßnahmen zur beruflichen Eingliederung von Menschen mit Behinderungen vorgesehen sind. Als Fortschritt zu werten ist deren Verankerung als »Werkstatt für Behinderte« (WfB) im Arbeitsförderungsgesetz (1969) mit der dazu erlassenen Anordnung des Verwaltungsrates der Bundesanstalt für Arbeit über die Arbeits- und Berufsförderung Behinderter (AReha 1970) und vor allem im Schwerbehindertengesetz (1974), in der zum § 55 Abs. 3 des Schwerbehindertengesetzes erlassenen Werkstättenverordnung (1980) und dem damit gegebenen Einschluß in das System der beruflichen Rehabilitation.
Eine WfB wird in bestimmten Bereichen von der Arbeitsverwaltung gefördert, wenn sie den Anforderungen eines Anerkennungsverfahrens genügt; sie soll u.a. über mindestens 120 Plätze verfügen, einen regionalen Einzugsbereich versorgen, Maßnahmen der Berufsbildung und Arbeitsförderung durchführen, ausreichend qualifiziertes Personal und begleitende Dienste aufweisen, deren Aufgaben im sozialen, pädagogischen und medizinischen Bereich liegen (Jokisch, Savelsberg, Brinker 1987; Bundesvereinigung Lebenshilfe 1997; zur rechtlichen Situation vgl. Cramer 1981; Jacobi 1984, 71ff; Aretz 1985; Verband evangelischer Einrichtungen 1995).
Mit der Verrechtlichung verbunden wurde die Gefahr »zunehmender staatlicher Formierung« (Jantzen 1981) und einer krisenhaften Zuspitzung (Bach 1977) in Richtung einer Leistungsorientierung und der Verflechtung in ökonomische Abhängigkeiten zuungunsten des Rehabilitationsgedankens gesehen. Die Forderung nach »einem Mindestmaß wirtschaftlich verwertbarer Arbeitsleistung« im Schwerbehindertengesetz enthielt zudem die Gefahr des Ausschlusses derjenigen, die diese Arbeitsleistung nicht erbringen können; es wäre inakzeptabel, sie in eigens errichteten Tages- oder Beschäftigungsstätten zu isolieren, obgleich sie sinnvoll tätig sein können (Kornfeld 1980). Schon früh

hat Haaser (1979; vgl. auch Institut für Sozialrecht 1972, 85) auf Quellen solcher sozialer Konflikte in der Werkstatt hingewiesen. Andererseits lässt die Formel »Mindestmaß wirtschaftlich verwertbarer Arbeitsleistung« einen weiten Spielraum an Arbeitsleistungen zu bis zu einem gerade noch zu akzeptierenden Minimum.

Für Menschen mit schwerer geistiger Behinderung, die diesem Kriterium nicht mehr genügen können, wurden häufig Fördergruppen innerhalb der WfB eingerichtet. Die Anwesenheit in der WfB, wenn sie auch nur als Beschäftigung bezeichnet werden kann, bietet ihnen die Möglichkeit, täglich einen anderen Ort neben der Wohnumgebung aufzusuchen, dort eine Tagesstrukturierung zu erfahren, mit anderen Kontakte und Beziehungen zu pflegen und schließlich eine sinnvolle Tätigkeit auszuführen, die allerdings nicht die Herstellung eines bestimmten Produktes oder Erwirtschaftung eines Gewinns zum Ziel hat. Hierzu gehören einfache Montage- oder Verpackungsarbeiten, das Weben an großen Webstühlen, Vorarbeiten für die Weiterverarbeitung von Ton, Mithilfe bei Gartenarbeiten, einfache Maltätigkeiten sowie grobmotorische Übungen bis hin zum Snoezelen. Um die inhaltliche Ausgestaltung dieser Förderung hat sich der Verband evangelischer Einrichtungen bemüht (Verband evangelischer Einrichtungen 1991; Verband evangelischer Einrichtungen für geistig und seelisch Behinderte und Verband evangelischer Einrichtungen für die Rehabilitation Behinderter 1996; vgl. auch Hahnemann 1983; Bleidick 1986; Wohlfarth 1988; Schaller 1994; Bundesvereinigung Lebenshilfe 1996, 60ff).

Der Zielkonflikt zwischen Produktion und Rehabilitation ist konstitutiv für die WfB; sie kann dieser dualen Aufgabenstellung daher nicht ausweichen. Eine Lösung könnte in der Formel »Persönlichkeitsentfaltung in Abhängigkeit von der ökonomischen Funktion« (Verband evangelischer Einrichtungen 1980; vgl. auch Anstötz 1988) liegen. Sie kommt der Bedeutung, welche die Arbeit für Menschen mit geistiger Behinderung haben kann, entgegen, insbesondere wenn sie – was häufig berichtet wird – für die Arbeit in der Werkstatt hochmotiviert sind, weil diese in hohem Maße ihr Leben bestimmt und viele Bedürfnisse befriedigt. Die Bedeutung der Arbeit für Menschen mit geistiger Behinderung in der WfB liegt u.a. darin, dass sie Teilhabe am gesellschaftlichen Leben eröffnet, zur Persönlichkeitsentwicklung beiträgt, erworbene Fähigkeiten und Fertigkeiten sichert und weiterentwickelt, Selbstwertgefühl vermittelt und Möglichkeiten zur Befriedigung individueller Bedürfnisse eröffnet. Arbeit kann somit dazu beitragen, Selbstsicherheit und Selbstwertgefühl zu steigern, Lernfähigkeit aufrechtzuerhalten und Kontaktmöglichkeiten zu ermöglichen (Bundesvereinigung Lebenshilfe 1998, 6ff; vgl. auch Stuffer 1975, 21ff; 1983; Schmitz 1981, 291ff; Dieterich 1982; 1983).

Arbeit kann nur dann Sozialisationsinstanz sein und Lernrelevanz besitzen, wenn sie Handlungskompetenz vermittelt. Dazu muss Arbeit Handlungsniveau besitzen; sie muss in Zielsetzung und Planung dem arbeitenden Menschen bewusst sein, ihr Produkt muss gesellschaftliche Bedeutung mit subjektiven Bedürfnissen verknüpfen, was vor allem bei der Produktion von Eigenbedarf gegeben ist, muss in Kooperation erfolgen und Mitbestimmung ermöglichen

(Meyer 1982; Grampp 1996; Bundesvereinigung Lebenshilfe 1998, 9f). Einen solchen Charakter kann auch die serielle Produktion haben (Rose, Bellamy 1979), wenn sie nicht in die Massenfertigung abgleitet.
Die WfB betreibt nicht nur berufliche Rehabilitation, sondern hat einen weitergehenden Auftrag im Sinne der Erwachsenenbildung zu erfüllen, was von den Werkstätten immer deutlicher erkannt worden ist. Unter der Bezeichnung »begleitende Dienste« sind solche Aktivitäten schon im Schwerbehindertengesetz (1974) verankert und in der Werkstättenverordnung (1980) in pädagogische, soziale und medizinische Betreuung differenziert worden; für die pädagogische und soziale Betreuung von je 120 behinderten Menschen ist eine Fachkraft vorzuhalten. Die Begründung insbesondere für die pädagogische Begleitung ergibt sich aus der Bedeutung der WfB für Menschen mit geistiger Behinderung. Sie ist ein Lebensbereich, von dem aus andere Bereiche wie Freizeit und Verhalten in der Öffentlichkeit in die Förderung effektiv einbezogen werden können, in dem Lernprozesse aus anderer Perspektive und Motivation heraus fortgesetzt oder eingeleitet werden können. Pädagogische Begleitung hat aber auch einen Ausgleich zur Arbeit zu schaffen und zur Entlastung der Familie beizutragen (Thomae 1979). Nach einer Umfrage von Bernhart (1977, 87) sollten zum pädagogischen Programm u.a. gehören: lebenspraktischer Unterricht (95% der Nennungen), jährliche Freizeit (94%), regelmäßiger Sport (93%), Besuch öffentlicher Schwimmbäder (86%), Einladung von Jugendgruppen (77%), Kurse im Gestalten (73%), geschlechtliche Aufklärung (62%), Neigungsgruppe Tanz/Musik oder Rhythmik (60%), Einkaufsbummel (52%). Diese Nennungen sind sicherlich von den Angeboten in der jeweiligen Werkstatt beeinflusst, geben andererseits jedoch die erkannten Notwendigkeiten wieder, wie sie in den Inhaltsbereichen einzelner Konzepte zu finden sind (vgl. auch Dokumentation 1978 o.J., 227ff; Beyer u.a. 1980; Bundesvereinigung Lebenshilfe 1996, 60ff).
Eine WfB bietet in der Regel in drei Tätigkeitsfeldern Arbeitsplätze an:
- Dienstleistung, z.B. Gärtnerei, Landwirtschaft (Crämer 1990), Wäscherei, Haus und Hofreinigung, Näherei,
- Auftragsarbeit,
- Eigenfertigung, z.B. in den Bereichen Holz, Metall, Textil, Papier/Druck, Kunstgewerbe.

Zunehmend wird dabei auch der Einsatz neuer Technologien diskutiert und praktiziert (Dieterich 1989; Zink, Schubert 1994, 111ff).
Probleme bereiten u.a. die Versorgung von Menschen mit unterschiedlichen Behinderungsarten, die zu geringe Entlohnung, der ungeklärte Rechtsstatus der behinderten Mitarbeiterinnen und Mitarbeiter, der Mangel eines angemessenen Arbeitsangebotes, die drohende Gefahr des Ausschlusses derjenigen, die ein Mindestmaß an wirtschaftlich verwertbarer Arbeitsleistung nicht erbringen. Nach einer Analyse von Duschek (1997) sind Frauen mit geistiger Behinderung auch in Berufsbildung und Erwerbstätigkeit benachteiligt.
Berufliche Bildung muss sich auch an den bestehenden oder voraussehbaren

Arbeitsmöglichkeiten orientieren. Für Menschen mit geistiger Behinderung ist dies in der Regel die WfB. Es gab zwar schon immer Vermittlungen auf den allgemeinen Arbeitsmarkt, aber sie hielten sich in engen Grenzen; nach Bernhart (1977, 66) hatten im Jahre 1975 89% der befragten Werkstätten in den letzten vier Jahren keine oder lediglich bis zehn Vermittlungen auf den allgemeinen Arbeitsmarkt. Bis heute dürfte diese Zahl nur unwesentlich gestiegen sein, obgleich es eine Verpflichtung der WfB gibt, diese Aufgabe immer zu beachten (vgl. auch Anders, Krützfeld 1989). Trotz aller Schwierigkeiten gibt es jedoch zunehmend unterschiedliche Möglichkeiten, junge Erwachsene mit geistiger Behinderung auf den allgemeinen Arbeitsmarkt vorzubereiten und dort auf einen Arbeitsplatz zu vermitteln (Frank, Schumann 1990). Dass es dort entsprechende Arbeitsmöglichkeiten grundsätzlich gibt, hat eine Analyse von Schabmann und Klicpera (1997) in Österreich ergeben. Sie ließen 128 Berufe des allgemeinen Arbeitsmarktes von Experten nach bestimmten Anforderungen – Kooperationsfähigkeit, selbständiges Arbeiten, Flexibilität, Arbeitseinteilung, Anleitung durch Vorgesetzte, eigenständige Entscheidungen, technische Hilfsmittel, psychische und physische Belastungen – einschätzen und gelangten zu fünf Kategorien. Für die künftige Beschäftigung sind Genauigkeit bei der Arbeitsausführung, Selbständigkeit bei übertragenen Aufgaben wichtige Kompetenzen, die entsprechend vorbereitet werden sollten. Danach gibt es eine große Anzahl von Berufen, die für diese Personengruppe in Frage kommt, allerdings mit abnehmender Tendenz.
Mittlerweile gibt es ein vielfältiges Arbeitsplatzangebot für Menschen mit geistiger Behinderung im allgemeinen Arbeitsmarkt, z.B. Abteilungen der WfB in einem Industriebetrieb, Betriebsenklaven der freien Wirtschaft in der WfB, Sozial- oder Reha-Firmen, Arbeitsassistenten-Modell, Beschäftigungen im öffentlichen Dienst, Außenarbeitsplätze der WfB innerhalb einer Trägerinstitution. Interessant sind auch Selbsthilfefirmen; ein bekanntes Beispiel ist das Werkstatthaus Hamburg e.V. (Wohngruppe und Hotelpension mit Wäscherei) mit mehreren behinderten Arbeitskräften, die zusammen mit drei nichtbehinderten Fachleuten ein Hotel mit elf Betten betreiben. Grundsätzliche Probleme entstehen vor allem durch das Wegrationalisieren oder Verlagern einfacher Arbeiten. Individuelle Probleme bestehen darüber hinaus im Statusverlust gegenüber der Stellung in der WfB, ggfs. eine Schlechterstellung im Bereich der Rentenversicherung, in der oft fehlenden Weiterbetreuung durch die WfB und den bürokratischen Aufwand beim Minderleistungsausgleich, der Arbeitsgeber abschreckt, Menschen mit Behinderungen einzustellen (Bundesvereinigung Lebenshilfe 1998, 12f).
Die WfB sind deutlich bemüht, sich weiterzuentwickeln und Perspektiven zu entwerfen (Landeswohlfahrtsverband Württemberg-Hohenzollern 1996; Grampp 1998; Forster 1998, 358ff). Ähnlich wie für andere Einrichtungen, die nach dem Bundessozialhilfegesetz gefördert werden, sind auch für die WfB Maßnahmen der Qualitätsentwicklung und -sicherung notwendig geworden (Zink, Schubert 1994, 47ff; Bundesvereinigung Lebenshilfe 1995).

Die Vorbereitung von Personen mit geistiger Behinderung auf eine berufliche Tätigkeit in der WfB oder auf dem allgemeinen Arbeitsmarkt verläuft in der Regel in Etappen (Stuffer 1975, 260ff; 1980; 1982, 24ff): als vorberufliche Bildung im Rahmen der Allgemeinbildung der Schule für Geistigbehinderte, als berufliche Grundbildung in der Abschlussstufe dieser Schule und als berufliche Ausbildung im Trainingsbereich der WfB oder auf dem allgemeinen Arbeitsmarkt, als berufliche Weiterbildung im Arbeitsbereich der WfB oder auf dem allgemeinen Arbeitsmarkt (Bundesvereinigung Lebenshilfe 1998, 19).

12.2 Berufliche Grundbildung in der Abschlussstufe

Die berufliche Qualifizierung von Menschen mit geistiger Behinderung beginnt wie bei anderen auch schon in der Schule. Die Allgemeinbildung in der Schule für Geistigbehinderte ist zugleich auch als Vorbereitung auf eine berufliche Tätigkeit aufzufassen, insofern diese Qualifikationen vermittelt, die auch in anderen Tätigkeits- und Lebensbereichen gefordert werden. Solche Qualifikationen sind u.a. Kommunikations- und Kooperationsfähigkeit, Arbeitsverhalten, der Umgang mit Materialien und einfachen Werkzeugen.
Die Abschlussstufe hat die Aufgabe, die Schülerinnen und Schüler umfassend auf das Erwachsenenleben vorzubereiten. Neben Bildungsaufgaben wie der Orientierung in der Öffentlichkeit, der Vorbereitung auf das selbständige Wohnen, der Erweiterung der Fähigkeit zum Aufbau und Erhalt sozialer Kontakte und Partnerschaften sowie der Vorbereitung auf die Nutzung von Freizeitangeboten strebt sie eine breit angelegte berufsorientierende und vorberufliche Bildung an. Der berufsvorbereitende Auftrag der Abschlussstufe besteht nicht in der unmittelbaren Vorbereitung auf die Übernahme einer bestimmten Tätigkeit in der WfB oder in einem Betrieb auf dem allgemeinen Arbeitsmarkt, sondern in der Vermittlung grundlegender Kenntnisse und Arbeitstechniken.
Hinsichtlich der Inhalte der beruflichen Grundbildung, die teilweise im Fach »Arbeitslehre« gebündelt werden, besteht weitgehend Einigkeit. In den Niedersächsichen Rahmenrichtlinien für die Abschlussstufe (Niedersächsisches Kultusministerium 1994, 68ff; vgl auch Trakowski, Trakowski 1981, 61ff; Mertes 1984; Bayerisches Staatsministerium 1989) sind folgende Inhalte genannt:
- Grundlagen für Arbeit und Produktion,
- Arbeits- und Produktionsformen,
- Handwerk und Industrie,
- Gartenbau, Land- und Forstwirtschaft,
- Dienstleistungen,
- Betriebserkundungen, Betriebspraktika.

Für jede einzelne Schülerin und jeden einzelnen Schüler oder für kleine Schülergruppen sind unter Berücksichtigung der individuellen Lernvoraussetzungen und Neigungen Zielvorstellungen über die künftigen Arbeitsmöglichkeiten zu entwickeln und in der Unterrichtsplanung zu berücksichtigen. Am besten lernen Schülerinnen und Schüler der Abschlussstufe in den berufsvorbereitenden

Lernfeldern durch Handeln in lebensnahen Situationen. Lehrstrukturformen, die eine handelnde Auseinandersetzung mit konkreten Situationen und Sachverhalten ermöglichen, sind Werk- und Arbeitsprojekte, Betriebserkundungen und -praktika.

Im Projektunterricht soll den Jugendlichen einsichtig sein, was sie arbeiten, wozu die hergestellten Gegenstände verwendet werden und welchem Zweck die erlernten Techniken der Be- und Verarbeitung von Materialien dienen. In der Planung geeigneter Arbeitsprojekte sollen möglichst viele Materialien, Arbeitsformen und Dienstleistungsaufgaben der künftigen Arbeitsplätze berücksichtigt werden. Die Abfolge der Projekte sollte eine Stufung vom Leichteren zum Schwereren, vom Einfacheren zum Komplexeren ergeben, indem zum Beispiel für die Bearbeitung von Werkstücken zunehmend mehr Techniken eingesetzt werden. Ungerichtetes Ausprobieren führt zu Misserfolgserlebnissen und zum Verlust an Selbstvertrauen und Motivation. Im Rahmen von Werkprojekten können auch Serien bestimmter Gegenstände hergestellt werden; durch die Wiederholung von Arbeitsvorgängen können Sicherheit und Selbständigkeit sowie grundlegende Erfahrungen für künftige Arbeitsprozesse gewonnen werden.

Betriebserkundungen sollen Erfahrungen über ausgewählte Aspekte der Arbeitswelt vermitteln. Dabei kann es sich sowohl um technische (Materialien, Werkzeuge, Fertigungsverfahren, Arbeitsprodukte), soziale (Arbeits- und Gruppensituationen, Kommunikationsprobleme, Freizeitmaßnahmen) wie auch um berufskundliche (Tätigkeitsfelder, Arbeitsvoraussetzungen, Löhne) Aspekte handeln.

Betriebspraktika stellen eine Verbindung zwischen allen im Unterricht erworbenen Kompetenzen und der Arbeitswelt her und bieten vielfältige Einblicke in die Arbeitswirklichkeit, indem die Schülerinnen und Schüler über längere Zeit in Betrieben mitarbeiten und dabei Vorteile und Belastungen der täglichen Arbeit miterleben. Die Arbeitswelt sollte jedoch nicht nur erfahren, sondern auch durchschaut und verstanden werden. Hierfür sind im Unterricht besondere Hilfen sowohl in der Vor- als auch in der Nachbereitung nötig. Ein erfolgreich absolviertes Praktikum bietet eine gute Grundlage zur Beurteilung der Arbeitsfähigkeit und kann im Einzelfall eine arbeitspsychologische Eignungsuntersuchung ersetzen oder doch wirksam ergänzen (Trakowski, Trakowski 1981, 108ff; Materialien 1982, 56ff; Hessisches Institut für Lehrerfortbildung 1982; Mertes 1983).

Jugendliche mit schwerer geistiger Behinderung und/oder mit mehrfachen Funktionsbeeinträchtigungen sollten an allen berufsvorbereitenden Maßnahmen der Abschlussstufenklassen teilnehmen. Ihre Integration in handlungsorientierte Lehrformen ist durchaus möglich, da im Rahmen der Arbeitsvorhaben in der Regel auch einfache Tätigkeiten auszuführen sind (Mühl 1997, 182ff).

Vor allem im letzten Jahr der Abschlussstufe empfiehlt sich eine enge Zusammenarbeit mit der WfB und der Behindertenberatung des Arbeitsamtes. Die Kooperation mit dem Arbeitstrainingsbereich der WfB kann sich auf die Vorbereitung und Durchführung der Praktika in der Werkstatt selbst, aber auch auf

die Inhalte und Methoden der beruflichen Grundbildung beziehen (Stuffer 1980). Die Beratung sollte, sofern eine Eingliederung in die WfB in Betracht kommt, spätestens zu Beginn des letzten Schulbesuchsjahrs einsetzen. Werden auch andere berufliche Eingliederungsmöglichkeiten erwogen, sollte die Berufsberatung schon früher einbezogen werden.
Im Einverständnis mit den Betroffenen kann die Schule zur Vorbereitung auf die Berufsberatung einen Bericht über den individuellen Leistungsstand erstellen, der Aussagen zur Selbständigkeit und zu den Leistungen in anderen Lernbereichen wie auch Hinweise über die Voraussetzungen und Möglichkeiten im Bereich der Arbeit enthalten sollte. Es empfiehlt sich, dabei insbesondere auf die Erfahrungen in den Betriebspraktika einzugehen. Die Berichte sollen diagnostische Aussagen und prognostische Vorstellungen enthalten. Es soll dabei abgeklärt werden, welches Leistungs- und Begabungsprofil vorliegt, welche sozialen und psychischen Stärken und Schwächen vorhanden sind, damit entsprechende sozialpädagogische, therapeutische und sonstige Hilfen bereitgestellt werden können, welche Stufe der Qualifizierung bei bestmöglicher Förderung erreichbar erscheint und wie die dazu benötigte Förderung einschließlich begleitender Hilfen organisiert werden kann.
Schulentlassene mit geistiger Behinderung aus Integrationsklassen besuchen in der Regel nicht mehr die Abschlussstufe der Schule für Geistigbehinderte und beabsichtigen nicht, in den Trainingsbereich der Werkstatt für Behinderte einzutreten. Deshalb sollten gegen Ende der Schulzeit in der Sekundarstufe Maßnahmen der Berufsvorbereitung durch Unterricht und Praktika angeboten werden. Unter Mitwirkung der Berufsberatung oder einer sonstigen Fachberatung (Lindmeier, Oschmann 1999) sollte ein Ausbildungsplatz in einem Betrieb der freien Wirtschaft gesucht werden, mit dem ein Ausbildungsvertrag in Anlehnung an die Helfer- und Werkerberufe ausgehandelt werden sollte. Neben der betrieblichen Ausbildung sollte die Berufsschulpflicht innerhalb einer entsprechenden Fachklasse erfüllt werden. In einem individuell formulierten Abschlußzeugnis sollten die erworbenen Qualifikationen festgehalten werden.
(vgl. zu diesem Abschnitt auch Mühl 1997, 188f).

12.3 Berufliche Ausbildung und Weiterqualifizierung

Bis heute gibt es keine reguläre Berufsausbildung für Menschen mit geistiger Behinderung, obwohl die Arbeitsverwaltung nach dem Arbeitsförderungsgesetz (1979) für den Arbeitstrainingsbereich zuständig ist. Sonderregelungen gemäß Berufsbildungsgesetz und Handwerksordnung kamen bisher nicht in Frage (Weichlein 1982, 433). Die nicht zu überwindende Hürde ist das Festhalten am Konzept der anerkannten Ausbildungsberufe, deren Prüfungsanforderungen selbst von Entlassenen der Schule für Lernhilfe in der Regel nicht zu erfüllen sind (Bach 1978). Alle Versuche, eine Berufsausbildung für Personen mit geistiger Behinderung zu etablieren, bewegten sich im Vorfeld anerkannter Ausbildungsberufe (Dürr 1979). Dennoch dürfen Bemühungen in diese Richtung nicht aufgegeben werden, wie die jüngste Entwicklung zeigt.

Eine erste Konzeption zur Berufsausbildung legte die »Lebenshilfe« vor (Bundesvereinigung Lebenshilfe 1968). Gleichrangig neben dem Ziel, behinderte Menschen für eine Tätigkeit in der WfB oder auf dem allgemeinen Arbeitsmarkt auszubilden, wurden die Ziele der Förderung der Persönlichkeit und der Teilnahme am Leben in der Gemeinschaft genannt. Die berufliche Ausbildung sollte die Entwicklung von Sorgfalt und Ausdauer sowie Übungen im Umgang mit Werkstoffen, Werkzeugen und Maschinen umfassen und durch Arbeitsübungen an Arbeitsstücken aus der Produktion den Übergang in den Produktionsbereich erleichtern (vgl. auch Bach 1971). Während der Ausbildung in einer Anlernwerkstatt sollte auch Berufsschulunterricht erteilt werden, was allerdings nur ausnahmsweise geschehen ist. Eine Fortschreibung dieser Konzeption war die Empfehlung »Berufsausbildung Behinderter/Berufsbildung zum Serienfertiger im Rahmen der Werkstatt für Behinderte (WfB)« der Bundesvereinigung Lebenshilfe von 1972/73, in der schon das Recht auf eine qualifizierte Berufsbildung eingefordert wurde, eine Forderung, die auch nach einer Umfrage im Jahre 1973 von ca. 85% der befragten Werkstätten für wünschenswert und möglich gehalten wurde (Bach, Baumann, Beck 1975, 43ff). Hier war die später in die Werkstättenverordnung (1980) und in die Empfehlung der Bundesvereinigung Lebenshilfe »Berufliche Bildung im Arbeitstrainingsbereich der WfB« (Bundesvereinigung Lebenshilfe 1981) aufgenommene Organisationsstruktur der Berufsausbildung im Arbeitstrainingsbereich vorgezeichnet:

- Eingangsverfahren zur Orientierung und Eingewöhnung in der WfB,
- Elementarbereich – jetzt Grundkurs – zur Schaffung von Voraussetzungen zur Qualifizierung für einfachste berufliche Tätigkeiten,
- Differenzierungsbereich – jetzt Aufbaukurs – mit dem Abschluss der Qualifikation zum »Serienfertiger«.

Anstelle der Ausbildung auf Miniberufe bzw. der Vermittlung material- und berufsbezogener Inhalte sollten Qualifikationen nach Tätigkeitsfeldern erlernt werden, die dann auf unterschiedliche Fachrichtungen (Holz, Papier, Metall, Dienstleistungen, Landwirtschaft u.a.) anwendbar und damit übertragbar sein sollten, da der behinderte Mensch späterhin häufig die Tätigkeit wechseln werde. Solche Tätigkeitsfelder konnten sein:

- zusammenbauen und montieren (z.B. leimen, nageln, löten),
- bedienen von Maschinen,
- sichern, in Ordnung halten (z.B. reinigen, warten, verladen),
- Material verarbeiten (z.B. sägen, trennen, mischen),
- versorgen und betreuen (z.B. waschen, pflegen, organisieren),
- gestalten (z.B. formen, schneiden, biegen),
- bebauen und züchten (z.B. säen, düngen, lagern, abfüllen).

In der Serienfertigung wird eine grössere, jedoch begrenzte Anzahl gleicher Produkte hergestellt, die damit ein gewisses Mass von Funktionstraining, aber von Zeit zu Zeit das Erlernen neuer Abläufe erfordert. Sie erleichtert durch

stufenweises Einarbeiten auch die Einbeziehung von Menschen mit schwerer Behinderung. Die Einzelfertigung überfordert wegen der differenzierten und komplexen Anforderungen, die Massenfertigung führt zu Stereotypie und Monotonie (Menning 1974; 1980; Baumann 1979).
Eine Ausbildung nach mehreren in einer WfB angebotenen Fachrichtungen (z.B. Metall-, Holz-, Papier-, Textilverarbeitung, Raumausstattung) mit dem Abschluss »Bearbeiter« schlug der Verband evangelischer Einrichtungen für geistig und seelisch Behinderte (1980, 22ff) vor. »Bearbeiter« ist die unterste Stufe eines »Sondersystems der beruflichen Ausbildung und Förderung Behinderter« mit den darauf aufbauenden Abschlüssen »Helfer«, auch für besonders leistungsfähige Personen mit geistiger Behinderung als Brücke zum allgemeinen Arbeitsmarkt gedacht; »Fachhelfer» und »Facharbeiter« kommen für diese jedoch nicht in Frage. Der Verband hat Rahmenlehrpläne für die Ausbildung zum Bearbeiter und zum Helfer aufgrund von über zehnjährigen Erfahrungen in der WfB und dem Berufsbildungswerk Wittekindshof vorgelegt. Dieser Vorschlag kam der Forderung von Bach (1978) nach einem gestuften System der Berufsausbildung mit einer durchlässigen Stufung von Ausbildungsberufen entgegen.
Deutsch und Schmitz (1984; vgl. auch Schmitz u.a. 1981; Schmitz 1982; Schmitz, Deutsch 1982; Lebenshilfe Detmold 1989; Hibbeler 1997) haben aus einer Analyse von Arbeitsplatzanforderungen Lernziele systematisch abgeleitet, in Abhebung von Trainingskonzepten, die unzureichend auf den Arbeitsbereich abgestimmt sind und kaum Durchlässigkeit zwischen verschiedenen Fachrichtungen garantieren. Einem Anforderungsprofil werden 224 Lernziel-Sequenzen zugeordnet, die nach Schwierigkeit gestaffelt sind und somit dem jeweiligen Fähigkeitsniveau angepasst werden können. Die Lernzielsequenzen mit den Schwerpunkten Arbeitsverhalten und Persönlichkeitsentwicklung werden nach vier Bereichen differenziert: kognitive (Wahrnehmungs- und Denkprozesse), psychomotorische (Anforderungen von Bewegungsausführungen), soziale (Arbeitskontakte und -umfeld) und »allgemeine Berufstüchtigkeit« im Sinne von Schlüsselqualifikationen (Pünktlichkeit, Selbständigkeit, Belastbarkeit u.a.). Eine Überprüfung von 246 Lernzielen mit 31 behinderten Menschen im Arbeitstrainingsbereich der WfB in Detmold lässt vermuten, dass die Lernziele für alle werkstattypischen Bereiche des Arbeitstrainings qualifizieren. Der hohe Anteil basaler Ziele garantiert auch Erfolge für die schwerer behinderten Menschen; der hierarchische Aufbau und die kleinschrittige Vernetzung der Ziele ermöglicht die Ermittlung der individuellen Lernausgangslage und individueller Schwierigkeiten (vgl. auch Dieterich 1986; 1990). Dietz (1994) legte einen ausführlichen Bildungsplan für Maßnahmen im Grundkurs und im Aufbaukurs für die Bereiche Textil, Papier, Hauswirtschaft, Metall und Holz vor.
Der Forderung der Bundesvereinigung Lebenshilfe in ihrem Grundsatzprogramm (1990), die bisherigen Formen beruflicher Bildung für Menschen mit geistiger Behinderung in Richtung geregelter beruflicher Ausbildungskonzepte fortzuentwickeln, kommt die seit Juni 1996 geltende Vereinbarung zwischen der Bundesanstalt für Arbeit und der Bundesarbeitsgemeinschaft Werkstätten

für Behinderte (1996) im Hinblick auf die berufliche Erstausbildung im Arbeitstrainingsbereich entgegen. Gleichrangig neben der beruflichen Ausbildung steht die Persönlichkeitsentwicklung. Hier werden keine Berufsfelder oder Materialbereiche genannt, sondern Grundsätze, Ziele, Organisationsformen und Methoden beruflicher Bildung. Leitgedanken sind Standardisierung und Individualisierung, Zukunftsfähigkeit durch Orientierung an Schlüsselqualifikationen und kontinuierliche Bildung durch Modularisierung. Wichtig ist der Erwerb von Schlüsselqualifikationen wie Individualkompetenz (Entwicklung von Lebenssinn und Identität durch berufliche Tätigkeit und berufsbegleitendes Lernen, Veränderung eigenen Verhaltens in Arbeits- und Lernsituationen), Fachkompetenz (Erwerb fachlicher Fertigkeiten und Fähigkeiten, möglichst selbständige Ausführung von Arbeitsaufgaben, Übertragung fachlicher Kompetenzen auf neue Arbeitssituationen), Methodenkompetenz (selbständiges Lernen, selbständige Informationsverarbeitung, produktives Denken und begründetes Entscheiden) und Sozialkompetenz (Kooperation und Umgang mit Konflikten in Arbeits- und Lernsituationen) (Grampp, Theen-Rathjen 1999).
Die Bundesvereinigung Lebenshilfe fordert in ähnlicher Weise, die Berufsausbildung eindeutiger nach den §§ 44 und 48 des Berufsbildungsgesetzes zu regeln, da Menschen mit geistiger Behinderung ausdrücklich einbezogen sind; im § 48 (1) wird für Jugendliche mit geistiger Behinderung der Ausschließlichkeitsgrundsatz aufgehoben, wonach nur nach der gültigen Ausbildungsordnung ausgebildet werden darf. In den Absätzen 2 und 3 sind weitere Anpassungen an die Möglichkeiten behinderter Menschen vorgesehen. Grundlage für die Berufsausbildung von Menschen mit geistiger Behinderung sind somit die §§ 44 und 48 des Berufsbildungsgesetzes in Verbindung mit den §§ 41, 42b der Handwerksordnung. Die Qualifikationsbezeichnungen sollen die Fähigkeiten des behinderten Menschen verdeutlichen, was durch Bezeichnungen wie »Helfer«, »Werker« o.ä. sichergestellt wäre (Bundesvereinigung Lebenshilfe 1998, 4).
Eine derartige Konzeption hat die Projektgruppe »Gemeinsam Lernen im Schnittfeld Schule und Beruf« erarbeitet (Bundesvereinigung Lebenshilfe 1998, 17ff). Prinzipien einer anerkannten beruflichen Ausbildung sollen vor allem eine realitätsorientierte Berufsperspektive, eine persönlichkeitsorientierte Qualifizierung als umfassende soziale Kompetenz, die Orientierung an Schlüsselqualifikationen, um flexibel reagieren zu können und eine fachbezogene Ausbildung sein. Methoden der Vermittlung sind Serienarbeit, Gruppen- und Projektarbeit, Praktika sowie individuelle Förderpläne. Die Gesamtdauer der beruflichen Ausbildung sollte fünf Jahre umfassen: von der Sonderschule ausgehend drei Jahre der Abschlussstufe und zwei Jahre im Arbeitstrainingsbereich der WfB, von einer Integrationsklasse her das 10. Schulbesuchsjahr, ein Jahr Berufsvorbereitung in der Berufsschule und drei Jahre berufliche Ausbildung.
Nach der beruflichen Grundbildung als Hinführung zur Arbeitswelt, als Berufsorientierung und Berufsfindung sollte die Berufsbildung im engeren Sinne auf Grundlage der Analyse der Leistungsanforderungen im jeweiligen Tätigkeitsfeld, der Erstellung von Ausbildungsplänen für geeignete Berufsfelder

nach § 48 des Berufsbildungsgesetzes erfolgen und die Vermittlung von Schlüsselqualifikationen und fachspezifischen Kenntnissen und Fertigkeiten umfassen. Wie Auszubildende grundsätzlich sollten auch Schulentlassene mit geistiger Behinderung begleitend zur arbeitsvorbereitenden Maßnahme Berufschulunterricht erhalten (Adam-Schwarzmüller 1997). In einigen Bundesländern wird die Berufsschulpflicht durch den Besuch der Abschlussstufe abgeleistet; in einigen besteht jedoch nach dem Besuch dieser Schule die Pflicht zum Besuch der Berufsschule. Der Berufsschulunterricht wird dann entweder in einer berufsbildenden Schule oder in der WfB erteilt. Nach einer Abschlussprüfung sollte ein Zertifikat für die erworbene Teilqualifikation ausgestellt werden.

Anerkannte Ausbildungsberufe sollten in Teilqualifikationen oder Module weiter ausdifferenziert werden, z.B. zum Helfer oder Bearbeiter (Teilefüger, Kunststoffverarbeiter). Die Projektgruppe hat für einige Ausbildungsfelder – Fertigungshelfer, Helfer im Gartenbau, Helfer im Haus- und Pflegedienst, Teile- oder Lötfüger im Metallbau, Kunststoffverarbeiter in einer Tischlerei – ausführliche Ausbildungsrahmenpläne erarbeitet (Bundesvereinigung Lebenshilfe 1998, 27ff).

Für Arbeitsplätze außerhalb der WfB kommen derzeit etwa 5 bis 10% der behinderten Mitarbeiterinnen und Mitarbeiter in Frage. Hierbei handelt es sich vor allem um Personen mit überdurchschnittlich guten Voraussetzungen. Sie bedürfen einer intensiven Vorbereitung auf den Übergang in einen anderen Betrieb sowie der individuellen Hilfe durch die WfB bzw. einer Begleitung ähnlich der Arbeitsassistenz in der schwierigen Übergangs- und der nachfolgenden Konsolidierungsphase. Günstig sind neben fachlich-technischen Fähigkeiten vor allem allgemeine Fähigkeiten des Arbeitsverhaltens wie z.B. zeitliche und räumliche Orientierung, Kontaktaufnahme, Motivation und Ausdauer, Verlässlichkeit und Verantwortung für die Arbeit, Verstehen von Anweisungen (Speck, Kanter 1992; Trost, Schüller 1992).

Im folgenden werden Möglichkeiten und Modellversuche zur beruflichen Bildung oder Weiterbildung, zur Qualifizierung oder Weiterqualifizierung für die Tätigkeit in der WfB oder für den allgemeinen Arbeitsmarkt (Mühl 1997, 190ff; Bundesvereinigung Lebenshilfe 1998, 14f) kurz vorgestellt:

- Im Vordergrund der Bemühungen eines Modellprojektes der WfB Murgtal, Heidelberg, Karlsruhe, Sindelfingen und Ulm stand die Qualifizierung der behinderten Mitarbeiterinnen und Mitarbeiter, um den jeweiligen Arbeitsbereich (Textil, Metall, Holz, Montage, Elektrotechnik u.a.) kompetenter gestalten zu können. Dazu wurden sie für zwei Wochen in Lehrgängen qualifiziert, und abschließend wurde ihnen das entsprechende Tätigkeitsniveau in einem Zertifikat bescheinigt (vgl. auch Landeswohlfahrtsverband Württemberg-Hohenzollern 1996).
- Betriebspraktika, Arbeitserprobungen (Probebeschäftigungsverhältnisse) über mehrere Monate

Zur Überleitung auf den allgemeinen Arbeitsmarkt organisierte die Hamburger WfB für relativ leistungsstarke und sozial stabile Beschäftigte Praktika von ein bis drei Monaten Dauer in Firmen und behördlichen Einrichtungen mit bestimmten Bereichen (Küche, Hausreinigung, Wäscherei, Verpackung, Zoohandlung, Metall, Holz, Lagerarbeiten, Segelmacherei, Telefonzentrale sowie andere Dienstleistungsbereiche) unterhalb der Facharbeiterebene. Nach intensiven Bemühungen konnten einige Vermittlungen erfolgreich abgeschlossen werden.

- Ausgelagerte betreute Außenarbeitsgruppen der WfB oder ausgelagerte Beschäftigungsplätze

Unter einer Außenarbeitsgruppe ist eine Gruppe von behinderten Arbeitskräften zu verstehen, die im Rahmen des bestehenden Rechtsverhältnisses zur WfB und zum Kostenträger unter Anleitung durch deren Fachpersonal außerhalb der WfB arbeiten (z.B. Gartenarbeiten, landschaftspflegerische oder landwirtschaftliche Arbeiten, sonstige Dienstleistung oder Produktion). Am ehesten geeignet für solche Außenarbeitsgruppen sind Betriebe, die mit der WfB zusammenarbeiten oder schon Aufträge an sie vergeben haben. Es handelt sich hierbei um eine arbeitsorganisatorische und räumliche Verlagerung des Arbeitsplatzes an einen Ort außerhalb der WfB. Der Öffentliche Dienst als Dienstleistungssektor durch Tätigkeiten in der Landschaftspflege, der Hauswirtschaft und dem Bürobereich sowie Träger von sozialen Einrichtungen, vor allem der Altenpflege, Pflege- und Behinderteneinrichtungen sowie Krankenhäuser verfügen über geeignete Beschäftigungsmöglichkeiten.

- Umgekehrt gibt es Betriebsenklaven eines Betriebes der freien Wirtschaft in einer WfB mit der Möglichkeit des Überwechselns in den Betrieb.
- Zuweilen bietet die WfB reguläre Einzelbeschäftigungsplätze innerhalb der WfB an (z.B. Telefonzentrale, Hauswirtschaftsbereich, Hausmeisterhilfe, einfache Tätigkeiten in der Verwaltung). Es gibt ferner Regiebetriebe der WfB außerhalb des Geländes der WfB (z.B. Restaurant, Küche, Kantinenbetrieb).
- Manche WfB richten Ausgangsgruppen oder Einzeltrainingsplätze ein, um durch angepasste Bedingungen bis zu einem Jahr (z.B. 8-Stunden-Tag, geänderte Pausenregelung, Verlegung des begleitenden Dienstes auf den Freizeitbereich) den Übergang auf den allgemeinen Arbeitsmarkt vorzubereiten.

In der WfB in Marburg wird seit einigen Jahren die Ausbildung zur Hauswirtschaftshelferin angeboten. Die gewonnenen Erfahrungen konnten auch auf Menschen mit schwereren Behinderungen ausgedehnt werden. Nach einer entsprechenden Einarbeitung im Arbeitstrainingsbereich der WfB werden Mitarbeiterinnen mit Neigung und Eignung über Praktika mit dem Berufsfeld »Hauswirtschaft« vertraut gemacht. Je nach Qualifizierungsniveau wird die Möglichkeit geboten, an einem begleiteten Einzelarbeitsplatz bestimmte Teilfertigkeiten zu erproben. Nach Beendigung der Qualifizierung wird der Übergang auf den allgemeinen Arbeitsmarkt vorbereitet, z.B. über berufliche Praktika in Großküchen (vgl. auch Ludolph 1997; Klammer 1997).

- Das »Projekt Berufliche Integration« (PBI) von Menschen mit Behinderungen am Institut für Sonder- und Heilpädagogik der Universität Frankfurt bietet wissenschaftliche Begleitung, Beratung und Unterstützung bei der Umsetzung des hessischen Konzeptionspapiers zur Schaffung und Finanzierung von Arbeits-, Ausbildungs- und Beschäftigungsplätzen außerhalb von WfB an. Das Angebot umfasst im einzelnen Beratungs- und Unterstützungsangebote an WfB, an Fachkräfte für Außenarbeitsplätze, Vermittlung von Erfahrungen und Fachwissen über Eingliederungsvorgänge und Hilfestellungen bei der Einbeziehung des örtlichen Umfeldes sowie überörtlicher Stellen (Jakobs, Luntz 1995).

- Das Modellprojekt »Berufsbegleitender Dienst für Menschen mit Behinderungen« in den Landkreisen Reutlingen und Tübingen für Menschen mit geistiger Behinderung in der WfB, vor allem für Abgängerinnen und Abgänger aus Schulen für Geistigbehinderte bietet Hilfen bei der Arbeitsplatzsuche, Beratung und Begleitung bezogen auf den jeweiligen Arbeitsplatz, soziale Hilfen und Begleitung am Arbeitsplatz, soziale Hilfen im sozialen Umfeld außerhalb der Arbeit, Koordination der verschiedenen Hilfen, sonstiger Unterstützungsbedarf und Öffentlichkeitsarbeit an. Die insgesamt zehn Phasen umfassenden Maßnahmen zur Eingliederung reichen vom Erstkontakt bis zur außerbetrieblichen psychosozialen Betreuung.
- In Einzelfällen kommen bei Vorliegen entsprechender Voraussetzungen auch Förderungslehrgänge bei privaten Trägern oder innerhalb der Berufsschule von einjähriger Dauer mit einer dualen Konzeption in Frage: drei Tage Praktikum in einem Betrieb (Gartenbereich, Lagertätigkeit, Hauswirtschaft u.a.) und zwei Tage Unterricht, der inhaltlich breit angelegt sein soll und vor allem auch eine soziale Stabilisierung zum Ziel hat. Teilnehmende gehen nicht selten in die WfB zurück.
- Berufsbildungswerke

An einigen Berufsbildungswerken wird versucht, berufliche Ausbildungsgänge für Schulentlassene der Schule für Geistigbehinderte bzw. aus Integrationsklassen einzuführen und zu erproben. Gewählt werden dabei insbesondere Berufe in den Berufsfeldern Gartenbau, Hauswirtschaft, Bau- und Baunebengewerbe, Bürohilfstätigkeiten. Einen solchen Abschluss erreichen junge Erwachsene mit geistiger Behinderung grundsätzlich nur in Ausnahmefällen. Daher wäre zu überlegen, ob nicht zusätzliche Ausbildungsgänge für diesen Personenkreis eingerichtet werden könnten, die gezielt auf ein Berufsfeld ausgerichtet sind und unterhalb des bisherigen Anforderungsniveaus liegen.

In Haßloch und Waiblingen wurden vorhandene berufliche Vorbereitungslehrgänge und Qualifizierungsmaßnahmen für die Gruppe der Jugendlichen mit schwerer Lernbehinderung und mit leichter geistiger Behinderung entwickelt und erprobt. Im Berufsbildungswerk Haßloch wird in den Berufsfeldern Metalltechnik und Ernährung/Hauswirtschaft das Konzept des zweijährigen Förderlehrgangs auf drei Jahre methodisch modifiziert ausgedehnt. Neu ist zudem das curriculumorientierte Baukastensystem, aus dessen Teilen ein individueller Qualifizierungsplan mit dem Ziel der Vermittlung und Zertifizierung von relevanten Teilqualifikationen umgesetzt wird. Übergänge in den allgemeinen Arbeitsmarkt und in Ausbildungsgänge nach dem Berufsbildungsgesetz (BBiG) und der Handwerksordnung (HwO) werden gefördert. Im Berufsbildungswerk Waiblingen wird Jugendlichen auf der Grenze zwischen geistiger und Lernbehinderung, die nicht einen Abschluss nach dem Berufsbildungsgesetz bzw. der Handwerkerordnung erreichen können, eine berufliche Qualifizierung angeboten, die sich aus drei je einjährigen Stufen zusammensetzt. Auf die Motivations- und Grundstufe folgt die Trainingsstufe und erste Fachstufe sowie die Stufe drei als zweite Fachstufe mit der Fertigungs- und Übergangsstufe und der Vorbereitung auf einen Arbeitsplatz auf dem allgemeinen Arbeitsmarkt.

- Arbeitsversuch und Probearbeitsverhältnisse

Bei diesem Modell hält eine Partnerfirma der freien Wirtschaft für einen bestimmten Zeitraum Arbeitsplätze vor, die von behinderten Arbeitskräften der WfB unter Aufsicht eines Gruppenleiters besetzt werden. Der Betrieb kann sich dabei über die Leistungsmöglichkeiten der behinderten Arbeitskräfte informieren; diese wiederum können ihre Leistungsfähigkeit unter realen Bedingungen erproben.

- Arbeitsassistenz

Seit dem 1.11.1995 bietet der Arbeitsassistenz-Fachdienst zur beruflichen Integration von Menschen mit Behinderung der »Landesarbeitsgemeinschaft Eltern für Integration e.V.« in Hamburg eine Bildungsmaßnahme an, die Entlassenen der Schule für Geistigbehinderte und aus Integrationsklassen einen besseren Zugang zum allgemeinen Arbeitsmarkt ermöglichen soll. Über die Aufnahme in das ambulante Arbeitstraining entscheidet die Berufsberatung für Behinderte nach vorheriger Beratung. Ziel ist die individuelle Vorbereitung auf einen bestimmten Arbeitsplatz und die weitere Begleitung. Die Qualifizierung erfolgt durch das Erlernen der an einem bestimmten Arbeitsplatz geforderten Fertigkeiten unter möglichst realen Bedingungen eines bestimmten betrieblichen Umfeldes. Die Maßnahme ist auf die individuellen Erfordernisse der jeweiligen Teilnehmenden abgestimmt und umfasst Berufsorientierung, -vorbereitung und -qualifizierung. Zentrales Element des ambulanten Arbeitstrainings ist die individuelle Unterstützung am Arbeitsplatz durch Assistenten. Die Funktion solcher Arbeitsassistenen besteht darin, einen geeigneten Arbeitsplatz durch Beratung von Firmen bei der Einrichtung behindertengerechter Arbeitsplätze nach sorgfältiger Arbeitsanalyse zu finden, die Kontakte zwischen Betrieb und Arbeitssuchenden herzustellen und vertragliche Regelungen herbeizuführen, auf Finanzierungsmöglichkeiten hinzuweisen, Arbeitskolleginnen und -kollegen aufzuklären und die behinderten Menschen vor allem in den ersten Arbeitswochen zu betreuen. In Praktika von bis zu zwei Jahren Dauer lernen die Jugendlichen verschiedene Berufsfelder und Anforderungen der Arbeitswelt kennen. Damit können sie in den Arbeitsbereichen ihrer Wahl Qualifikationen erwerben, die ihnen die spätere Vermittlung in ein reguläres Beschäftigungsverhältnis erleichtern. Ein Abschlusszertifikat bestätigt die jeweiligen Erfahrungen und erworbenen Fähigkeiten der Teilnehmenden, die damit auf einem geeigneten Arbeitsplatz, z.B. im Gartenbau, in der Verpackung oder in der Gastronomie, eingesetzt werden können. Flankiert werden die betrieblichen Praktika durch Angebote der Berufsschule und überbetriebliche Qualifizierungskurse. Über 60 Menschen mit geistiger Behinderung hatten bis zum Berichtszeitpunkt

durch individuelle Vermittlung und Unterstützung einen dauerhaften Arbeitsplatz gefunden (Behnke, Ciolek, Körner 1993; Schulze u.a. 1997).
Nach Erfahrungen aus dem Modellprojekt »Beschäftigung von Menschen mit geistiger Behinderung auf dem allgemeinen Arbeitsmarkt« der Forschungsstelle »Lebenswelten behinderter Menschen« der Universität Tübingen sollte die Zusammenarbeit von Sonderschulen und eines »Fachdienstes Eingliederungsberatung für Behinderte« ein Schwerpunkt der Bemühungen um die Eingliederung von Menschen mit Behinderungen auf dem allgemeinen Arbeitsmarkt sein. Ein schulbezogener Ansatz hat den Vorteil, dass den Schülerinnen und Schülern im Verlauf einer längerfristigen Vorbereitung auf ihre Berufstätigkeit eine echte Entscheidungsalternative zwischen WfB und allgemeinem Arbeitsmarkt geboten werden kann. Außerdem können noch im Schülerstatus längerfristige Praktika in Betrieben absolviert und so gute Bedingungen für eine Eingliederung in reguläre Beschäftigungsverhältnisse geschaffen werden (Trost, Schüller 1992).

13. Wohnen unter pädagogischem Aspekt

13.1 Wohnen und Betreuen bzw. Begleiten

Der Wunsch nach einer angemessenen Wohnumgebung entspringt Grundbedürfnissen wie dem Streben nach Schutz, Geborgenheit, Ruhe, Intimität und Geselligkeit, deren Erfüllung auch Menschen mit geistiger Behinderung zugestanden werden müssen. Der sich daraus ergebenden Forderung nach angemessenen Wohnbedingungen hält die Realität oft nicht stand, ist Teil der Benachteiligung, denen sich diese Personengruppe seit jeher ausgesetzt sieht. Sie ist zudem aufgrund der häufig vorliegenden Abhängigkeit und ihrer nicht immer effektiven Lebensstrategien besonders betroffen, wenn sie unzureichenden Wohnverhältnissen und schwierigen sozialen Lebensbedingungen ausgesetzt ist (Speck 1982; Thesing 1998, 25ff).

Angaben über die Gesamtzahl der Personen mit geistiger Behinderung und ihrer Wohnsituation in Deutschland sind derzeit auf Schätzungen angewiesen. Thimm (1999, 13) schätzte bei einer auch international relativ sicheren Prävalenzrate von 0,43% für Deutschland im Jahr 1993 eine Gesamtzahl von etwa 350.000 Menschen mit geistiger Behinderung. Nach Seifert (1998b, 163ff) wird ca. die Hälfte davon von den Angehörigen betreut. Ca. 94.000 überwiegend Erwachsene wohnen in Wohneinrichtungen der Behindertenhilfe, über 90% von ihnen werden in Heimeinrichtungen mit Rundumversorgung betreut, nur rund 6% wohnen gemeindeintegriert in betreuten Gruppen- oder Einzelwohnungen, 1% in Dorfgemeinschaften (z.B. Taube 1994), fast 2% in sonstigen Wohnformen. Fehlplatziert untergebracht in psychiatrischen Einrichtungen und Altenpflegeheimen sind ca. 30.000. Unabhängig davon, ob diese Zahlen im einzelnen genau zutreffen, kann man davon ausgehen, dass wir von einer normalisierten Wohnumgebung für die meisten dieser Menschen weit entfernt sind.

Für Kinder und Jugendliche mit geistiger Behinderung sollte es nach Auffassung von Thimm, Kemme und Kursawe (1998) gemäß dem Normalisierungsprinzip keine vollstationären Einrichtungen mehr geben. Dennoch sind offensichtlich relativ viele von ihnen in Heimen untergebracht (Tuckermann 1982). Diese Vermutung wird gestützt durch eine allerdings schon 1973/74 von Dittmann (1978) in sieben baden-württembergischen Heimen durchgeführten Untersuchung. Danach waren 12% der Kinder und Jugendlichen mit geistiger Behinderung in Heimen untergebracht. Jedes dritte Kind stammte aus der unteren Unterschicht oder aus sozial schwachem Milieu. Savelsberg (1982) nahm an, dass ca. 10 bis 20% der Schülerinnen und Schüler mit geistiger Behinderung unangemessen untergebracht sind. Nach einer Schätzung von Metzler (Tübingen) (zit. bei Thimm, Kemme, Kursawe 1998, 4f) leben derzeit ingesamt ca. 16.000 Kinder und Jugendliche in Heimen der Behindertenhilfe. In einer eigenen Untersuchung stellten sie fest, dass ca. die Hälfte von 184 Kindern und Jugendlichen schon bis zum 6. Lebensjahr ins Heim aufgenommen wurde, deutlich mehr als bisher angenommen. Die Gründe der Heimeinweisung bei

Dittmann (1978) – pro Kind wurden im Durchschnitt 2,3 Gründe angeführt – bezogen sich auf Bedingungen, die in der Familiensituation gegeben waren (vgl. auch Vater 1979). Der von Sporken (1975, 52ff) als relativ offen charakterisierte Entscheidungsprozess, ob ein Kind im Elternhaus verbleiben oder in ein Heim eingewiesen werden soll, war nach Auffassung von Dittmann nicht gegeben; den Eltern blieb im Grunde keine andere Wahl. Die Abgabe eines Kindes in ein Heim geschieht offensichtlich aus einer Notsituation heraus ohne Alternative. Thimm, Kemme und Kursawe (1998) fordern daher, dass diese Heime aus ihrer gesellschaftlichen Randlage herausgeholt, Vernetzungen mit anderen Angeboten oder Einrichtungen hergestellt und zu überregionalen Familienzentren ausgebaut werden sollten.
In den vollstationären Einrichtungen mit überregionalem Einzugsgebiet wohnt der überwiegende Teil der außerhalb der Familie lebenden Menschen mit geistiger Behinderung. Hier wird ein umfassendes pädagogisches, therapeutisches und alltagsstrukturierendes Angebot vorgehalten. Deren Existenz lässt sich früher wie heute noch mit guten Argumenten verteidigen (Klevinghaus 1969; 1978; Schlaich, Scheuber 1986; Gaedt 1987), allerdings nur vor dem Hintergrund, dass es den gemeinwesenintegrierten Wohneinrichtungen noch nicht gelungen ist, alle Menschen mit geistiger Behinderung zu versorgen, auch diejenigen mit schwerer geistiger Behinderung und/oder mit Problemverhalten und/oder mit mehrfachen Funktionsbeeinträchtigungen.
Unter dem Einfluss des Normalisierungsprinzips haben die Träger Veränderungen anerkannt und vorgenommen. So hat der Verband evangelischer Einrichtungen für geistig und seelisch Behinderte e.V. schon früh »Empfehlungen für die Pflege, Therapie und Förderung Geistigbehinderter in stationären Einrichtungen« (1974; vgl. auch Offene Formen 1988) vorgelegt, um die Wohnsituation in den Anstalten zu verbessern; vorgeschlagen wurde die Ausgliederung von behinderten Menschen in kleinere Wohneinheiten, die Bildung von Wohngruppen von fünf bis zwölf Personen innerhalb der Anstalt, die Bereitstellung ausreichender Räumlichkeiten und deren wohnliche Ausgestaltung; das Zusammenleben der Geschlechter wurde befürwortet, jedoch zu behutsamem Vorgehen geraten. Die Empfehlungen insbesondere zur Verselbständigung im Wohnbereich über eine Rehabilitationskette (Huber 1980) haben schon zu Ausgliederungsmaßnahmen geführt (Kaempf 1982) ebenso wie zur Bildung differenzierter Wohnformen (Dreyer 1980). Die Bedürfnisse der Personen mit schwerer geistiger Behinderung sollten angesichts der steigenden Zahl dabei berücksichtigt werden (Rother 1982; Wohlhüter 1989). Unter dem Motto »ein Ort zum Leben« (Gaedt 1992) wurden in den letzten Jahrzehnten deutliche Verbesserungen der Konzeption, der räumlichen und personellen Ausstattung vorgenommen. Es zeichnet sich wegen der Eingliederung von weniger schwer behinderten Menschen in wohnortnahe Einrichtungen jedoch eine Entwicklung hin zu Schwerbehindertenzentren ab. Folgen sind Therapeutisierung des Alltags, einförmige Betreuungssituationen und Häufung von Verhaltensstörungen. Insbesondere Maßnahmen zur Ausgliederung von Menschen mit schwerer geistiger Behinderung vor allem in kleine, in die übrige Wohnbe-

völkerung eingestreute Wohneinheiten hat sich das Projekt WISTA (»Wohnen im Stadtteil für Erwachsene mit schwerer geistiger Behinderung«) unter der Leitung von Martin Hahn in Berlin zum Ziel gesetzt (Fischer u.a. 1994; 1996). Nach der Psychiatrie-Enquête von 1975 ist das psychiatrische Krankenhaus für die Dauerunterbringung von Erwachsenen mit geistiger Behinderung nicht geeignet. Erwachsene mit geistiger Behinderung, die keiner psychiatrischen Krisenintervention bedürfen, brauchen pädagogische Betreuung und Aktivierung und sollten daher enthospitalisiert werden (Kulenkampff 1980; Bradl u.a. 1982; Stöckmann 1982; Theunissen 1982a; 1982b; 1989a; 1989b; Fachausschuß Geistigbehinderte in der DGSP 1983; Bradl 1986; Maas 1987; Dreher, Hofmann, Bradl 1987; Niehoff 1987; Niehoff, Pickel 1987; Richter, Stegemann 1987; Bradl, Steinhart 1996). Auch heute noch leben in Deutschland ca. 19.000 Menschen mit geistiger Behinderung fehlplatziert und fehlbetreut in psychiatrischen Krankenhäusern und isolierenden Pflegeeinrichtungen und Einrichtungen der Altenhilfe. Der Anteil der Menschen mit schwerer geistiger Behinderung und mit mehrfacher Funktionsbeeinträchtigungen unter ihnen macht etwa 70 bis 80% aus. Diese Situation bedeutet eine Massierung behinderter Menschen, die von der Umgebung als bedrohlich erlebt wird (Bundesvereinigung Lebenshilfe 1998).

Enthospitalisierung – oder besser »Deinstitutionalisierung« (Dörner 1999), d.h. Übergang aus der Psychiatrie in eine gemeindeintegrierte Umgebung und nicht in ein Heim (Theunissen 1988; Landschaftsverband Rheinland 1991), wie dies beispielsweise in Bremen geschehen ist (Doldasinski, Eike, Gromann-Richter 1991; Fib e.V. 1991) – sollte nach Grundsätzen erfolgen, wie sie beispielsweise die Bundesvereinigung Lebenshilfe (1998) entwickelt hat: sorgfältige Vorbereitung, Realisierung individueller Lebenspläne, Gruppenbildung nach dem Regionalisierungsprinzip, Dezentralisierung der Entscheidungskompetenz und Beteiligung der behinderten Menschen bei Entscheidungsfindungen, Bezugsbetreuung, pädagogisches Personal (vgl. auch Höss, Goll 1986). Ähnliche Bemühungen zur Enthospitalisierung sind auch in der Schweiz erfolgt (Egli, Hüssy 1990; Bonderer, Egli 1992; Egli 1993; Haltiner, Egli 1994).

In den ostdeutschen Bundesländern bestand bis zur Wende eine ähnliche Situation der Unterbringung mit vielen Fehlplatzierungen, u.a. am Beispiel Berlin von Seifert (1995) aufgezeigt. Insbesondere für Menschen mit schwerer geistiger Behinderung war die Situation ungünstig, ausgenommen vielleicht in den kirchlichen Einrichtungen (Hebborn 1996). Inzwischen gibt es deutliche Bemühungen, eine Normalisierung der Wohnsituation anzustreben. Beispielhaft sei auf das USTA-Projekt hingewiesen, das auf die Veränderung von Großwohnheimen hin zu gemeinwesenintegrierten Wohnformen in Brandenburg gerichtet ist (Eisenberger u.a. 1999); aber auch in den anderen ostdeutschen Bundesländern sind positive Veränderungen unverkennbar. Dies gilt auch für die psychiatrischen Einrichtungen (Theunissen 1998; Theunissen, Hoffmann 1998).

Solange noch Menschen mit geistiger Behinderung in Großheimen wohnen, sollten dabei pädagogische Aspekte der Begleitung beachtet werden. So sollte

das Zusammenleben im Sinne einer Lebensgemeinschaft von Bewohnenden einerseits und dem Personal andererseits in Richtung einer Wohngemeinschaft organisiert werden. Dieser Anspruch bezieht sich zunächst auf das Leben innerhalb einer Gruppe, angefangen vom Aufstehen, Waschen, Einnehmen der Mahlzeiten bis hin zu Freizeitaktivitäten und dem Zubettgehen. Dass dies unter den Bedingungen der bestehenden Arbeitsregelungen oft nur in Annäherung zu erreichen ist, setzt diese Forderung im Grundsatz nicht außer Kraft. Ihr kommt man dadurch näher, dass man Grundbedürfnisse wie Streben nach Intimität, Geborgenheit, Sicherheit, Initiative und Akvitität, Kontakt und Kommunikation, engen Beziehungen und Neugier zulässt. Dazu gehört auch die Reduzierung der Zentralversorgung des Essens, der Wäschepflege und der Einkäufe. Die Selbstversorgung kleiner Gruppen von ca. sechs Personen dient der Belebung und Strukturierung des Alltags ebenso wie zur Integration in die Gemeinde und damit zur Erhöhung der Selbständigkeit und des Selbstwertgefühls. Wichtig ist ferner die Dislozierung einzelner Aufenthaltsorte für die Lebensfelder Wohnen, Beschäftigung/Arbeit, Freizeit.
Die pädagogische Aktivierung soll gemäß einer systemischen Sicht den gesamten Alltag umfassen und in ein ganzheitliches, individuumzentriertes Konzept eingebettet sein, das personennahe Lösungen zulässt. In einem solchen Rahmen ist es realisierbar, den einzelnen Bewohnenden eine Bezugsperson zuzuordnen, die ihr besonderes Vertrauen genießt und die für die Konzipierung und Durchführung individueller Maßnahmen sowie für Absprachen mit anderen Mitarbeitenden verantwortlich ist. Die zur Versorgung einer Gruppe erforderlichen Tätigkeiten der Selbstversorgung sollten gemeinsam mit den Bewohnerinnen und Bewohnern erledigt und dabei deren Selbständigkeit gefördert werden. In der freien Zeit sollten genügend Betätigungs- und Spielmöglichkeiten neben Snoezelangeboten vorgehalten werden. Ein großer Stellenwert sollte dabei der Bewegung des ganzen Körpers wie beim Joggen, Spazierengehen, Ballspielen eingeräumt werden. Die inhaltliche und methodische Arbeit ist an erwachsenenpädagogischen Maßgaben zu orientieren.
In Anstalten und Heimen mit hoher Belegzahl bilden sich Beziehungsstrukturen heraus, die in Zusammenhang mit der Abhängigkeit der Bewohnerinnen und Bewohner stehen. Bei einem hohem Maß von Abhängigkeit besteht die Tendenz, dass sich die Abhängigkeit im Gegensatz zur gängigen Vermutung nicht verringert, sondern eher erhöht, es sei denn, es werden gezielt Gegenmaßnahmen ergriffen. Abhängigkeit begünstigt zudem die Entstehung von Angst, in deren Gefolge als Reaktion aggressives Verhalten auftreten kann. Ein zweiter Aspekt betrifft die Entstehung von struktureller Gewalt in asymmetrischen Beziehungsstrukturen, wie sie bei hoher Abhängigkeit grundsätzlich gegeben sind. Desweiteren sollte die Bildung von Gruppen vermieden werden, in denen sich Bewohnende mit hohem Förderungsbedarf häufen. Ideal ist eine Gruppenbildung, bei der in einer tragfähigen Gruppe nur eine Person besondere Probleme aufweist. Die Massierung von Problemverhalten in einer Gruppe verursacht ein ungünstiges Milieu für deren Förderung und Aktivierung und belastet zudem das Personal. Bei Personen mit Verhaltensstörungen ist darüber

hinaus eine intensive pädagogische Förderung durchzuführen, um sozial kompetentes Verhalten einzuüben (Merkens 1985).
Der Trend hin zu differenzierten, gemeindenahen und kleinen Wohneinheiten entspricht internationalen Bestrebungen in Holland, den Vereinigten Staaten und Kanada sowie in den skandinavischen Ländern, insbesondere unter dem Einfluss des Normalisierungsprinzips. Wie weit Schweden in der Wohnversorgung der Erwachsenen schon gediehen ist, zeigt eine Auflistung bei Wallner (1982a); danach lebten schon 1982 über 92% der Erwachsenen in Wohneinheiten mit bis zu 12 Plätzen, etwa die gleiche Anzahl wohnte in Ein- und Zweibettzimmern (vgl. auch Wallner 1982b; Grunewald 1977; 1987; Theunissen 1983). Der Trend zu kleinen Versorgungseinheiten ist auch in Dänemark unverkennbar (Thimm 1981a; 1981b; Thimm u.a. 1985), ebenso in Holland (Knijff 1969; van Capel 1982). In den Vereinigten Staaten, wo in der zweiten Hälfte des 19. Jahrhunderts eine ähnliche Entwicklung wie in Mitteleuropa durch die Entstehung von Anstalten stattgefunden hat, ist eine Bewegung der »Deinstitutionalisierung« hin zu gemeindenahen Einrichtungen zu verzeichnen, die auch Personen mit schwerer geistiger Behinderung einbezieht (Kugel, Wolfensberger 1974; Hofmann 1982; Meyer-Jungclaus-sen 1983; 1984; König 1985).
Dem Vorschlag des Instituts für Sozialrecht Bochum (1975, 48), aufgrund der internationalen Entwicklung die Wohnheimphase zu überspringen und das Hauptgewicht auf Gruppen- und Einzelwohnungen zu legen, konnte die »Lebenshilfe« in ihrer Wohnstättenempfehlung (Bundesvereinigung Lebenshilfe 1981) zunächst nicht konsequent folgen, wohl im Hinblick auf den immer noch sehr hohen Bedarf an Wohnplätzen; gab es 1973 erst 35 Wohnheime mit ca. 750 Plätzen (von Lüpke 1973), waren es fast zehn Jahre später immerhin schon 300 Wohnstätten mit über 7.000 Plätzen (Bundesvereinigung Lebenshilfe 1982, 3), aber der Sofortbedarf von ca. 10.000 Plätzen konnte damit noch nicht gedeckt werden (Ennen 1980), ganz abgesehen von dem Bedarf in den folgenden Jahren. Anfangs wurden Wohnheime mit bis zu 40 Plätzen realisiert, später auch kleinere Wohneinheiten wie Gruppenwohnungen für drei bis acht Personen und Einzelwohnungen ebenso wie Trainingswohnheime und Kurzzeit-Aufnahmeheime (von Lüpke 1979; Horstmann, Wohlhüter 1985; Klauß 1990; 1993). Inzwischen favorisiert die »Lebenshilfe« gemeindenahe kleine Wohneinheiten (Bundesvereinigung Lebenshilfe 1990; 1996).
Insbesondere in größeren Städten entstanden differenzierte Wohnangebote in Wohnstätten-Verbundsystemen (Haack 1971; Modell einer differenzierten Wohnanlage 1975; Berking, Berking 1977; Masurek 1982; Höss 1983; Wakker, Neumann 1985; Carroll 1988; Wacker, Metzler 1989; Crämer 1990; Arbeitskreis für Behindertenfragen 1991). Wichtig für die Einrichtung kleinerer Wohneinheiten ist die Bereitstellung ambulanter Dienste (Vereinigung Integrationsförderung 1982). Eine Variante einer gemeindeintegrierten Wohnmöglichkeit für Erwachsene mit geistiger Behinderung stellen Wohnfamilien dar, in denen eine Gruppe von bis zu zehn behinderten Menschen mit einem betreuenden Ehepaar rund um die Uhr gemeinsam in einem Haus zusammen lebt, wie

dies die Lebenshilfe Kleve praktiziert. Kirchhoff (1990; 1993) hat in einer Einzelfallstudie zehn Wohnfamilien beschrieben und unter verschiedenen Fragestellungen untersucht.

Neben den fehlenden Plätzen außerhalb der Anstalten gibt es weitere Probleme. Nicht nur aufgrund der Wartelisten leben viele Erwachsene mit geistiger Behinderung noch im Elternhaus. Sie leben eigentlich dort, wo sich üblicherweise normales Leben abspielt, sind dabei aber auch der Gefahr der Isolierung vom Leben außerhalb der Familie ausgesetzt (Thomae 1982; Schatz 1998). Eigentlich sollten sie in einem Alter aus dem Elternhaus ausziehen, wenn dies andere junge Erwachsene auch tun. Dennoch lebt ein großer Teil der Erwachsenen in der Herkunftsfamilie, weil es an angemessenen Wohnplätzen fehlt und wegen der schwierigen Ablösung aus dem Elternhaus (Heimlich, Rother 1991); zuweilen gehört das Pflegegeld mit zum Familienbudget (Seifert 1998b, 164f).

Die Bundesvereinigung Lebenshilfe hieß anfangs »Lebenshilfe für das geistig behinderte Kind«, heute »Lebenshilfe für Menschen mit geistiger Behinderung«; dies signalisiert eine Entwicklung der Konzentration der Bemühungen auf Kinder bis hin zur heutigen Situation, wo die gesamte Lebensspanne von Menschen mit geistiger Behinderung in den Blick genommen wird. Alte Menschen mit geistiger Behinderung sind erst in den letzten Jahren zunehmend in den Mittelpunkt von Überlegungen und Bemühungen gerückt (Bader 1986; Wieland 1987; Havemann 1990; De Ruiter 1990).

Alte Menschen mit geistiger Behinderung sind mit Problemen wie nichtbehinderte alte Menschen konfrontiert, aber in verschärfter Form. Sie erleben vielleicht auch aufgrund häufiger zusätzlicher körperlicher Beeinträchtigungen einen früheren körperlichen, aufgrund isolierender Bedignungen auch mentalen Altersabbau. Sie werden eher aus ihrer gewohnten Umgebung herausgerissen – eine Zeitlang war die Bereitstellung eines Wohnheimplatzes an eine Tätigkeit in der Werkstatt für Behinderte gebunden –, und die auch gegenüber nichtbehinderten alten Menschen geübte strukturelle und direkte Gewalt kann sich verstärkt auswirken (Ern 1994).

Für eine pädagogische Begleitung ist das Bewusstsein zu entwickeln, dass das Altwerden bei Menschen mit geistiger Behinderung ein individueller Prozess ist und dass sie die gleichen Bedürfnisse nach gewohnter Umgebung und vertrauten sozialen Beziehungen und Aktivitäten haben. Das setzt voraus, dass alte Menschen zunächst in ihrer gewohnten Umgebung verbleiben dürfen (Dürr 1979; Berthold, Dürr 1980; 1982; Christ 1982; Bundesvereinigung Lebenshilfe 1983). Die Begleitung verlangt nach einem institutionellen Rahmen, der eine Befriedigung ihrer Bedürfnisse zulässt, Isolierung und Langeweile im Tagesablauf möglichst vermeidet und eine altersgemischte Gruppenbildung ermöglicht. Dies erfordert ein aktivierendes Angebot zur Tagesstrukturierung, das jedoch auch Freiräume, vielleicht auch zumutbare Arbeiten und Beschäftigungen, möglicherweise noch in der Werkstatt für Behinderte zulässt, das lebenspraktisches Training enthält und soziale Kontakte unterstützt, auf körperliche Gesundheit und Bewegung achtet und kompetente Sterbebegleitung sichert

(Huber 1984; Ern 1990; 1992; Lebenshilfe Österreich 1992; Bundesvereinigung Lebenshilfe 1993; 1997; 1999b; Bleeksma 1998).
Die Wohnformen außerhalb von Großheimen und Heimen lassen sich unter dem Begriff »Betreutes Wohnen« subsummieren und umfassen betreute Wohngruppen, betreutes Einzel- und Paarwohnen, Außenwohngruppen, Trainingsgruppen, ambulant betreutes Wohnen bei relativ selbständiger Lebensführung. Nach der Schätzung von Thesing (1998, 61ff) unter Bezugnahme auf Schmidt-Baumann (1997) dürften zum Zeitpunkt der Erhebung ca. 3.500 Plätze im Betreuten Wohnen bestanden haben.
Thesing (1998, 120ff) hat in seiner Studie betreute Wohngruppen untersucht und dabei den Begriff des Betreuens oder Begleitens (Hähner u.a. 1997) von anderen Tätigkeiten abgegrenzt; diese Überlegungen können auch auf andere Wohnformen übertragen werden. Ausgehend von der Frage, ob betreute Wohngruppen eher ein therapeutisches Milieu oder eine Lebensgemeinschaft mit Privatcharakter seien, entwickelt er das Konzept eines entwicklungsfördernden Milieus, das durch das Personal insgesamt abgestimmt sein müsse (Metzler 1997). Zentrale Komponenten eines solchen Milieus sind: Berücksichtigung der Bedürfnisse der Bewohnerinnen und Bewohner, Erschließung von Lernmöglichkeiten im Alltag (z.B. Kochen, Reinigung), Nutzung von Kultivierungsmöglichkeiten des Alltags (z.B. Wohnungsschmuck, Umgangsformen, Esskultur), Pflege von Traditionen in der Gruppe (z.B. Geburtstage, Feste), Streben nach Erfolgserlebnissen im Alltag, Förderung von Nachahmung und Modelllernen (z.B. Betreuerverhalten als Modell für Konfliktlösung). Der Gefahr einer »Pädagogisierung« des Alltags kann begegnet werden, wenn Primärgruppeneffekte aus der Sicht der Bewohnerinnen und Bewohner gegenüber der Sicht des Personals, für die eine solche Gruppe eine Sekundärgruppe darstellt, verstärkt werden, beispielsweise durch die Bildung möglichst kleiner Gruppen, die freiwillige Zuordnung zu Gruppen, Vertrautheit der Beziehungen der Bewohnerinnen und Bewohner, eine gemeinsam erarbeitete Hausordnung (vgl. auch Schinner, Rottmann 1997). Ein Vergleich einer von Thesing 1989 durchgeführten Studie mit den Ergebnissen von 1997 erbrachte negative und positive Aspekte: angemessene Gruppengrößen, gute Binnenbedingungen, aber die Aufnahme von wenig Personen mit schwerer geistiger Behinderung, ungenügende Integration in das Umfeld des Gemeinwesens und der Nachbarschaft (vgl. auch die Einzelfallbeschreibungen von Weber 1996).
Zentraler Aspekt einer humanen Betreuung ist die Variable »Personal« (Walter 1980; Krause 1982). Angesichts einer durchschnittlichen jährlichen Fluktuaktionsrate des Personals in Wohneinrichtungen der Behindertenhilfe von 30% hat Fabian (1996) in einer repräsentativen Stichprobe die Arbeitszufriedenheit untersucht. Es zeigten sich deutliche Unterschiede hinsichtlich der Einrichtungstypen. In kleineren Einrichtungen waren die Mitbestimmungsmöglichkeiten größer, eigene Zielvorstellungen konnten besser eingebracht werden, die Bewohnerinnen und Bewohner wurden in höherem Maße zu mehr Selbständigkeit ermutigt. Als wichtigster Faktor für die Zufriedenheit mit der beruflichen Situation als auch hinsichtlich der Bewältigung von Überforderung erwies sich

die Orientierungssicherheit im Umgang mit den Bewohnerinnen und Bewohner. Für diese und das Betreuungspersonal ist die Entwicklung konkreter Betreuungs- und Förderpläne offensichtlich von entscheidender Bedeutung. Hilfreich dabei war die Einbeziehung von verhaltenstherapeutischen Techniken.
Für das alltägliche Dokumentationswesen in Wohneinrichtungen, das bisher vor allem medizinisch-pflegerisch ausgerichtet war, hat die Bundesvereinigung Lebenshilfe (1999a) vor allem aus pädagogischer und pflegerischer Perspektive Empfehlungen und Beispiele zusammengestellt. Gründe für eine ausführliche Dokumentation sind vor allem folgende: Transparenz der Arbeit für den Träger wie für die Bewohnerinnen und Bewohner auch im Sinne der Qualitätssicherung der sozialen Dienstleistungen, fortlaufende Evaluation verbunden mit der Möglichkeit, im Hinblick auf Qualitätsstandards Verbesserungen vorzunehmen, Begründung von Eingliederungshilfe in Abhebung von Pflegeleistungen. Eine Dokumentation ist zudem wichtig für die Verfahrensvereinbarung zwischen Trägern der Behindertenhilfe und den Kostenträgern nach § 93 a, Abs. 3 BSHG (Verpflichtung zur Qualitätssicherung und -prü-fung). Dabei ist vor allem zu prüfen, wie der Träger dem individuellen Hilfebedarf nachkommt. Hier ist eine Dokumentation für die gezielte Planung von Alltagsprozessen im Sinne einer Einzelhilfeplanung von Nutzen. Ferner können aufgrund der Einzelpläne auch Gruppen mit vergleichbarem Hilfebedarf gebildet werden. Die Dokumentation soll prozesshaft fortgeschrieben werden unter Beteiligung der Bewohnerinnen und Bewohner, vor allem wenn es um Zielsetzungen der pädagogischen Begleitung geht.
Für diese Zwecke geeignet ist das LEWO-Konzept, das von einem Forschungsteam unter Leitung von Schwarte von der Universität-Gesamthochschule Siegen in Kooperation mit der Bundesvereinigung Lebenshilfe entwickelt worden ist (Schwarte, Oberste-Ufer 1997). Es ist ein mehrdimensional (Strukturen und Prozesse von Dienstleistungen) und mehrperspektivisch angelegtes Instrument zur extern begleiteten Selbstevaluation (Selbstbewertung und -kontrolle). Es ist auf alle Wohnformen für Menschen mit geistiger Behinderung bezogen, die mit professionellen Dienstleistungen verbunden sind, erfordert die Festlegung inhaltlicher Maßstäbe und Ziele und ist angebots- und nutzerbezogen. Damit verbunden ist eine Kritik am PASSING-Konzept (König 1991), das primär angebotsbezogen sei. Eingeschätzt werden Leistungen hinsichtlich Wohnstandards und Lebensstile, der Förderung der Alltagskompetenzen, der Selbstbestimmung, der sozialen Beziehungen und der Teilnahme an gesellschaftlichen Angeboten (vgl. zur Qualitätssicherung auch Walujo, Malmstrøm 1991; Gromann 1996; Bundesvereinigung Lebenshilfe 1996; Janßen 1997; Landesverband der Lebenshilfe Niedersachsen 1999).
In den letzten Jahren entsteht zunehmend die Gefahr, dass Einrichtungen der Behindertenhilfe, die nach der Eingliederungshilfe organisiert und finanziert sind, in Pflegeeinrichtungen verkommen, indem sie nach der Pflegeversicherung umorganisiert und finanziert werden. In diesem Zusammenhang ist es wichtig, sich des Unterschieds beider Einrichtungsarten bewusst zu sein. Sei-

fert (1998a) hat dazu einen hilfreichen Vergleich angestellt, der die Unterschiede deutlich hervorhebt:

Rehabilitiationseinrichtung		***Pflegeeinrichtung***
Wohngruppe als Zuhause	–	Station als Ort der Pflege
Leben so normal wie möglich	–	einschränkende Bedingungen
Anregungen durch Menschen mit unterschiedlichem Hilfebedarf	–	gleichförmiger Alltag durch Konzentrierung auf Menschen mit gleichem Hilfebedarf
Anregung von Handlungskompetenz zur Alltagsbewältigung	–	Erhalt/Reaktivierung von Selbstbesorgung
Selbstverwirklichung in sozialer Integration	–	Zufriedenheit durch Befriedigung grundlegender pflegerischer und emotionaler Bedürfnisse
Entwicklung unterstützter Kommunikation	–	verbale Kommunikation
individueller Lebensstil	–	Anpassung an Routinen
Teilnahme am gesellschaftlichen Leben	–	Binnenorientierung
Verhaltensstörung als pädagogische Aufgabe	–	Verhaltensstörung als medizinisches Problem
Integration schwerstbehinderter Personen in die Gemeinschaft	–	schwerstbehinderte Personen als Pflegefälle.

13.2 Wohntraining

Die Vorbereitung auf eine möglichst selbständige Lebensführung ist zentrales Ziel der Schule für Geistigbehinderte. Aus unterschiedlichen Gründen kann sie dieser Zielsetzung jedoch nicht endgültig nachkommen (Wohntraining 1996), so dass im Erwachsenenalter die Bemühungen um Verselbständigung fortgesetzt werden müssen. Eine Empfehlung der »Lebenshilfe« (Wohnstätten für geistig Behinderte 1981, A 3) schlug neben einem Selbständigkeitstraining als Erziehung zu Eigenständigkeit in allen Lebensbereichen ein Wohntraining vor, um Menschen mit geistiger Behinderung auf ein Leben in einer kleinen, nur noch ambulant betreuten Gruppenwohnung vorzubereiten (vgl. auch Freitag, Niermann 1978; Pro infirmis 1988).
Voraussetzung eines effektiven Wohntrainings ist die Kenntnis des erreichten Lernstandes in der Verselbständigung. Als geeignete diagnostische Verfahren haben sich nach Bollinger-Hellingrath u.a. (1981) das Sozialbild des P-A-C 2 und die AAMD-Adaptive Behavior Scale erwiesen.

Die Inhalte des Wohntrainings (Krieger 1982; vgl. auch Verband evangelischer Einrichtungen 1977; Bollinger-Hellingrath 1984) decken sich weitgehend mit den Lernzielen der Abschlussstufe. Wesentlich für den Erfolg des Wohntrainings ist die methodische Organisation; als notwendig erwiesen haben sich eigene Vorbereitungskurse, die einen oder mehrere Tage in der Woche ausfüllen, so dass in dieser Zeit in der Werkstatt nur zeitweise oder überhaupt nicht gearbeitet werden muss. Mitentscheidend für den Erfolg ist auch die Motivation der Teilnehmenden sowie die Einbeziehung der Eltern (Krieger 1982; Bollinger-Hellingrath 1982; Bollinger u.a. 1984; Lebenshilfe Bremen 1995).
Ein pädagogisches Aufgabenfeld eröffnet sich auch bei der Vorbereitung und Hinführung zur Mitwirkung der Bewohnerinnen und Bewohner einer Wohnstätte gemäß der Heimmitwirkungsverordnung (1976). Neben der Vorbereitung auf die Wahl des Heimbeirates sollte im Vordergrund die Befähigung der Bewohnerinnen und Bewohner stehen, ihre Bedürfnisse in einem Gespräch einzubringen und so bei der Abfassung einer Hausordnung mitzuwirken (Robert 1982).
Thesing (1998, 186ff) hat Aspekte einer Didaktik und Methodik des Wohntrainings zusammengestellt. Zielgruppe sind Bewohnerinnen und Bewohner, die dem lern- und leistungsfähigeren Drittel in einem Wohnheim zuzurechnen und entsprechend motiviert sind. Schwierig wird es bei zusätzlicher schwerer Körperbehinderung, bei der Notwendigkeit umfassender Pflege sowie bei häufigem Aggressionsverhalten. Ziel ist die Verbesserung der Kompetenz des selbstbestimmten Wohnens in einer betreuten Wohngruppe durch eine weitgehend selbständige Wahrnehmung der lebenspraktischen Aufgaben und Verrichtungen. Das Wohntraining sollte in einer Trainingswohnung oder in der eigenen Wohnung erfolgen (vgl. auch Mahlke 1982). Lernfelder sind vor allem Verpflegung, Raumpflege, Abfallbeseitigung, Wäsche-, Kleider- Schuhpflege, Ordnung, Einrichten der Wohnung, kleinere Reparaturen, Pflanzen und Kleintiere, Kommunikationstechniken, Erholung und Freizeit, Umgang mit Geld, Sport, Verkehrserziehung, Kulturtechniken, Sozialkunde.
Eine mediale Hilfe ist eine Broschüre für Menschen mit geistiger Behinderung im Gefolge des Duisburger Kongresses mit der Forderung nach mehr Selbstbestimmung. Sie zeigt in einer verständlichen Sprache, unterstützt durch gemaltes Bildmaterial und Fotos, wie man sich seiner bewusst werden kann, was man im Hinblick auf das eigenen Wohnen und Leben selbst bestimmen kann oder worin man bestimmt wird, wie man wohnen möchte, welche Träume und Wünsche man für das Leben zu Hause hat, wie man Wünsche wahr werden lassen und wie man Dinge verändern kann (Göbel 1998).

14. Kommunikationsförderung

14.1 Begründung

Ein zentraler Bereich der für Menschen mit geistiger Behinderung anzustrebenden Handlungsfähigkeit ist die Kommunikationsfähigkeit als Fähigkeit zum kommunikativen Handeln. Dieses sei hier definiert als soziales Handeln mit Hilfe von Signalen, Zeichen oder Symbolen; es soll auch unbewusst gesetzte Signale sowie Verhaltensweisen, die nicht als Verständigung gedacht sind, mit erfassen. Die Ausdehnung des Verständigungsbegriffs auf solche Verhaltensweisen, aus denen unter bestimmten Bedingungen intentionale Verständigungsweisen entstehen können, ist für Fördermaßnahmen im vorsprachlichen Bereich von Bedeutung. Sprache sei verstanden als ein System von Zeichen oder Symbolen, die nach bestimmten Regeln angeordnet werden; sie umfasst die Lautsprache, aber auch unterstützende Kommunikationssysteme, die andere Symbole als Lautmuster verwenden.
Wenn geistige Behinderung eine Entwicklungsverzögerung als Folge verlangsamter Lernerfahrungen ist, dann gilt dies auch für die kommunikative einschließlich der Sprachentwicklung, soweit sie von Lernerfahrungen abhängig ist. Retardierungen in der kommunikativen Entwicklung sind somit ein konstitutiver Bestandteil der geistigen Behinderung und rechtfertigen es nicht, von mehrfacher Funktionsbeeinträchtigung zu sprechen. Diese allgemeine These von der kommunikativ-sprachlichen Retardierung soll hier nur erwähnt werden, da die vorliegenden Studien Durchschnittsaussagen treffen, die vom Einzelfall stark abweichen können; vor der Förderung ist ohnehin jeweils der individuell erreichte Stand der kommunikativen Kompetenz zu ermitteln.
Der interaktive Austausch zwischen Kind und Bezugsperson verlangt ein hohes Maß an wechselseitiger Abstimmung und ist daher äußerst störanfällig. Auf Seiten der elterlichen Bezugspersonen kann allein schon das Bewusstsein einer Schädigung des Kindes die Interaktion mit dem Kind und in der Folge die Bindung an das Kind beeinträchtigen. Diesen Kindern stehen zwar die gleichen kommunikativen Verhaltensweisen wie nichtgeschädigten zur Verfügung, aber sie setzen sie seltener ein, um eine Interaktion einzuleiten oder mitzugestalten. Kinder mit einer Hirnschädigung, die später als stark entwicklungsverzögert auffallen, neigen in der frühen Interaktion zu Hypoaktivität, z.B. durch ein weniger ausgeprägtes affektives Verhalten oder durch ein später auftretendes und seltener gezeigtes Lächeln. Sie stellen auch später und seltener referenziellen Blickkontakt her. Die Bezugsperson wird daher weniger stimuliert und reagiert in der Regel mit vermehrter und verstärkter Aktivität, so dass die Initiative zur Interaktion mehr und mehr von ihr ausgeht. Dies zeigt sich auch im baby-talk. Die Fragen, welche die Bezugsperson an das Kind richtet, sind von einfacherer Syntax und können häufig mit einem Laut beantwortet werden; oft gibt sie auch selbst die Antwort. Sie bestimmt auch die Themen der Orientierung. Insgesamt wird sie dadurch immer dominierender und direktiver, was sich auch an

der hohen Zahl von Aufforderungen zeigt (Sarimski 1986; Kane 1992; Schnoor 1995; Krause 1997).
Im Hinblick auf die Sprachentwicklung ist davon auszugehen, dass etwa ein Drittel der Menschen mit geistiger Behinderung die Stufe des Spracheintritts nicht erreicht oder auf der Stufe der Einwortäußerungen stehenbleibt. Sofern die Voraussetzungen für den Spracherwerb vorliegen, tritt dieser in der Regel einige Jahre später auf, und die Stufen des Spracherwerbs sind zerdehnt, so dass die Entwicklungsstufen der einzelnen Dimensionen der Sprache – Semantik, Phonologie, Syntax und Pragmatik – ebenfalls später erreicht werden. Die Verzögerung des Erwerbs der sprachlichen Kompetenzen verläuft dennoch im allgemeinen parallel zur allgemeinen Entwicklungsverzögerung (Baun 1978; Dodd, Leahy 1989; Barrett, Diniz 1989).
Diese Aussagen gelten im großen und ganzen auch für Menschen mit autistischem Verhalten. Ihre Auffälligkeiten im kommunkativen einschließlich sprachlichen Verhalten sind offensichtlich ebenfalls als Verzögerungen zu interpretieren, wenngleich die einzelnen Dimensionen sprachlicher Äußerungen unterschiedlich retardiert sind. So lassen sich in der pragmatischen Funktion von Sprechäußerungen deutlichere Retardierungen beobachten als in der syntaktischen Struktur (Fay, Mermelstein 1982; Büttner 1995).

14.2 Allgemeine Aspekte der Förderung

Kommunikationsförderung ist Teil des pädagogischen Handelns und hat zum Ziel, die zu Erziehenden in ihrer Kommunikationsfähigkeit zu fördern. Auch hier ist zu bedenken, dass das Gelingen pädagogischen Handelns in die Hand der Erziehenden gelegt ist; die zu Erziehenden müssen in basalen pädagogischen Prozessen keine speziellen Voraussetzungen mit Ausnahme einer allgemeinen Lernfähigkeit einbringen.
Kommunikationsförderung kann durch Sprachtherapie und Logopädie, denen es vorrangig um die Verbesserung bestimmter Segmente der Kommunikationsfähigkeit geht, ergänzt werden. Dies gilt auch für Konzepte gemeinsamer Lebensgestaltung (Kobi 1988), durch Bemühungen um gemeinsame Kommunikation (Kleinbach 1994) oder gemeinsame Begegnung (Mall 1990), denen es primär um Verständigung geht. Die letztgenannten Ansätze bieten wertvolle Hinweise vor allem für das Zusammenleben mit Menschen mit schwerer geistiger Behinderung.
Die Kommunikationsförderung lässt sich in vier Lernfelder untergliedern:
- Förderung des Erwerbs vorsprachlicher Verständigung,
- Förderung des Spracherwerbs,
- Förderung der Gesprächsfähigkeit sowie
- Lesen- und Schreibenlernen.

Das letzte Lernfeld ist hier nur der Vollständigkeit halber aufgeführt.
Gegenüber früheren Konzepten weisen neuere bedeutsame Akzentverschiebungen auf, die man mit folgenden Prinzipien charakterisieren kann:

- Individuumsorientierung: Im Vordergrund stehen nicht Regeln der allgemeinen Entwicklung, sondern die jeweilige Situation der Lernenden und das, was für sie von Interesse ist. Das können alltäglich wiederkehrende soziale Situationen, aber auch Lieblingsspielzeuge u.ä. sein.
- Berücksichtigung der sozialen Umgebung: Die Bezugspersonen aus dem sozialen Umfeld der Lernenden werden als Kommunikationspartner und als Modelle in das Förderungsprogramm einbezogen.
- Alltagsorientierung: Förderung soll weniger in abgeschirmter Umgebung, sondern im Rahmen des täglichen Lebens angesiedelt werden. Damit soll jene nicht völlig ausgeschlossen sein, aber sie soll auf ein Minimum beschränkt bleiben, da sie eher reaktives als spontanes Verhalten herausfordert. Bildmaterial als Grundlage für die Förderung soll gegenüber realen Dingen und Situationen nachrangig eingesetzt werden.
- Orientierung an einem umfassenden Konzept: Kommunikationsförderung soll kein isolierter Lernbereich sein, sondern in allen anderen Lernbereichen und im Alltag eingebunden werden.
- Handlungsorientierung: Dieses Prinzip ergibt sich aus der Zugehörigkeit der Kommunikationsfähigkeit zur Handlungsfähigkeit und der Forderung nach Alltagsorientierung. Es erhöht die Funktionalität kommunikativer Äußerungen und erspart zusätzliche Übungen zur Generalisierung auf andere Situationen und Personen.

Im Rahmen solcher Akzentverschiebungen wird eine Diagnose mit Hilfe standardisierter Verfahren wenig weiterhelfen. Vielmehr sollte eine in den Alltag integrierte Beobachtungsdiagnostik praktiziert werden, welche die Bedürfnisse, Neigungen und Interessen der Lernenden erfasst. Dabei sollte die schon erworbene kommunikative Kompetenz ermittelt werden, vor allem gegenüber welchen Personen, an welchen Orten, zu welchen Zeiten und in welchen Umgebungen und Situationen schon kommuniziert wird und inwieweit die soziale Umgebung zur Kommunikation anregt.
Aus der Forderung nach der Verlagerung von Lernsituationen aus eher künstlich angelegter Einzelförderung in natürliche und alltägliche Lernumgebungen den Schluss zu ziehen, man könne auf jegliche Systematik und Planung verzichten, verkennt die Ansprüche eines solchen Vorgehens. Die Einbindung der Förderung in alltägliche Kommunikationssituationen erfordert vielmehr ein erhöhtes Maß an Planung und Dokumentation, um nicht der Zufälligkeit und damit der Ineffektivitität zu verfallen.

14.3 Förderung vorsprachlicher Verständigung

Man kann vorsprachliche bzw. vorsymbolische und sprachliche bzw. symbolische Kommunikationsmittel unterscheiden; vorsprachliche Mittel sind Vokalisationen jeder Art einschließlich des Lachens, mimische Äußerungen einschließlich des Lächelns, gestische Äußerungen mit Händen und Armen bis hin zu Ganzkörperbewegungen und der Körperhaltung, Blickverhalten, körperli-

cher Kontakt, körperliche Distanz und Zuordnung. Sprachliche bzw. symbolische Mittel im engeren Sinne sind die Lautsprache, die Schriftsprache, optische Symbole – Modelle, Bilder, Piktogramme, arbiträre optische Symbole – und Gebärden oder Handzeichen.
Nichtgeschädigte Kleinkinder sind offensichtlich direkt nach der Geburt noch nicht kontaktfähig; gleichwohl beherrschen sie eine Reihe von wirkungsvollen Verhaltensweisen, um den Kontakt mit Bezugspersonen herzustellen, indem diese den geäußerten angeborenen Verhaltensweisen Intentionalität unterstellen. Im Laufe der Zeit bis zum Beginn des Spracherwerbs lernen sie, bestimmte angeborene Verhaltensweisen intentional, nicht jedoch bewusst einzusetzen; zudem erlernen sie weitere kommunikative Verhaltensweisen, wie sie oben aufgelistet sind.
Untersuchungen zum Gebrauch vorsprachlicher Verständigungsmittel bei Kindern mit geistiger Behinderung liegen im deutschsprachigen Raum nur als Pilotstudien vor. Die Beobachtungen Klöpfers (1978) im Unterricht der Schule für Geistigbehinderte zeigten, dass Schülerinnen und Schüler sowie Lehrpersonen nichtsprachliche Verständigungsmittel in erheblichem Ausmaß einsetzen. Fröhlich (1979, 107ff) berichtete über vorsprachliche Verständigungsäußerungen bei schwerst körperbehinderten Kindern. Zur vorsprachlichen Verständigung gehören auch Signalverhaltensweisen, die sich in Verhaltensstörungen ausdrücken, soweit damit kommunikative Zwecke verfolgt werden. Es ist daher sinnvoll, bei Verhaltensauffälligkeiten mit kommunikativer Funktion für die jeweiligen pragmatischen Ziele tolerierbare kommunikative Verhaltensweisen zu vermitteln (Mühl, Neukäter, Schulz 1996b, 45ff).
Man kann zunächst mit Fröhlich (1979, 110f) empfehlen, eine Förderung zu praktizieren, die sich weitgehend an die gegenüber dem Neugeborenen und Kleinstkind gehandhabte Zuwendung anlehnt, jedoch in reflektierter und kontrollierter Weise. Kommunikationsförderung darf dabei nicht die Kontaktfähigkeit des Kindes voraussetzen; sie muss vielmehr dafür sorgen, dass das Kind erst kontakt- und verständigungsfähig wird. Dies bedeutet, sich dem Kind auf vielfältige Weise anzubieten und damit zu versuchen, Kontakt aufzunehmen und eine Beziehung aufzubauen. Wichtig sind hier der Körperkontakt (Mall 1990), die Orientierung von Gesicht zu Gesicht mit den mimischen Äußerungen sowie das Ansprechen; gegenüber Kindern wird dieses Ansprechen in der Art des baby-talk praktiziert, bei Jugendlichen und Erwachsenen sollte man eine eher altersgemäße Ansprache wählen. Dabei können Interaktionsspiele mit wechselnden Rollen im Vordergrund stehen, z.B. Kuckuck-Spiele, Spiele des Gebens und Nehmens. Man sollte jedoch nicht in den Fehler verfallen, die kaum oder verspätet eintretenden Reaktionen der Lernenden durch eine Überstimulation herausfordern zu wollen; sie irritiert eher als dass sie stimuliert. Es ist vielmehr notwendig, ihnen Zeit zu lassen und geduldig abzuwarten. Eine gezielte und systematisch kontrollierte Zeitverzögerung (»time-delay«) als Warten auf eine Reaktion nach einem Interaktionsabgebot ist auch auf späteren Stufen des Erwerbs der kommunikativen Kompetenz noch eine wirksame Methode.

Nach dem Aufbau einer basalen Kontaktfähigkeit mit Hilfe vorsprachlicher Kommunikationsmittel sollten vor allem Äußerungen des Wunsches nach Bedürfnisbefriedigung unterstützt werden, auch wenn sie nicht an ein Gegenüber gerichtet sind und nicht genau auszumachen ist, was die Lernenden wünschen. Dabei sollen sie sensorisch übermittelte Informationen mit bestimmten Situationen und Ereignissen koppeln und damit Bedeutungen erlernen. Dies wird dadurch unterstützt, dass Erziehungspersonen auf solche Äußerungen reagieren, die sie später als Verständigungsmittel einsetzen sollen. Dies hilft den Lernenden zu erfahren, dass sie ihre Umwelt beeinflussen können und ihr nicht hilflos ausgesetzt sind. Dem liegt die Vorstellung zugrunde, dass vorsprachliche Verständigungsweisen dadurch erlernt werden können, dass die Erziehungskräfte auf zunächst nicht als Verständigung angelegte Verhaltensweisen wie auf Kommunikationsweisen reagieren.
Als weiterer Schritt kann mit Hilfe von Diskrimiationslernen das gezielte Äußern geübt werden. Dazu wird eine begrenzte Anzahl von für die Lernenden vertrauten und bedeutsamen Gegenständen vor ihnen aufgebaut, und sie sollen die herausnehmen, die ihnen gezeigt werden. Dazu müssen sie den gezeigten Gegenstand mit den vor ihnen aufgebauten vergleichen und den gleich aussehenden heraussuchen. Dabei sollten die Schwierigkeiten langsam gesteigert werden. Am Anfang sollten es reale Dinge sein, später können es Bilder dieser Dinge sein, dann sollten Dinge mit Bildern vergleichen werden usw., bis eine Stufe erreicht ist, bei der der gemeinte Gegenstand mit dem gezeigten Bild nur noch zentrale Merkmale gemeinsam hat. Der dabei erlernte Abstraktionsprozess ermöglicht es den Lernenden, beispielsweise mit Hilfe eines Bildes einen bestimmten Gegenstand zu wünschen. Das kann dadurch geschehen, dass den Lernenden mehrere Bilder zur Verfügung stehen, deren Zuordnung zu realen Dingen sie erlernt haben, so dass sie dann ein Bild auswählen können, um etwas zu wünschen. Dies ist deshalb wichtig, weil sie dabei den Schritt von einer reaktiven Verhaltensweise zu einer spontan geäußerten erlernt haben, was ein wichtiges Ziel der Kommunikationsförderung ist. Dieser Schritt bildet zugleich den Übergang zum Sprach-erwerb.

14.4 Förderung des Spracherwerbs

Bei den Konzepten zur Förderung des Spracherwerbs bei Menschen mit geistiger Behinderung (Josef, Böckmann 1971; Schulze 1972; Guggenberger 1974; Atzesberger 1978; Oberacker 1981; Bondzio, Vater 1981; Nöther 1981; Kochs 1981; Baun 1981; Wohlfarth 1985; Wachsmuth 1986; Wilken 1993) hat mit der Zeit ein deutlicher Wandel von einer Vorrangstellung der phonologischen, lexikalischen und syntaktisch-grammatischen Dimensionen sprachlicher Äußerungen hin zur pragmatischen Dimension, zur Sprachverwendung, stattgefunden.
Einige Ansätze sind primär auf das Erlernen des Hörens und des Lautierens ausgerichtet; dabei wird die Sprachentstehung als lautlicher Entwicklungsprozess, angefangen vom Schreien über das Lallen hin zur Babysprache und zum

Wortgebrauch dargestellt. Im Zusammenhang mit dem Lautieren wird auch die Nachahmung für wichtig erachtet und geübt. Zu diesen Konzepten sind auch verhaltensmodifikatorische Programme zu zählen, die in den Mittelpunkt ihrer Bemühungen das Üben des Hörens, Lautierens und Nachahmens von Lauten und Wortmustern rückten. Solche Ansätze üben einige wichtige Voraussetzungen des Spracherwerbs, aber sie reichen nicht aus. Im Gegensatz zur Annahme solcher Hör- und Lautierprogramme sind es nicht so sehr Vokalisationen, sondern eher Gesten, insbesondere die Zeigegeste, denen man eine Überleitungsfunktion vom vorsprachlichen zum sprachlichen Handeln zuschreibt. Die Zeigegeste verkörpert den später in der Sprache charakteristischen Referenzakt, die Herstellung eines Bezuges zwischen Zeichen und Bezeichnetem (Bruner 1979).

Der oben erwähnte Wandel stimmt mit der neueren Spracherwerbsforschung überein (Szagun 1996), in der die bisherigen Dimensionen der Sprache um die Pragmatik, die Sprachverwendung erweitert wurden; Sprachpragmatik untersucht die Regeln des Gebrauchs von Sprache in sozialen Kontexten. Aus entwicklungspsychologischer Sicht wird das Sprechen aus dem gemeinsamen vorsprachlichen und außersprachlichen Handeln heraus abgeleitet. Nach diesem Interaktionsansatz beruht Sprechen auf einer Vielzahl sozialer und kognitiver Fähigkeiten, wobei aus dem Zusammenspiel dieser Fähigkeiten in der Interaktion mit der Bezugsperson die kommunikative Absicht entsteht. Zu den vorsprachlichen Verständigungsmitteln tritt jetzt das Verständigungsmittel »Sprache« hinzu, das als ein Symbolsystem auch abwesende Dinge und Sachverhalte zu repräsentieren vermag.

Die Lernenden sollen zunächst sprachliche Äußerungen von Partnern verstehen und deren Absichten erfassen lernen, was bis zu einem gewissen Grade schon vor dem eigenen Sprechen gelingt. Ferner sollen sie lernen, das Symbolsystem »Sprache« wirksam zum sozialen Handeln einzusetzen. Sprechen muss daher positive Konsequenzen haben, in der gegebenen Situation, späterhin auch über sie hinaus im Planen und Absprechen.

Spracherwerbsförderung kann nur auf der Basis schon vorliegender sozialer und kognitiver Handlungsfähigkeit mit Hilfe vorsprachlicher Verständigungsmittel erfolgreich sein. Im kognitiven Bereich wird Nachdruck gelegt auf das Erlernen der Wahrnehmung und der Bildung von Begriffen oder Konzepten, d.h. auf den Erwerb von Wissen und Vorstellungen über Dinge, Zustände, Ereignisse. Ein weiterer kognitiver Entwicklungsstrang auf diesem Wege ist der von Piaget beschriebene Erwerb der Symbolfunktion auf der Basis der sensomotorischen Intelligenz. Lautworte oder nichtvokale Symbole treten dann zu diesen Begriffen oder Konzepten als deren Repräsentanten hinzu. Auf der Basis von Konzeptbildung kann also Repräsentationsfähigkeit entstehen, um das Stadium des Symbolgebrauchs erreichen zu können. Diesem Ziel dient der gesamte Tagesablauf mit seinen immer wiederkehrenden Vollzügen und Ereignissen, aber auch affektiv ansprechende Erfahrungen und Erlebnisse. Das Anschauen von Bildern und Bildkarten als Medium der Sprachanbahnung kann dabei das eigene Erfahren und Handeln nur unzureichend ersetzen.

Im Rahmen der Spracherwerbsforschung wurde beobachtet, dass das Sprechen der Mutter zum Kind in seinen verschiedenen Dimensionen während des Spracherwerbs charakteristische Veränderungen im Vergleich zum Sprechen mit älteren Kindern oder Erwachsenen aufweist. Das Sprechen ist so geartet, dass dem Kind möglichst auffällige, deutlich unterscheidbare, einprägsame, korrekte, seiner Verständnisfähigkeit angepasste Modelle dargeboten werden. Daraus ergeben sich Konsequenzen für die Modelle sprachlicher Äußerungen, die Erziehungskräfte an die Lernenden richten sollten.
Für die professionelle Sprachförderung empfiehlt sich ein System, welches die Vorteile einer natürlichen Umgebung und einer strukturierten Einzelfördersituation in sich vereinigt. Die natürliche Umgebung bietet eine Vielfalt von Erfahrungen und Sprechanlässen, die ob ihrer Fülle verwirren oder wegen ihrer Unkontrollierbarkeit in ihrer Wirksamkeit versanden können. Eine durchstrukturierte Förderumgebung sollte die wirksamen Sprechanlässe einer natürlichen Umgebung aufgreifen, aber in kontrollierter Weise, wie dies in der Einzelförderung geschieht.
Für Menschen mit geistiger Behinderung, die nur unzureichend oder überhaupt nicht die Lautsprache erlernen, werden in letzter Zeit zunehmend Symbolsysteme eingesetzt, die entweder als eigenständiges Sprach- oder Symbolsystem oder als Übergangshilfe zum Erwerb des Sprechens eingesetzt werden (Adam 1993; Bundesvereinigung Lebenshilfe 1998). Sie haben gegenüber der Lautsprache den Vorzug, dass sie zunächst den Gebrauch des auditiv-vokalen Bereichs aussparen und die Handmotorik und/oder die visuelle Wahrnehmung einsetzen. Handzeichen (Duker 1991; Mühl 1996a) haben gegenüber optischen Symbolen wie beispielsweise dem Bliss-Symbolsystem den Vorteil, dass sie jederzeit »zur Hand« sind und nicht mit sich herumgetragen werden müssen; sie sind jedoch für den nicht Eingeweihten oft nicht ohne weiteres zu verstehen. Demgegenüber sind optische Symbole durch zusätzlich angebrachte Wortbilder für den Außenstehenden leicht verstehbar und besonders für Menschen mit Beeinträchtigungen der Arm- und Handbewegungen besser geeignet.
Unabhängig von der Art des Kommunikationssystems sollte für die Auswahl der ersten Zeichen oder Symbole das Kriterium der Funktionalität den Vorrang vor anderen Kriterien haben. Das bedeutet, es sollte immer zunächst gefragt werden: Können die Lernenden die Zeichen oder Symbole in bedeutsamer Weise einsetzen, um ein gewisses Maß an Bedürfnisäußerung und Kontrolle über sich und ihre Umgebung ausüben zu können? Andere Kriterien wie Entwicklungsgemäßheit oder Schwierigkeit der Artikulation eines Lautwortes oder der Ausführung eines Handzeichens sind zweitrangig und sollten erst dann zur Geltung kommen, wenn der Aspekt der Funktionalität keine Entscheidungshilfe mehr bietet.

14.5 Gesprächsförderung

Sprachliche Äußerungen im Gespräch sind Im Gegensatz zur ausgefeilten Form der schriftlichen Äußerung weniger inhaltsreich, da sich eine Vielzahl

von Informationen aus der gegebenen Situation, aus vorausgegangenen Gesprächen oder gemeinsamen Erfahrungen sowie aus den nichtsprachlichen Verständigungsmitteln entnehmen lässt. Die nichtsprachlichen Verständigungsmittel begleiten, unterstützen, illustrieren oder ersetzen sprachliche Äußerungen und regeln wesentlich den Gesprächsablauf. Gesprächsäußerungen enthalten mehr Verben als andere Wortarten, sind oft reduziert und weniger gut syntaktisch organisiert; sie enthalten Korrekturen, Satzbrüche, unvollständige oder verkürzte Formen. Die Forderung, in »ganzen Sätzen« zu sprechen, geht daher häufig an den Anforderungen eines Gesprächs vorbei.
Ziel der Gesprächsförderung ist die Fähigkeit, in alltäglichen Situationen Gespräche führen zu können. Dies setzt voraus, dass Fertigkeiten aus der Verwendung vorsprachlicher Mittel und der Sprache beherrscht werden. Wichtig sind zudem die Beherrschung der prosodischen Merkmale lautsprachlicher Äußerungen – Melodieführung, Rhythmus, Lautstärke u.a. – sowie allgemeine Regeln des sozialen Austausches. Gesprächsförderung beginnt daher früher als das Auftreten von Gesprächen. Im einzelnen beruht die Gesprächsfähigkeit mindestens auf folgenden weiteren Fähigkeiten und Voraussetzungen: Kontaktfähigkeit, Bereitschaft zum Gespräch, Anwenden von Strategien der Gesprächseröffnung, des Gesprächsabschlusses, des Sprecherwechsels, Fähigkeit zu verständlichem, artikuliertem Sprechen, Anwenden von Regeln der Wortfügung, einem bestimmten Bestand an Worten, Bestand an Wissen und Erfahrungen über ein Gesprächsthema (Szagun 1996, 240ff).
Versteht man Unterricht als eine auf Verständigung angewiesene Situation, so ergibt sich die Möglichkeit einer ständigen Gesprächsförderung im Unterricht. Ergebnisse zur sprachlichen Verständigung im Unterricht lassen jedoch vermuten, dass Gespräche im Unterricht die Gesprächsfähigkeit der Schülerinnen und Schüler nicht immer nachhaltig fördern. Heinemann (1975) beobachtete 11- und 12jährige Kinder einer Schule für Geistigbehinderte in gelenkten und freien Situationen. Die lehrergelenkten Unterrichtsgespräche zeigten eine starke Lehrerdominanz, liefen als Frage-Antwort-Folgen ab und verleiteten die Kinder zur Passivität; freie Spielsituationen hingegen ließen mehr Aktivität der Kinder erkennen, führten zu einer breiteren Streuung sozialer Handlungen und im sprachlichen Bereich zu längeren Äußerungen und häufigen Fragen der Kinder.
Dennoch sollten diese Ergebnisse nicht zu der Folgerung führen, erziehergeleitete Gespräche auf ein Minimum zu reduzieren. Erziehungskräfte haben im Gespräch wichtige Funktionen zu erfüllen, da sie mit Lerndefiziten im Führen von Gesprächen rechnen müssen. Solche Beeinträchtigungen können u.a. sein: Schwierigkeiten der Kontaktaufnahme bei Distanzlosigkeit oder Blockierungen, unterschiedliche Beteiligung am Gesprächsgeschehen durch vorlautes Dazwischenrufen oder Schweigen, unzureichender Einsatz nicht-sprachlicher Verständigungsmittel vor allem bei Menschen mit autistischem Verhalten, Gehemmtheit in realen Situationen, unzureichende Berücksichtigung der Erwartungen und Äußerungen des Gegenüber, Stammel- und Redefehler, Schwierigkeiten in der Wortfindung und Satzfügung.

Das Verhalten der Erziehungspersonen im Gespräch sollte hinsichtlich der Verstehbarkeit der Äußerungen und des Ausmaßes der sprachlichen Äußerungen modellhaft sein. Sie sollten versuchen, eher Impulse zu geben als enge Fragen zu stellen. Damit soll die Frage nicht abgewertet werden; sie spielt für den Spracherwerb eine wichtige Rolle, muss jedoch dosiert eingesetzt werden. Wenn Schule als Erfahrungsraum mit hohem Realitäts-charakter strukturiert wird, bieten sich viele Gelegenheiten, Meinungen und Erfahrungen auszutauschen, gemeinsame Unternehmungen zu planen, vorzubereiten und Entscheidungen zu treffen (Mühl 1986).

Auch Spiele, soweit sie zu ihrer Durchführung Gespräche erfordern oder solche anregen, können zur Gesprächsförderung genutzt werden, wobei hier die Motivation weniger von der Ernstfallsituation als von Spielmotiven geprägt wird. Neben sozialen Regelspielen, angefangen vom »Kuckuck«-Spiel über einfache Regelspiele bis hin zu Gesellschaftsspielen, sind es szenische Spiele mit freier Sprachgestaltung, denen gesprächsfördernde Wirkung zukommt. Das Rollenspiel lässt sich in mehreren didaktischen Funktionen einsetzen, wobei die Gesprächsförderung jeweils andere Akzente erhält: zur Kontrolle des Gelernten, indem man die Struktur des Spiels zu Beginn und am Ende einer Lehreinheit vergleicht, zur Vorbereitung des Handelns in der Realität, zur Reflexion über das Handeln in der Realität, zur Konfliktlösung, wobei häufig vorkommende Konflikte ohne Bezug auf einen konkreten Fall durchgespielt werden können. Die sprachliche Förderung im Rollenspiel erfolgt auch dadurch, dass gemeinsam die Vorbereitungen zum Spielen getroffen und nach dem Spielen Bewertungen und mögliche Änderungen besprochen werden.

(vgl. zu diesem Kapitel auch Mühl 1999).

15. Umgang mit Verhaltensstörungen

15.1 Ausgangslage, Begriff, soziale Folgen

Verhaltensstörungen sind normabweichende Verhaltensweisen, die die Persönlichkeitsentwicklung der Betroffenen oder das jeweilige soziale Umfeld längerfristig beeinträchtigen, unter unterschiedlichen Bedingungen und Situationen auftreten, von den Betroffenen nicht kontrolliert werden können und besondere pädagogische Maßnahmen erfordern.
Bei Menschen mit geistiger Behinderung kann man u.a. folgende Verhaltensstörungen beobachten:
- aggressives Verhalten gegen Dinge und Personen in Wort und Tat,
- selbstverletzendes Verhalten (z.B. Kopfschlagen, Sich-beißen)
- Stereotypien (z.B. Körperjaktationen, Handwedeln, stereotypes Hantieren mit Gegenständen, exzessives Finger- oder Handlutschen),
- (plötzliche) Wutausbrüche,
- Stimmungsschwankungen ohne ersichtlichen Grund,
- lang anhaltendes Schreien oder Weinen,
- aufdringliches und vereinnehmendes Verhalten gegenüber dem Personal,
- starkes Rückzugsverhalten und soziale Isolierung,
- depressive Verstimmungen,
- Hyperaktivität,
- extreme Langsamkeit,
- (elektiver) Mutismus,
- sexuelle Auffälligkeiten (z.B. öffentliches Masturbieren, Sich-entkleiden),
- Essstörungen (z.B. Nahrungsverweigerung, selbstinduziertes Erbrechen, Essen und Trinken im Übermaß),
- Kotschmieren, Spielen mit Speichel oder Erbrochenem,
- selbstinduzierte epileptische Anfälle (z.B. durch Hyperventilation),
- provozierte psychogene Anfälle,
- scheinbares Desinteresse am Geschehen in der Umwelt und an Gruppenaktivitäten,
- Einnässen (Enuresis), Einkoten (Enkopresis).

  (Mühl, Neukäter, Schulz 1996, 18f; vgl. auch Lingg, Theunissen 1993, 19ff).

Die bei Menschen mit geistiger Behinderung zu beobachtenden Verhaltensstörungen, die nicht selten auch bei nichtbehinderten anzutreffen sind, kann man grob in solche mit aggressiv-ausagierendem (externalisierendem) und in jene mit ängstlich-gehemmtem (internalisierendem) Charakter einteilen. Zu ersteren gehören u.a. Fremdaggressivität, Hyperaktivität (Umtriebigkeit), übertriebene Streitlust, Aufsässigkeit und massive Regelverletzungen, Tyrannisieren, zu letzteren gehören u.a. Ängstlichkeit, Zurückgezogenheit, Traurigkeit, Interesselosigkeit bis hin zu depressiven Verstimmungen, Minderwertigkeitsgefühle, psychosomatische Störungen.

Bezeichnungen wie »challenging behaviour« (herausforderndes Verhalten) im angloamerikanischen Sprachraum, »festgefahrenes« Verhalten (Heijkoop 1998) oder »Problemverhalten« (Bundesvereinigung Lebenshilfe 1999) anstelle der Bezeichnung »Verhaltensstörung« haben den Vorteil, daß die individuumzentrierte Sicht, die mit der Vokabel »Verhaltensstörung« nahegelegt wird, zugunsten einer interaktionsorientierten Sicht aufgegeben wird (vgl. auch Heinrich 1998a). Die Bezeichnung »Verhaltensstörung« ist dennoch vorzuziehen, weil sie allgemein gebräuchlich ist und nicht alle Verhaltensstörungen in dem oben genannten Sinne zu interpretieren sind. Die Bezeichnung »Verhaltensauffälligkeit« kann auch einmaliges, positiv normabweichendes Verhalten charakterisieren und ist daher missverständlich.
Aus psychologischer und psychiatrischer Sicht werden Verhaltensstörungen zuweilen als psychische Störungen bezeichnet (Hennicke 1994; Došen 1997), oder psychische Störungen werden in einem engeren Sinne von Verhaltensstörungen unterschieden. Eine eindeutige Zuordnung und Klassifizierung von Verhaltensstörungenn mittels psychiatrischer Diagnoseinstrumente erscheint vor allem aufgrund der begrenzten Anwendbarkeit insbesondere bei Personen mit schwerer geistiger Behinderung und eingeschränkten sprachlichen Fähigkeiten problematisch. Auch wenn einige Verhaltensstörungen bei Personen mit geistiger Behinderung in ihrer Form mit psychiatrischen Problemen vergleichbar sind (z.B. selbstverletzendes Verhalten, Nahrungsverweigerung, Destruktivität, Aggressivität, soziale Zurückgezogenheit, Schlafstörungen, Hyperaktivität), so bleiben doch der Sinn und die Möglichkeit eines Vergleichs fraglich.
Ausgehend von den Vereinigten Staaten wird auch bei uns in diesem Zusammenhang das Konzept der »dualen Diagnose« zunehmend diskutiert. Bradl (1994) hält dieses Konzept für problematisch, weil es zu einer zusätzlichen Stigmatisierung führe und geistige Behinderung als Krankheit interpretiere, der eine psychische beigesellt werde. David und Neukäter (1995) bemängeln in diesem Zusammenhang diagnostische Abgrenzungs- und Definitionsprobleme, weshalb in Untersuchungen die Prävalenzraten sehr unterschiedlich seien. Dennoch nahmen sie ein erhöhtes Vorkommen von psychischen Störungen bei Menschen mit geistiger Behinderung an, was durch die Angaben bei Meins (1989b), des Landschaftsverbandes Rheinland (1991), Lotz (1991), Crews Jr, Bonaventura und Rowe (1994) sowie bei Došen (1997) bestätigt wird. Nach Meins (1995) kamen depressive Störungen bei 798 Erwachsenen mit geistiger Behinderung aus verschiedenen Wohnformen jedoch nicht häufiger vor als bei nichtbehinderten Menschen.
Bei Erhebungen, in denen nicht zwischen psychischen und Verhaltensstörungen unterschieden wurde, konnten relativ hohe Raten ermittelt werden. Michels (1993) erhob Daten mittels Fragebogen bei 1.619 Erwachsenen mit geistiger Behinderung; danach fanden sich bei ca. 50% deutliche Verhaltensstörungen, bei ca. 20% leichte und bei knapp 30% keine. Nach der Häufigkeit ergab sich folgende Reihenfolge: provozierendes Sozialverhalten (34%), Aggressionen gegen Personen, Stereotypien/Zwänge, depressives Verhalten/Passivitität, Rückzug, Unruhe/Überaktivität, Schreien/Kreischen/Weinen, Angstsymptoma-

tik, Aggressionen gegen Sachen, selbstverletzendes Verhalten, unangemessenes Sprechen, Verwahrlosungstendenz, psychosomatische Störungen, sexuelle Auffälligkeiten, psychotische Störungen, sonstige Störungen, Alkohol- und Drogenmißbrauch (3%).

Ähnlich hohe Zahlen konnte Brinkmann (1999) mittels Fragebögen beim Personal in Einrichtungen für Kinder und Jugendliche, in Werkstätten für Behinderte und Wohneinrichtungen in einer Region (Stadt Delmenhorst, Landkreis Oldenburg) ermitteln. Die Auswertung von 849 Fragebögen (82% der Gesamtpopulation) erbrachte bei 399 Personen (ca. 42%) eine erhebliche Verhaltensstörung; nahm man leichtere Formen hinzu, waren es insgesamt etwa zwei Drittel. Geschlechtsspezifische Unterschiede konnten nicht dokumentiert werden; bei zunehmendem Grad der Behinderung nahm die Quote an Verhaltensstörungen zu.

Psychische Störungen bei älteren Menschen mit geistiger Behinderung werden bei Weber (1997) erörtert (vgl. auch Theunissen 1995).

In vollstationären Einrichtungen wurde schon früher eine deutlich höhere Rate an Verhaltensstörungen gegenüber Tageseinrichtungen beobachtet. Das lässt sich auch aus der Erhebung von Michels (1993) herauslesen. Danach ergab sich folgende Reihenfolge der Wohnformen hinsichtlich der Häufigkeit des Auftretens: Wohnheim und -gruppen der »Lebenshilfe« (13%), Familie (16%), betreutes Wohnen (19%), Aussenwohngruppe Neuerkerode (32%), Wohngruppen in Neuerkerode (56%), Landeskrankenhaus (90%) (vgl. auch Meins 1993). Ein ähnlicher Zusammenhang kann auch für selbstverletzendes Verhalten angenommen werden (Mühl, Neukäter, Schulz 1996, 27). Daraus ableiten zu wollen, dass Großeinrichtungen die Verhaltensstörungen in jedem Falle erst hervorbrächten, wäre voreilig und ungerechtfertigt. Es ist oft so, dass Menschen mit geistiger Behinderung und Verhaltensstörungen einem erhöhten Risiko ausgesetzt sind, in eine vollstationäre Einrichtung eingewiesen zu werden. Andererseits sind die Bedingungen in Komplexeinrichtungen nicht immer so geartet, dass sie Verhaltensstörungen abbauen, sondern sie eher aufrechterhalten.

Fremdaggressive Verhaltensweisen konnten in den von der Lebenshilfe Wien betreuten 265 Personen bei ca. 11% durch Befragung der Betreuenden ermittelt werden (Bruckmüller 1995; vgl. auch Kral 1985). Nach Meins (1989a) wurden von 692 Bewohnerinnen und Bewohnern einer großen Einrichtung knapp 16% als aggressiv eingestuft, jüngere Personen häufiger als ältere. Er sieht einen Zusammenhang mit folgenden Merkmale in der Reihenfolge der Bedeutung: als Folge von Frustration und Kritik, geringe Selbsthilfefertigkeiten, niedrige soziale Untersützung, Anfallsleiden. Dederich, Allar und Fabig (1999) ermittelten in Wohnstätten für Menschen mit geistiger Behinderung einer Region um Köln ebenfalls hohe Raten von fremdaggressivem (41,1%) und selbstverletzendem (21,1%) Verhalten.

Im Zusammenhang mit aggressiven Verhaltensweisen von Menschen mit geistiger Behinderung sei auch auf den Aspekt der Gewalt hingewiesen, der sie selbst durch Behandlung, Pflege, Therapie und allgemeine Abhängigkeit aus-

liefert sein können (Schnoor 1991; Irblich 1999). Aus systemischer Sicht betrachtete Hennicke (1996) Situationen, in denen es zu Zyklen der gegenseitigen Gewalt in der Beziehungssituation zwischen Erwachsenen mit geistiger Behinderung und Bezugspersonen als Resultat einer emotionalen Verstrickung in ausweglosen Kontextbedingungen kam. Nach seiner Auffassung sind Aggressionen bei Menschen mit geistiger Behinderung Signale eines emotionalen Spannungszustandes, in dem Versuche des wechselseitigen Sich-durchsetzens den Charakter von Panikreaktionen mit Kontrollverlust erhalten können. Irritation und Hilflosigkeit auf beiden Seiten sind das Merkmal, an dem Beratung und Therapie ansetzen sollten.
Verhaltensstörungen haben für beide Seiten – für die betroffenen behinderten Menschen wie für die Bezugspersonen – negative Folgen:

- Sie können stark selbstgefährdend sein (z.B. selbstverletzendes Verhalten, Nahrungsverweigerung).
- Sie können Lernen und Entwicklung erschweren (z.B. starke Stereotypien, selbstverletzendes Verhalten, aggressives Verhalten).
- Sie können die internen wie die externen Beziehungen einer Familie erheblich beeinträchtigen.
- Sie führen häufig zu sozialem Ausschluss der Betroffenen bis hin zur Heimeinweisung.
- Sie verringern die Chance der Deinstitutionalisierung.
- Menschen mit schweren Verhaltensstörungen werden häufig sediert, sozial und emotional vernachlässigt und/oder bestraft.
- Das Leben und Arbeiten mit Menschen mit schweren Verhaltensproblemen führt bei den Bezugspersonen häufig zu psychischen Belastungen, Überforderung und Hilflosigkeit im Umgang mit ihnen.
- Auf Seiten der Bezugspersonen kann sich die Hilflosigkeit in Aggressionen gegenüber den Betroffenen umkehren, deren Folge Vernachlässigung bzw. Meidung und Bestrafung der Betroffenen sein können.

Seifert (1995) befragte 22 betreuende Personen zum Umgang mit Problemverhalten bei Menschen mit schwerer geistiger Behinderung. Die Ergebnisse sprachen einerseits für das Bemühen, sensibel mit deren individuellen Bedürfnissen umzugehen, verbunden mit dem Risiko der Enttäuschung, wenn sich kein Erfolg einstellte, ließen andererseits Hilflosigkeit erkennen, die zu Mitteln greifen ließ, welche die Freiheitsräume des einzelnen einschränkten bis hin zur Anwendung körperlicher Gewalt (vgl. auch Heinrich 1998a; Dederich, Allar, Fabig 1999).

15.2 Entstehungsbedingungen

Bezüglich der Entstehung und Aufrechterhaltung von Verhaltensstörungenn bei Menschen mit geistiger Behinderung werden mehrere Erklärungsansätze diskutiert. Sie liefern erste Hinweise für Förderungs- und sonstige Interventionmaßnahmen. Dabei spielen Faktoren, die im sozialen Umfeld zu suchen

sind, und Faktoren, die in der betroffenen Person liegen, ebenso eine Rolle wie das Zusammenwirken beider (Bundesvereinigung Lebenshilfe 1999).
Die Vermutung, dass die geistige Behinderung bzw. die Hirnschädigung allein für die Entstehung von Verhaltensstörungenn verantwortlich sei, lässt sich nicht aufrechterhalten. Erst das Zusammenwirken der Lebensumstände, in denen sich diese Menschen befinden, in Verbindung mit unzureichend erworbenen Fähigkeiten zur Lösung von Problemen begünstigt die Entstehung von Verhaltensstörungen. Neben tatsächlichen psychischen Erkrankungen können Beziehungsprobleme in der Familie, entwicklungsbedingte Fixierungen, Institutionalisierungseffekte, emotionale Erregungen, körperliche Missempfindungen und kritische Lebensereignisse allein oder in der Kumulierung für die Entstehung von Verhaltensstörungen verantwortlich sein (Lingg, Theunissen 1993, 68ff; Fischer 1996; Bundesvereinigung Lebenshilfe 1996, 20ff).
Verhaltensstörungen, die eher von Gegebenheiten des sozialen Umfeldes vermutet werden, dürfen nur unter Berücksichtigung der jeweiligen individuellen Lebensumstände betrachtet und angegangen werden. Dadurch kann Verständnis für die Verhaltensstörungen innerhalb eines komplexen Person-Umweltsystems entwickelt werden. Die Lebenswelt umfasst die Wohnumwelt des behinderten Menschen (Wohnung, Nachbarschaft, Schule usw.), die Bezugspersonen und die Qualität der Beziehung zu den Bezugspersonen, das pädagogische Konzept und die Strukturen einer Einrichtung.
Darüberhinaus sind eher auf die einzelne Person bezogene bzw. in ihr liegende Faktoren zu berücksichtigen. Verhaltensstörungen können durch organische Schädigungen wie Sinnesschädigungen, Erkrankungen, starke oder andauernde Schmerzen ausgelöst werden. So kann selbstverletzendes Verhalten eine unmittelbare Folge bestimmter Erkrankungen wie Kopfschmerzen, Mittelohrentzündungen oder entzündlicher Hautreaktionen sein.
Im Rahmen des Übens bestimmter Bewegungsabläufe im Laufe der Entwicklung kann es zu Stereotypien und in der Folge zu Selbstverletzungen kommen, die aufgrund der retardierten Entwicklung fixiert bleiben. Bei Menschen mit schwerer geistiger Behinderung, die sich noch in der sensomotorischen Phase befinden, können stereotype Verhaltensweisen dominieren.
Menschen, denen von Seiten der Umwelt zu wenig Reize vermittelt werden, versuchen, dieses Ungleichgewicht durch das selbständige Setzen von Reizen aufzuheben. Dies kann u.a. dadurch geschehen, dass sie sich Reize in Form von Stereotypien oder selbstverletzendem Verhalten verschaffen. Sämtliche Wahrnehmungsbereiche können von sensorischen Störungen oder Unterstimulation betroffen sein: ist es der taktile, kann dies zu Schlagen, Kratzen, Beißen, Haareausreißen führen, ist es der visuelle, kann es zu Augenbohren oder Augenschlagen, ist es der auditive, kann es zum Auf-das-Ohr-Schlagen, ist es der vestibulär-kinästhetische, kann es zu Schlägen gegen Kinn oder Schläfe, ist es der olfaktorische, kann es zu selbstinduziertem Erbrechen führen. Bei autistischen Kindern und Jugendlichen nimmt man grundsätzlich Wahrnehmungsstörungen an, so dass sie gehäuft Stereotypien und selbstverletzendes Verhalten zeigen.

Der tiefenpsychologische Ansatz erklärt Verhaltensstörungen aus der psychoanalytischen Entwicklungstheorie und hier vor allem der Ichentwicklung. Die frühe Beziehung zur Bezugsperson wird für das Erlernen von Autonomie und des Ichgefühls als bedeutsam erachtet. Für eine psychisch gesunde Entwicklung spielt das Selbstwertgefühl eine entscheidende Rolle. Bei Menschen mit geistiger Behinderung besteht in dieser Hinsicht ein psychosoziales Defizit und ein vermitteltes, außengerichtetes Selbstwertgefühl, das die Ichfunktionen anderer für die Alltagsbewältigung nutzt. Verhaltensstörungen sind daher vor allem ein Ergebnis der Ichschwäche und der unzureichenden Autonomiebemühungen (Gaedt 1993).
Lerntheoretische Positionen nehmen an, dass Verhaltensstörungen das Ergebnis bestimmter Lernprozesse sind. Insbesondere die Reaktionen von Bezugspersonen auf unerwünschtes Verhalten führen oft unbeabsichtigt zur Entstehung von Verhaltensstörungen.
So können Verhaltensstörungen durch positive Verstärkung hervorgerufen und verfestigt werden. Insbesondere bei Menschen mit schwerer geistiger Behinderung zumal unter isolierenden Bedingungen ist anzunehmen, dass für sie extrem auffälliges Verhalten oft eine der wenigen Möglichkeiten darstellt, soziale Zuwendung zu erreichen, auch wenn sie aus unserer Sicht negativ getönt ist. Bei Fremdaggressionen, denen kein Widerstand entgegengesetzt wird, erfolgt eine Verstärkung des aggressiven Verhaltens, weil es Erfolg hatte. Der Aggressor wird danach streben, sich weitere Belohnungen zu holen. Verhaltensstörungen können durch negative Verstärkung verfestigt werden, indem eine als unangenehm erlebte Situation vermieden werden kann (Vermeidungslernen). Ein Kind sieht sich einer unangenehmen Aufgabe ausgesetzt und fängt an zu schreien. Die Bezugsperson nimmt die Aufgabe zurück und das Kind hört auf zu schreien. Es lernt: wenn ich schreie, kann ich einer unangenehmen Situation ausweichen. Modellernen spielt vor allem bei fremdaggressivem Verhalten eine Rolle. Person A sieht, dass Person B durch Aggression Erfolg hatte und versucht, dieses Verhalten nachzuahmen und sich den gleichen Erfolg zu holen.
Vielen Verhaltensstörungen kommt daher eine kommunikative Funktion zu. Schwere geistige Behinderung, vor allem bei zusätzlichen motorischen oder sensorischen Beeinträchtigungen hat in den meisten Fällen auch ein begrenztes Verhaltensrepertoire in der Ausdrucks-, Kommunikations- und Interaktionsfähigkeit zur Folge. Bedürfnisse, Wünsche, Abneigungen und Empfindungen können oftmals nicht oder nur unzureichend ausgedrückt werden. Verhaltensstörungen werden dann zu deren Durchsetzung eingesetzt und erhalten so einen kommunikativen Charakter.
Unter der Annahme, dass auch Menschen mit geistiger Behinderung danach streben, Bedürfnisse und Interessen zu befriedigen, um ihre Umgebung zu verstehen und zu kontrollieren, kann Menschen mit Verhaltensstörungen eine Blockierung der autonomen Befriedigung dieser Grundbedürfnisse unterstellt werden. Sie können diesen negativen Zuständen nicht aus eigener Kraft begegnen, da ihre internen Bewältigungsprozesse blockiert sind, zumal dann, wenn

die Lebenswelt diese nicht gefördert hat. Verhaltensstörungen resultieren daher oft aus andauernder Hilflosigkeit. Sie haben daher eine sinnvolle Funktion für die Betroffenen. Jene werden bewusst oder unbewusst eingesetzt, um sich bestimmten Anforderungen oder als unangenehm erlebten Situationen zu entziehen, um Aufmerksamkeit zu erhalten oder um gewünschte Dinge zu bekommen. Im Einzelfall ist es durchaus möglich, dass mehrere dieser Funktionen ins Spiel kommen (Klauß 1995).
Hier lässt sich auch das Konzept der Vulnerabilität (Verletzlichkeit) zum Verständnis von Verhaltensstörungen einordnen. Menschen mit geistiger Behinderung haben durch psychosoziale Belastungen, durch Abhängigkeit und Fehlen angemessener Bewältigungsstrategien oder sozialer Unterstützung, durch traumatische Lebensereignisse und Krisen, durch Entwicklungsanforderungen in bestimmten Lebensphasen kaum die Möglichkeit, mit frustrierenden Situationen kompetent umzugehen (Bradl 1994).

15.3 Konzepte der Förderung und Therapie

In Theorie und Praxis kann man klinisch-psychologische Therapiekonzepte und pädagogische Ansätze unterscheiden. Sie überlappen sich jedoch an vielen Stellen; pädagogische Ansätze nutzen therapeutische Prakiken – so bedient sich Klein (1987) einer pädagogisch orientierten Verhaltensmodifikation – oder therapeutische Konzepte beziehen kompetenzerweiternde Verfahren und Lebensweltveränderungen mit ein.
Einen Überblick über den aktuellen Stand der Psychotherapie bei Menschen mit geistiger Behinderung liefert Stahl (1996). In Anlehnung an Gaedt (1987) begründet er die Notwendigkeit des Einsatzes psychotherapeutischer Verfahren; psychische Störungen kommen häufiger als bei nichtbehinderten Menschen vor, sie sind nur ausnahmsweise auf hirnorganische Schädigungen zurückzuführen, normalisierte Betreuung lässt psychische Störungen deutlicher herortreten und macht Psychotherapie nicht immer überflüssig. Eine Humanisierung der Lebensbedingungen und ein einfühlsames Akzeptieren allein kann Verhaltensstörungen reduzieren, aber nicht entscheidend eliminieren.
Im folgenden seien die einzelnen Therapieansätze, die sich teilweise in ihren Grundlagen wie in ihren Maßnahmen überlappen, kurz skizziert:
- Verhaltenstherapie (Braun 1992; 1997; Bernard-Opitz 1995; Margraf 1996; Kehrer 1997; Heinrich 1998a): Sie basiert auf lerntheoretischen Annahmen, die oben schon skizziert wurden.
- Psychoanalytische Ansätze (Gaedt 1993; Liljenroth-Denk 1996; Došen 1997; Becker, Niedecken 1999): Hierbei spielt der Aufbau einer stabilen Beziehung eine große Rolle, um die Probleme zu verstehen. Ziel ist eine korrigierende emotionale Erfahrung und Neubewertung von Beziehungen, um angemessene Beziehungen aufnehmen zu können. Durch Kinderspiel und szenisches Verstehen können psychische Konflikte auch nichtsprachlich auf der Handlungsebene bearbeitet werden. Während die Verhaltenstherapie primär eine Anpassung an die Umgebung anzielt, strebt die Psycho-

analyse eine Angleichung an als Beeinflussung der emotionalen Bedeutungssetzung durch empathische, längerfristige, stabile, entwicklungsfördernde Beziehungen. Ansätze zum psychoanalytisch orientierten Umgang mit depressiven Inszenierungen sind bei Gaedt (1990) abgehandelt.

- Transaktionsanalyse (Elbing 1996): Sie basiert auf einer Persönlichkeits-, Kommunikations- und Interaktionstheorie, ergänzt durch Piagets Entwicklungstheorie; ihr Leitziel ist Autonomie durch Selbstorganisation. Eine zentrale Maßnahme ist das Schließen von Verträgen, was aber für Menschen mit geistiger Behinderung nicht immer in Frage kommt.
- Gestalttherapie (Besems, vanVugt 1983, 1989): Sie basiert auf der humanistischen Psychologie und geht von der Leib-Seele-Geist-Einheit aus. Körperliche Übungen spielen daher eine große Rolle (vgl. auch körperzentrierte Therapien nach Rohman, Hartmann 1988).
- Klientenzentrierte Gesprächspsychotherapie (Badelt 1994): Grundlage ist auch hier die humanistische Psychologie mit der Vorstellung, dass das Individuum die Tendenz zur Selbstverwirklichung hat. Ziel ist, die blockierte Entwicklung in Gang zu setzen. Wichtig ist die therapeutische Beziehung mit Authentizität, Empathie, Akzeptanz und der gefühlsmäßigen Widerspiegelung (Elbing u.a. 1999). Veränderungen sollen durch emotionale Umbewertungen erfolgen.
- Systemische Ansätze (Hennicke 1994): Sie rücken das soziale System mit dem betroffenen Individuum, deren Bezugspersonen und den Lebensweltbedingungen, in dem Verhaltensstörungen auftreten, in den Mittelpunkt. Nicht die Ursache wird ausfindig gemacht, sondern die Funktion der Verhaltensstörung innerhalb des sozialen Systems. Verhaltensstörungen bleiben somit nicht eine individuelle Angelegenheit, sondern werden zum Problem der im System interagierenden Personen und der Lebensweltbedingungen. Die Verhaltensmuster, die die Verhaltensstörung aufrechterhalten, werden ausfindig gemacht, und durch eine Umdeutung wird Freiraum für alternatives Verhalten geschaffen. Für Gewaltzirkel ist es beispielsweise notwendig, systemöffnende Perspektiven zu schaffen (Hennicke 1996). Auch Heijkoop (1998) mit der Sicht von Verhaltensstörung als »festgefahrenem« Verhalten ist diesem Ansatz zuzuordnen. Er betrachtet zudem behinderte Menschen unter dem Aspekt der Selbstorganisation als sich selbst regulierende Systeme, die aktiv in ihre Umgebung und zur Kontrolle der Situation, manchmal auch der Verhaltensstörung eingreifen. Sax-Eckes (1995) beschreibt eine therapeutische Wohngruppe aus systemischer Perspektive.

Angesichts der Vielfalt therapeutischer Ansätze – viele sind hier gar nicht aufgeführt –, der auch in dieser kurzen Übersicht deutlich werdenden konzeptionellen Überschneidungen und der zudem fehlenden empirischen Nachweise der Vorteile des einen Ansatzes gegenüber den anderen erscheint es nicht unsinnig, auch die Möglichkeit einer schulenübergreifenden Psychotherapie ins Auge zu fassen (Kresse 1995). So verbindet Heinrich (1998a; 1998b) im Umgang mit Aggressionen eine systemische Sichtweise mit verhaltensmodifizierenden Elementen. Rohmann und Elbing (1998) wenden zur Behandlung von selbstverletzendem Verhalten eine Vier-Strategien-Konzeption an: symptomatische Behandlung unter lerntheoretischer Perspektive, Beeinflussung der Erregungssteuerung durch körpertherapeutische Maßnahmen, Kommunikationstherapie und Bearbeitung systemischer Zusammenhänge (vgl. auch Hettinger 1996; Mühl, Neukäter, Schulz 1996).

Endermann und Sander (1999) stellen sechs Modelle zur Beteiligung von weiteren Personen (Kotherapeut, pädagogisches Personal, Angehörige) am psychotherapeutischen Geschehen vor, die in Einrichtungen für Menschen mit geistiger Behinderung anzutreffen sind und je nach Art des Problemverhaltens angebracht sein können, von der Einzeltherapie bis zu der Situation, in der ein Therapeut das System Klient-Mitarbeiter aufarbeitet. Sie votieren für eine systematische Reflexion des Einbezugs von weiteren Personen.

Zu bedenken ist auch das von Steiger (1994) vorgestellte Prinzip der minimalen Intervention und das damit unterstützte Prinzip des Selbstmanagements; Unterstützung soll so lange gewährt werden, bis die betroffene Person selbst Bewältigungsstrategien erworben hat. Hilfen hierzu sind vor allem Rollenspiele zur Einübung bestimmter Strategien für den Alltag, systematische Übungen zur Bewältigung z.B. von Ängsten und Entspannungstechniken.

Pädagogische Konzepte unterscheiden sich von psychologischen vor allem dadurch, dass sie neben dem Abbau der Verhaltensstörungen primär an der Kompetenzerweiterung im kognitiven, emotionalen und sozialen Verhalten, insgesamt in der Handlungsfähigkeit in alltäglichen Kontexten interessiert sind. Sie fühlen sich in der Regel nicht einer bestimmten psychotherapeutischen Schule verpflichtet. Dennoch übernehmen sie zum Teil bestimmte therapeutische Maßnahmen in das pädagogische Gesamtkonzept. Sie verfolgen die Ziele Autonomie und Entwicklungsförderung, beziehen systemische Aspekte mit ein, indem sie die Strukturierung der Lebensumwelt berücksichtigen und sie wenden verhaltensmodifikatorische Methoden an. Dies gilt beispielsweise für das pädagogische Konzept von Theunissen (1997), das mehrperspektivisch angelegt ist: Berücksichtigung von Leitprinzipien wie Subjektorientierung, Autonomie, Lebensweltorientierung, Alltagsbegleitung durch Förderpflege, lebenspraktische Förderung, körperliche Aktivierung, ästhetische Praxis und Einbezug pädagogisch-therapeutischer Konzepte unterschiedlicher Provenienz (vgl. auch Bundesvereinigung Lebenshilfe 1996, 51ff). Hackenberg (1996) verfolgt einen behindertenpädagogischen Ansatz aus psychoanalytischer Perspektive, der die Gestaltung der Umwelt sowie Beschäftigungs- und Beziehungsangebote vorsieht, um die stagnierende Entwicklung zu stimulieren. Mühl, Neukäter und Schulz (1996) verbinden in ihrem pädagogischen Konzept pädagogische Zielsetzungen mit systemischer Sichtweise und verhaltensmodifikatorischem Vorgehen (vgl. auch van Gemert 1995). Bestimmte therapeutische Praktiken erfordern eine intensive Ausbildung und kommen daher für den pädagogischen Alltag nicht in Frage.

An der Entwicklung und Durchführung von pädagogischen Förderungsmaßnahmen sollten im Gegensatz zur Einzeltherapie möglichst alle Personen beteiligt werden, die unmittelbaren Umgang mit dem behinderten Menschen haben. Dies stellt sicher, dass Maßnahmen von allen Beteiligten mitgetragen werden können und die Umsetzung von allen konsequent durchgeführt wird. Dazu gehören im Einzelfall auch die Erziehungsberechtigten. Angehörige sind meist die am stärksten von Verhaltensproblemen Betroffenen und erfahren diese Verhaltensweisen als erhebliche Belastung. Sie sollten in die Überlegungen zum Umgang und Abbau von Verhaltensstörungen in der Einrichtung einbezogen werden. Auch die Maßnahmen zur Reduzierung von Verhaltensstörungen sollten ergänzend zu denen in der Einrichtung möglichst auch in der häuslichen Umgebung umgesetzt werden. Um mit der belastenden Situation besser umgehen zu können, sollten ihnen Hilfen und Beratung angeboten werden.

Für das Verständnis von Verhaltensstörungen, den Umgang mit ihnen und eine effektive Förderung ist es sinnvoll, deren jeweilige Funktion für die Betroffenen zu ermitteln (Mühl, Neukäter, Schulz 1996, 49ff). Bei der Auswertung von empirischen Studien zum Abbau von Verhaltensstörungen war die Durchführung einer Diagnostik der Funktionen von Verhaltensstörungen (»funktionale Diagnostik«) bei all jenen Studien zu finden, die am wirksamsten waren. Sie basiert auf der Annahme, dass viele Verhaltensstörungen in einem engen Zusammenhang mit vorhergehenden und nachfolgenden Situationen stehen, aber auch mit der Gesamtsituation, in der sich eine Person befindet. Bevor das störende Verhalten direkt beeinflusst wird, sollten deshalb die Lebensweltbedingungen analysiert werden, um herauszufinden, welche Faktoren die Persönlichkeitsentwicklung eher fördern oder eher hemmen und einschränken. Die funktionale Diagnostik sollte folgende Bereiche erfassen:

- das Umfeld der Person im Hinblick auf die Verhaltensstörung,
- die der Verhaltensstörung vorhergehenden Situationen,
- die Konsequenzen der Verhaltensstörung und
- die Funktionen, welche die Verhaltensstörung für die Betroffenen haben kann.

Entsprechende Verfahren sind die informelle Befragung, die Beobachtung und die Verwendung von Fragebögen bzw. Schätzskalen (z.B. Hacke u.a. 1980). Vorteile der Verhaltensbeobachtung bestehen in der Möglichkeit der gezielten Ausrichtung auf die jeweilige Verhaltensstörung und in der Anlehnung an spätere Maßnahmen; sie dient somit der Problemerkennung wie der Maßnahmenüberprüfung.

Aus pädagogischer Sicht bestehen die Förderungsmaßnahmen bei Verhaltensstörungen neben Veränderungen der Lebenswelt grundsätzlich aus zwei Komponenten (vgl. auch Bundesvereinigung Lebenshilfe 1999): aus Maßnahmen, welche die Handlungsmöglichkeiten der betroffenen Person unter Berücksichtigung der Funktionen des Problemverhaltens erweitern, und aus Maßnahmen, die direkt auf die Beeinflussung des Problemverhaltens gerichtet sind. Dabei ist zu bedenken, dass die Verhaltensstörungen den Betroffenen ein gewisses Maß an Kontrolle über ihre Umgebung ermöglichen, die ihnen nicht ohne entspre-

chenden Ersatz genommen werden sollte (Klauß 1994). Verhaltensstörungen sollten daher mit Ausnahme von massiv selbstverletzenden oder fremdaggressiven Verhaltensweisen nicht von vornherein unter allen Umständen unterdrückt werden (Heijkoop 1998).
Pädagogisch bedeutsam sind Maßnahmen, die das Handlungsrepertoire eines behinderten Menschen steigern, damit seine Selbständigkeit fördern und möglicherweise schon dadurch Verhaltensstörungen reduzieren. Dazu gehören alle Übungen, die Selbständigkeit und Kommunikationsfähigkeit fördern. Er wird dadurch unabhängiger, ist weniger hilflos den Situationen des täglichen Lebens ausgeliefert, strukturiert seine Umwelt besser, erlangt Handlungsmuster, die sich auch auf andere Bereiche übertragen lassen. Manche Schwierigkeiten erwachsen aus der Tatsache, dass ein behinderter Mensch nicht genügend Handlungsmuster beherrscht, um sich sinnvoll zu beschäftigen und sich an sozialen Spielen oder Betätigungen zu beteiligen. Ergänzend ist körperliche Aktivierung hilfreich, ausgehend von der Vorstellung, dass Verhaltensstörungen auch durch Untererregung infolge mangelnder äußerer Reize oder mangelnder Bewegung entstehen können.
Maßnahmen zur Veränderung der Lebensweltbedingungen führen nicht immer allein zum Erfolg. Meins (1989) stellte fest, dass etwa die Hälfte von 109 aggressiven Bewohnerinnen und Bewohnern einer Großeinrichtung mit Psychopharmaka behandelt wurden; er schloss daraus, dass bei ihnen die Grenzen pädagogisch-psychologischer Bemühungen erreicht waren. Es ist deshalb meist notwendig, Maßnahmen zu ergreifen, die direkt auf den Abbau der Verhaltensstörung zielen. In der pädagogischen Praxis haben sich neben anderen psychotherapeutischen Maßnahmen verhaltensmodifikatorische Me-thoden bewährt (Braun 1997; Kehrer 1997).
Im Vordergrund der direkt auf die Verhaltensstörung gerichteten Maßnahmen stehen Belohnungen unterschiedlicher Art. Eine Belohnung wird dann gegeben, wenn innerhalb eines bestimmten Zeitraums eine Verhaltensstörung nicht auftritt und andere Verhaltensweisen zu beobachten sind. Die Betroffenen sollen dadurch lernen, zwischen erwünschtem und unerwünschtem Verhalten zu unterscheiden. Belohnungen oder Verstärker können der Bedeutung nach sein:

- soziale Verstärker in Form jeglicher sozialer Zuwendung,
- Münzverstärker, beispielsweise kleine Klebeplättchen oder ähnliches, die bis zu einer bestimmten Anzahl gesammelt werden, bis die Betroffenen die eigentliche Belohnung erhalten. Münzverstärker haben den Vorteil, dass deren Zahl beliebig erhöht werden kann und keinen großen Aufwand erfordern.
- Tätigkeitsverstärker (z.B. Musikhören),
- Nahrungsstückchen (z.B. Gummibärchen, Salzstangenstückchen), Getränke in kleinen Mengen.

Eine spezielle Form des Verstärkens ist das Verstärken inkompatiblen Verhaltens, bei dem eine mit der Verhaltensstörung unvereinbare Tätigkeit verstärkt

wird. So kann bei einer ungefährlichen Verhaltensstörung wie beispielsweise ständigem Reiben der Hände manuelles Spielverhalten geübt werden.
Bei Verhaltensstörungen wurden und werden nicht selten Strafen eingesetzt. Brinkman (1999) ermittelte in seiner Befragung folgenden Maßnahmenkatalog: 73% Isolierung, ca. 10% sonstige Strafen, knapp 9% Zuwendung, 8% Situation vermeiden oder verändern, ca. 6% körperliche Intervention, 4% neue Reize schaffen, ca. 3% Ignorieren, knapp 3% Therapie (vgl. auch Seifert 1995; Dederich, Allar, Fabig 1999).
Bestrafung ist die Unterdrückung eines Verhaltens durch unangenehme Reize, die in Abhängigkeit von der Verhaltensstörung geboten werden. Zu Strafen allgemein ist zu sagen, dass sie den Betroffenen verdeutlichen, was man nicht tun darf, jedoch nicht, wie erwünschtes Verhalten aussieht. Zugleich nehmen sie den Betroffenen eine Möglichkeit, zumindest ein gewisses Maß an Kontrolle über ihre Umgebung auszuüben. Bestrafung ist daher in vielen Fällen nicht oder nur kurzfristig wirksam. Zudem ist sie in besonderer Weise an die Person der Ausübenden gebunden und kann möglicherweise das Vertrauensverhältnis zu ihnen erschüttern. Sie gibt ferner ein negatives Verhaltensmodell. Misserfolge von Strafen lassen sich zuweilen darauf zurückführen, dass keinerlei Bewältigungstechniken vermittelt und Verhaltensblockaden u.U. gefestigt werden. Strafen sollten daher nur dann eingesetzt werden, wenn sie unumgänglich erscheinen, dann aber mit handlungserweiternden Maßnahmen kombiniert werden.
Die kurze manuelle Unterbrechung in unmittelbarem Zusammenhang mit einer Verhaltensstörung hat sich bewährt und ist ethisch vertretbarer als andere Strafverfahren. Verbale Rügen wie beispielsweise das resolut ausgesprochene »Nein« sind jedoch von dauerhafterer Wirkung und aus ethischen Gründen weniger bedenklich.
Da Verhaltensstörungen auch durch soziale Verstärkung entstehen können, ist es u.U. folgerichtig, soziale Verstärkung als Zuwendung jeglicher Art wie Ansprechen, Festhalten u.a. zu unterlassen (Ignorieren). Die Verhaltensstörung kann dann zunächst häufiger und intensiver auftreten, weil der behinderte Mensch damit etwas erreichen wollte, was jetzt nicht mehr eintritt, und darauf reagiert er zumindest anfangs mit verstärkten Bemühungen. Zudem kann man oft eine konsequente und von allen Beteiligten gleichartige Behandlung nicht immer erwarten. Grundsätzlich sollten gleichzeitig Verstärkungen für erwünschte Verhaltensweisen vorgesehen werden, damit das Ausmaß der für den behinderten Menschen notwendigen Zuwendung nicht vermindert wird. Oft ist dieses Verfahren jedoch nicht einsetzbar, weil es u.U. zu lange dauert oder aus ethischen Gründen ausscheidet.
Den Entzug von Verstärkung nach dem Auftreten einer Verhaltensstörung erreicht man auch durch eine Aus-Zeit (»time-out«). Maßnahmen können u.a. bestehen aus dem kurzfristigen Rückzug der Bezugsperson, aus der Wegnahme des verwendeten Spielmaterials, aus dem befristeten (mindestens 15 Minuten) Ausschluss aus der Gruppe oder aus dem Raum. Die letztgenannte Maßnahme ist vor allem dann effektiv, wenn Verhaltensstörungen eingesetzt werden, um

Zuwendung zu erhalten. Probleme entstehen, wenn der soziale Ausschluss verstärkend wirkt. Zuweilen kann ein Ausweichen auf andere Verhaltensstörungen auftreten, weil eine Handlungsmöglichkeit genommen wurde. In jedem Falle muss die Wirksamkeit dieses Verfahrens individuell und situationsbezogen eingehend begründet, überprüft und dokumentiert werden.
Überkorrektur ist eine Kombination von Bestrafung und Verhaltensförderung und besteht aus zwei Phasen: aus der Restitution (Wiederherstellung) und der positiven Übung. In der Restitutionsphase stellt die Person den ursprünglichen Zustand wieder her, z.B. beim Kopfschlagen eine Wundversorgung. In der Übungsphase wird positives Verhalten geübt, z.B. Kopfstreicheln, und zwar mehrmals und über längere Zeit. Korrekturverfahren können effektiv sein, verlangen aber einen hohen Zeitaufwand.
Organische Ursachen müssen durch medizinisch abgeklärt und durch medizinische Maßnahmen behandelt werden. Psychopharmaka sind bei Verhaltensstörungen nur bedingt wirksam. In Studien waren pharmakologische Verfahren am wenigsten effektiv. Diese dürfen jedoch in bestimmten Fällen als unterstützende Begleitmaßnahme bei der Durchführung pädagogisch-psychologischer Maßnahmen nicht ausgeschlossen werden. Es wurde schon darauf hingewiesen, dass in etwa der Hälfte von aggressiven Verhaltensweisen in einer Wohneinrichtung Psychopharmaka eingesetzt werden mussten (Meins 1989). Dies gilt auch für psychische Erkrankungen im engeren Sinne. Hinweise zu medizinischen Maßnahmen sind nachzulesen bei Lingg, Theunissen (1993, 167ff) und bei Gaedt (1996). Für die Versorgung psychisch Kranker mit geistiger Behinderung sind zudem koordinierte regionale Angebote sicherzustellen (Lingg, Theunissen 1993, 107ff; Gaedt, Bothe, Michels 1993).
Wenn pädagogische Maßnahmen noch nicht greifen und Gefahr für Leib und Leben der Betroffenen selbst (z.B. bei selbstverletzendem Verhalten) oder von anderen Personen (Fremdaggressionen) vor allem bei unzureichender personeller Besetzung besteht, können Schutzmaßnahmen angebracht sein. Bei Fremdaggressionen kann man jemanden festhalten oder vorübergehend unter Aufsicht isolieren. Bei selbstverletzendem Verhalten kann die Fixierung von Körperteilen oder des gesamten Körpers vorübergehend notwendig sein. Dieser Zweck kann auch durch entsprechende Schutzkleidung erzielt werden, z.B. durch einen Helm, durch Knieschützer, Armhülsen, Boxhandschuhe. Diese Maßnahmen sollten nur vorübergehend eingesetzt werden, weil sie die Entwicklungsmöglichkeiten der Betroffenen behindern. Fixierungen bedürfen der gerichtlichen Genehmigung und müssen genau dokumentiert werden.

15.4 Durchführung der Maßnahmen

Entscheidend für die langfristige Wirksamkeit einer Förderung sind die genaue Planung, Durchführung und Kontrolle der Maßnahmen, die daher umfassend dokumentiert und durch quantitative Daten gestützt werden sollten (Wember 1994; Kern 1997; Goetze, Julius, Schlosser 1998). Für den kontrollierten Umgang mit Verhaltensstörungen bei Menschen mit geistiger Behinderung sind die Überlegungen von Heijkoop (1998) zu empfehlen. Sein Buch ist eine Anleitung dafür, Probleme genau zu analysieren, zu verstehen und dann neue Umgangsformen zu finden. Wichtig ist nach seiner Auffassung eine Analyse der Lebenssituation und der Beziehungen zum Personal, eine genaue Beschreibung von Form, Häufigkeit, Intensität und Vorkommen einer Verhaltensstörung und ihrer Bedeutung. Dabei sollten auch Selbstkontrollmöglichkeiten erkundet werden (vgl. auch Steiger 1994). Dazu eignen sich auch Situationen, in denen Verhaltensstörungen nicht gezeigt werden; man kann sehen, wie es jemand anstellt, keine Verhaltensstörung zu zeigen. Ziel ist nicht primär das Beenden des Problemverhaltens, sondern der Aufbau von positivem Verhalten; damit wird das Problemverhalten nach seiner Auffassung aus dem Zentrum der Aufmerksamkeit gerückt.

Bevor die Verhaltensstörung direkt beeinflusst wird, sollten im Rahmen der funktionalen Analyse die Lebensweltbedingungen analysiert werden, um herauszufinden, welche Bedingungen die Persönlichkeitsentwicklung eher fördern oder eher hemmen (Umfeldanalyse). Zudem sollten Beobachtungen auch anhand von Fragebögen in den Situationen durchgeführt werden, in denen die Verhaltensauffälligkeit auftritt. Hierbei sollten auch Begleitumstände (Datum, Tageszeit, Raum, Situation, anwesende Personen, deren Verhalten, Interaktionsmuster, Beschäftigungsangebote, -material u.a) so genau wie erforderlich aufgezeichnet werden. Zur Erleichterung der Auswahl von handlungserweiternden Maßnahmen sollte auch beobachtet werden, welche Handlungsmöglichkeiten die betroffene Person wenn auch nur ansatzweise beherrscht, um daran anknüpfen zu können.

Bei systematischem und kontrolliertem Vorgehen ist die Erhebung von quantitativen Daten erforderlich, was eine gezielte Beobachtung erfordert. In der alltäglichen pädagogischen Praxis, sei es in Kindertageseinrichtungen, in der Schule oder in einer vollstationären Einrichtung, sind hierbei Grenzen zu bedenken. Es ist oft schwierig, nebenher noch Beobachtungsbögen zu führen. Dies ist eher leistbar, wenn jemand nur diese Tätigkeit durchzuführen hat. Ansonsten müssen Methoden der Beobachtung gewählt werden, die relativ einfach zu handhaben sind und ein Mindestmaß an Daten liefern.

Die so gewonnenen Daten sollten unter bestimmten Fragestellungen analysiert werden, z.B. welche Funktionen erfüllt das Problemverhalten; welches Verhalten soll abgebaut werden und warum; welches Verhalten soll aufgebaut oder verstärkt werden und warum; gibt es ein zum Verhaltensproblem nicht vereinbares Verhalten; wann tritt dieses Verhalten auf und wie kann es verstärkt werden; wie sieht das Verhalten der Betreuungspersonen aus; was kann daran geändert werden; welches erwünschte Verhalten zeigt die Person?

Der Konzipierung der Förderungsmaßahmen folgt die Förderung, die ebenfalls von systematischen Beobachtungen begleitet werden sollte. Während der Durchführung der Maßnahmen und der Umstrukturierung des Umfeldes sollte die Veränderung des Verhaltens kontinuierlich im Sinne einer Prozessdiagnostik dokumentiert werden, um die Maßnahmen den Gegebenheiten und dem Befinden der Person anzupassen, weiterzuentwickeln oder auch zu verändern.

Bei der Auswahl von Maßnahmen sollte auch bedacht werden, welche Maßnahmen die Betreuungspersonen schon kennen und was auch aus ihrer Sicht vorstellbar und vertretbar ist. Nicht bei jedem Verhaltensproblem kommen die gleichen Vorgehensweisen in Frage; je nach Entstehungszusammenhang und aufrechterhaltenden Bedingungen muss zwischen verschiedenen Methoden ausgewählt werden. Die fortlaufende Kontrolle der Wirksamkeit einer Maßnahme lässt rasch erkennen, ob eine Maßnahme angemessen ist und durch andere ersetzt oder erweitert werden muss.
Die Protokollierung sollte auch nach der Beendigung der eigentlichen Maßnahmen fortgeführt werden, damit sofort Veränderungen des Verhaltens wahrgenommen werden und rechtzeitig reagiert werden kann, bevor sich eine erneut auftretende Verhaltensauffälligkeit wieder verfestigt.
Maßnahmen zur Reduzierung von Verhaltensstörungen sind dann erfolgreicher, wenn alle direkt Beteiligten verantwortlich mitwirken und die abgesprochenen Maßnahmen in allen Einzelheiten konsequent umsetzen. Dies ist oft nicht möglich, besonders dann, wenn von vornherein Unstimmigkeiten bei der Wahl der Maßnahmen auftreten und ein gemeinsames Vorgehen nicht von allen Beteiligten mitgetragen wird.
Bei kaum beeinflussbaren Verhaltensstörungenn, die absehbar nicht durch Maßnahmen in der Einrichtung beeinflusst werden können, sind ambulante Hilfen nötig. Gegebenenfalls ist eine vollstationäre Unterbringung zu erwägen. In diesem Fall müssen auch den Eltern Hilfen angeboten werden.
(vgl. zu diesem Abschnitt auch Elbing, Rohmann 1993; Breucker 1994; Bernard-Opitz 1995; van Gemert 1996; van Gemert, Wielink, Vriesema 1996; Theunissen, Stichling 1997; Heinrich 1998a; Bundesvereinigung Lebenshilfe 1999).

Literaturverzeichnis

Überblicksliteratur (Diese Veröffentlichungen werden später nicht mehr aufgeführt.)

Bach, Heinz: Geistigbehindertenpädagogik. Berlin: Marhold, 1995[15]

Mühl, Heinz: Einführung in die Schulpädagogik bei geistiger Behinderung. Oldenburg: Zentrum für pädagogische Berufspraxis der Universität Oldenburg, 1997

Neuhäuser, Gerhard; Steinhausen, Hans-Christian (Hrsg): Geistige Behinderung: Grundlagen, klinische Syndrome, Behandlung und Rehabilitation. 2., überarbeitete und erweiterte Aufl. Stuttgart; Berlin; Köln: Kohlhammer, 1999

Sekretariat der Ständigen Konferenz der Kultusminister der Länder in der Bundesrepublik Deutschland: Empfehlungen für den Unterricht in der Schule für Geistigbehinderte (Sonderschule). Neuwied: Luchterhand, 1980

Speck, Otto: Menschen mit geistiger Behinderung und ihre Erziehung. Ein heilpädagogisches Lehrbuch. 9., überarbeitete Aufl. München; Basel: Reinhardt, 1999

Literatur zu Kapitel 1: Zur Legitimation der Geistigbehindertenpädagogik als sonderpädagogische Fachrichtung

Beck, Iris: Neuorientierung der Organisation pädagogisch-sozialer Dienstleistungen für behinderte Menschen: Zielperspektiven und Bewertungsfragen. Frankfurt/M.; Berlin; Bern; New York; Paris; Wien: Lang, 1994

Bleidick, Ulrich: Erziehungswissenschaftliche Aspekte der Pädagogik geistig Behinderter. Geistige Behinderung 22 (1983) 167-178

Bleidick, Ulrich: Pädagogik der Behinderten. Grundzüge einer Theorie der Erziehung behinderter Kinder und Jugendlicher. Berlin: Marhold, 1984[5]

Bradl, Christian: Die Anfänge der Anstaltsfürsorge für Menschen mit geistiger Behinderung (»Idiotenanstaltswesen«). Ein Beitrag zur Sozial- und Ideengeschichte des Behindertenbetreungswesens am Beispiel der Rheinlandes im 19. Jahrhundert. Frankfurt/M.: AFRA, 1991

Eberwein, Hans; Michaelis, Evelyn: Welche spezifischen Qualifikationen brauchen »Sonder«-Pädagogen in Integrationsschulen? Ergebnisse einer Befragung in Berlin. Zeitschrift für Heilpädagogik 44 (1993) 395-401

Feuser, Georg: Grundlagen zur Pädagogik autistischer Kinder. Weinheim; Basel: Beltz, 1979

Feuser, Georg: Allgemeine integrative Pädagogik und entwicklungslogische Didaktik. Behindertenpädagogik 28 (1989) H 1, 4-48

Hanselmann, Heinrich: Grundlinien zu einer Theorie der Sondererziehung. Zürich, 1941

Georgens, Jan Daniel; Deinhardt, Heinrich: Die Heilpädagogik mit besonderer Berücksichtigung der Idiotie und der Idiotenanstalten (2 Bde). Leipzig: Fleischer, 1861; 1863

Goetze, Herbert; Julius, Henri; Schlosser, Ralf W.: Kontrollierte Einzelfallstudien. Neue Wege für die sonderpädagogische Forschung. Universität Potsdam, Institut für Sonderpädagogik, 1998

Kern, Horst: Einzelfallforschung. Eine Einführung für Studierende und Praktiker. Weinheim: Psychologie-Verlags-Union, 1997

Möckel, Andreas: Geschichte der Heilpädagogik. Stuttgart: Klett-Cotta, 1988

Rödler, Peter: Menschen, lebenslang auf Hilfe anderer angewiesen. Grundlagen einer allgemeinen basalen Pädagogik. Frankfurt/M. ; Griedel: AFRA, 1993

Schmitz, Gudrun, Das Menschenbild vom geistig Behinderten in der deutschsprachigen Geistigbehindertenpädagogik von 1960 bis 1980 und seine Bedeutung für die Praxis – dargestellt an ausgewählten Beispielen. Sonderpädagogik 13 (1983) 65-72

Schwager, Michael: Verständigung mit geistigbehinderten Menschen. Zur (sonder-)pädagogischen Relevanz transzendentalpragmatischer Reflexion. Frankfurt/M.; Bern; New York; Paris: Lang, 1990

Wember, Franz B.: Möglichkeiten und Grenzen der empirischen Evaluation sonderpädagogischer Interventionen in quasi-experimentellen Einzelfallstudien. Heilpäd. Forschg. XX (1994) 99-117

Literatur zu Kapitel 2: Zur Geschichte der Versorgung und Förderung von Menschen mit geistiger Behinderung

Bach, Heinz: Die Entwicklung der schulischen Erziehung geistig behinderter Kinder in der Bundesrepublik. Lebenshilfe 7 (1968) 186-190

Bachmann, Walter: Jan Daniel Georgens (1823–1973): Die Heilpädagogik mit besonderer Berücksichtigung der Idiotie und der Idiotenanstalten. 1. Band. Leipzig: Fleischer 1861. Hrsg.: W. Bachmann, Institut für Heil- und Sonderpädagogik: Gießen, 1979, 9-18

Bachmann, Walter: Das unselige Erbe des Christentums: Die Wechselbälge – Zur Geschichte der Heilpädagogik. Mit Ergänzungen von Prof. Dr. Illyés Sándor (Budapest); Schröder, Siegfried. Gießen: Institut für Heil- und Sonderpädagogik der Universität Gießen, 1985

Beck, Christoph: Sozialdarwinismus, Rassenhygiene, Zwangssterilisation und Vernichtung »lebensunwerten« Lebens. Eine Bibliographie zum Umgang mit behinderten Menschen im »Dritten Reich« – und heute. Bonn: Psychiatrie-Verlag, 1992

Begemann, Ernst: Die Erziehung der soziokulturell benachteiligten Schüler. Hannover: Schroedel, 1970

Beschel, Erich: Der Eigencharakter der Hilfsschule. Weinheim: Beltz, 1965[3]

Beschel, Erich: Grundgedanken zu einer Geschichte der Erziehung geistig behinderter Kinder und Jugendlicher in Deutschland. In: P. Sporken (Hrsg.): Geistigbehinderte, Erotik und Sexualität. Düsseldorf: Patmos, 1974, 43-57

Binding, Karl; Hoche, Alfred: Die Freigabe der Vernichtung lebensunwerten Lebens. Ihr Maß und ihre Form. Leipzig: Meiner, 1920

Brandes, Gustav: Der Idiotismus und die Idiotenanstalten mit besonderer Rücksicht auf die Verhältnisse im Königreiche Hannover. Hannover: Rümpler, 1862

Buch, Andrea u.a.: An den Rand gedrängt. Was Behinderte daran hindert, normal zu leben. Reinbek bei Hamburg: Rowohlt, 1980

Bundesvereinigung Lebenshilfe (Hrsg.): Lebenshilfe für geistig Behinderte: 25 Jahre Rückblick - Ausblick. Marburg: Eigenverlag, o.J. (1983)

Dierlamm, Theodor: Der Anfang: Carl Georg Haldenwang im Beziehungsgefelcht der Gründerzeit (16.10.1803–30.8.1862). In: W. Dreher (Hrsg.): Geistigbehindertenpädagogik vom Menschen aus. Gütersloh: van Hoddis, 1990, 15-41

Disselhoff, Julius: Die gegenwärtige Lage der Cretinen, Blödsinnigen und Idioten in den christlichen Ländern. Ein Noth- und Hülferuf für die Verlassensten unter den Elenden an die Deutsche Nation. Bonn: Marcus, 1857

Feuser, Georg: 50 Jahre Reichsschulpflichtgesetz. Behindertenpädagogik 28 (1989) 254-258

Fouquet, Christiane: Euthanasie und Vernichtung »lebensunwerten« Lebens unter Berücksichtigung des behinderten Menschen. Hrsg.: Walter Bachmann. Oberbiel: Jarick, 1978

Fuchs, Arno: Die unterrichtliche und erziehliche Versorgung der im Elternhaus verbleibenden schwer schwachsinnigen Schulkinder. Die Hilfsschule 10 (1917) 73-81

Fuchs, Arno: Das Sonderschulwesen in Berlin. Berlin: Comenius, 1927

Geiger, Gabriele: Schwachsinnigenfürsorge. Eine Analyse der »Zeitschrift für das Idiotenwesen« (1880–1934). Freiburg/B.: Schulz, 1977

Geisler, Erika: Medizinische Erfahrungen an geistig behinderten Kindern und ihre Anwendung in der sozialen und pädagogischen Arbeit. Zeitschrift für Heilpädagogik 13 (1962) 57-66

Georgens, J. D.; Deinhardt, H.: Die Heilpädagogik mit besonderer Berücksichtigung der Idiotie und der Idiotenanstalten. 1. Band. Leipzig: Fleischer, 1861. Hrsg. von Walter Bachmann. Gießen: Institut für Heil- und Sonderpädagogik, 1979

Gerhardt, J. P.: Zur Geschichte und Literatur des Idiotenwesens in Deutschland. Alsterdorfer Anstalten: Selbstverlag, 1904

Guggenbühl, J. J.: Briefe über den Abendberg und die Heilanstalt für Cretinismus. Zürich: Orell, Füssli & Comp., 1946

Hänsel, Dagmar: Die »physiologische Erziehung« der Schwachsinnigen (Edouard Séguin 1812–1880). Freiburg/B.: Schulz, 1974

Hartschen, Willi: Erziehungs- und Bildungsplan für die Sonderschule Solingen, Liebigstraße. Lebenshilfe 1 (1962), H 2, 25-28 und H 3, 26-28

Haslbeck, Ludwig: Der Hilfsschulbedürftigkeit muß die Hilfsschulfähigkeit entgegengesetzt werden! Zeitschrift für Heilpädagogik 14 (1963) 178-182

Höck, Manfred: Das »Gesetz zur Verhütung erbkranken Nachwuchses« (GzVeN) vom 14.7.1933 und die Schüler der Sonderschulen – Überlegungen anläßlich des Inkrafttretens vor 50 Jahren. Zeitschrift für Heilpädagogik 36 (1985) 192-201

Hofmann, Wilhelm: Zum Problem der heilpädagogischen Betreuung schwachsinniger Kinder. Zeitschrift für Heilpädagogik 10 (1959) 248-250

Hofmann, Wilhelm: Lebenshilfe für bildungsschwache Kinder und Jugendliche im Rahmen der heilerzieherischen Sonderpädagogik. Zeitschrift für Heilpädagogik 11 (1960) 47-55

Hofmann, Wilhelm: Geschichte des Sonderschulwesens für geistig Behinderte (Bildungsschwache). In: A. Birkel, W. Katein (Hrsg.): Die Sonderschulpraxis. Anregungen und Beispiele für den Unterricht. Villingen: Neckar-Verlag, 1970, 1-10

Jenner, Harald; Klieme, Joachim (Hrsg.): Nationalsozialistische Euthanasieverbrechen und Einrichtungen der Inneren Mission. Reutlingen: Diakonie-Verlag; Stuttgart: VEEMB, 1997

Josef, Konrad: Geschichte der Heilpädagogik. In: H. Jussen (Hrsg.): Heilpädagogik in Erziehung und Jugendhilfe. München: Reinhardt, 1967

Itard, J. M. G.: Victor, das Wildkind von Aveyron. Einführung und Nachwort von J. Lutz. Zürich, Stuttgart, 1965

Jantzen, Wolfgang: Sozialisation und Behinderung. Studien zu sozialwissenschaftlichen Grundfragen der Behindertenpädagogik. Gießen: Focus, 1974

Kalusche, Martin: »Das Schloß an der Grenze«: Kooperation und Konfrontation mit dem Nationalsozialismus in der Heil- und Pflegeanstalt für Schwachsinnige und Epileptische Stetten i.R. Heidelberg: DWI-Verlag, 1997

Kanner, Leo: A History of the Care and Study of the Mentally Retarded. Springfield, Ill.: Thomas, 1964[2]

Kaspar, Franz: Die Zeit der Gründungen: Das 19. Jahrhundert. Ein Jahrhundert der Sorge um geistig behinderte Menschen. Bd. 1. Freiburg: Lambertus, 1989

Keller, Richard: Bemühungen Berlins um bildungsschwache Kinder und Jugendliche. Zeitschrift für Heilpädagogik 11 (1960) 57-66

Kirmsse, M.: Der Schwachsinnige und seine Stellung im Kulturleben der Vergangenheit und der Gegenwart. Zeitschrift für die Behandlung Schwachsinniger 42 (1922) 81-88

Klee, Ernst: »Euthanasie« im NS-Staat. Die Vernichtung lebensunwerten Lebens. Frankfurt/M.: Fischer, 1983[3]

Klee, Ernst (Hrsg): Dokumente zur »Euthanasie«. Frankfurt/M.: Fischer, 1985

Klevinghaus, Johannes: Hilfen zum Leben. Zur Geschichte der Sorge für Behinderte. Bielefeld: Bechauf, 1972

Klink, Job-Günter (Hrsg.): Zur Geschichte der Sonderschulen. Bad Heilbrunn: Klinkhardt, 1966

Kobi, Emil E.: Grundfragen der Heilpädagogik und der Heilerziehung. Bern; Stuttgart: Haupt 1977[3]

Lane, Harlan: Das wilde Kind von Aveyron. Der Fall des Wolfsjungen. Übersetzt von B. Samland. Frankfurt/M.; Berlin; Wien: Ullstein, 1985

Lebenshilfe 1962, H 2

Meyer, Dorothea: Erforschung und Therapie der Oligophrenien in der ersten Hälfte des 19. Jahrhunderts. Berlin-Charlottenburg: Marhold, 1973

Möckel, Andreas: Geschichte der Sonderpädagogik unter besonderer Berücksichtigung der Schule für Lernbehinderte. Teil 1 und Teil 2. Fernuniversität Gesamthochschule Hagen, 1979

Möckel, Andreas: Geschichte der Heilpädagogik. Stuttgart: Klett-Cotta, 1988

Möckel, Andreas; Adam, Heidemarie; Adam, Gottfried (Hrsg.): Quellen zur Erziehung von Kindern mit geistiger Behinderung. Band 1: 19. Jahrhundert. Würzburg: Bentheim, 1997

Mürner, Christian: Die Pädagogik von Heinrich Hanselmann. Zum Verhältnis von Entwicklung und Behinderung. Luzern: SZH, 1985

Mühl, Heinz: Notwendigkeit und Möglichkeit der Erziehung geistig behinderter Kinder. Bad Godesberg: Dürr, 1971[2]

Mutters, Tom: Lebenshilfe für das geistig behinderte Kind. Gesundheitsfürsorge 11 (1961) (Informationsschrift Nr.8 der Lebenshilfe für das geistig behinderte Kind, Bonn)

Mutters, Tom: »Auf dem Wege zum Licht ... «. Informationsschrift Nr. 7 der Lebenshilfe für das geistig behinderte Kind. Bonn, Mai 1963

Mutters, Tom: »Die Idee einer gemeinsamen Hilfe kam zum Durchbruch«. Lebenshilfe 7 (1968) 174-178

Mutters, Tom: Zwei Jahrzehnte »Lebenshilfe« in der Bundesrepublik Deutschland. Lebenshilfe 18 (1979) 5-11

Myschker, Norbert: Der Verband der Hilfsschulen Deutschlands und seine Bedeutung für das deutsche Sonderschulwesen. Nienburg: Reßmeyer, 1969

Nauck, Wolfgang: Entsprechen nichtschulische Betreuungsstätten für nicht sonderschulfähige, aber praktisch bildbare Kinder deren gesetzlich zugesichertem Bildungsanspruch und ihrer erwiesenen Bildbarkeit? Zeitschrift für Heilpädagogik 14 (1963) 256-261

Panse, C.: Die Vorklasse der Hilfsschule. Die Hilfsschule 3 (1910) 113-119

Schalk, Arndt: Die Erziehung geistig behinderter Kinder – eine Forderung der liberalen Bewegung im 19. Jahrhundert, dargestellt am Wirken des Arztes Dr. K. Rösch. Heilpädagogische Forschung Bd. IV (1975/76) 53-65

Scheerenberger, R. C.: A History of Mental Retardation. Baltimore; London: Brookes, 1983

Schenk, Alwin: Was soll mit den Kindern geschehen, die sich in der Hilfsschule als nicht genügend bildungsfähig erweisen? In: Wehrhahn, Hense (Hrsg.): Bericht über den IX. Verbandstag der Hilfsschulen Deutschlands. Halle, 1913a, 88-100

Schenk, Alwin: Was soll mit solchen unglücklichen Kindern geschehen, die zu schwach sind, um an dem Unterricht der Hilfsschule mit Erfolg teilnehmen zu können? Die Hilfsschule 6 (1913b) 34-37

Schmeichel, Manfred: Behinderte Menschen – lebenswert für das Dritte Reich. Zeitschrift für Heilpädagogik 33 (1982) 87-99

Schmidt, Tekla: Betreuungsstätten für schwachsinnige Kinder in Berlin. Zeitschrift für Heilpädagogik 10 (1959) 436-441

Aus der Schmitten, Inghwio: Schwachsinnig in Salzburg. Zur Geschichte einer Aussonderung. Salzburg: Umbruch, 1985

Schröder, Siegfried: Historische Skizzen zur Betreuung schwerst- und mehrfachgeschädigter geistigbehinderter Menschen. In: N. Hartmenn (Hrsg.): Beiträge zur Pädagogik der Schwerstbehinderten. Heidelberg: Schindele, 1983, 17-61

Schumann, Paul: Geschichte des Taubstummenwesens vom deutschen Standpunkt aus dargestellt. Frankfurt/M.: Diesterweg, 1940

Schwager, Hans-Joachim: Die Einstellung zur Epilepsie unter evangelischen Theologen und Heilpädagogen. Zeitschrift für Heilpädagogik 40 (1989) 688-699

See, H.: Die Gesellschaft und ihre Kranken. Hamburg, 1973

Ségiun, S. Edward: Die Idiotie und ihre Behandlung nach physiologischer Methode. (1846) Hg. von S. Krenberger. Wien: Graeser & Kie, 1912

Selbmann, Frank: Jan Daniel Georgens – Leben und Werk. Gießen: Institut für Heil- und Sonderpädagogik, 1982

Selbmann, Frank: Erste Ansätze einer Pädagogik für geistig Behinderte. Die Vorstellungen von Jan Daniel Georgens. Geistige Behinderung 22 (1983) 292-301

Sengelmann, Heinrich Matthias: Idiotophilus. Systematisches Lehrbuch der Idiotenheilpflege. In: H.-G. Schmidt, H. M. Sengelmann: Sorgen für Geistigbehinderte. Eine originalgetreue Wiedergabe seines Hauptwerkes »Idiotenphilus« aus dem Jahre 1885. Hamburg: Wittig, 1975

Traupe, Renate: Johann Heinrich Katenkamp – ein Wegbereiter des Unterrichts der Stotternden und Blödsinnigen im Großherzogtum Oldenburg. Oldenburg: BIS der Universität, 1985

Wegener, Hermann: Bildungsunfähige in die Sonderschule? Zeitschrift für Heilpädagogik 13 (1962) 213-217

Zeitschrift für Heilpädagogik 11 (1960) 35-46

Literatur zu Kapitel 3: Einstellungen gegenüber Menschen mit geistiger Behinderung

Anderka, Angela: Einstellungen von Grundschülern und Eltern im Zusammenhang mit dem Schulversuch. In: H. Eberhardt, B. Schor (Red.): Integration durch Kooperation. Bericht zur Fachtagung über den Schulversuch: Förderung der Zusammenarbeit von Schulen für Behinderte und allgemeinen Schulen in Unterricht und Schulleben. Auer: Donauwörth, 1997, 125-131

Bächtold, Andreas: Behinderte Jugendliche: Soziale Isolierung oder Partizipation? Ergebnisse einer repräsentativen Umfrage. Mit einem Beitrag von G. Heese. Bern; Stuttgart: Haupt, 1981

Bächtold, Andreas: Soziale Reaktionen auf behinderte Jugendliche. Einstellungen und gesellschaftliche Hintergründe. Geistige Behinderung 23 (1984) 30-39

Bales, Robert: Interaction process analysis. Reading, MA: Addison-Wesley, 1950

Berges, Michael: Dimensionen der Integration bei kooperativem Unterricht. Eine empirische Untersuchung zu Strukturen und Prozessen beim gemeinsamen Unterricht von behinderten und nichtbehinderten Kindern und Jugendlichen. Frankfurt/M.; Berlin; Bern; New York; Paris; Wien: Lang, 1996

Bracken, Helmut von: Vorurteile gegen behinderte Kinder, ihre Familien und Schulen. Berlin: Marhold, 1981[2]

Breitenbach, Erwin; Ebert, Harald: Verändern Formen schulischer Kooperation die Einstellungen von Schülerinnen und Schülern gegenüber Kindern mit geistiger Behinderung? Behindertenpädagogik 36 (1997) 53-67

Bundesvereinigung Lebenshilfe (Hrsg.): Plastische Chirurgie bei Menschen mit Down-Syndrom. Symposium der Bundesvereinigung Lebenshilfe für geistig Behinderte. Marburg: Eigenverlag, 1983

Christiansen-Berndt, Kerrin: Vorurteile gegenüber geistig behinderten Kindern. Wien; München: Jugend und Volk, 1981

Cloerkes, Günther: Die Kontakthypothese in der Diskussion um eine Verbesserung der gesellschaftlichen Teilhabechancen Behinderter. Zeitschrift für Heilpädagogik 33 (1982) 561-568

Cloerkes; Günther: Einstellung und Verhalten gegenüber Behinderten. Eine kritische Bestandsaufnahme internationaler Forschung. 3., erw. Aufl. Berlin: Marhold, 1985

Cloerkes; Günther: Soziologie der Behinderten. Eine Einführung. Heidelberg: Winter, Ed. Schindele, 1997

Graf, Evi: Zur Einstellung von Eltern gegenüber ihrem geistigbehinderten Kind: erfaßt im Rahmen eines elternzentrierten Modells. Berlin: Marhold, 1987

Grzeskowiak, Ullrich: Die Einstellung der Gesellschaft zu geistig Behinderten. Untersuchungen zur sozialen Distanz in Werkstätten für Behinderte in der BRD. Berlin: Marhold, 1980

Günther, Armin; Völkl, Thomas; Dübgen, Reinhard; Frank, Gudrun; Matzje, Evelyn: Untersuchung zur Einstellung gegenüber geistig Behinderten. Zeitschrift für Heilpädagogik 33 (1982) 569-572

Hackenberg, Robert: Analyse von Schüler-Interaktionen beim gemeinsamen Unterricht von Schülern mit geistiger Behinderung und nicht behinderten Schülern. In: H. Eberhardt, B. Schor (Red.): Integration durch Kooperation. Auer: Donauwörth, 1997, 109-123

Hahn, Martin: Behinderung als soziale Abhängigkeit. Zur Situation schwerbehinderter Menschen. München: Reinhardt, 1981

Harrelson, L. E.; Horn, H.; Jordan, J. E.: Einstellung zu Intelligenzbehinderten in der BRD, Untersuchung auf der Basis der Facetten-Theorie von Louis Guttmann. Heilpädagogische Forschung 4 (1972/73) 161-179

Hedderich, Ingeborg; Hirsch, Thomas: Welche Auswirkungen haben Einstellungen auf pädagogisches Handeln? Eine Fragebogenerhebung bei Lehrer(inne)n aus Schulen für Geistigbehinderte in Baden-Württemberg. Geistige Behinderung 37 (1998) 120-131

Höhn, Elfriede: Die geschichtliche Entwicklung der Einstellung der Gesellschaft zu geistig Behinderten. Geistige Behinderung 21 (1982) 214-223

Hofmann, Theodor: Humanes Annehmen geistigbehinderter Kinder. In: Th. Hofmann (Hrsg.): Beiträge zur Geistigbehindertenpädagogik. Rheinstetten-Neu: Schindele, 1979, 20-28

Horne, Marcia D.: Attitudes Toward Handicapped Students: Professional, Peer and Parent Reactions. Hillsdale, N. J.; London: Erlbaum, 1985

Jantzen, Wolfgang: Sozialisation und Behinderung. Gießen: Focus, 1974

Klauß, Theo: Ist Integration leichter geworden? Zur Veränderung von Einstellungen für die Realisierung von Leitideen. Geistige Behinderung 35 (1996) 56-68

Krappmann, Lothar; Oswald, Hans: Alltag der Schulkinder. Beobachtungen und Analysen von Interaktionen und Sozialbeziehungen. Weinheim: Juventa, 1995

Kurth, Erich; Eggert, Dietrich; Berry, Paul: Einstellung deutscher (ost/west) Oberschüler gegenüber geistig behinderten Menschen. Ein Vergleich mit Befragungsergebnissen bei australischen und irischen Schülern. Sonderpädagogik 24 (1994) 34-40

Lambert, Jean-Luc: Einstellungen gegenüber geistiger Behinderung in der Westschweiz – eine vorbereitende Untersuchung. Vierteljahresschrift für Heilpädagogik und ihre Nachbargebiete 66 (1997) 314-324

Lenzen, Heinrich: Das Image von behinderten Kindern bei der Bevölkerung der Bundesrepublik. Heilpädagogische Forschung 12 (1985) 43-72

Mitleid ist das vorherrschende Motiv. Umfrage zur Einstellung von Schülern Behinderten gegenüber. Lebenshilfe Zeitung 4 (1983) Nr.3

Mühl, Heinz: Erfahrungen zur kooperativen Beschulung von Schülerinnen und Schülern mit geistiger Behinderung. In: H. Mühl u.a.: Lernen unter einem Dach. Schulische Integration durch Kooperation. Hrsg.: Bundesvereinigung Lebenshilfe. Marburg: Lebenshilfe-Verlag, 1997b, 9-66

Neubert, Dieter; Cloerkes, Günther: Behinderung und Behinderte in verschiedenen Kulturen. Eine vergleichende Analyse ethnologischer Studien. Heidelberg: Ed. Schindele, 1987

Preuss-Lausitz, Ulf: Integration und Toleranz – Erfahrungen und Meinungen von Kindern innerhalb und außerhalb von Integrationsklassen. In: P. Heyer, U. Preuss-Lausitz, J. Schöler: »Behinderte sind Kinder wie wir!«. Berlin: Wissenschaft und Technik, 1997, 171-204

Podlesch, Wolfgang; Schmitt, Brigitte: Helfen. Prosoziales Verhalten im Kontext pädagogischer Schulforschung und integrativer Erziehungspraxis. In: H. Matt, W. Podlesch, B. Schmitt (Hrsg.): Integration von Kindern mit schweren Mehrfachbehinderungen. Berlin: Berliner Institut für Lehrfort- und Weiterbildung und Schulentwicklung, 1997, 11-21

Shushan, Robert D.: Beurteilung undd Möglichkeiten der Verminderung von Auffälligkeiten im äußeren Erscheinungsbild geistig behinderter Menschen. Geistige Behinderung 20 (1981) 17-30

Söder, Marten: Soziale Integration und berufliche Eingliederung von Behinderten. Zeitschrift für Heilpädagogik 31 (1980) 361-370

Straßmeier, Walter: Erscheinungsbild und Stereotyp. Beiträge zur Urteilsbildung über geistig behinderte Kinder. Geistige Behinderung 22 (1983) 108-118

Stürmer, Roland unter Mitarbeit von M. Jurgeleit, u.a.: Einstellungen von Schülern gegenüber geistig behinderten Kindern. Heilpädagogische Forschung 7 (1977) 27-55

Thimm, Walter: Behinderung als Stigma. Überlegungen zu einer Paradigma-Alternative. Sonderpädagogik 5 (1975) 149-157

Thimm, Walter: Einstellungen zu Behinderten und Möglichkeiten der Änderung von Einstellungen. Rehabilitation 15 (1976) 1-11

Thimm, Walter: Die pädagogische Förderung Behinderter im Aufgabenfeld praxisorientierter Wissenschaften: Aufgabenfeld Soziologie am Beispiel Stigma-Management. Zeitschrift für Heilpädagogik 30 (1979a) 704-711

Thimm, Walter: Mit Behinderten leben. Freiburg/B.: Herder, 1979[2]
Thimm, Walter: Konzepte der Behindertenhilfe im Wandel. Lebenshilfe 19 (1980) 80-87
Thimm, Walter: Das Normalisierungsprinzip – Eine Einführung. Marburg: Bundesvereinigung Lebenshilfe, 1984
Thomas, David: Sozialpsychologie des behinderten Kindes. München; Basel: Reinhardt, 1980
Tröster, Heinrich: Einstellungen und Verhalten gegenüber Behinderten. Konzepte, Ergebnisse und Perspektiven sozialpsychologischer Forschung. Bern; Stuttgart; Toronto: Huber, 1990

Literatur zu Kapitel 4: Zusammenarbeit mit den Familien

Bach, Heinz: Pädagogisch-psychologische Beratung von Eltern Behinderter. In: Bundesvereinigung Lebenshilfe (Hrsg.): Beratung – lebensbegleitende Hilfe für Behinderte. Marburg: Eigenverlag, 1972, 27-36
Balzer, Brigitte; Rolli, Susanne: Sozialtherapie mit Eltern Behinderter. Weinheim; Basel: Beltz, 1975
Behringer, Jutta: Partnerschaft zwischen Eltern behinderter Kinder und Fachleuten – aus der Sicht einer Mutter. Geistige Behinderung 30 (1991) 224-229
Beuys, Barbara: Am Anfang war nur Verzweiflung. Hamburg: Rowohlt, 1984
Biene, Elke: Zusammenarbeit mit Eltern zur Förderung des entwicklungsgestörten und des behinderten Kindes. Ravensburg: Maier, 1981
Bodenbender, Erich: Zur psychosozialen Situation der Eltern geistig behinderter Kinder. Geistige Behinderung 20 (1981) 5-16
Boston, Sarah: Mein Sohn Will. Bericht über ein mongoloides Kind. Trier: éditions treves, 1982
Bradl, Christian: Familien mit einem geistig behinderten Mitglied. Ein systemisch-sozialwissenschaftlicher Ansatz. In: W. Dreher: Geistigbehindertenpädagogik vom Menschen aus. Gütersloh: van Hoddis, 1990, 145-167
Bremer-Hübler, Ulrike: Streß und Streßverarbeitung im täglichen Zusammenleben mit geistig behinderten Kindern. Eine empirische Studie zur Situation der Mütter. Frankfurt/M.; Bern; New York; Paris: Lang, 1990
Bundesminister für Jugend, Familie und Gesundheit (Hrsg.): Orientierungsmaterialien für die Elternarbeit. Elternarbeit mit sozial benachteiligten Familien. Stuttgart: Kohlhammer, 1981
Bundesvereinigung Lebenshilfe: Ein Leitfaden für Elterngruppen. Marburg: Eigenverlag, 1981
Bundesvereinigung Lebenshilfe: Elternselbsthilfe und Familienentlastung. Eine Empfehlung. Marburg: Eigenverlag, 1982
Bundesvereinigung Lebenshilfe (Hrsg.): Zusammenarbeit von Eltern und Schule. 1. Treffen der Lebenshilfe-Schulen. Marburg: Eigenverlag, 1983
Bundesvereinigung Lebenshilfe: Mitteilung einer Behinderung des Kindes an Eltern – eine ärztliche Aufgabe. Informationen für Ärztinnen und Ärzte. Marburg: Lebenshilfe-Verlag, 1990
Bundesvereinigung Lebenshilfe (Hrsg.): Familienentlastende Dienste. Selbstverständnis und Konzeption, Finanzierung und Organisationsentwicklung. 2., neubearb. u. aktual. Aufl. Marburg: Lebenshilfe-Verlag, 1996
Bundesvereinigung Lebenshilfe: Institutionelle Tagesangebote für behinderte und von Behinderung bedrohten Kindern unter drei Jahren. Marburg: Lebenshilfe-Verlag, 1997
Carr, Janet: Down-Syndrom in früher Kindheit. Entwicklung, Erziehung und Familiensituation. München: Reinhardt, 1978

Cholschreiber, Rosemarie: Familiendynamik und Abwehrmechanismen im Hinblick auf das Erziehungsverhalten in Familien mit einem geistig behinderten epilepsiekranken Kind. Zeitschrift für Heilpädagogik 31 (1980) 501-512

Clemens, Emil: Eltern- und Umweltreaktionen auf die Geburt eines geistigbehinderten Kindes. In: H. Bach (Hrsg.): Familien mit behinderten Kindern. Berlin: Marhold, 1979, 2-62

De Myer, Marian K.: Familien mit autistischen Kindern. Stuttgart: Enke, 1986

Eggert, Dietrich: Ein Beitrag zur Sozial- und Familienstatistik von geistig behinderten Kindern. In: D. Eggert (Hrsg.): Zur Diagnose der Minderbegabung. Weinheim: Beltz, 1972, 73-90

Eggert, D.; Meywirth, K. H.; Titze, I.: Daten zum Zusammenhang zwischen Behinderung und sozialer Schichtzugehörigkeit. Zeitschrift für Heilpädagogik 31 (1980) 816-821

von Ferber, Christian: Staatliche Sozialpolitik und die Familien Behinderter. Geistige Behinderung 22 (1983a) 2-12

von Ferber, Christian: Soziale Netzwerke – ein neuer Name für eine alte Sache? Geistige Behinderung 22 (1983b) 250-258

Florin, Irmela; Tunner, Wolfgang: Behandlung kindlicher Verhaltensstörungen. Verhaltenstherapeutisches Übungsbuch für psychologisch und pädagogisch interessierte Eltern. München: Goldmann, 1972[3]

Fröhlich, Andreas D.: Die Mütter schwerstbehinderter Kinder. Heidelberg: Ed. Schindele, 1989

Görres, Silvia: Leben mit einem behinderten Kind. Zürich; Köln: Benziger. Zürich: Flamberg, 1974

Görres, Silvia: Der geistig Behinderte in der Leistungsgesellschaft. Politische Studien 32 (1981) 365-372

Graf, Evi: Zur Einstellung von Eltern gegenüber ihrem geistigbehinderten Kind: erfaßt im Rahmen eines elternzentrierten Modells. Berlin: Marhold, 1987

Guski, Elin: Die Dynamik der Eltern-Kind-Beziehung bei geistig Behinderten. Geistige Behinderung 19 (1980) 130-142

Guski, Elin: Systemsicht und Familienorientierung am Beispiel der Frühförderung. Geistige Behinderung 28 (1989) 78-87

Guski, Elin; Langlotz-Brunner, Carola: Die Ablösung von der Familie. Konsequenzen für Einrichtungen. Geistige Behinderung 30 (1991) 37-43

Hackenberg, Waltraud: Das behinderte Kind als Belastung und Chance für seine Geschwister. Ergebnisse aus einer empirischen Untersuchung. Geistige Behinderung 22 (1983a) 87-96

Hackenberg, Waltraud: Die psychosoziale Situation von Geschwistern behinderter Kinder. Heidelberg: Schindele, 1983b

Hackenberg, Waltraud: Entwicklungsaufgaben für Geschwister behinderter Kinder im Jugendalter. Geistige Behinderung 32 (1993) 148-153

Häußler, Monika; Bormann, Bertold: Studie zur Lebenssituation von Familien mit behinderten Kindern in den neuen Bundesländern. Baden-Baden: Nomos-Verlagsges., 1997

Heimlich, Hildegard; Rother, Dietger: Wenn`s zu Hause nicht mehr geht – Eltern lösen sich von ihrem behinderten Kind. München: Reinhardt, 1991

Hennicke, Klaus: Kontexte von Gewalt und Gegengewalt in Familien mit geistig behinderten Angehörigen – Systemische Aspekte. Geistige Behinderung 35 (1996) 290-306

Hinze, Dieter: Väter und Mütter behinderter Kinder. Der Prozeß der Auseinandersetzung im Vergleich. Heidelberg: HVA, Ed. Schindele, 1993[2]

Hofmann, Theodor: Sozialisationsbedingungen Geistigbehinderter in der Familie. In: H. Dennerlein, K. Schramm (Hrsg.): Handbuch der Behindertenpädagogik, Band 1. München: Kösel, 1979, 583-588

Horstmann, Hildegard; Wohlhüter, Herbert: Zwei Jahre Kurzzeitheim für schwerstbehinderte Kinder und Jugendliche. Geistige Behinderung 24 (1985) 234-244

Innerhofer, Paul: Elternmitarbeit bei der Förderung behinderter Kinder. In: G. Heese (Hrsg.): Frühförderung behinderter und von Behinderung bedrohter Kinder. Berlin: Marhold, 1978, 26-37

Innerhofer, Paul; Warnke, Andreas: Eltern als Co-Therapeuten. Berlin: Springer, 1978

Jeltsch-Schudel, Barbara: Bewältigungsformen von Familien mit geistig behinderten Söhnen und Töchtern: Gespräche mit Müttern und anderen Familienangehörigen über ihren Alltag mit einem geistigbehinderten Kleinkind, Schulkind oder Erwachsenen. Berlin: Marhold, 1988

Jonas, Monika: Trauer und Autonomie bei Müttern behinderter Kinder. Geistige Behinderung 28 (1989) 285-294

Jonas, Monika: Trauer und Autonomie bei Müttern schwerstbehinderter Kinder. Ein feministischer Beitrag. Mainz: Matthias-Grünewald-Verlag, 1990

Kaiser, Arne; Thimm, Walter: Familienentlastende Dienste in Deutschland. Oldenburger Projekt abgeschlossen. Geistige Behinderung 35 (1996) 254-257

Kallbach, Ulrich: Elterngruppenarbeit bei geistig Behinderten im Rahmen der Volkshochschule. Lebenshilfe 16 (1977) 149-153

Klauß, Theo: Probleme der Loslösung bei geistig Behinderten und ihren Familien. Geistige Behinderung 27 (1988) 111-120

Klauß, Theo: Zehn Jahre Kurzzeitheim M. Bedeutung und Funktion eines Modellprojekts der Behindertenhilfe. Geistige Behinderung 9 (1990) 182-196

Krause, Matthias P.: Elterliche Bewältigung und Entwicklung des behinderten Kindes. Frankfurt/M.: Lang, 1997

Krebs, Heinz: Aufgabe und Verantwortung von Ärzten und Beratern in Familien mit behinderten Kindern. Hrsg.: Bundesvereinigung Lebenshilfe und Bundesverband für spastisch Gelähmte u. andere Körperbehinderte, o.J. (1973)

Krebs, Heinz: Ärztliche Beratung für Eltern behinderter Säuglinge und Kleinkinder. In: Bundesvereinigung Lebenshilfe (Hrsg.): Frühe Hilfen – Wirksamste Hilfe. Bericht der 8. Studientagung der Bundesvereinigung Lebenshilfe. Marburg: Eigenverlag, 1977^2, 85-101

Krebs, Heinz: Über den Umgang mit der »Diagnose« geistige Behinderung. Kritische Aspekte zu Bewältigungsperspektiven für Eltern. Geistige Behinderung 9 (1990) 218-224

Krenzer, Rolf; Jung, Edmund: Elternfibel – unser geistig behindertes Kind geht zur Schule. 50 Fragen, 50 Antworten. Bonn-Bad Godesberg: Reha-Verlag, 1977

Krüger, Peter: Untersuchung zur Situation der Geschwister geistig behinderter Kinder. Unveröff. Diss. Erlangen-Nürnberg, 1977

Krumm, Rudolf: Praxis der Familienberatung in der Schule für Geistigbehinderte. In: Th. Hofmann (Hrsg.): Beiträge zur Geistigbehindertenpädagogik. Rheinstetten: Schindele, 1979, 39-55

Kumpmann, Sybille u.a.: Verhaltenstherapeutisches Training von Eltern geistig behinderter Kinder. In: G. Nissen, P. Strunk (Hrsg.): Seelische Fehlentwicklung im Kindesalter und Gesellschaftsstruktur. Neuwied, Berlin: Luchterhand, 1974, 109-116

Lechler, Helmut: Das Frankfurter Modell der Behindertenberatung. In: Bundesvereinigung Lebenshilfe (Hrsg.): Beratung – lebensbegleitende Hilfe für Behinderte. Marburg: Eigenverlag, 1972, 57-66

Loeben-Sprengel, Stephanie; Soucos-Valavani, Irini; Voigt, Friedrich: Autistische Kinder und ihre Eltern. Veränderung der familiären Interaktion. Weinheim, Basel: Beltz, 1981

Maneke, Martin: Beratung im medizinischen Bereich: In: Bundesvereinigung Lebenshilfe (Hrsg.): Beratung – lebensbegleitende Hilfe für Behinderte. Marburg: Eigenverlag, 1972, 16-26

Mangold, B.; Obendorf, W.: Bedeutung der familiären Beziehungsdynamik in der Förderungsarbeit und Therapie mit behinderten Kindern. Praxis der Kinderpsychologie und Kinderpsychiatrie 30 (1981) 12-18

Mertes, Josef Peter: Praxis der Elternarbeit an Schulen für Geistigbehinderte. Zeitschrift für Heilpädagogik 29 (1978) 327-340

Meyer, Hermann: Elternarbeit in Geistigbehinderten-Einrichtungen, ein Erziehungskursus mit Kursusheft für Eltern und Erzieher geistigbehinderter Kinder. Berlin: Marhold, 1978

Miller, Nancy B.: Mein Kind ist fast ganz normal. Leben mit einem behinderten oder verhaltensauffälligen Kind: Wie Familien gemeinsam den Alltag meistern lernen. Stuttgart: TRIAS, 1997

Mink, J. T.; Nihira, K.; Meyers, C. E.: Taxonomy of Family Life Styles: I. Homes with TMR Children. American Journal of Mental Deficiency 87 (1983) 484-497

Mink, Iris T.; Nihira, Kazuo: Direction of effects: Family life styles and behavior of TMR children. American Journal of Mental Deficiency 92 (1987) 57-64

Mittler, Peter: Zusammenarbeit von Fachleuten und Familien als Fundament für Selbstbestimmung. Geistige Behinderung (1995) 5-16

Mohr, Kurt; Müller, Reiner; Plein, Josef: Die sozio-ökonomische Situation von Familien mit geistigbehinderten Kindern. In: H. Bach (Hrsg.): Familien mit geistigbehinderten Kindern. Berlin: Marhold, 1979, 64-207

Mühl, Heinz: Elternarbeit. In: BAG Hilfe für Behinderte (Hrsg.): Kommunikation zwischen Partnern. Teil II: Praxis der Behindertenarbeit. H 29: Geistig Behinderte. Düsseldorf: Eigenverlag, 1981[2], 37-45

Müller-Erichsen, Maren: Der Informations- und Gesprächskreis für Eltern mit behinderten Kindern – Erfahrungen einer Teilnehmerin. psychosozial 4 (1981) 99-104

Müller-Hohagen, Jürgen: Psychotherapie geistig behinderter Kinder und ihrer Familien. Geistige Behinderung 26 (1987) 226-236

Neugebauer, Hans; Zeschitz, Mathias; Hofmann, Silvia: Mediative Frühförderung Würzburg. In: N. Hartmann (Hrsg.): Beiträge zur Pädagogik der Schwerstbehinderten. Heidelberg: Schindele, 1983, 90-107

Neumann, Annelore: Chancen für mein Kind. Übungsprogramme für Eltern mit geistig behinderten Kindern. Berlin: CZV-Verlag, 1980

Oriesek-Savioz, E.: Geschwisterprobleme im Zusammenhang mit einem behinderten Kind. das behinderte kind 16 (1979) 35-54

Overbeck, Annegret: Familientherapeutische Ansätze in der Behindertenarbeit. Geistige Behinderung 20 (1981) 202-213

Pettinger, Josef: Einstellungen von Eltern geistig Behinderter zu den vorschulischen und schulischen Einrichtungen nach dem Sonderschulgesetz in Bayern. Diss. München. Freising: Werkstatt für Behinderte, 1989

Prekop, Jirina (Hrsg. u. komm.): Wir haben ein behindertes Kind. Eltern geistig behinderter Kinder berichten. Stuttgart: Quell, 1979

Prekop, Jirina: Spannungsfelder im Verhältnis zwischen Eltern von Behinderten und Fachleuten. Geistige Behinderung 22 (1983) H 1, Einhefter

Rache, Heinz: Zur sozialen Situation des geistig behinderten Kindes. In: D. Eggert, E. Schomburg, R. Altemöller (Hrsg.): Familie, Umwelt und Persönlichkeit geistig Behinderter. Bern: Huber, 1980, 49-72

Rohleder, Margret: Die Herkunftsfamilie als Lebensraum für erwachsene Geistigbehinderte. Bildung und Erziehung 30 (1977) 306-314

Ross, Alan O.: Das Sorgenkind. Problemkinder in ihrer Umgebung. Stuttgart: Hippokrates, 1977[2]

Sarimski, Klaus: Pädagogisch-psychologische Begleitung von Eltern chromosomal geschädigter Kinder. Geistige Behinderung 37 (1998) 323-334

Schädler, Johannes B.: Familienentlastende Dienste. Geistige Behinderung 29 (1990) H 2, Einhefter, 1-40

Schädler, Johannes: Gewaltprobleme in Familien mit behinderten Kindern. Helfen durch »hilfreiche Arrangements«. Geistige Behinderug 37 (1998) 348-360

Schatz, Günther: Wie verändern sich die Beziehungen zur Umwelt durch die Existenz eines geistig behinderten Kindes? Geistige Behinderung 26 (1987) 237-246

Schatz, Günther: Familien mit geistig behinderten Kindern. Zusammenfassende Ergebnisse einer Untersuchung zur »Sonderfamilie«. Zeitschrift für Heilpädagogik 41 (1990) 753-761

Schatz, Günther; Genenger, Marianne; Stotz, Eberhard: Familien mit geistig behinderten Jugendlichen und Erwachsenen. Zeitschrift für Heilpädagogik 32 (1981) 149-164

Schauer, Renate: Anleitung zur Gesprächsführung mit Eltern behinderter Kinder innerhalb der Frühberatung. Lebenshilfe 17 (1978) 220-224

Scheel, Karin: Katrin – ein Sorgenkind? Gütersloh: Eigenverlag, 1979

Schmitz, Edgar: Kotherapeuten in der Verhaltenstherapie. Weinheim; Basel: Beltz, 1976a

Schmitz, Edgar: Elternprogramm für behinderte Kinder. München; Basel: Reinhardt, 1976b

Schön, Emmy-Renate: Mitteilung der Diagnose »Geistige Behinderung« an die Eltern. In: H. Dennerlein, K. Schramm (Hrsg.): Handbuch der Behindertenpädagogik. Bd. 1. München: Kösel, 1979, 666-671

Schubert, Maria Theresia: System Familie und Geistige Behinderung. Wien; New York: Springer, 1987

Seidler, Günter H.: Psycho-soziale Aspekte des Umgangs mit der Diagnose und den intrafamiliären Coping-Mechanismen bei Spina bifida- und Hydrocephaluskindern. Praxis der Kinderpsychologie und Kinderpsychiatrie 30 (1981) 39-47

Seifert, Monika: Geschwister in Familien mit geistig behinderten Kindern. Eine Praxisbezogene Studie. Bad Heilbrunn: Klinkhardt, 1989

Seifert, Monika: Was bedeutet ein geistig behindertes Kind für die Familie? Geistige Behinderung 36 (1997) 237-250

Speck, Otto: Das gewandelte Verhältnis zwischen Eltern und Fachleuten in der Frühförderung. In: O. Speck, A. Warnke (Hrsg.): Frühförderung mit den Eltern. München; Basel: Reinhardt, 1983, 13-20

Spörri, Claire-Lise: Gegenwärtig praktizierte Formen der Elterngruppenarbeit in der Frühförderung. In: O. Speck, A. Warnke (Hrsg.): Frühförderung mit den Eltern. München; Basel: Reinhardt, 1983, 131-150

Sporken, Paul: Eltern und ihr geistig behindertes Kind. Düsseldorf: Patmos, 1975

Tatzer, Ernst; Schubert, Maria Theresia; Groh, Christoph: Behinderung des Kindes – Herausforderung für die Familie. Geistige Behinderung 24 (1985) 193-199

Theunissen, Georg; Plaute, Wolfgang; Garlipp, Birgit; Westling, David: Wünsche von Eltern behinderter und entwicklungsverzögerter Kinder in den neuen Bundesländern – eine Studie aus Sachsen-Anhalt. Die neue Sonderschule 42 (1997)

Theunissen, Georg: Eltern behinderter Kinder als Experten in eigener Sache. Zeitschrift für Heilpädagogik 49 (1998) 100-106

Thimm, Walter: Zur sozialen Situation der Familien mit behinderten Kindern. Vierteljahresschrift für Heilpädagogik und ihre Nachbargebiete 43 (1974) 11-18

Thimm, Walter: Versuch einer Ortsbestimmung professioneller Behindertenhilfe. In: BAG der Werkstätten für Behinderte (Hrsg.): Dokumentation Werkstättentag '78. 1. Bundeskonferenz Werkstätten für Behinderte. Osnabrück: Eigenverlag, 1978, 299-313

Thomae, Ingeborg: Fachleute, Eltern und Behinderte als Partner. Zum Symposium der Internationalen Liga von Vereinigungen zugunsten geistig Behinderter in Kopenhagen 1971. Lebenshilfe 11 (1972) 83-87

Thomae, Ingeborg: Risiko-Kinder. Wie kann die Familie das Kleinkind, besonders das entwicklungsverzögerte und behinderte, fördern? Zürich, Köln: Benziger, 1976

Thomae, Ingeborg: Eltern und Fachleute in Zusammenarbeit für geistig Behinderte. Lebenshilfe 16 (1977a) 129-133

Thomae, Ingeborg: Beratung und Anleitung junger Eltern behinderter Kinder. In: Bundesvereinigung Lebenshilfe (Hrs.): Frühe Hilfen – Wirksamste Hilfen. Bericht der 8. Studientagung der Bundesvereinigung Lebenshilfe. Marburg: Eigenverlag, 1977^2b, 129-132

Vliegenhardt, W. E.; v.d. Dunk, Marianne G. C.: Die Problematik von Eltern geistig behinderter Kinder. Heilpädagogische Forschung Bd. III (1964) 353-380

Wacker, Elisabeth: Familie als Ort der Pflege. Leben mit einem behinderten Kind in bundesdeutschen Haushalten. Geistige Behinderung 34 (1995) 19-35

Warnke, Andreas: Arbeit mit Eltern geistig behinderter Kinder. In: Bundesvereinigung Lebenshilfe (Hrsg.): Hilfen für schwer geistig Behinderte – Eingliederung statt Isolation. Bericht der 9. Studientagung der Bundesvereinigung Lebenshilfe. Marburg: Eigenverlag, 1978, 206-211

Warnke, Andreas: Das Gespräch in der Zusammenarbeit mit Eltern des geistig behinderten Kindes. Geistige Behinderung 22 (1983a) H 3, Einhefter

Warnke, Andreas: Kritische Nebenwirkungen der Zusammenarbeit mit den Eltern. In: O. Speck, A. Warnke (Hrsg.): Frühförderung mit den Eltern. München; Basel: Reinhardt, 1983b, 60-84

Weiß, Hans: Diskussionsanstöße und Orientierungslinien zur Eltern- und Familienarbeit. In: O. Speck, A. Warnke (Hrsg.): Frühförderung mit den Eltern. München; Basel: Reinhardt, 1983, 43-59

Weiß, Hans: Familie und Frühförderung. München; Basel: Reinhardt, 1989

Weiß, Hans: Familien zwischen Autonomie und sozial arrangierter »Abhängigkeit«. Geistige Behinderung 30 (1991) 196-218

Weiß, Hans: Liebespflicht und Fremdbestimmung. Das Annahme-Postulat in der Zusammenarbeit von Eltern und Fachleuten. Geistige Behinderung 32 (1993) 308-322

Whelan, Edward; Speake, Barbara: Hilfe für geistig Behinderte, Erziehung zur Selbständigkeit. Frankfurt/M.: Fischer, 1981

Wolfensberger, Wolf: Die dritte Stufe in der Entwicklung von freien Vereinigungen zugunsten geistig Behinderter. Hrsg.: Landsverband Hessen der Lebenshilfe. Marburg, o.J.

Züghart, Eduard: Einführungsreferat zur Problematik aus der Sicht der Eltern. In: Bundesvereinigung Lebenshilfe: (Hrsg.) Hilfen für schwer geistig Behinderte – Eingliederung statt Isolation. Marburg: Eigenverlag, 1978, 1-6

Züghart, Eduard: Beteiligung von Eltern, Angehörigen und gesetzlichen Vertretern an der Arbeit der Einrichtungen für behinderte Menschen. Zur Orientierung 4 (1980) 225-238

Literatur zu Kapitel 5: Geistige Behinderung aus pädagogischer Sicht

Anstötz, Christoph: Grundriß der Geistigbehindertenpädagogik. Berlin: Marhold, 1987

Antor, Georg; Bleidick, Ulrich: Recht auf Leben – Recht auf Bildung. Aktuelle Fragen der Behindertenpädagogik. Mit Beiträgen von U. Haeberlin, R. Seifert, O. Speck und A. Stracke-Mertes. Heidelberg: Winter, Ed. Schindele, 1995

Bach, Heinz: Geistige Behinderung unter pädagogischem Aspekt – Begriff, theoretische Grundlegung, praktische Konsequenzen. Doppelkurseinheit der FernUniversität-Gesamthochschule Hagen. Hagen, 1997

Bak, John J.; Siperstein, Gary N.: Protective Effects of the Label »Mentally Retarded« on Children`s Attitudes Toward Mentally Retarded Peers. American Journal of Mental Deficiency 91 (1986) 95-97

Baun, Marianne: Beeinträchtigungen der Sprache bei Geistigbehinderten. Sonderpädagogik 8 (1978) 15-23

Becker, Monika: Sexuelle Gewalt gegen Mädchen mit geistiger Behinderung. Daten und Hintergründe. Heidelberg: Ed. Schindele, 1995

Buchka, Maximilian: Zur Anthropologie des mongoloiden Kindes. Heilpädagogische Rundschau (1972) 85-92

Buchka, Maximilian: Der Geistigbehinderte, ein Mehrfachbehinderter. Praxis der Kinderpsychologie und Kinderpsychiatrie 22 (1973) 171-174

Clarke, A. M.; Clarke, A. D. B.: Criteria and Classification of subnormality. In: A. M. Clarke, A. D. B. Clarke (Hrsg.): Mental Deficiency: The changing outlook. New York, 1974[3], 13-30

Cooper, B.; Ort, M.: Dimensionen der Behinderung. Eine populationsbezogene Untersuchung geistig behinderter Kinder und Jugendlicher. Bericht an die Deutsche Forschungsgemeinschaft. Unter Mitarbeit von G. Cloerkes u.a. Mannheim: Zentralinstitut für Seelische Gesundheit, 1984

Czarski, Rosemarie; Granrath, Irmgard; Karches, Christine; Kniel-Jorka, Christiane: So seh' ich meine Welt. Frauen mit geistiger Behinderung tauschen sich aus. Marburg: Lebenshilfe-Verlag, 1999

Deutscher Bildungsrat: Zur pädagogischen Förderung behinderter und von Behinderung bedrohter Kinder und Jugendlicher. Beiheft 11 der Zeitschrift für Heilpädagogik, 1974

Eggert, Dietrich: Ein Beitrag zur Sozial- und Familienstatistik von geistig behinderten Kindern. In: D. Eggert (Hrsg.): Zur Diagnose der Minderbegabung. Weinheim: Beltz, 1972a, 73-90

Eggert, Dietrich: Zur testpsychologischen Differentialdiagnose von Intelligenzdefekten. In: D. Eggert (Hrsg.): Zur Diagnose der Minderbegabung. Weinheim: Beltz, 1972b, 131-145

Eggert, Dietrich: Psychologische Theorien der geistigen Behinderung. In: G. Neuhäuser, H.-Chr. Steinhausen (Hrsg): Geistige Behinderung: Grundlagen, klinische Syndrome, Behandlung und Rehabilitation. 2., überarb. u. erw. Aufl. Stuttgart; Berlin; Köln: Kohlhammer, 1999, 42-59

Eggert, D.; Meywirth, K. H.; Titze, J.: Daten zum Zusammenhang zwischen Behinderung und sozialer Schichtzugehörigkeit. Zeitschrift für Heilpädagogik 31 (1980) 816-821

Elbert, Johannes: Geistige Behinderung – Formierungsprozesse und Akte der Gegenwehr. In: U. Kasztantowicz (Hrsg.): Wege aus der Isolation: Konzepte und Analysen der Integration Behinderter in Dänemark, Norwegen, Italien und Frankreich. Heidelberg: Schindele, 1982, 54-103

Engelmann, W.: Ein vergleichendes Untersuchungsverfahren bei geistig behinderten Kindern. Praxis der Kinderpsychologie und Kinderpsychiatrie 15 (1966) 23-27

Essbach, Sigmar und Autorenkollektiv: Ein Kind kann keine Schule besuchen – hat es überhaupt eine Entwicklungschance? Berlin: Volk und Gesundheit, 1981

Feuser, Georg: Beiträge zur Geistigbehindertenpädagogik. Solms-Oberbiel: Jarick Oberbiel, 1981

Feuser, Georg: »Geistigbehinderte gibt es nicht!« Projektionen und Artefakte in der Geistigbehindertenpädagogik. Geistige Behinderung 35 (1996) 18-25

Fischer, Erhard: Die schulische Förderung mehrfachgeschädigter Kinder und Jugendlicher mit geistiger Behinderung in der Bundesrepublik Deutschland. Hamburg: Kovac, 1992

Freiburg, Gerda: Aktuelle und zukünftige Probleme der Sonderschule im Spiegel statistischer Daten. Sonderschule in Niedersachsen (1989) H 1, 29-52

Friske, Andrea: Als Frau geistig behindert sein. Ansätze zu frauenorientiertem heilpädagogischem Handeln. München; Basel: Reinhardt, 1995

Grossman, H. I. (Hrsg.): Manual on Terminology and Classification in Mental Retardation. 1977 Revision. Washington: AAMD, 1977

Günzburg, Herbert C.: Führung zur Selbständigkeit. Geistige Behinderung 20 (1981) 97-107, 158-170, 230-243

Hahn, Martin: Behinderung als soziale Abhängigkeit. Zur Situation schwerbehinderter Menschen. München: Reinhardt, 1981

Harbauer, Hubert: Geistig Behinderte. Ein Ratgeber für Eltern, Erzieher und Ärzte. Stuttgart: Thieme, 1976[2]

Heber, Rick: Geistige Retardation: Begriff und Klassifikation. Übers. a. d. Engl. von B. u. H. Feger. In: F. Weinert (Hrsg.): Pädagogische Psychologie. Köln; Berlin: Kiepenheuer & Witsch, 1967, 376-389

Hill, F.: Behinderte Kinder – vernachlässigte Kinder? Göttingen: Hogrefe, 1971

Hofmann, Theodor: Mehrfachbehinderte Schüler in Sonderschulen für bildungsschwache Kinder und Jugendliche in Baden-Württemberg. In: N. Hartmann (Hrsg.): Beiträge zur Pädagogik der Mehrfachbehinderten. Bd. 2. Neuburgweier: Schindele, 1973, 83-108

Hofmann, Theodor: Sozialisationsbedingungen Geistigbehinderter in der Familie. In: H. Dennerlein, K. Schramm (Hrsg.): Handbuch der Behindertenpädagogik. Bd. 1. München: Kösel, 1979, 583-588

Holtz, Karl-Ludwig: Geistige Behinderung und Soziale Kompetenz. Analyse und Integration psychologischer Konstrukte. Heidelberg: Ed. Schindele, 1994

Internationale Liga von Vereinigungen für Menschen mit geistiger Behinderung: Wesentliche Unterschiede zwischen geistiger und psychischer Behinderung. Ein Grundsatzdokument. Zusammengestellt von H. V. Cobb und P. Mittler. 1982

Jantzen, Wolfgang: Geistig behinderte Menschen und gesellschaftliche Integration. Bern; Stuttgart; Wien: Huber, 1980

Kerkhoff, Winfried: Behinderte in Sonderschulen. Ein statistischer Überblick. Sonderpädagogik 10 (1980) 20-33

Klee, Ernst: »Euthanasie« im NS-Staat. Die Vernichtung lebensunwerten Lebens. Frankfurt/M.: Fischer, 1983

Klein, Susanne; Wawrok, Silke; Fegert, Jörg M.: Sexuelle Gewalt in der Lebenswirklichkeit von Mädchen und Frauen mit geistiger Behinderung. Geistige Behinderung 37 (1998) 77-81

Kobi, Emil E.: Das schwer geistig behinderte Kind aus heilpädagogischer Sicht. In: Th. Hagmann (Hrsg.): Beiträge zur Pädagogik Geistigbehinderter. Luzern: Ed. SZH, 1980, 27-54

Kobi, Emil E.: Vorstellungen und Modelle zur Wesenserfassung geistiger Behinderung und zum Umgang mit geistig Behinderten. Geistige Behinderung 22 (1983) 155-166

Kuhse, Helga; Singer, Peter: Muß dieses Kind am Leben bleiben? Das Problem schwerstgeschädigter Neugeborener. Erlangen: Fischer, 1993

Laxer, Gloria; Rey, Michel; Ritvo, Edward R.: Brief Report: A Comparison of Potentially Pathologic Factors in European Children with Autism, Down`s Syndrome, and Multiple Physical Handicaps. Journal of Autism and Developmental Disorders 18 (1988) 309-313

Liepmann, Mirjam C.: Geistig behinderte Kinder und Jugendliche. Eine epidemiologische, klinische und sozialpsychologische Studie. Bern; Stuttgart; Wien: Huber, 1979

Lüer, Gerd: Zur Frage objektiver Trennung verschiedener Schwachsinnsformen bei Kindern mit psychologischen Tests. In: D. Eggert (Hrsg.): Zur Diagnose der Minderbegabung. Weinheim: Beltz, 1972, 123-129

Meyer, Hermann: Zur Psychologie der Geistigbehinderten. Berlin: Marhold, 1977

Mühl, Heinz: Notwendigkeit und Möglichkeit der Erziehung geistig behinderter Kinder. Bad Godesberg: Dürr, 1971[2]

Neuhäuser, Gerhard: Anfallsleiden bei geistig Behinderten. Geistige Behinderung 21 (1982) 17-30

Neuhäuser, Gerhard: Klinische Syndrome. In: G. Neuhäuser, H.-Chr. Steinhausen (Hrsg): Geistige Behinderung: Grundlagen, klinische Syndrome, Behandlung und Rehabilitation. 2., erg. u. erw. Aufl. Stuttgart; Berlin; Köln: Kohlhammer, 1999, 110-217

Noack, Cornelia; Schmid, Hanna J.: Sexuelle Gewalt gegen Menschen mit geistiger Behinderung. Eine verleugnete Realität. Stuttgart: Verband ev. Einrichtungen für Menschen mit geistiger und seelischer Behinderung, 1994

Pfeffer, Wilhelm: Handlungstheoretisch orientierte Beschreibung geistiger Behinderung. Ein Versuch. Geistige Behinderung 23 (1984) 101-111

Pueschel, Siegfried (Hrsg.): Down-Syndrom: für eine bessere Zukunft. Stuttgart: TRIAS, 1995

Rantakallo, Paula; von Wendt, Lennart: Mental Retardation and Subnormality in a Birth Cohort of 12.000 Children in Northern Finland. American Journal of Mental Deficiency 90 (1986) 380-387

Rauh, Helgard: Lernpsychologie. In: H. Bach (Hrsg.): Pädagogik der Geistigbehinderten. Handbuch der Sonderpädagogik. Bd. 5. Berlin: Marhold, 1979, 354-391

Rett, Andreas; Seidler, Horst: Das hirngeschädigte Kind. Ärztliche, erzieherische und soziale Probleme. Wien; München: Jugend und Volk, 1981

Reuther-Dommer, Christa; Dommer, Eckhard: »Ich will Dir erzählen ... «. Geistig behinderte Menschen zwischen Selbst- und Fremdbestimmung. Gießen: Psychosozial-Verlag, 1997

Sander, Elisabeth; Sander, Klaus: Zur Frage der Entstehungsbedingungen bei lern- und bei geistig behinderten Schülern – eine empirische Analyse von Schülerakten. Heilpädagogische Forschung Band VIII (1979) 191-204

Sarimski, Klaus: Entwicklungspsychologie genetischer Syndrome. Göttingen; Bern; Toronto; Seattle: Hogrefe, 1997

Schilling, Friedhelm: Bereich der Motorik. In: H. Bach (Hrsg.): Pädagogik der Geistigbehinderten. Handbuch der Sonderpädagogik. Bd. 5. Berlin: Marhold, 1979, 310-327

Schmalohr, Emil: Frühe Mutterentbehrung bei Mensch und Tier. München: Kindler, 1968

Schmidt, Martin: Die pädagogische Förderung Behinderter im Aufgabenfeld praxisorientierter Wissenschaften – dargestellt im Aufgabenfeld Medizin. Zeitschrift für Heilpädagogik 30 (1979) 712-718

Schmitz, Edgar: Kotherapeuten in der Verhaltenstherapie. Weinheim; Basel: Beltz, 1976

Siegenthaler, Hermann: Zur Anthropologie der intensiv Geistigbehinderten. In: Th. Hagmann (Hrsg.): Beiträge zur Pädagogik Geistigbehinderter. Luzern: Ed. SZH, 1980, 9-26

Siegenthaler, Hermann: Anthropologische Grundlagen zur Erziehung geistig Schwerstbehinderter. Bern; Stuttgart: Haupt, 1983

Singer, Peter: Praktische Ethik. Aus dem Engl. übersetzt von J.-Cl. Wolf. Stuttgart: Reclam, 1984

Sondersorge, Rudolf: Geistigbehindert – mehrfachbehindert. Lebenshilfe 6 (1967) 140-144

Spreen, Otfried: Geistige Behinderung. Berlin; Heidelberg; New York: Springer, 1978

Stürmer, Klaus: Die Definition des Personenkreises der »Geistigbehinderten« – eine Literaturanalyse. Zeitschrift für Heilpädagogik 26 (1975) 468-481

Stuffer, Georg: Arbeit und Berufsbildung Geistigbehinderter. Diss. München: Heilpäd. Centrum Augustinum, 1975

Thalhammer, Manfred: Geistige Behinderung. In: O. Speck, M. Thalhammer: Die Rehabilitation der Geistigbehinderten. München; Basel: Reinhardt, 1977², 9-72

Theunissen, Georg: Wider die Psychiatrisierung geistiger Behinderung. Geistige Behinderung 35 (1996) 307-319

Thimm, Walter: Epidemiologische und soziokulturelle Faktoren. In: G. Neuhäuser, H.-Chr. Steinhausen (Hrsg): Geistige Behinderung: Grundlagen, klinische Syndrome, Behandlung und Rehabilitation. 2., erg. u. erw. Aufl. Stuttgart; Berlin; Köln: Kohlhammer, 1999, 9-25

Thimm, Walter; von Ferber, Christian; Schiller, Burkhard; Wedekind, Rainer: Ein Leben so normal wie möglich führen ... Zum Nornalisierungskonzept in der Bundesrepublik Deutschland und in Dänemark. Marburg: Bundesvereinigung Lebenshilfe, 1985

Wallner, T.: Doppel- und mehrfachbehinderte Geistigbehinderte in Schweden. Ergebnisse einer landumfassenden Erhebung 1972. Die Rehabilitation 12 (1973) 169-180

Wallner,T.: Veränderungen in der Altersstruktur geistig Behinderter in Schweden zwischen 1973 und 1982. Die Rehabilitation 23 (1984) 106-109

Warzecha, Birgit (Hrsg.): Geschlechterdifferenz in der Sonderpädagogik. Eine erste Annäherung. Bielefeld: Kleine, 1996

Weiß, Hans: Behinderung und soziale Herkunft. Zum Einfluß sozialer Faktoren auf die Genese von Behinderungen. Vierteljahresschrift für Heilpädagogik und ihre Nachbargebiete 54 (1985) 32-54

Wendeler, Jürgen: Psychologie des Down-Syndroms. Bern; Stuttgart; Toronto: Huber, 1988

Wendeler, Jürgen; Godde, Heidi: Geistige Behinderung: Ein Begriff und seine Bedeutung für die Betroffenen. Geistige Behinderung 28 (1989) 306-317

World Health Organization: International classification of impairments, disabilities and handicaps. Genf: World Health Organization, 1980

Literatur zu Kapitel 6: Pädagogische Beurteilung

Angermeier, M.: Psycholinguistischer Entwicklungstest (PET). Deutsche. Bearbeitung des Illinois Test of Psycholinguistic Abilities. Weinheim: Beltz Test-Gesellschaft, 1974

Arbeitsgemeinschaft des Reha-Zentrums für Schwerst- und Mehrfachbehinderte Mosbach: Entwicklungsbogen für Schwerstbehinderte. Schwarzach, 1986

Begemann, Ernst; Fröhlich, Andreas D.; Penner, Helmut: Förderung von schwerstkörperbehinderten Kindern in der Primarstufe. Zwischenbericht. Mainz: von Hase & Koehler, 1979

Bibl, Wilhelm Robert: Diagnostische Möglichkeiten der kompetenzorientierten Verhaltensanalyse bei geistig schwerstbehinderten Menschen mit den Skalen von Uzgiris und Hunt (1975). Unveröff. Diss. Braunschweig, 1980

Bigger, Alois: Förderdiagnostik Schwer- und Schwerstbehinderter. Diagnostik und Förderung unter dem Aspekt der Kognition. Berlin: Marhold, 1993[2]

Bollinger-Hellingrath, Christa: Diagnose- und Beobachtungsbögen für das Selbständigkeitstraining in Wohnstätten für geistig Behinderte. Geistige Behinderung 20 (1981) 171-187

Bondy, C. u.a.: Testbatterie für geistig behinderte Kinder. Weinheim: Beltz Test-Gesellschaft, 1969

Bondzio, Margarete; Vater, Wolfgang: Frühförderungs- und Entwicklungshilfen für behinderte Kinder. Bonn: Reha-Verlag, 1980

Bremer-Hübler, Ulrike: Möglichkeiten und Grenzen der Entwicklungsdiagnostik bei geistig Behinderten. Geistige Behinderung 25 (1986) 105-112

Bremer-Hübler, Ulrike; Eggert, Dietrich: Psychodiagnostik. In: G. Neuhäuser, H.-Chr. Steinhausen (Hrsg): Geistige Behinderung: Grundlagen, klinische Syndrome, Behandlung und Rehabilitation. 2., überarb. u. erw. Aufl. Stuttgart; Berlin; Köln: Kohlhammer, 1999, 61-71

Browder, Diane M. (Hrsg.): Assessment of Individuals with Severe Handicaps. An Applied Behavior Approach to Life Skills Assessment. Baltimore; London: Brookes, 1987

Buchka, Maximilian: Pädagogische Erfahrungen mit der »Testbatterie für geistig behinderte Kinder«. Sonderpädagogik 3 (1973) 74-83

Bühler, Charlotte; Hetzer, Hildegard: Bühler-Hetzer-Kleinkindertests. München: Barth, 1972

Cattell, R. B.; Weiss, R.; Osterland, J.: Grundintelligenztest (CFT 1). Braunschweig: Westermann, 1978

Coulin, S. u.a.: Münchener Funktionelle Entwicklungsdiagnostik – 2. und 3. Lebensjahr. Experimentalfassung 1977 (Institut für Soziale Pädiatrie und Jugendmagazin der Univ.München. Leiter: Prof. Dr. Th. Hellbrügge)

Dalferth, Matthias: Synopse verschiedener Symptomlisten zur Diagnostizierung des frühkindlichen Autismus. Zeitschrift für Heilpädagogik 37 (1986) 167-179

Dittmann, Werner: Aufgabenbereiche der pädagogisch-psychologischen Diagnostik bei geistig behinderten Kindern und die TBGB. In: A. Möckel (Hrsg.): Sonderschule im Wandel. Neuburgweier: Schindele, 1971, 156-166

Dittmann, Werner: Zur Retestreliabilität von drei ausgewählten Tests der TBGB. In: D. Eggert (Hrsg.): Zur Diagnose der Minderbegabung. Weinheim: Beltz, 1972, 111-122

Dittmann, Werner: Retestuntersuchung mit drei ausgewählten Untertests nach einem Jahr. Zeitschrift für Heilpädagogik 24 (1973) 23-25

Dittmann, Werner: Eine Intelligenzuntersuchung mit dem Binetarium (BBN) bei Schülern in Sonderschulen für Geistigbehinderte. Zeitschrift für Heilpädagogik 25 (1974) 92-108

Dittmann, Werner; Metzler, Nikolaus H.: Untersuchung zur Validierung des Binetariums (BBN) an der Testbatterie für geistig behinderte Kinder (TBGB). Zeitschrift für Heilpädagogik 27 (1976) 231-236

Eggert, Dietrich: Tests für geistig Behinderte. Weinheim; Berlin; Basel: Beltz, 1970

Eggert, Dietrich: Lincoln-Osseretzky-Skala, Kurzform (LOS KF 18). Weinheim: Beltz Test-Gesellschaft, 1971

Eggert, Dietrich: Entwicklung einer Testbatterie für geistig behinderte Kinder. In: D. Eggert (Hrsg.): Zur Diagnose der Minderbegabung. Weinheim: Beltz, 1972, 39-71

Eggert, Dietrich: Zur Bewährung der Testbatterie für geistig behinderte Kinder (TBGB) in der Schulpraxis. Eine Längsschnittuntersuchung zur prognostischen Gültigkeit. Zeitschrift für Heilpädagogik 25 (1974) 75-91

Eggert, Dietrich: Zur Psychodiagnostik geistiger Entwicklungsstörungen – eine Übersicht. Zeitschrift für Kinder- und Jugendpsychiatrie 3 (1975) 312-337

Eggert, Dietrich: Psychodiagnostik. In: H. Bach (Hrsg.): Pädagogik der Geistigbehinderten. Handbuch der Sonderpädagogik. Bd. 5. Berlin: Marhold, 1979, 392-417

Eggert, Dietrich; Altemöller, Rolf: Geistig behinderte Kinder entwickeln sich – Ergebnisse einer Längsschnittuntersuchung von 1969-1977 mit Hilfe der Testbatterie für geistig behinderte Kinder (TBGB). In: D. Eggert, E. Schomburg, R. Altmöller (Hrsg.): Familie, Umwelt und Persönlichkeit geistig Behinderter. Bern; Stuttgart; Wien: Huber, 1980, 103-125

Eggert, Dietrich; Altemöller, Rolf: Entwicklungsdiagnostische Erfahrungen mit der Testbatterie für geistig behinderte Kinder (TBGB) im Rahmen einer Längsschnittstudie. Zeitschrift für Heilpädagogik 33 (1982) 689-699

Eggert, Dietrich; Betcke, Dieter: Untersuchungen zur psychometrischen Eignung einer Kurzform der Vineland Social Maturity Scale für geistig behinderte Kinder. In: D. Eggert (Hrsg.): Zur Diagnose der Minderbegabung. Weinheim: Beltz, 1972, 293-306

Eggert, Dietrich; Schuck, Karl-Dieter: Untersuchungen zur Retestreliabilität der TBGB. In: D. Eggert (Hrsg.): Zur Diagnose der Minderbegabung. Weinheim: Beltz, 1972, 93-110

Feuser, Georg: Beiträge zur Geistigbehindertenpädagogik. Solms-Oberbiel: Jarick, Oberbiel, 1981

Feuser, Georg; Jantzen, Wolfgang: Erste Erfahrungen mit der Testbatterie für geistig behinderte Kinder. In: D. Eggert (Hrsg.): Zur Diagnose der Minderbegabung. Weinheim: Beltz, 1972, 165-175

Fischer, Erhard (Schriftleitung): Pädagogische Beurteilung. Lernen konkret 10 (1991) H 1

Flehmig, Inge u.a.: Denver Entwicklungsskalen, Testanweisung. Hamburg, 1973

Flehmig, Inge: Die Denver-Entwicklungsskalen (DES). In: Bundesvereinigung Lebenshilfe (Hrsg.): Frühe Hilfen – Wirksamste Hilfen. Marburg: Eigenverlag, 1977[2], 39-45

Franger, Werner; Pfeffer, Wilhelm: Probleme und Möglichkeiten der Diagnostik bei schwerster geistiger Behinderung. In: R. Kornmann, H. Meister, J. Schlee (Hrsg.): Förderungsdiagnostik. Heidelberg: Schindele, 1983, 84-101

Götte, Rose: Landauer Sprachentwicklungstest für Vorschüler (LSV). Weinheim: Beltz, 1976

Günzburg, Herbert C.: Die Erstellung eines individuellen Entwicklungsprogramms für schwer geistig Behinderte auf Grundlage einer pädagogischen Bestandsaufnahme: Das P-A-C System. In: Bundesvereinigung Lebenshilfe (Hrsg.): Hilfen für schwer geistig Behinderte – Eingliederung statt Isolation. Marburg: Eigenverlag, 1978, 139-150

Günzburg, Herbert C.: Führung zur Selbständigkeit. Geistige Behinderung 20 (1981) 97-107, 158-170, 230-243

Hacke, W.; Hammerström, B.; Jungen, K.; Gohla, G.: Der Aggressionsfragebogen für Geistigbehinderte. Ein Versuch der standardisierten Erfassung aggressiven Verhaltens bei Geistigbehinderten. Heilpädagogische Forschung Bd. VIII (1980) 297-309

Haupt, Ursula; Fröhlich, Andreas: Entwicklungsförderung schwerstbehinderter Kinder. Bericht über einen Schulversuch. Teil I. Mainz: von Hase & Koehler, 1982

Hellbrügge, Theodor u.a.: Münchener Funktionelle Entwicklungsdiagnostik. Erstes Lebensjahr. München; Wien; Baltimore: Urban und Schwarzenberg, 1978

Hellbrügge, Theodor; von Wimpffen, J. Hermann: Die ersten 365 Tage im Leben eines Kindes – Die Entwicklung des Säuglings. München: TR-Verlagsunion, 1976[4]

Heller, G.; Horn, R.: French-Bilder-Intelligenz-Test (FBIT). Weinheim: Beltz, 1976

Hennige, U.; Rüster, K.; Sievers, R.; Wolf, E.: Die Erfassung und Förderung der sensomotorischen Kompetenz geistig Schwerstbehinderter. Sickte: Neuerkeröder Anstalten, 1988

Hofer-Krauss, Ute; Eggert, Dietrich: Zur Bedeutung des Beurteilers bei Fragebögen für geistig behinderte Kinder. In: D. Eggert (Hrsg.): Zur Diagnose der Minderbegabung. Weinheim: Beltz, 1972, 265-280

Holtz, Karl-Ludwig; Eberle, Gerhard; Hillig, Axel; Marker, Klaus R.: Soziale Kompetenz als diagnostische und pädagogische Kategorie bei geistig Behinderten. Theoretische Überlegungen und empirische Befunde bei der Konstruktion eines förderdiagnostischen Verhaltensinventars. Geistige Behinderung 21 (1982) 97-108

Holtz, Karl-Ludwig; Eberle, Gerhard; Hillig, Axel; Marker, Klaus R.: Heidelberger Kompetenz-Inventar für geistig Behinderte. Handbuch. Heidelberg: Ed. Schindele, 1984

Innerhofer, Paul; Klicpera, Christian: Diagnostik des frühkindlichen Autismus. Frühförderung interdisziplinär 3 (1984) 165-171

Irmischer, Tilo: Motopädagogik bei geistig Behinderten. Eine ganzheitliche, entwicklungsorientierte Bewegungserziehung. Schorndorf: Hofmann, 1980

Jähnichen, Else: Diagnose der kognitiven Entwicklung bei geistigbehinderten Kindern im Vorschulalter: Überprüfung der Brauchbarkeit der Bayley Scales als Entwicklungsskala. Frühförderung interdisziplinär 1 (1982) 56-68

Kane, John F.; Kane, Gudrun: Geistig schwer Behinderte lernen lebenspraktische Fertigkeiten. Bern; Stuttgart; Wien: Huber, 1978[2]

Kiphard, Ernst J.: Wie weit ist ein Kind entwickelt? Eine Anleitung zur Entwicklungsüberprüfung. 3., verb. Aufl. Dortmund: modernes lernen, 1977a

Kiphard, Ernst J.: Testanalysen zum Trampolin-Körperkoordinationstest (TKT). Psychomotorik 2 (1977b) 111-114

Kiphard, Ernst J.; Schilling, F.: Körper-Koordinationstest für Kinder (KTK). Weinheim: Beltz, 1974

Kleber, Edmund W.: Interpretationsvorschlag für die Testbatterie für geistig behinderte Kinder. Zeitschrift für Heilpädagogik 21 (1970) 494-502

Kleber, Edmund W.: Die TBGB in der Einzelfalldiagnose. In: D. Eggert (Hrsg.): Zur Diagnose der Minderbegabung. Weinheim: Beltz, 1972, 343-361

Kleber, Edmund W.; Fischer, R.: Entwicklung eines Erhebungsverfahrens zum Instruktionsverständnis. Psychologie in Erziehung und Unterricht 27 (1980) 235-239

Kornmann, Reimer: Testbatterie für entwicklungsrückständige Schulanfänger (TES). Weinheim: Beltz Test-Gesellschaft, 1977

Liepmann, Mirjam C.: Geistig behinderte Kinder und Jugendliche. Eine epidemiologische, klinische und sozialpsychologische Studie. Bern; Stuttgart; Wien: Huber, 1979

Liljeroth, Ingrid; Nimeus, Bengt: Praktische Bildung für geistig Behinderte. Eine Anleitung. Aus dem Schwed. übers. von Helga Schöning. Weinheim; Basel: Beltz, 1973

Lüer, G.; Cohen, R.; Nauck, W.: Eine Kurzform der »Vineland Social Maturity Scale« für minderbegabte Kinder. In: D. Eggert (Hrsg.): Zur Diagnose der Minderbegabung. Weinheim: Beltz, 1972, 281-292

Meyer, Hermann: Zur Interpretation von TBGB-Ergebnissen. Kritische Anmerkungen. Zeitschrift für Heilpädagogik 27 (1976) 226-230

Moog, Wolfgang: Anamnese, Beobachtung und Beschreibung sowie psychologische Tests. Kurseinheit der Fernuniversität Hagen, 1981

Müller, Markus: Heilpädagogische Diagnostik bei schwer und schwerst behinderten Kindern. Berlin: Marhold, 1982

Müller, Markus; Kane, John. F.; Kane, Gudrun: Psychodiagnostische Verfahren zur Einschätzung der Fertigkeiten und Verhaltensweisen geistig schwer und schwerst behinderter Kinder. Vierteljahresschrift für Heilpädagogik und ihre Nachbargebiete 47 (1978) 318-336

Müller, Markus: Grundfragen der Diagnostik in der Erziehung geistig schwerstbehinderter Kinder. Zur Orientierung 9 (1985) 16-29

Niedermann, A.; Müller, M,: Simmen, R. (Hrsg.): Die TARC-Methode von W. Sailor und B. J. Mix. Bern: Haupt, 1986

Niemeyer, W.: Bremer Lautdiskriminationstest (BLDT). Bremen: Herbig, 1976a

Niemeyer, W.: Bremer Artikulationstest (BAT). Bremen: Herbig, 1976b

Norden, J.: Anleitung zur Intelligenzprüfung nach Binet-Bobertag »Binetarium«. Göttingen; Stuttgart, 1953

Ohlmeier, Gertrud: Frühförderungsprogramme für behinderte Kinder (0-6). 980 Übungsanweisungen mit Materialangaben. Dortmund: modernes lernen, 1979

P-A-C Handbuch. 1. Bd. Die 3 Grundformen. Marburg: Lebenshilfe, 1977

Reincke, Wilhelm: Zur Frage der Leistungsdifferenzierung bei geistig behinderten Kindern. Testanalyse und Testkritik der TBGB aus differentialdiagnostischer Sicht. Zeitschrift für Heilpädagogik 24 (1973) 173-200

Reincke, Wilhelm: Sonderpädagogik zwischen empirischer Realwissenschaft und positivistischer Entfremdung. Zeitschrift für Heilpädagogik 33 (1982) 881-887

Rennen-Allhoff, Beate; Allhoff, Peter: Entwicklungstests für das Säuglings-, Kleinkind- und Vorschulalter. Berlin; Heidelberg; New York; London; Paris; Tokyo: Springer, 1987

Sarimski, Klaus: Entwicklungsdiagnostische Verfahren für die ersten beiden Lebensjahre. Frühförderung interdisziplinär 1 (1982) 121-129

Sarimski, Klaus (Hrsg.): Ordinalskalen zur sensomotorischen Entwicklung. (Deutsche Bearbeitung der Skalen von Uzgiris und Hunt 1975). Weinheim: Beltz, 1987

Sauter, F. Ch.: Prüfung optischer Differenzierungsleistungen (POD). Braunschweig: Westermann, 1979

Scharlau, R.; Schmitz, G.: Welchen Nutzen hat die Testbatterie für Geistigbehinderte? Zeitschrift für Heilpädagogik 29 (1978) 37-43

Schilling, Friedhelm: Motodiagnostik des Kindesalters. Berlin: Marhold, 1973

Schilling, Friedhelm: Checklist motorischer Verhaltensweisen. Braunschweig: Westermann, 1976

Schmidt, L. R.; Kessler, B. H.: Anamnese. Weinheim; Basel: Beltz, 1976

Schmidt, Martin H.; Voll, Renate: Intelligenzminderungen und andere Varianten der Intelligenz. In: H. Remschmidt, M H. Schmidt (Hrsg.): Kinder- und Jugendpsychiatrie in Klinik und Praxis. Bd. 2: Entwicklungsstörungen, organisch bedingte Störungen, Psychosen, Begutachtung. Stuttgart; New York: Thieme, 1985, 29-140

Schmitz, Edgar: Elternprogramm für behinderte Kinder. München; Basel: Reinhardt, 1976

Schmitz, Gudrun: Diagnose und Beschreibung schwer geistig Behinderter mit dem Denver Entwicklungstest. In: Bundesvereinigung Lebenshilfe (Hrsg.): Hilfen für schwer geistig Behinderte – Eingliederung statt Isolation. Marburg: Eigenverlag, 1978, 153-157

Schmitz, Gudrun: Psychodiagnostik bei geistig Behinderten. Geistige Behinderung 24 (1985) 264-273

Schopler, Eric; Reichler, Robert J.: Entwicklungs- und Verhaltensprofil, P.E.P. (Psychoeducational Profile). Dt. Bearbeitung von A. Horn. Dortmund: modernes lernen, 1981

Schuck, Karl-Dieter: Eine multivariate Analyse der Zusammenhänge von pädagogisch-psychologischen, soziologischen und medizinischen Variablen bei geistig behinderten Kindern. In: D. Eggert, E. Schomberg, R. Altemöller (Hrsg.): Familie, Umwelt und Persönlichkeit geistig Behinderter. Bern; Stuttgart; Wien: Huber, 1980, 73-100

Schuck, Karl-Dieter; Eggert, Dietrich: Hannover-Wechsler-Intelligenztest für das Vorschulalter (deutsche Bearbeitung des WPPSI von Wechsler). Bern; Stuttgart: Huber, 1976

Snijders, J. Th.; Snijders-Oomen, N.: Snijders-Oomen nichtverbale Intelligenztestreihe (S.O.N. 2 1/2-7). Groningen: Wolters-Noordhoff, 1977 (Testzentrale des BDP, Stuttgart)

S/P = P-A-C Leitfaden. Stratford upon Avon: SEFA, 1980

Stahl, Burkhard: Entwicklung und Erprobung eines Verhaltensfragebogens für geistig und lernbehinderte Heimkinder (VFHK). Hamburg: Reim, 1980

Steingrüber, H.: Hand-Dominanz-Test (H-D-T). Göttingen: Hogrefe, 1971

Strasser, Urs: Wahrnehmen, Verstehen, Handeln. Förderdiagnostik für Menschen mit einer geistigen Behinderung. 3., ergänzte Aufl. Luzern: Ed. SZH/SPC, 1997

Straßmeier, Walter: Frühförderprogramme für behinderte und entwicklungsverzögerte Kinder. Evaluation eines kombinierten Diagnose-Förder-Ansatzes. Unveröff. Diss. München, 1979

Walter, Jürgen; Masendorf, Fritz: Untersuchungen zur hierarchischen Voraussetzungsstruktur intellektueller und motorischer Leistungen bei geistig behinderten Kindern und daraus resultierende Konsequenzen für Fördermaßnahmen. Zeitschrift für Heilpädagogik 32 (1981) 461-467

Wohlfarth, Rainer: Spielarten der Diagnostik. Behindertenpädagogik 22 (1983) 247-266

Wohlfarth, Rainer: Diagnostik im Dienste eines übergreifenden Konzepts zur Förderung der sensomotorischen Entwicklung. Frühförderung interdisziplinär 5 (1986) 14-23

Wohlfarth, Rainer: Prüfung der sensomotorischen Intelligenz. Frühförderung interdisziplinär 6 (1987) 73-79

Literatur zu Kapitel 7: Allgemeine Ziele der Erziehung und Förderung

Adam, Heidemarie: Das Normalisierungsprinzip und seine Bedeutung für die Behindertenpädagogik. Behindertenpädagogik 16 (1977) 73-91

Adam, Heidemarie: Curriculumkonstruktion. Oberbiel: Jarick, 1978

Asmus, Hildburg u.a.: Zum Begriff »erfülltes Leben«. Vierteljahresschrift für Heilpädagogik und ihre Nachbargebiete 43 (1974) 242-249

Bach, Heinz: Ziele der Erziehung von Menschen mit geistiger Behinderung. Kurseinheit der Fernuniversität Hagen. Hagen, 1982

Bank-Mikkelsen, Niels E.: Das Normalisierungsprinzip. Zur Fortbildung (1972) H 2, 24-30

Bleidick, Ulrich: Zielsetzungen in der Erziehung von Behinderten. Vierteljahresschrift für Heilpädagogik und ihre Nachbargebiete 48 (1979) 347-360

Bundesvereinigung Lebenshilfe (Hrsg.): Normalisierung – eine Chance für Menschen mit geistiger Behinderung. Bericht des 1. Europäischen Kongresses der Intern. Liga von Vereinigungen für Menschen mit geistiger Behinderung. Marburg: Lebenshilfe-Verlag, 1985

Bundesvereinigung Lebenshilfe (Hrsg.): Selbstbestimmung: Kongreßbeiträge. Dokumentation des Kongresses »Ich weiss doch selbst, was ich will!« Menschen mit geistiger Behinderung auf dem Weg zu mehr Selbstbestimmung 1994 in Duisburg. Marburg: Lebenshilfe-Verlag, 1996

Dönhoff, Knut: Gesichtspunkte zu einer Theoriebildung in der Pädagogik bei Geistigbehinderten. Vierteljahresschrift für Heilpädagogik und ihre Nachbargebiete 49 (1980) 248-258

Eisenberger, Jörg; Martin Th. Hahn; Hall, Constanze; Koepp, Antje; Krüger, Carsten: Das Normalisierungsprinzip – vier Jahrzehnte danach. Veränderungsprozesse stationärer Einrichtungen für Menschen mit geistiger Behinderung. Reutlingen: Diakonie-Verlag, 1999

Hahn, Martin: Behinderung als soziale Abhängigkeit. Zur Situation schwerbehinderter Menschen. München: Reinhardt, 1981

Mühl, Heinz: Handlungsbezogener Unterricht in der Schule für Geistigbehinderte. Vierteljahresschrift für Heilpädagogik und ihre Nachbargebiete 62 (1993) 409-421

Mühl, Heinz: Selbstbestimmung in der Erziehung bei geistiger Behinderung. In: Th. Hofmann, B. Klingmüller (Hrsg.): Abhängigkeit und Autonomie: neue Wege in der Geistigbehindertenpädagogik. Berlin: Verlag für Wissenschaft und Bildung, 1994, 93-99

Mühl, Heinz: Erziehung zur Selbstbestimmung durch handlungsbezogenen Unterricht. In: Bundesvereinigung Lebenshilfe (Hrsg.): Selbstbestimmung: Kongreßbeiträge. Marburg: Lebenshilfe-Verlag, 1996, 312-316

Nirje, Bengt: Das Normalisierungsprinzip und seine Auswirkungen in der fürsorgerischen Betreuung. In: R. B. Kugel, W. Wolfensberger (Hrsg.): Geistig Behinderte – Eingliederung oder Verwahrung. Stuttgart: Thieme, 1974, 33-46

Thimm, Walter: Das Normalisierungsprinzip – eine Einführung. Marburg: Bundesvereinigung Lebenshilfe, 1984

Thimm, Walter; von Ferber, Christian; Schiller, Burkhard; Wedekind, Rainer: Ein Leben so normal wie möglich führen ... Zum Normalisierungskonzept in der Bundesrepublik Deutschland und in Dänemark. Marburg: Bundesvereinigung Lebenshilfe, 1985

Wolfensberger, Wolf: The Principle of Normalization in Human Services. Toronto: National Institute on Mental Retardation, 1972

Literatur zu Kapitel 8: Pädagogische Angebote in der frühen Kindheit und im Vorschulalter

Anstötz, Christoph: Grundriß der Geistigbehindertenpädagogik. Berlin: Marhold, 1987

Arbeitsstelle Frühförderung, Institut für Sonderpädagogik der Universität München (Hrsg.): Pädagogische Frühförderung behinderter und von Behinderung bedrohter Kinder. Abschlußbericht der wiss. Begleitung des Projekts der BLK für Bildungsplanung. München, 1982

Bach, Heinz: Hauptprobleme der Früherziehung Geistigbehinderter. Zeitschrift für Heilpädagogik 24 (1973) 969-977

Bach, Heinz: Früherziehungsprogramme für geistig behinderte und entwicklungsverzögerte Säuglinge und Kleinkinder. Mit Beiträgen von B. Franke, H. Sachers und B. Schoppmann. Berlin: Marhold, 1975[2]

Bach, Heinz: Früherziehungsprogramme für geistig behinderte und entwicklungsverzögerte Säuglinge und Kleinkinder. In: Bundesvereinigung Lebenshilfe (Hrsg.): Frühe Hilfen – Wirksamste Hilfen. Marburg: Eigenverlag, 1977[2], 103-110

Becker, Ruth und Autorenkollektiv: Früherziehung geschädigter Kinder. Berlin: Volk und Gesundheit, 1978

Bondzio, Margarete; Vater, Wolfgang: Frühförderungs- und Entwicklungshilfen für behinderte Kinder. Bonn: Reha-Verlag, 1980

Bondzio, Margarete; Vater, Wolfgang: Vom ersten Laut zum ersten Wort. Bonn: Reha-Verlag, 1981

Brazelton, T. Berry: Babys erstes Lebensjahr. Ein Ratgeber für junge Eltern. München: dtv, 1982[5]

Der Bundesminister für Arbeit und Sozialordnung (Hrsg.): Einrichtungen und Stellen der Frühförderung in der Bundesrepublik Deutschland – Ein Wegweiser. 4., überarb. Aufl. Bonn, 1995

Bundesvereinigung Lebenshilfe (Hrsg.): Frühe Hilfe für das geistig behinderte Kind. Marburg: Eigenverlag, 1964

Bundesvereinigung Lebenshilfe: Denkschrift zur Frühförderung. Marburg, 1981

Bundesvereinigung Lebenshilfe: Pädagogische Förderung geistig behinderter Kinder im Kindergartenalter. In: Bundesvereinigung Lebenshilfe (Hrsg.): Frühförderung, Kindergarten, Schule. Empfehlungen und Materialien des Päd. Ausschusses. Marburg: Eigenverlag, 1983, B 2

Bundesvereinigung Lebenshilfe: Was ist zu tun, damit eine angemessene Förderung geistig behinderter Kinder im Kindergartenalter in den unterschiedlichen Organisationsformen gesichert ist? 1. Treffen von Vertretern aus Lebenshilfe-Kindergärten 1984. Marburg: Eigenverlag, 1985

Bundesvereinigung Lebenshilfe: Gemeinsam Leben und Lernen im Kindergarten. Eine Empfehlung. Marburg: Lebenshilfe-Verlag, 1992[3]

Bundesvereinigung Lebenshilfe: »Was können wir jetzt tun?« Eine Empfehlung des Bundesvereinigung Lebenshilfe für Ärztinnen und Ärzte. Marburg: Lebenshilfe-Verlag, 1997[4]

Bundesvereinigung Lebenshilfe: Frühe Hilfen. Frühförderung aus der Sicht der Lebenshilfe. Eine Empfehlung. Marburg: Lebenshilfe-Verlag, 1998[5]

Carr, Janet: Down-Syndrom in früher Kindheit. Entwicklung, Erziehung und Familiensituation. München; Basel: Reinhardt, 1978

Casto, Glendon; Mastropieri, Margo A.: The Efficacy of Early Intervention Programs: A Meta-Analysis. Exceptional Children 52 (1986) 417-424

Cordes, Hermann; Dzikowski, Stefan: Frühförderung autistischer Kinder. Bremen: Hilfe für das autistische Kind, 1991

Cunningham, Cliff; Sloper, Patricia: Hilfe für ihr behindertes Baby. Früherkennung und Therapie. Aus dem Engl. Übers. von M. Ohl und H. Satorius. Frankfurt/M.: Fischer, 1980

Deutscher Bildungsrat: Zur pädagogischen Förderung behinderter und von Behinderung bedrohter Kinder und Jugendlicher. Beiheft 11 der Zeitschrift für Heilpädagogik, 1974

Dmitriev, Valentine: Frühförderung für »mongoloide« Kinder. Das Down-Syndrom. Aus dem Amerik. übers. von W. Storm.Weinheim; Basel: Beltz, 1987

Dunst, Carl J.: Rethinking Early Intervention. Analysis and Intervention in Developmental Disabilities 5 (1985) 165-201

Fabich, Doris; Klein, Ferdinand: Gesichtspunkte zur Verbesserung der Elternberatung in der Früherziehung. Frühförderung interdisziplinär 4 (1985) 75-81

Fichtner, Heinz-Lothar; Timann, Inge: Erfahrungen – Anregungen – Beispiele für integrative Arbeitsprozesse im Kindergarten. Nieders. Erprobungsprojekt zur gemeinsamen Erziehung behinderter und nichtbehinderter Kinder im Kindergarten. Wolfenbüttel: Fischer, 1995

Fischer, Erhard: Wahrnehmungsförderung. Handeln und sinnliche Erkenntnis bei Kindern und Jugendlichen. Dortmund: Borgmann, 1998

Gratt, Helga; Ratte, Irmgard: Kasuistik – drei Falldarstellungen aus der Praxis. In: Bundesvereinigung Lebenshilfe (Hrsg.): Frühe Hilfen – Wirksame Hilfen. Marburg: Eigenverlag, 1977^2, 181-198

Grond, Jörg: Gegenstand, Ziele und Aufgaben der Früherziehung bei geistig Behinderten. In: J. Grond (Hrsg.): Früherziehung behinderter Kinder. Luzern: Ed. SZH, 1978^2, 19-50

Guski, Elin: Die Dynamik der Eltern-Kind-Beziehung bei geistig Behinderten. Geistige Behinderung 19 (1980) 130-142

Haupt, Ursula: Überlegungen zu einer komplexen Entwicklungsförderung körperbehinderter Säuglinge und Kleinkinder. Zeitschrift für Heilpädagogik 31 (1980) 483-492

Heimlich, Ulrich: Behinderte und nichtbehinderte Kinder spielen gemeinsam. Konzept und Praxis integrativer Spielförderung. Bad Heilbrunn: Klinkhardt, 1995

Hellbrügge, Theodor (Hrsg.): Klinische Sozialpädiatrie. Ein Lehrbuch der Entwicklungs-Rehabilitation im Kindesalter. Berlin; Heidelberg; New York: Springer, 1981

Hippel, Bernd: Versuch einer intensiven Förderung geistig behinderter Kinder im Vorschulalter. Lebenshilfe 18 (1979) 73-77

Horstmann, Tordis: Übersicht über psychodiagnostische Verfahren zur Überprüfung des funktionellen Entwicklungsstandes bei Säuglingen, Kleinkindern, Kindergarten- und Vorschulkindern. In: G. Heese (Hrsg.): Frühförderung behinderter und von Behinderung bedrohter Kinder. Berlin: Marhold, 1978, 113-121

Horstmann, Tordis: Frühförderung bei Kindern mit cerebralen Bewegungsstörungen unter sonderpädagogischem Aspekt. Längsschnittuntersuchungen an 58 Kindern vom 1. bis 7. Lebensjahr. Heidelberg: Schindele, 1982

Innerhofer, Paul: Elternmitarbeit bei der Förderung behinderter Kinder. In: G. Heese (Hrsg.): Frühförderung behinderter und von Behinderung bedrohter Kinder. Berlin: Marhold, 1978, 26-37

Jawad, Saadi: Modelle interdisziplinärer Arbeit in der Frühförderung. Frühförderung interdisziplinär 6 (1987) 170-179

Jetter, Karlheinz: Leben und Arbeiten mit behinderten und gefährdeten Säuglingen und Kleinkindern. Mit einem Beitrag von Franz Schönberger. Stadthagen: Ute Bernhardt-Plätz, 1984

Josef, Konrad; Josef, Katharina: Früherziehung bei geistig behinderten und entwicklungsverzögerten Kindern. Berlin-Charlottenburg: Marhold, 1971

Kaplan, Karlheinz; Rückert, Erdmute; Garde, Dörte u.a.: Gemeinsame Förderung behinderter und nichtbehinderter Kinder. Handbuch für den Kindergarten. Weinheim; Basel: Beltz, 1993

Kaschade, Hans-Jürgen: Die Integration Behinderter in der amerikanischen und kanadischen Vorschulpädagogik. Ein Bericht. Münster; New York: Waxmann, 1992

Kautz, Cordula: Zur Bedeutung der Interaktion und Kommunikation in der Förderung von Säuglingen mit einer geistigen Behinderung. Frühförderung interdisziplinär 7 (1988) 106-113

Kessler, Rudolf: Erfahrungen beim Aufbau einer Einrichtung für pädagogische Frühförderung. In: O. Speck: Frühförderung entwicklungsgefährdeter Kinder. München; Basel: Rheinhardt, 1977, 145-161

Kiphard, Ernst J.: Sensomotorische Frühdiagnostik und Frühförderung. In: Bundesvereinigung Lebenshilfe (Hrsg.): Frühe Hilfen - Wirksamste Hilfen. Marburg: Eigenverlag, 1977², 111-121

Klein, Ferdinand: Zur Erziehung geistigbehinderter Kinder im Sonderkindergarten. Zeitschrift für Heilpädagogik 25 (1974) 109-115

Klein, Ferdinand: Die häusliche Früherziehung des entwicklungsbehinderten Kindes. Ein Beitrag zur pädagogischen Praxis. Bad Heilbrunn: Klinkhardt, 1979

Klein, Ferdinand: Aufgaben des Pädagogen in der Früherziehung. psychosozial 4 (1981) 28-50

Klein, Ferdinand: Mütterliches Einstellungsverhalten im Frühbereich und das kommunikative Erziehungskonzept. Eine empirische Erkundungsstudie. Geistige Behinderung 21 (1982) 31-43

Klein, Gerhard: Inwiefern benachteiligen die Organisationsformen der Frühförderung Kinder aus randständigen Familien? Frühförderung interdisziplinär 8 (1989) 190-197

Krause, Matthias P.: Elterliche Bewältigung und Entwicklung des behinderten Kindes. Frankfurt/M.: Lang, 1997

Krebs, Heinz: Ärztliche Beratung für Eltern behinderter Säuglinge und Kleinkinder. In: Bundesvereinigung Lebenshilfe (Hrsg.): Frühe Hilfen – Wirksamste Hilfen. Marburg: Eigenverlag, 1977², 84-102

Kron, Maria: Kindliche Entwicklung und die Erfahrung von Behinderung. Eine Analyse der Fremdwahrnehmung von Behinderung und ihre psychische Verarbeitung bei Kindergartenkindern. Frankfurt/M.: AFRA, 1988

Landesverband Nordrhein-Westfalen der Lebenshilfe: Keine Isolation geistig behinderter Kinder in Lebenshilfe-Kindergärten. Köln, 1984

Landesverband Sachsen der Lebenshilfe (Hrsg.): Modellprojekt Integration von behinderten Kindern in Tageseinrichtungen. Chemnitz, 1997a

Landesverband Sachsen der Lebenshilfe (Hrsg.): Spiel als Chance zur sozialen Integration. Chemnitz, 1997b

Mühl, Heinz: Erziehung geistig Behinderter in Kindergarten und Schule – aktuelle Probleme und Tendenzen. Lebenshilfe 18 (1979) 65-72

Mühl, Heinz: Pädagogische Förderung geistig behinderter Kinder im Kindergartenalter. Geistige Behinderung 20 (1981) 31-41

Mühl, Heinz: Integration von Kindern und Jugendlichen mit geistiger Behinderung. Gemeinsame Erziehung mit Nichtbehinderten in Kindergarten und Schule. Berlin: Marhold, 1987

Müller-Erichsen, Maren: Der Informations- und Gesprächskreis für Eltern mit behinderten Kindern – Erfahrungen einer Teilnehmerin. psychosozial 4 (1981) 99-104

Neuhäuser, Gerhard: Frühe Hilfen für Behinderte aus ärztlicher Sicht. In: Bundesvereinigung Lebenshilfe (Hrsg.): Frühe Hilfen – Wirksamste Hilfen. Marburg: Eigenverlag, 1977², 1-11

Neuhäuser, Gerhard: Frühdiagnose und Frühtherapie – Aufgaben für den Neuropädiater bei der Kooperation zur Frühförderung und Früherziehung behinderter Kinder. psychosozial 4 (1981) 51-68

Neuhäuser, Gerhard: Frühförderung im Spannungsfeld verschiedener Fachdisziplinen. Frühförderung interdisziplinär 4 (1985) 1-7

Ohlmeier, Gertrud: Frühförderungsprogramme für behinderte Kinder (0 bis 6). 980 Übungsanweisungen mit Materialangaben. Dortmund: modernes lernen, 1979

Ohlmeier, Gertrud: Frühförderungsprogramme auf der Basis der sensomotorischen Funktionsdiagnostik. Geistige Behinderung 21 (1982) 257-263

Ohlmeier, Gertrud: Frühförderung behinderter Kinder. Teil 1: Erfahrungsbericht. Teil 2: Darstellung der Methode. Dortmund: modernes lernen, 1983

Pechstein, Johannes: Sozialpädiatrische Zentren für behinderte und entwicklungsgefährdete Kinder. Zur organisatorischen Lösung neuropsychopädiatrischer Aufgaben der Frühdiagnostik und Frühtherapie. Mit einer Einführung von J. Muth. Stuttgart: Klett, 1975

Peter, Armin: Anregungen für die Hauserziehung geistig behinderter Kinder. Berlin: Marhold, 1973

Pettinger, Josef: Schulvorbereitende Einrichtung und Schule für geistig Behinderte – unter gemeinsamer Leitung? Lebenshilfe 16 (1977) 218-221

Regel, Gerhard; Wieland, Axel Jan (Hrsg.): Offener Kindergarten konkret. Veränderte Pädagogik in Kindergarten und Hort. Hamburg: Wissen, 1993

Rothmayer, Angelika: Schwerstmehrfachbehinderte Kinder im integrativen Kindergarten. Bonn: Reha-Verlag, 1989

Ruppelt, Hans; Ruppelt, Christa: Bewegungs- und Spielanregungen für das erste Lebensjahr. Das Prager Eltern-Kind-Programm. Geistige Behinderung 21 (1982) H 4, Einhefter

Schamberger, Reglindis: Frühtherapie bei geistig behinderten Säuglingen und Kleinkindern. Untersuchungen bei Kindern mit Down-Syndrom. Weinheim; Basel: Beltz, 1978

Schlack, H. G. (Hrsg.): Konzeption, Personalbedarf und Finanzierung Sozialpädiatrischer Institutionen. Denkschrift der AG Sozialpädiatrischer Zentren und Abteilungen. Lübeck: Hansisches Verlagskontor, 1981

Schöbel, Hans: Organisationsmodell multidisziplinärer Zusammenarbeit in der Frühförderung behinderter Kinder auf Bezirksebene. In: Bundesvereinigung Lebenshilfe (Hrsg.): Frühe Hilfen – Wirksamste Hilfen. Marburg: Eigenverlag, 1977^2, 145-157

Schulz, Gerda: Frühbehandlung und Frühförderung aus Elternsicht. psychosozial 4 (1981) 18-27

Speck, Otto: Früherkennung und Frühförderung behinderter Kinder. In: Deutscher Bildungsrat (Hrsg.): Behindertenstatistik, Früherkennung, Frühförderung. Stuttgart: Klett, 1975^2, 111-150

Speck, Otto: Frühförderung entwicklungsgefährdeter Kinder. Der pädagogische Beitrag zu einer interdisziplinären Aufgabe. München; Basel: Reinhardt, 1977a

Speck, Otto: Frühe Hilfen für Behinderte aus pädagogischer Sicht. In: Bundesvereinigung Lebenshilfe (Hrsg.): Frühe Hilfen – Wirksamste Hilfen. Marburg: Eigenverlag, 1977^2b, 12-18

Speck, Otto: Die Stellung der Eltern im Rahmen der Frühförderung. Geistige Behinderung 20 (1981) 80-90

Speck, Otto: Frühförderung - Frühe Eingriffe in das Kindsein? Frühförderung interdisziplinär 5 (1986) 145-150

Speck, Otto: Frühförderung als System. Frühförderung interdisziplinär 8 (1989) 148-156

Speck, Otto: Sozialpädiatrische Zentren (§119 GRG). Der Wille des Gesetzgebers und ein Kukkucksei. Frühförderung interdisziplinär 9 (1990) 97-100

Speck, Otto; Warnke, Andreas (Hrsg.): Frühförderung mit den Eltern. München; Basel: Reinhardt, 1983

Speck, Otto; Thurmair, Martin (Hrsg): Fortschritte der Frühförderung entwicklungsgefährdeter Kinder. München; Basel: Reinhardt, 1989

Spörri, Claire-Lise: Die Wirklichkeit des Kindes erfahren lernen: Das Beispiel einer Stunde Frühförderung. Frühförderung interdisziplinär 4 (1985) 58-65

Steinebach, Christoph: Wege zu einem integrativen Modell interdisziplinärer Frühförderung. Frühförderung interdisziplinär 7 (1988) 125-135

Straßmeier, Walter: Frühförderprogramme für behinderte und entwicklungsverzögerte Kinder. Evaluation eines kombinierten Diagnose-Förder-Ansatzes. Unveröff. Diss. München, 1979

Straßmeier, Walter: Frühförderung konkret. 260 lebenspraktische Übungen für entwicklungsverzögerte und behinderte Kinder. München; Basel: Reinhardt, 1981

Straßmeier, Walter: Ziele der Arbeit in der schulvorbereitenden Einrichtung für Geistigbehinderte nach Vorstellung von Fachkräften und Eltern. Zeitschrift für Heilpädagogik 34 (1983) 364-369

Straßmeier, Walter: Frühförderung und Ökosysteme. Frühförderung interdisziplinär 5 (1986) 151-162

Taupitz, Birgit: Kritische Betrachtung ausgewählter Frühförderungsprogramme. Geistige Behinderung 24 (1985) 200-209

Theopold, Wilhelm: Vorsorgeuntersuchungen bei Säuglingen und Kleinkindern. In: Bundesvereinigung Lebenshilfe (Hrsg.): Frühe Hilfen – Wirksamste Hilfen. Marburg: Eigenverlag, 1977^2, 25-31

Thomae, Ingeborg: Der Sonderkindergarten – seine Aufgaben und Arbeitsweisen. Lebenshilfe 3 (1964) H 1, 10-19

Thomae, Ingeborg: Hort und Sonderkindergarten für geistig Behinderte. In: G. Heese, H. Wegener (Hrsg.): Enzyklop. Handbuch der Sonderpäd. Bd. 1. Berlin: Marhold, 1969, 1101-1102

Thomae, Ingeborg: Risiko-Kinder. Wie kann die Familie das Kleinkind, besonders das entwicklungsverzögerte und behinderte, fördern? Zürich, Köln: Benziger, 1976

Tietze-Fritz, Paula: Handbuch der heilpädagogischen Diagnostik. Konzepte zum Erkennen senso- und psychomotorischer Auffälligkeiten in der interdisziplinären Frühförderung. Dortmund: modernes lernen, 1991

Vereinigung für Interdisziplinäre Frühförderung (Hrsg.): Familienorientierte Frühförderung. Dokumentation des 6. Symposiums Frühförderung Hannover 1991. München: Reinhardt, 1991

Vogel, Donald; Rauh, Hellgard; Jordan, Sabine: Therapieangebote für behinderte Kinder. Berlin: Spiess, Ed. Marhold, 1990

Warnke, Andreas: Frühförderung und Zusammenarbeit mit der Familie. In: G. Neuhäuser, H.-Chr. Steinhausen (Hrsg): Geistige Behinderung: Grundlagen, klinische Syndrome, Behandlung und Rehabilitation. 2., überarb. u. erw. Aufl. Stuttgart; Berlin; Köln: Kohlhammer, 1999, 297-309

Wagner, Hans-Volker: Wir brauchen eine Frühförderstelle. Lebenshilfe 15 (1976) 97-105

Wagner, Hans-Volker: Grundsätzliche Aspekte zum Kindergarten für geistig Behinderte (Sonderkindergarten). In: Bundesvereinigung Lebenshilfe (Hrsg.): Pädagogische Inhalte der Arbeit im Kindergarten für geistig Behinderte. Marburg: Eigenverlag, 1977, 5-14

Wagner, Hans-Volker: Frühförderung – eine Idee setzt sich durch. Lebenshilfe 17 (1978) 129-139

Warnke, Andreas: Frühförderung und Zusammenarbeit mit der Familie. In: G. Neuhäuser, H.-Chr. Steinhausen (Hrsg): Geistige Behinderung: Grundlagen, klinische Syndrome, Behandlung und Rehabilitation. 2., überarb. u. erg. Aufl. Stuttgart; Berlin; Köln: Kohlhammer, 1999, 297-309

Weigand, L.: Sonderpädagogische Test- und Untersuchungsverfahren in der Frühförderung entwicklungsverzögerter Kinder. Würzburg: Kinder-Dienst, 1980

Weinmann, Hans-Martin: Frühförderung entwicklungsgefährdeter Kinder – pädiatrisch gesehen. In: O. Speck: Frühförderung entwicklungsgefährdeter Kinder. München; Basel: Reinhardt, 1977, 78-86

Weiss, Johannes: Der kombinierte Kindergarten in Nußdorf. Lebenshilfe 18 (1979) 78-81

Weiß, Hans: Hilfen für entwicklungsgefährdete Kinder und ihre Familien in einem Landkreis. Entwicklung, Organisation, Erfahrungen und Probleme einer regionalen Frühförderstelle. Behindertenpädagogik 19 (1980) 15-39

Weiß, Hans: Sozialwissenschaftliche Konzepte im Wirkfeld der Frühförderung. Frühförderung interdisziplinär 6 (1987) 159-169

Weiß, Hans: Familie und Frühförderung. München; Basel: Reinhardt, 1989

Weiß, Hans: Familien zwischen Autonomie und sozial arrangierter »Abhängigkeit«. Geistige Behinderung 30 (1991) 196-218

Werner, Wolfgang (Hrsg.): Aktuelle Beiträge zur Diagnose und Behandlung kindlicher Entwicklungsstörungen. Korbach: Bing, 1996

Wilken, Etta (Hrsg.): Frühförderung von Kindern mit Behinderung, Eine Einführung in Theorie und Praxis. Stuttgart; Berlin; Köln: Kohlhammer, 1999

Wöhler, Karlheinz: Soziologische Aspekte der Frühförderung von Behinderten. Oder: Über das Bestreben, sonderpädagogisches Handeln wirkungsvoller und erfolgreicher zu machen. Zeitschrift für Heilpädagogik 31 (1980) 285-296

Literatur zu Kapitel 9: Schulpädagogik

Adam, Heidemarie: Grundlegende Lebenssituationen und Geistigbehindertenpädagogik. Behindertenpädagogik 16 (1977) 195-208

Adam, Heidemarie: Curriculumkonstruktion. Oberbiel: Jarick, 1978a

Adam, Heidemarie: Programme zur Förderung Schwerstbehinderter. Behindertenpädagogik. 17 (1978b) 202-212

Adam, Heidemarie: Arbeitsplan für den Unterricht mit Geistigbehinderten. Limburg: Frankonius, 1980a

Adam, Heidemarie: Förderung von leicht- und schwerbehinderten Schülern in einer gemeinsamen Klasse. Bericht aus der Praxis einer Geistigbehindertenschule. Zur Orientierung 4 (1980b) H 1, 67-81

Adam, Heidemarie: Mit Gebärden und Bildsymbolen kommunizieren. Voraussetzungen und Möglichkeiten der Kommunikation von Menschen mit geistiger Behinderung. Würzburg: Bentheim, 1993

Anstötz, Christoph: Grundriß der Geistigbehindertenpädagogik. Berlin: Marhold, 1987

Antor, Georg; Bleidick, Ulrich: Recht auf Leben – Recht auf Bildung. Mit Beiträgen von U. Haeberlin, R. Seifert, O. Speck; A. Stracke-Mertes. Heidelberg: Winter, Ed. Schindele, 1995

Arbeitskreis Kooperative Pädagogik (Hrsg.): Kooperative Pädagogik schwerstbehinderter Menschen. Frankfurt/M.; Berlin; Bern; New York; Paris; Wien: Lang, 1993

Autorenteam Mülheim a. d. Ruhr: Schule für individuelle Entwicklungsförderung. Lernen konkret 18 (1999) 3-10

Averwald, Barbara u.a.: Sexueller Mißbrauch bei Geistigbehinderten – Möglichkeiten der Prävention im Unterricht. Lernen konkret 13 (1994) H 2

Bach, Heinz: Das Maß der Integration bei der Erziehung geistig behinderter und gesunder Kinder. Lebenshilfe 11 (1972) 202-209

Bayerisches Staatsministerium für Unterricht und Kultus (Hrsg.): Einführung des Lehrplans für die Werkstufe der Schule für Geistigbehinderte. Amtsblatt 5 (1989) 113-180

Becker, Heinz: Sonderklassen für Schwerbehinderte oder »Eingliederung statt Isolation«. Behindertenpädagogik 19 (1980) 73-84

Begemann, Ernst; Fröhlich, Andreas D.; Penner, Helmut: Förderung von schwerstkörperbehinderten Kindern in der Primarstufe. Zwischenbericht. Mainz: von Hase & Koehler, 1979

Berges, Michael: Dimensionen der Integration bei kooperativem Unterricht. Eine empirische Untersuchung zu Strukturen und Prozessen beim gemeinsamen Unterricht von behinderten und nichtbehinderten Kindern und Jugendlichen. Frankfurt/M.; Berlin; Bern; New York; Paris; Wien: Lang, 1996

Bienstein, Christel; Fröhlich, Andreas: Basale Stimulation in der Pflege. Pflegerische Möglichkeiten zur Förderung von wahrnehmungsbeeinträchtigten Menschen. Düsseldorf: selbstbestimmtes leben, 1991

Bös, Klaus; Scholtes, Udo: Integrativer Sportunterricht von nichtbehinderten und geistigbehinderten Schülern. Eine empirische Untersuchung am Beispiel der Vorbereitung eines Spielfestes. Zeitschrift für Heilpädagogik 41 (1990) 246-253

Bohl, Gerd; Graff, Helga; Krull, Hans-Dieter: Gemeinsames Erleben – Unterschiede akzeptieren. Erfahrungen einer Kooperationsklasse mit geistig behinderten Schülern und Schülerinnen in einer Grundschule. In: Heinz Mühl u.a.: Lernen unter einem Dach. Schulische Integration durch Kooperation. Marburg: Lebenshilfe-Verlag, 1997, 179-192

Bonn, Holger; Lemm, Ursula: Technische Medien in der Schule für Geistigbehinderte. Berlin: Marhold, 1982

Braun, Ursula: Besonderheiten der Gesprächssituation beim Einsatz Unterstützter Kommunikation. Geistige Behinderung 35 (1996) 134-142

Breitinger, Manfred; Fischer, Dieter: Intensivbehinderte lernen leben. Würzburg: Bentheim, 1993

Breitinger, Manfred: Alltag und schwere geistige Behinderung. Würzburg: Bentheim, 1998

Buchka, Maximilian: Der projektorientierte Unterricht mit Geistigbehinderten. In: R. Pohl (Hrsg.): Beispiele für die Verwirklichung der »Empfehlungen für den Unterricht in der Schule für Geistigbehinderte (Sonderschule)«. Stuttgart: Wittwer, 1981, 217-247

Buchka, Maximilian: Planungsebenen zum projektorientierten Unterricht bei geistig Behinderten. Lernen konkret 4 (1985) H 3, 8-22

Bundesvereinigung Lebenshilfe: Hilfen für schwer geistig Behinderte. Eingliederung statt Isolation. Marburg: Eigenverlag, 1978

Bundesvereinigung Lebenshilfe (Hrsg): Schule für geistig Behinderte – eine Ganztags- oder eine Halbtagsschule? Sonderdruck der Bundesvereinigung Lebenshilfe. Marburg: Eigenverlag, 1982

Bundesvereinigung Lebenshilfe: Lehr- und Lernmittel (Didaktische Medien). In: Bundesvereinigung Lebenshilfe (Hrsg.): Frühförderung, Kindergarten, Schule. Empfehlungen und Materialien des Pädagogischen Ausschusses. Marburg: Eigenverlag, 1983, C (erstmals 1968)

Bundesvereinigung Lebenshilfe: Recht auf schulische Bildung für alle. Zur Situation von Kindern und Jugendlichen mit schwerer geistiger Behinderung. Marburg: Lebenshilfe-Verlag, 1996[2]

Bundesvereinigung Lebenshilfe: Grundaussagen zum schulischen Lernen. Marburg: Lebenshilfe-Verlag, 1997[3]

Cloerkes, Günther: Die Kontakthypothese in der Diskussion um eine Verbesserung der gesellschaftlichen Teilhabechancen Behinderter. Zeitschrift für Heilpädagogik 33 (1982) 561-568

Cloerkes, Günther: Einstellung und Verhalten gegenüber Behinderten. Eine kritische Bestandsaufnahme internationaler Forschung. Berlin: Marhold, 1985[3]

Computer im Unterricht. Lernen konkret 10 (1991) H 3

Dank, Susanne: Individuelle Förderung Schwerstbehinderter. Konkrete Beispiele, Programme, Übertragungsmöglichkeiten. Dortmund: modernes lernen, 1987

Demmer-Dieckmann, Irene: Zum Stand der Realisierung schulischer Integration im Schuljahr 1987/88 in der Bundesrepublik Deutschland und West-Berlin. Behindertenpädagogik 28 (1989) 49-97

Deutscher Bildungsrat: Zur pädagogischen Förderung behinderter und von Behinderung bedrohter Kinder und Jugendlicher. Beiheft 11 der Zeitschrift für Heilpädagogik, 1974

Dittmann, Werner: Aufgabenbereiche der pädagogisch-psychologischen Diagnostik bei geistig behinderten Kindern und die TBGB. In: A. Möckel (Hrsg.): Sonderschule im Wandel. Neuburgweier: Schindele, 1971, 156-166

Dittmann, Werner: Basale Förderung als Bildungsauftrag der Schule für Geistigbehinderte. In: W. Dittmann u.a. (Hrsg.): Neue Richtlinien für den Unterricht in der Schule für Geistigbehinderte. Stuttgart: Wittwer, 1983, 49-66

Dittmann, Werner; Klöpfer, Siegfried: Daten zur Beschulung Schwerstbehinderter in Baden-Württemberg. In: W. Dittmann, S. Klöpfer, E. Ruoff (Hrsg.): Zum Problem der pädagogischen Förderung schwerstbehinderter Kinder und Jugendlicher. Rheinstetten: Schindele, 1979, 56-68

Dittmann, W; Hahn, M.; Ruoff, E.; Sauter, H. (Hrsg.): Neue Richtlinien für den Unterricht in der Schule für Geistigbehinderte. Stuttgart: Wittwer, 1983

Duismann, Gerhard-H.; Neeb, Dieter: Auf dem Weg zu einer neuen Arbeitslehre – CNC Unterrichtssoftware für Menschen mit geistiger Behinderung. In: Landesinstitut für Schule und Weiterbildung (Hrsg.): Lernen und Arbeiten mit der CNC-Software Produplan im Unterricht mit geistigbehinderten Jugendlichen. Ergebnisse des Modellversuchs und der Abschlusstagung im April 1998 in Soest. Soest, 1998, 13-40

Einsiedel, Mechthild; Grubmüller, Josef; Ziemer, Marlene: Erfahrungen einer Schule für Geistigbehinderte aus Rüsselsheim. Lernen konkret 8 (1989) H 2, 16-21

Falk, Gerhard: Sind Auftrag und Arbeitsweise der Schule für Geistigbehinderte mit einer Halbtagsbeschulung zu vereinbaren? Zeitschrift für Heilpädagogik 35 (1984) 197-200

Falkhausen, Christine: Mehrfachbehinderte Kinder und Jugendliche im Erziehungsfeld der Schule. Berlin: Marhold, 1981

Fediuk, Friedhold: Die soziale Akzeptierung geistig Behinderter in integrierten Lerngruppen. Behindertenpädagogik 29 (1990) 154-173

Feuser, Georg: Beiträge zur Geistigbehindertenpädagogik. Solms-Oberbiel: Jarick Oberbiel, 1981

Feuser, Georg; Oskamp, Ulrich; Rumpler, Franz (Hrsg.): Förderung und schulische Erziehung schwerstbehinderter Kinder und Jugendlicher. Stuttgart: VDS, 1983

Fischer, Dieter: Die Förderung Intensiv-Geistigbehinderter – eine schulpädagogische Aufgabe. In: H. Baier (Hrsg.): Beiträge zur Behindertenpädagogik in Forschung und Lehre. Rheinstetten: Schindele, 1976, 62-100

Fischer, Dieter: Die Schule für Geistigbehinderte auf der Suche nach Inhalt und Ziel. Zur Orientierung 4 (1980) 4-28

Fischer, Dieter: Eine methodische Grundlegung. Würzburg: Vogel, 1981[2]

Fischer, Erhard: Ansätze und Tendenzen in der pädagogischen Förderung schwer Geistigbehinderter in der Bundesrepublik Deutschland. Zeitschrift für Heilpädagogik 36 (1985) 510-524

Fischer, Erhard: Die schulische Förderung mehrfachgeschädigter Kinder und Jugendlicher mit geistiger Behinderung in der Bundesrepublik Deutschland. Hamburg: Kovac, 1992

Fischer, Erhard: Vorhaben und Unterrichtseinheiten in der Schule für Geistigbehinderte. Dortmund: modernes lernen, 1995

Fischer, Erhard: Wahrnehmungsförderung. Handeln und Sinnliche Erkenntnis bei Kindern und Jugendlichen. Dortmund: Borgmann, 1998

Fischer, Erhard; Mertes, Josef Peter (Hrsg.): Unterrichtsplanung in der Schule für Geistigbehinderte. Dortmund: modernes lernen, 1990

Fornefeld, Barbara: »Elementare Beziehung« und Selbstverwirklichung geistig Schwerstbehinderter in sozialer Integration. Reflexionen im Vorfeld einer leiborientierten Pädagogik. Aachen: Mainz, 1989

Fornefeld, Barbara: Das schwerstbehinderte Kind und seine Erziehung. Beiträge zu einer Theorie der Erziehung. Heidelberg: Ed. Schindele, Winter, 1995

Freiburg, Gerda: Aktuelle und zukünftige Probleme der Sonderschule im Spiegel statistischer Daten. Sonderschule in Niedersachsen H 1 (1989) 29-52

Fröhlich, Andreas D.: Die Förderung schwerst(-körper-)behinderter Kinder – Aspekte einer Kommunikationsförderung. In: W. Dittmann, S. Klöpfer, E. Ruoff (Hrsg.): Zum Problem der pädagogischen Förderung schwerstbehinderter Kinder und Jugendlicher. Rheinstetten: Schindele, 1979, 99-119

Fröhlich, Andreas D.: Schulorganisatorische Probleme bei der Integration von sogenannten schwerstbehinderten Kindern. Behindertenpädagogik 19 (1980) 61-73

Fröhlich, Andreas D.: Erzieherisches Handeln mit schwerst Mehrfachbehinderten. In: A. D. Fröhlich (Hrsg.): Lernmöglichkeiten. Ansätze zu einer pädagogischen Förderung schwerst mehrfachbehinderter Kinder. Heidelberg: Schindele, 1981a, 64-103

Fröhlich, Andreas D.: Curriculum. In: A. D. Fröhlich (Hrsg.): Die Förderung Schwerstbehinderter. Erfahrungen aus sieben Ländern. Luzern: Ed. LZH, 1981b, 49-76

Fröhlich, Andreas: Organisation. In: U. Haupt, A. Fröhlich: Entwicklungsförderung schwerstbehinderter Kinder. Bericht über einen Schulversuch, Teil I. Mainz: von Hase & Koehler, 1982, 183-190

Fröhlich, Andreas (Hrsg.): Pädagogik bei schwerster Behinderung. Berlin: Ed. Marhold im Wissenschafts-Verlag Spiess, 1991a

Fröhlich, Andreas: Basale Stimulation. Düsseldorf: selbstbestimmtes leben, 1991b

Fruck, Frauke; Gottron, Cornelia; Schcimics, Rosemarie, Schröder, Dieter; Wünsche, Ute: Gemeinsam leben – eine Herausforderung. Kooperation einer Lerngruppe der Schule für geistig Behinderte mit einer 4. Grundschulklasse. Geistige Behinderung 24 (1985) H 4, Einhefter

Frühauf, Theo: Gemeinsamer Unterricht behinderter und nichtbehinderter Schüler. Eine Bestandsaufnahme der aktuellen Situation in den Bundesländern unter besonderer Berücksichtigung lernzieldifferenzierter Angebote. Fachdienst der Lebenshilfe Nr. 4 (1996) 3-18

Fuchs, Arno: Die unterrichtliche und erziehliche Versorgung der im Elternhaus verbleibenden schwer schwachsinnigen Schulkinder. Die Hilfsschule 10 (1917) 73-81

Fuchs, Arno: Das Sonderschulwesen in Berlin. Berlin: Comenius, 1927

Goll, Harald: Heilpädagogische Musiktherapie. Grundlegende Entwicklung eines ganzheitlich angelegten ökologisch-dialogischen Theorieentwurfs ausgehend von Jugendlichen und Erwachsenen mit schwerer geistiger Behinderung. Frankfurt/M.; Berlin; Bern; New York; Paris; Wien: Lang, 1993

Grampp, Gerd: Zur Instrumentierung des Unterrichts in der Schule für Geistigbehinderte. Sonderpädagogik 9 (1979) 176-179, 10 (1980) 12-19

Grampp, Gerd: Das Museum als Lernort für geistig behinderte Schüler. Vierteljahresschrift für Heilpädagogik und ihre Nachbargebiete 49 (1980a) 355-364

Grampp, Gerd: Alternativer Unterricht mit geistig behinderten Schülern. Behindertenpädagogik 19 (1980b) 40-51

Grampp, Gerd: Partnerschaftlich-offener Unterricht mit Geistigbehinderten. Zeitschrift für Heilpädagogik 32 (1981) 124-132

Grampp, Gerd: Alternatives Lernen mit geistig behinderten Schülern. Stuttgart: Wittwer, 1982

Grampp, Gerd; Kunz, Ursula; Szekely, Maria: Partnerschaftlich offener Unterricht. Ein Versuch, in behinderten Schülern Partner zu sehen. Geistige Behinderung 19 (1980) 222-238

Grüning, Eberhard: Entwicklungen schulischer Kooperation in Brandenburg. In: Heinz Mühl u.a.: Lernen unter einem Dach. Marburg: Lebenshilfe-Verlag, 1997, 105-116

Günzburg, H. C.: Führung zur Selbständigkeit. Geistige Behinderung 20 (1981) 97-107, 158-170, 230-243

Hagemann, Claus: Zur Kritik am Computereinsatz in der Schule für geistig Behinderte. Überlegungen im Vorfeld einer Systemreflexion. Geistige Behinderung 32 (1993) 335-347

Hagemann, Claus: Rückkehr der Bildungsdiskussion? Überlegungen anläßlich des Computereinsatzes in der Schule für Geistigbehinderte. Zeitschrift für Heilpädagogik 45 (1994) 315-318

Hahn, Martin: Überlegungen zu Organisationsvorschlägen für die Förderung schwer geistig behinderter Kinder in der Schule für Geistigbehinderte. In: Th. Hofmann (Hrsg.): Beiträge zur Geistigbehindertenpädagogik. Rheinstetten: Schindele, 1979a, 213-221

Hahn, Martin: Organisatorische Konsequenzen der Aufnahme schwerbehinderter Kinder in die Schule für Geistigbehinderte. In: W. Dittmann, S. Klöpfer, E. Ruoff (Hrsg.): Zum Problem der pädagogischen Förderung schwerstbehinderter Kinder und Jugendlicher. Rheinstetten: Schindele, 1979b, 69-78

Hahn, Martin: Behinderung als soziale Abhängigkeit. Zur Situation schwerbehinderter Menschen. München: Reinhardt, 1981

Hahn, Martin: Von der Freiheit schwerbehinderter Menschen. In: N. Hartmann (Hrsg.): Beiträge zur Pädagogik der Schwerstbehinderten. Heidelberg: Schindele, 1983, 132-141

Haupt, Ursula: Zur Förderung schwerstbehinderter Kinder in Schulen. Zeitschrift für Heilpädagogik 31 (1980) 242-246

Haupt, Ursula; Fröhlich, Andreas: Entwicklungsförderung schwerstbehinderter Kinder. Bericht über einen Schulversuch. Teil I. Mainz: von Hase & Koehler, 1982

Heits, Helga; John, Erika: Unterrichtsarbeit an der Schule für Geistigbehinderte. Planung, Durchführung und Analyse. 4., überarb. Aufl. Berlin: Ed. Marhold bei Spiess, 1993

Hensch, Rudolf: Kooperation mit berufsbildenden Schulen – ein Weg der Vorbereitung in die Berufs- und Arbeitswelt. In: Heinz Mühl u.a.: Lernen unter einem Dach. Schulische Integration durch Kooperation. Marburg: Lebenshilfe-Verlag, 1997, 223-236

Hinz, Andreas: Schwerstbehinderte und Integrationsklassen. In: H. Wocken, G. Antor (Hrsg.): Integrations-klassen in Hamburg. Erfahrungen – Untersuchungen – Anregungen. Solms-Oberbiel: Jarick Oberbiel, 1987, 307-314

Hinz, Andreas: »Integrationsfähigkeit« – Grenzen der Integration? Behindertenpädagogik 29 (1990) 131-142

Hinz, Andreas: Kinder mit schwersten Behinderungen in Integrationsklassen. Theoretische Überlegungen und erste praktische Erfahrungen in Hamburg. Geistige Behinderung 30 (1991) 130-145

Holtz, Karl-Ludwig; Eberle, Gerhard; Hillig, Axel; Marker, Klaus R.: Heidelberger Kompetenz-Inventar für geistig Behinderte. Handbuch. Heidelberg: Ed. Schindele, 1984

Holtz, Karl-Ludwig: Geistige Behinderung und Soziale Kompetenz. Analyse und Integration psychologischer Konstrukte. Heidelberg: Ed. Schindele, 1994

Horvath, Johann: Der schuleigene, standortbezogene Lehrplan der Schule für Geistigbehinderte. Zeitschrift für Heilpädagogik 38 (1987) 177-186

Horvath, Johann: Der schuleigene Lehrplan. Lernen konkret 9 (1990) H 3

Individuelle Förderplanung für schwerstbehinderte Schüler. Lernen konkret 12 (1993) H 2

Jakobs, Heinz-Josef: Förderungskonzepte und psychische Problematik bei schwerstmehrfachbehinderten Kindern und Jugendlichen. Heidelberg: Heidelberger Verlagsanstalt, Ed. Schindele, 1991

Janknecht, Michael: Pausenhofgestaltung an einer Schule für geistig Behinderte. Geistige Behinderung 23 (1984) 171-181

Jetter, Karlheinz: Leben und Arbeiten mit behinderten und gefährdeten Säuglingen und Kleinkindern, mit einem Beitrag von Franz Schönberger. Stadthagen: Bernhardt-Pätzold, 1984

Johnson, David W.; Johnson, Roger T.: Cooperative Learning and Mainstreaming. In: R. Gaylord-Ross (Hrsg.): Integration Strategies for Students with Handicaps. Baltimore; London; Toronto; Sydney: Brookes, 1989, 233-248

Kane, John F.; Kane, Gudrun: Geistig schwer Behinderte lernen lebenspraktische Fertigkeiten. Bern; Stuttgart; Wien: Huber, 1978[2]

Klein, Ferdinand: Unterricht mit geistig behinderten Schülern. Geistige Behinderung 28 (1989) 88-101

Klein, Gerhard; Nestle, Werner (Projektleitung): Gemeinsam handeln, einander erleben. Arbeitshandbuch. BLK-Modellversuch Baden-Württemberg/Sachsen: Miteinander von Nichtbehinderten und Behinderten. Reutlingen: Fakultät für Sonderpädagogik, 1995

Kleinbach, Karlheinz: O-Ton und Heidi. Zur Verwendung des Cassettenrecorders an der Schule für Geistigbehinderte. Sonderpädagogik 24 (1994a) 224-230

Kleinbach, Karlheinz: Zur ethischen Begründung einer Praxis der Geistigbehindertenpädagogik. Bad Heilbrunn: Klinkhardt, 1994b

Kleine-Schimmöller, Volker: Kooperative Beschulung in Bremen. In: Heinz Mühl u.a.: Lernen unter einem Dach. Marburg: Lebenshilfe-Verlag, 1997, 67-104

Klöpfer, Siegfried; Rauch, Martin: Freiflächen für Behinderte. Lernen konkret 6 (1987) H 3, 3-9

Klostermann, Bernd (Hrsg.): Hand in Hand. Unterricht, Erziehung, Förderung und Therapie mit mehrfachbehinderten-sehgeschädigten Kindern. Würzburg: Bentheim, 1996

Krenzer, Rolf: Einsatz von Medien in der Arbeit mit Geistigbehinderten. In: H. Dennerlein (Hrsg.): Handbuch der Behindertenpädagogik. München: Kösel, 1979, 682-692

Kutterolf, H.-J.: Computer im Unterricht. Praxis-Info >G< 13 (1995) 5-25

Lamp, Gernot; Hahn, Martin: Projekt Blockhütte. In: W. Dittmann u.a.(Hrsg.): Neue Richtlinien für den Unterricht in der Schule für Geistigbehinderte. Stuttgart: Wittwer, 1983, 180-198

Last, C.; Schulz, G.; Schwager, B.: Gesichtspunkte der Pflege schwerstbehinderter Kinder. In: E. Begemann, A. D. Fröhlich, H. Penner: Förderung von schwerstkörperbehinderten Kindern in der Primarstufe. Mainz: von Hase & Koehler, 1979, 159-163

Lernen mit dem Computer. Geistige Behinderung 36 (1997) H 2
Lindmeier, Christian; Oschmann, Michael: Kooperation zwischen Schulen für Geistigbehinderte und Integrationsfachdiensten. Ergebnisse einer bundesweiten Umfrage zur beruflichen Integration von Menschen mit geistiger Behinderung in den allgemeinen Arbeitsmarkt. Geistige Behinderung 38 (1999) 348-363
Lingenau, Werner: Erste-Hilfe-Unterricht in der Oberstufe der Schule für Geistigbehinderte. Zeitschrift für Heilpädagogik 32 (1981) 143-148
Lützenkirchen, Irmgard: Theoretischer Bezugsrahmen für ein Lernwegemodell als Vorschlag für Lehr- und Lernmittel an der Schule für Geistigbehinderte. Zeitschrift für Heilpädagogik 39 (1988) 530-540
Maikowski, Rainer; Podlesch, Wolfgang: Bausteine für eine integrative Didaktik. In: Projektgruppe Integrationsversuch (Hrsg): Das Fläming-Modell: gemeinsamer Unterricht für behinderte und nichtbehinderte Kinder an der Grundschule. Weinheim; Basel: Beltz, 1988, 130-153
Mall, Winfried: Kommunikation mit schwer geistig behinderten Menschen. Ein Werkheft. Heidelberg: Heidelberger Verlagsanstalt, Ed. Schindele, 1990
Mall, Winfried: Sensomotorische Lebensweisen. Wie erleben Menschen mit geistiger Behinderung sich und ihre Umwelt? Werkheft. Heidelberg: Winter, Ed. Schindele, 1997
Martinez, Barbara: Zur Frage der integrativen Förderung Schwerstbehinderter in Schulen für Geistigbehinderte und Schulen für Körperbehinderte. Zeitschrift für Heilpädagogik 37 (1986) 773-784
Martius, W. (Hrsg.): Entwicklungsförderung für Kinder mit und ohne Behinderung im Grundschulalter durch kooperative Arbeitsformen. Tagungsband. Potsdam, 1996
Mertes, Josef Peter: Argumente für die Durchführung eines Schullandheimaufenthaltes mit geistig behinderten Kindern. Zeitschrift für Heilpädagogik 29 (1978) 354-356
Mertes, Josef Peter: Lehr- und Lernmittel zur kognitiven Förderung in der Schule für Geistigbehinderte. In: K. R. Budde (Hrsg.): Handbuch der Schule und Bildungsstätte für geistig Behinderte. Bd. I. Freiburg/B.: Kemper o.J., 151-175
Mertes, Josef Peter (Hrsg.): Geistigbehinderte – Förderung durch praktische Bildung. Stuttgart: Klett, 1980
Mertes, Josef Peter: Arbeitslehre in der Schule für Geistigbehinderte. Heidelberg: Schindele, 1984
Mertes, Josef Peter: Geistigbehinderte Jugendliche. In: Bundesanstalt für Arbeit (Hrsg.): Behinderte Jugendliche vor der Berufswahl. Handbuch für Schule und Berufsberatung. Wiesbaden: Universum Verlagsanstalt, 1993, 304-320
Meschenmoser, Helmut: Lernen mit Medien. Zur Theorie, Didaktik und Gestaltung von interaktiven Medien. Baltmannsweiler: Schneider-Hohengehren, 1999
Meyer, Hermann: Zur schulischen Förderung sog. schwer geistig Behinderter. Zeitschrift für Heilpädagogik 31 (1980) 247-252
Miessler, Maria; Bauer, Ingrid: Wir lernen denken. Würzburg: Vogel, 1978
Mühl, Heinz: Pädagogische Förderung schwer geistig behinderter Kinder und Jugendlicher. In: Bundesvereinigung Lebenshilfe (Hrsg.): Hilfen für schwer geistig Behinderte – Eingliederung statt Isolation. Marburg: Eigenverlag, 1978, 60-67
Mühl, Heinz: KMK-Empfehlungen für den Unterricht in der Schule für Geistigbehinderte. Didaktischer Ansatz und unterrichtliche Umsetzung. Geistige Behinderung 20 (1981) 214-224
Mühl, Heinz: Handlungsbezogener Unterricht mit Geistigbehinderten. Materialien zur Planung und Organisation des Unterrichts. Bonn-Bad Godesberg: Dürr, 1986^7

Mühl, Heinz: Handlungsbezogener Unterricht in der Schule für Geistigbehinderte. Vierteljahresschrift für Heilpädagogik und ihre Nachbargebiete 62 (1993) 409-421

Mühl, Heinz: Möglichkeiten und Probleme der Eingliederung von Schülern mit geistiger Behinderung in das allgemeine Schulsystem. In: W. Baudisch, D. Schmetz (Hrsg.): Geistige Behinderung und Wege zur differenzierten Förderung. Bd. II. Frankfurt/M.: Diesterweg, 1994, 12-38

Mühl, Heinz: Hat die Schule für Geistigbehinderte noch eine Zukunft? Lernen konkret 14 (1995) 15-30

Mühl, Heinz: Erziehung zur Selbstbestimmung durch handlungsbezogenen Unterricht. In: Bundesvereinigung Lebenshilfe: Selbstbestimmung. Kongreßbeiträge. Marburg: Lebenshilfe-Verlag, 1996a, 312-316

Mühl, Heinz: Mit nichtsprechenden Menschen kommunizieren. Der Erwerb von Handzeichen bei nichtsprechenden Menschen mit geistiger Behinderung und mit autistischem Verhalten. Eine Literaturanalyse. Mit Beiträgen von S. Maaß und P. Lammers. Oldenburg: ZpB der Universität Oldenburg, 1996b

Mühl Heinz: Einführung in die Schulpädagogik bei geistiger Behinderung. Oldenburg: Zentrum für pädagogische Berufspraxis der Universität Oldenburg, 1997a

Mühl, Heinz: Erfahrungen zur kooperativen Beschulung von Schülerinnen und Schülern mit geistiger Behinderung. In: Heinz Mühl u.a.: Lernen unter einem Dach. Schulische Integration durch Kooperation. Marburg: Lebenshilfe-Verlag, 1997b, 9-66

Mühl, Heinz: Geistige Behinderung. In: Bundesanstalt für Arbeit (Hrsg.): Berufliche Rehabilitation junger Menschen. Handbuch für Schule, Berufsberatung und Ausbildung. Ausgabe 1997. Hochheim/M.: DKF Multimedia, 1997c, 182-196

Mühl, Heinz: Lehrpläne und Lehrplanung für die Schule für Geistigbehinderte. Kurseinheit der FernUniversität-Gesamthochschule in Hagen. Hagen, 1998

Mühl, Heinz: Integrative Pädagogik bei Kindern und Jugendlichen mit geistiger Behinderung. In: N. Myschker, M. Ortmann (Hrsg.): Integrative Schulpädagogik. Grundlagen, Theorie und Praxis. Stuttgart; Berlin; Köln: Kohlhammer, 1999, 150-181

Neise, Karl: Montessori-Erziehung bei Geistigbehinderten. Zeitschrift für Heilpädagogik 24 (1973) 737-754

Niedersächsisches Kultusministerium (Hrsg.): Rahmenrichtlinien für den Unterricht an der Schule für Geistigbehinderte. Abschlußstufe. Hannover: Schroedel, 1994

Nordheim, Götz von; Schöbel, Hans: Schwerstkörperbehinderte Kinder und ihre Förderung in der Schule. Erlangen: Verband Deutscher Sonderschulen, Landesverband Bayern, 1982

Oberacker Peter (Hrsg.): Selbstverwirklichung in sozialer Integration. Ein neuer Bildungsplan für die Schule für Geistigbehinderte. Stuttgart: Wittwer, 1983

Oberacker, Peter (Hrsg.): Arbeitsplan der Schule für Geistigbehinderte. Stuttgart: Wittwer, 1988

von Oy, Clara Maria: Montessori-Material zur Förderung des entwicklungsgestörten und des behinderten Kindes. Ravensburg: Maier, 1978

Pfeffer, Wilhelm: Die Förderung schwerst geistig Behinderter auf der Grundlage der Entwicklung der sensomotorischen Intelligenz. Zeitschrift für Heilpädagogik 34 (1983) 357-363

Pfeffer, Wilhelm: Förderung schwer geistig Behinderter. Würzburg: Bentheim, 1988

Pitsch, Hans-Jürgen; Mittermüller, Volker: Kooperativer Unterricht mit Schülern einer Schule für Geistigbehinderte und einer Grundschule. Zeitschrift für Heilpädagogik 35 (1984) 655-658

Pohl, Rudolf (Hrsg.): Beispiele für die Verwirklichung der »Empfehlungen für den Unterricht in der Schule für Geistigbehinderte (Sonderschule)«. Dortmund: Wulf u. Co., 1981

Praxis-Info >G<. Fachzeitschrift für den Unterricht an Schulen für Geistigbehinderte, Heilbronn.

Prengel, Annedore: Kollektivität von Behinderten – ein brisantes Thema für die Integrationspädagogik? Behindertenpädagogik 28 (1989) 197-203

Reiser, Helmut: Zum Für und Wider von Ganztags-Sonderschulen. Sonderpädagogik 12 (1982) 1-8

Ribbat, Hanna: Mozarts »Zauberflöte« im gemeinsamen Unterricht einer Schule für Geistigbehinderte und einer Grundschule. In: Heinz Mühl u.a.: Lernen unter einem Dach. Schulische Integration durch Kooperation. Marburg: Lebenshilfe-Verlag, 1997, 193-222

Richter, Jirina: Schwer mehrfach Behinderte lernen Selbständigkeit. Bern; Stuttgart; Wien: Huber, 1980

Schammler, H. H.: Die Werkstufenschule – ein neues Modell mit Zukunft? Lernen konkret 6 (1987) H 4, 22-26

Schmitz, Edgar: Elternprogramm für behinderte Kinder. München; Basel: Reinhardt, 1976

Schmitz, Gudrun: Sensomotorische Förderung: »Festhalten und Loslassen«. Ein Projekt zur Beschulung schwer geistig behinderter Kinder. Zeitschrift für Heilpädagogik 29 (1978) 341-353

Schmitz, Gudrun: Erstleseunterricht bei geistig behinderten Schülern. Zeitschrift für Heilpädagogik 33 (1982) 752-754

Schmitz, Gudrun: Computer in der Schule für Geistigbehinderte – brauchen wir sie? Zeitschrift für Heilpädagogik 41 (1990) 727-736

Schmitz, Gudrun: Lernen am Computer. Geistige Behinderung 30 (1991) 165-170

Schmitz, Gudrun; Gottschalk, Gerd; Oertel, Bernd: Computer in der Schule für geistig Behinderte. Erste Erfahrungen. Geistige Behinderung 30 (1991) H 2, Einhefter

Schor, Bruno; Eberhardt, Hans: Schulische Kooperation – ein wirkungsvoller Weg zur Integration. Donauwörth: Auer, 1994

Schor, Bruno; Eberhardt, Hans: Miteinanderlernen – ein Tor zum Miteinanderleben. Vergleichsstudie zur Entwicklung des pädagogischen Zusammenwirkens von Förderschulen und allgemeinbildenden Schulen. Donauwörth: Auer, 1996

Schulleitung und Lehrer der Abschlußstufe unter Mitwirkung von Lehrern der Berufsbildenden Schulen: Beschreibung der Kooperation der Schule für Geistigbehinderte und der Berufsbildenden Schulen in Osterholz-Scharmbeck im Rahmen des 10.-12. Schulbesuchsjahres der Schule für Geistigbehinderte. Sonderpädagogik in Niedersachsen Nr. 2 (1991) 60-68

Schurad, Heinrich: Lernmittel für schwerstbehinderte Schüler. Zeitschrift für Heilpädagogik 43 (1992) 321- 330

Siegenthaler, Hermann: Anthropologische Grundlagen zur Erziehung geistig Schwerstbehinderter. Bern; Stuttgart: Haupt, 1983

Speck, Otto: Kinder mit Intensivformen geistiger Behinderung – Tendenzen zu ihrer Förderung im internationalen Vergleich. Vierteljahresschrift für Heilpädagogik und ihre Nachbargebiete 47 (1978) 6-14

Speck, Otto: Das strukturelle Dilemma der schulischen Integration geistig behinderter Kinder. Geistige Behinderung 27 (1988) 93-100

Speck, Otto: Aktuelle schulpolitische Entwicklungen. Zur Situation der Schule für Geistigbehinderte. Geistige Behinderung 34 (1995) 108-119

Spreng, Hans: Schwerstbehinderte Kinder – eine Herausforderung für die Schule. Mit einem Anhang über die Definition der Schulfähigkeit in den Schulgesetzen und Richtlinien der Bundesländer. München; Basel: Reinhardt, 1979

Staatsinstitut für Schulpädagogik München (Hrsg.): Lehrplan und Materialien für den Unterricht in der Schule für Geistigbehinderte mit Abdruck der Allgemeinen Richtlinien. München: Hintermaier, 1982

Staatsinstitut für Schulpädagogik München (Hrsg.): Computer in der Schule zur individuellen Lebensbewältigung. Bericht über eine Erprobung. Unterrichtshilfen für den Computereinsatz. Auer: Donauwörth, 1995

Staatsinstitut für Schulpädagogik und Bildungsforschung (Hrsg.): Integration durch Kooperation. Bericht zur Fachtagung über den Schulversuch. Donauwörth: Auer, 1997

Stöppler, Reinhilde: Das Bilderbuch als Medium der Weltorientierung für geistig Behinderte. Unveröff. Diss. Dortmund, 1987

Straßmeier, Walter; Speck Otto; Homann, Gabriele: Förderung von Kindern mit schweren geistigen Behinderungen in der Schule. Projektbericht zum LOGESCH-Projekt. Landsberg: Selbstverlag Straßmeier, 1990

Streicher, Werner; Leske, Rainer: Soziale Integration Geistigbehinderter im Sportunterricht der Grund- und Hauptschule. Zeitschrift für Heilpädagogik 36 (1985) 477-487

Stuffer, Georg u.a.: Lebenlernen in der Schule. Unterricht mit Geistigbehinderten. München: List, 1980

Stuffer, Georg (Hrsg.): Lernbegleiter. Individueller Fördernachweis auf der Grundlage der Lehrpläne der Schule für Geistigbehinderte. Samerberg: INDI-Verlag, o.J. (1991)

Sucharowski, Wolfgang; Lieb, Barbro; Kaak, Silke; Nehlsen, Lisbeth: Verhalten zwischen Verständigung und Verstehen. Kommunikationsanalysen zum gemeinsamen Unterricht von behinderten und nichtbehinderten Kindern in der Grundschule. 1. Forschungsbericht zum Schulversuch »Integrationsklassen« in Schleswig-Holstein 1986-1988. IK Forschungsprojekt Kiel, o.J. (1989)

Sucharowski, Wolfgang: Begegnung & Dialog. Zur Zusammenarbeit von Schulen für Geistigbehinderte mit allgemeinen Schulen. Kommunikationsanalytische Dokumentation und Fallstudien aus Untersuchungen an bayerischen Schulen. Regensburg: ConBrio, 1993

Sucharowski, Wolfgang: Annäherung der Schulen für Geistigbehinderte an die allgemeinen Schulen. In: Heinz Mühl u.a.: Lernen unter einem Dach. Schulische Integration durch Kooperation. Marburg: Lebenshilfe-Verlag, 1997, 117-134

Thalhammer, Manfred: Informationsprobleme als belastende Bedingungen für Interaktionsprozesse mit intelligenzbehinderten Menschen. Zur Anthropologie der Distanz. In: H. Baier (Hrsg.): Beiträge zur Behindertenpädagogik in Forschung und Lehre. Rheinstetten: Schindele, 1976, 189-230

Thalhammer, Manfred: Fragmente zur Erziehungswirklichkeit schwer körperlich- und geistig behinderter Kinder. Zeitschrift für Heilpädagogik 31 (1980) 547-556

Tuckermann, Ulrike: Kommunikationsförderung mit Schwerstbehinderten. In: Bundesverband für spastisch Gelähmte und andere Körperbehinderte, A. D. Fröhlich (Hrsg.): Dokumentation zur Situation Schwerstbehinderter. Staufen/B.: Kemper, 1978, 83-104

Unterrichtsplanung. Entwicklung eines Modells. Lernen konkret 3 (1984) H 3

Walburg, Wolf-Rüdiger: Schule für geistig Behinderte. Realisationsbeispiele. Limburg: Frankonius, 1978

Walburg, Wolf-Rüdiger: Lebenspraktische Erziehung Geistigbehinderter. 4., durchges. u. erw. Aufl. Berlin: Marhold, 1986

Wenz, Klaus: Zur Erziehung mehrfachbehinderter Kinder mit schweren körperlichen und geistigen Behinderungen. Zeitschrift für Heilpädagogik 29 (1978) 1-11

Wilken, Etta: Gemeinsames Lernen behinderter und nichtbehinderter Grundschüler unter besonderer Berücksichtigung geistigbehinderter Kinder. Sonderschule in Niedersachsen Nr. 2 (1987) 37-45

Wocken, Hans: Leistung und Integration. In: A. Hinz, H. Wocken (Hrsg.): Gemeinsam leben – gemeinsam lernen beim Hamburger Integrationszirkus. Bericht vom 5. Bundeselterntreffen am 9./10. Mai 1987. Hamburg: Curio, 1987, 111-124

Literatur zu Kapitel 10: Sexualpädagogik

Achilles, Ilse: Was macht Ihr Sohn denn da? Geistige Behinderung und Sexualität. Mit einem Vorwort von J. Walter. Aktual. Neuausgabe. München: Piper, 1998

van der Arend, Arie: Die pädagogische Bedeutung der Zärtlichkeit bei Schwachsinn. In: P. Sporken, V. Jacobi, A. van der Arend: Die Sexualität im Leben geistig Behinderter. Düsseldorf: Patmos, 1980, 51-93

Bach, Heinz: Sexuelle Erziehung bei Geistigbehinderten. Berlin: Marhold, 1971

Bach, Heinz: Sexuelle Erziehung als Eingliederungshilfe bei geistiger Behinderung. Berlin: Marhold, 1981

Bader, Ines: Mit allen Sinnen fühlen. Schwer geistig behinderte Menschen und ihre Sexualität. Geistige Behinderung 27 (1988) 101-110

Baert, Trees: Das Problem aus pädagogischer Sicht. In: P. Sporken (Hrsg.): Geistig Behinderte, Erotik und Sexualität. Düsseldorf: Patmos, 1974, 58-70

Becker, Monika: Sexuelle Gewalt gegen Mädchen mi geistiger Behinderung. Daten und Hintergründe. Heidelberg: Ed. Schindele, 1995

Bier, Andreas: Zärtlichkeit und Sexualität autistischer Menschen. Eine deskriptive Studie aus der Sicht der Eltern. Weinheim: Deutscher Studien Verlag, 1989

Bundesvereinigung Lebenshilfe (Hrsg.): Heirat nicht ausgeschlossen? Zur Eheschließung geistig behinderter Menschen. Marburg: Lebenshilfe-Verlag, 1993a

Bundesvereinigung Lebenshilfe (Hrsg.): Geistig behinderte Eltern und ihre Kinder – Lebenssituationen und Lebensperspektiven. Marburg: Lebenshilfe-Verlag, 1993b

Bundesvereinigung Lebenshilfe (Hrsg.): Sexualpädagogische Materialien für die Arbeit mit geistig behinderten Menschen. Ilse Achilles u.a. Mit einem Vorwort von F. Herrath. 2., korrigierte u. aktualisierte Aufl. Weinheim; Basel: Beltz, 1999

Bundestagsfraktion Bündnis 90/Die Grünen (Hrsg.): Das Tabu im Tabu. Sexualisierte Gewalt gegen Frauen und Mädchen mit Behinderung. Bonn, 1996

Dank, Susanne: Denkanstöße zur Sexualität schwerstbehinderter Menschen. Geistige Behinderung 32 (1993) 116-133

Dittli, Daniela; Furrer, Hans: Freundschaft – Liebe – Sexualität. Grundlagen und Praxisbeispiele für die Arbeit mit geistig behinderten Männern und Frauen. Luzern: Ed. SZH, 1994

Engler, Hans-Jürgen: Sexualität Geistigbehinderter aus medizinischer und psychiatrischer Sicht. In: N. Hartmann (Hrsg.): Sexualpädagogik bei Behinderten. Rheinstetten: Schindele, 1978, 148-169

Engler, Hans-Jürgen: Medizinische Aspekte bei der Sexualität Geistigbehinderter. In: J. Walter (Hrsg.): Sexualität und geistige Behinderung. Heidelberg: Schindele, 1983, 26-36

Ehrig, Heike: Zur Lebenssituation geistig behinderter Menschen mit Kindern. Bericht über eine Untersuchung. Geistige Behinderung 37 (1998) 59-65

Feuser, Georg: Sexualität und Sexualerziehung bei geistig Behinderten. Ein Wort an Eltern geistig behinderter Kinder. Geistige Behinderung 19 (1980) 194-208

Gebhard, Paul H.: Das Sexualverhalten geistig Retardierter (Mentally Retarded). In: F. F. de la Cruz, G. D. LaVeck (Hrsg.): Geistig Retardierte und ihre Sexualität: Soziokulturelle und medizinische Aspekte. München: Reinhardt, 1975, 29-45

Görres, Silvia: Partnerschaft und Sexualität geistig behinderter Menschen – Überlegungen aus der Sicht einer Mutter. Geistige Behinderung 21 (1982) 80-88

Görres, Silvia: Sexualität und Partnerschaft geistig behinderter Menschen aus der Sicht der Eltern. In: J. Walter (Hrsg.): Sexualität und geistige Behinderung. Heidelberg: Schindele, 1983, 144-154

Grunewald, Karl: Rechtliche Handlungsfähigkeit und sexuelle Gemeinschaft bei geistig Behinderten in Schweden. Rehabilitation 17 (1978) 145-148

Grunewald, K.; Linner, B.: Sexualität und Normalisierung geistig Behinderter. Zur Orientierung 5 (1981) 70-77

Haeberlein, D.: Grundsätzliche Überlegungen zur Sexualerziehung in der Schule für Geistigbehinderte. In: N. Hartmann (Hrsg.): Sexualpädagogik bei Behinderten. Rheinstetten: Schindele, 1978, 78-86

Hauenstein, Wilhelm: Vorpubertät und Pubertät bei geistig Behinderten. Zur Orientierung 5 (1981) 11-15

Heinz-Grimm, Renate: Rechtliche Vertretung von Menschen mit geistiger Behinderung, u.a. auch bei der Sterilisation. In: G. Neuhäuser, H.-Chr. Steinhausen (Hrsg): Geistige Behinderung: Grundlagen, klinische Syndrome, Behandlung und Rehabilitation. 2., überarb. u. erw. Aufl. Stuttgart; Berlin; Köln: Kohlhammer, 1999, 332-330

Hiersche, Hans-Dieter; Hirsch, Günter; Graf-Baumann, Toni (Hrsg.): Die Sterilisation geistig Behinderter. 2. Einbecker Workshop der Dt. Ges. für Medizinrecht. Berlin; u.a.: Springer, 1988

Höss, Herbert; Blattner, Konrad (Hrsg.): Partnerschaft, Freundschaft, Liebe, Ehe bei Menschen mit geistiger Behinderung. Heidelberg: Pädagogische Hochschule, 1988

Hoyler-Hermann, Annerose; Walter, Joachim (Hrsg.): Sexualpädagogische Arbeitshilfe für geistigbehinderte Erwachsene. 3., ergänzte Aufl. Heidelberg: Ed. Schindele, 1994

Huber, Norbert: Geschlechtserziehung bei geistig Behinderten. In: N. Huber, G. Katz: Geschlechtserziehung bei geistig Behinderten. Freiburg: Verband kath. Einrichtungen für Lern- und geistig Behinderte, 1975, 13-26

Jacobi, Volker: Die Sexualität geistig Behinderter aus der Sicht der Rechtswissenschaft. In: P. Sporken, V. Jacobi, A. van der Arend: Die Sexualität im Leben geistig Behinderter. Düsseldorf: Patmos, 1980, 95-140

Jacobi, Volker: Der Geistigbehinderte und sein Recht. Ein Leitfaden für Ausbildung und Praxis. Freiburg: Lambertus, 1984[2]

Jung, Edmund; Krenzer, Rolf: Hilfen zur Sexualerziehung Geistigbehinderter. Staufen/B.: Kemper, 1976

Katz, Gregor: Sexualität und Partnerschaft bei geistig Behinderten. In: N. Huber, G. Katz: Geschlechtserziehung bei geistig Behinderten. Freiburg/B.: Verband kath. Einrichtungen für Lern- und geistig Behinderte, 1975, 37-62

Klein, Susanne; Wawrok, Silke; Fegert, Jörg M.: Sexuelle Gewalt in der Lebenswirklichkeit von Mädchen und Frauen mit geistiger Behinderung. Die Sicht der Betroffenen, Analyse bestehender institutioneller Hilfen und eine bedarfsgerechte Versorgungsplanung. Geistige Behinderung 37 (1998) 77-81

Kühl, Helmut: Die Rechtsstellung geistig Behinderter in der Bundesrepublik. In: P. Sporken (Hrsg.): Geistig Behinderte, Erotik und Sexualität. Düsseldorf: Patmos, 1974, 129-156

LaVeck, G. D.; Dela Cruz, F. F.: Empfängnisverhütung für geistig Retardierte (Mentally Retarded). In: F. F. de la Cruz, G. D. LaVeck (Hrsg.): Geistig Retardierte und ihre Sexualität. Soziokulturelle und medizinische Aspekte. München: Reinhardt, 1975, 65-71

Lebenshilfe Österreich (Hrsg.): Sexualpädagogische Begleitung von Menschen mit geistiger Behinderung. Ein Arbeitsbehelf. 2., überarb. u. ergänzte Aufl. Wien, 1990

Lempp, Reinhart: Pubertät und Adoleszenz beim geistigbehinderten Menschen. In: J. Walter (Hrsg.): Sexualität und geistige Behinderung. Heidelberg: Schindele, 1983, 37-49

Lempp, Reinhart: Lebensphasen – Lebensorte. Schwierigkeiten des Erwachsenwerdens für geistig behinderte Menschen. In: E. Wacker, H. Metzler (Hrsg): Familie oder Heim. Frankfurt/M.; New York: Campus, 1989, 152-168

Mattinson, Janet: Die Ehe geistig Retardierter. In: F. F. de la Gruz, G. D. LaVeck (Hrsg.): Geistig Retardierte und ihre Sexualität. München: Reinhardt, 1975, 105-117

Miehe, Olaf: Der rechtliche Rahmen für Ehen oder Geschlechtsgemeinschaften Geistigbehinderter. Sonderpädagogik 9 (1979) 49-60

Morgenstern, Murry: Einstellungen der Gesellschaft zur Sexualität der Behinderten (Retarded). In: F. F. de la Cruz, G. D. LaVeck (Hrsg.): Geistig Retardierte und ihre Sexualität. München: Reinhardt, 1975, 100-105

Müller, Annette: Probleme des Unterrichts in der geschlechtlichen Erziehung bei pubertierenden, geistig behinderten Schülern in der Hauptstufe einer Schule für Praktisch Bildbare. Unveröff. Hausarbeit. Mainz, 1978

Neldner, Sylvia: Sexuelle Gewalt an Menschen mit geistiger Behinderung. Geistige Behinderung 32 (1993) 248-253

Neuer-Miebach, Therese: Schwangerschaftsverhütung bei Menschen mit geistiger Behinderung – notwendig, möglich, erlaubt? In: T. Schroeder-Kurth (Hrsg.): Medizinische Genetik in der Bundesrepublik Deutschland: eine Bestandsaufnahme mit politischen, ärztlichen und ethischen Konzepten, Stellungnahmen von Patientengruppen. Frankfurt/M.; Neuwied: Schweitzer, 1989, 107-126

Neuhäuser, Gerhard; Hentschel, Michael; Rüschoff, Josef; Schiffmann, Jan-Holger: Geistige Behinderung und Sexualität. Ergebnisse einer Befragung. Geistige Behinderung 25 (1986) 184-193

Noack, Cornelia; Schmid, Hanna J.: Sexuelle Gewalt gegen Menschen mit geistiger Behinderung. Eine verleugnete Realität. Stuttgart: Verband ev. Einrichtungen für Menschen mit geistiger und seelischer Behinderung, 1994

Pixa-Kettner, Ursula; Bargfrede, Stefanie; Blanken, Ingrid: Elternschaft von Menschen mit geistiger Behinderung. Dokumentation einer Fachtagung am 9./10. März 1995 an der Universität Bremen. Universität Bremen, 1995

Pixa-Kettner, Ursula; Bargfrede, Stefanie; Blanken, Ingrid: »Dann waren sie sauer auf mich, daß ich das Kind haben wollte ... « Eine Untersuchung zur Lebenssituation geistigbehinderter Menschen mit Kindern in der BRD. Baden-Baden: Nomos Verlags-Gesellschaft, 1996
Riegel, Uta: Sexualität bei geistigbehinderten Erwachsenen. Bonn-Bad Godesberg: Reha-Verlag, 1984
Römer, Bernhard: Streicheln ist schön. Sexuelle Erziehung von geistig behinderten Menschen. Mainz: Matthias-Grünewald-Verlag, 1995
Sandre, Francoise; Raute, Herve: Das geistig behinderte Kind. Sexualität und Gefühlswelt in seiner Erziehung. Zürich, Köln: Benziger, 1972
Schilberth, Gisela: Zur Frage der Sexualerziehung in der Schule für Geistigbehinderte. Zeitschrift für Heilpädagogik 23 (1972) 238-248
Schlaich, Ludwig: Erziehung und Bildung geistig Behinderter durch Eltern und Erzieher. Neuburgweier: Schindele, 1974
Schlicht, Herta: Probleme des Unterrichts in der geschlechtlichen Erziehung bei Schülern der Mittelstufe der Schule für Geistigbehinderte. Unveröff. Hausarbeit. Mainz, 1978
Schmetz, Ditmar: Sexualerziehung. In: R. Pohl (Hrsg.): Beispiele für die Verwirklichung der »Empfehlungen für den Unterricht in der Schule für Geistigbehinderte (Sonderschule)«. Dortmund: Wulff u. Co., 1981, 141-147
Schmetz, Ditmar: Sexualerziehung bei Menschen mit geistiger Behinderung Kurseinheit der Fernuniversität Hagen. Hagen, 1998
Schröder, Siegfried: Beschützte Ehe bei Geistigbehinderten. In: K.-J. Kluge, L. Sparty (Hrsg.): Sollen, können, dürfen Behinderte heiraten? Bonn-Bad Godesberg: Reha-Verlag, 1977, 70-81
Schröder, Siegfried: Partnerschaft zwischen den Geschlechtern in Wohneinrichtungen für erwachsene geistig Behinderte. In: Bundesvereinigung Lebenshilfe (Hrsg.): Humanes Wohnen – seine Bedeutung für das Leben geistig behinderter Erwachsener. Marburg: Eigenverlag, 1982, 146-158
Schröder, Siegfried: Sonderpädagogische Aspekte zur Sexualität geistigbehinderter Kinder und Jugendlicher. In: J. Walter (Hrsg.): Sexualität und geistige Behinderung. Heidelberg: Schindele, 1983, 92-115
Schumacher, H. H.: Geschlechtserziehung bei Geistigbehinderten. Unveröff. Diss. Dortmund, 1977
Senn, Charlene Y.: Gegen jedes Recht. Sexueller Mißbrauch und geistige Behinderung. Aus dem kanad. Englisch von A. Kandler-Schürmann. Berlin: Donna Vita, 1993
Sexualität und Partnerschaft. Zur Orientierung 8 (1984) H 4
Sexueller Mißbrauch bei Geistigbehinderten – Möglichkeiten der Prävention im Unterricht. Lernen konkret 13 (1994) H 2
Siegenthaler, Hermann: Geistigbehinderte – Eltern – Betreuer. Vier Vorträge zum Erwachsenwerden Geistigbehinderter und zur Herausforderung an Eltern und Betreuer. Zürich: Verein für das Schweiz. Heimwesen, o.J. (1980)
Sporken, Paul: Sexualethik und geistig Behinderte. In: P. Sporken (Hrsg.): Geistig Behinderte, Erotik und Sexualität. Düsseldorf: Patmos, 1974, 157-188
Sporken, Paul: Ethische Überlegungen. In: Bundesvereinigung Lebenshilfe (Hrsg.): Geistige Behinderung, Partnerschaft, Sexualität. Marburg: Eigenverlag, 1976, 24-35

Sporken, Paul: Sexualerziehung geistig behinderter Menschen. Pädagogisch-ethische Überlegungen. In: P. Sporken, V. Jacobi, A.van der Arend: Die Sexualität im Leben geistig Behinderter. Düsseldorf: Patmos, 1980, 11-49

Steiniger, Christine: Sexueller Mißbrauch. Möglichkeiten und Grenzen der Diagnostik bei Kindern und Jugendlichen mit einer geistigen Behinderung. Geistige Behinderung 36 (1997) 56-72

Stöckmann, Fritz: Pubertätsschwierigkeiten, sexuelle Störungen und ihre medikamentöse Beeinflussung bei behinderten Kindern. In: Bundesministerium für Jugend, Familie und Gesundheit (Hrsg.): Entwicklungsphänomene, Pubertätsprobleme und sexualpädagogische Aufklärung behinderter Kinder und Jugendlicher. Neuburgweier: Schindele, 1971, 84-99

Stöckmann, Fritz: Ärztliche Aspekte. In: Bundesvereinigung Lebenshilfe (Hrsg.): Geistige Behinderung, Partnerschaft, Sexualität. Marburg: Eigenverlag, 1976, 16-23

Stöckmann, Fritz: Mögliche Eheprobleme bei Geistigbehinderten. In: K.-J. Kluge, L. Sparty (Hrsg.): Sollen, können, dürfen Behinderte heiraten? Bonn-Bad Godesberg: Reha-Verlag, 1977, 59-69

Stöckmann, Fritz: Bereich des Sexuellen. In: H. Bach (Hrsg.): Pädagogik der Geistigbehinderten. Handbuch der Sonderpädagogk. Bd. 5. Berlin: Marhold, 1979, 268-275

Thesen zur Partnerschaft bei geistig Behinderten. Zur Orientierung 5 (1981) 56-62

Wacker, Elisabeth: Liebe im Heim? Möglichkeiten und Grenzen von Partnerbeziehungen in einer organisierten Umwelt. Geistige Behinderung 38 (1999) 238-255

Walter, Joachim: Am vollen Leben Anteil haben. Zur Sexualität Geistigbehinderter. Sozialpädagogik 22 (1980a) 106-117

Walter, Joachim: Zur Sexualität Geistigbehinderter. Die Einstellung der Mitarbeiter als Bedingungsrahmen zur Unterdrückung oder Normalisierung in Behinderteneinrichtungen. Rheinstetten: Schindele, 1980b

Walter, Joachim: Partnerschaft und Sexualität geistig behinderter Menschen – Überlegungen aus der Sicht des Fachmannes. Geistige Behinderung 21 (1982)

Walter, Joachim: Pubertätsprobleme bei Jugendlichen mit geistiger Behinderung. Geistige Behinderung 24 (1985) 23-36

Walter, Joachim: Sterilisation geistig behinderter Menschen aus sexualpädagogischer Sicht. Geistige Behinderung 26 (1987) 87-97

Walter, Joachim (Hrsg.): Sexualität und geistige Behinderung. 4., erw. Aufl. Heidelberg: Winter, Ed. Schindele, 1996a

Walter, Joachim: Grundrecht auf Sexualität? Einführende Überlegungen zum Thema »Sexualität und geistige Behinderung«. In: J. Walter (Hrsg.): Sexualität und geistige Behinderung. 4., erw. Aufl. Heidelberg: Winter, Ed. Schindele, 1996b, 29-37

Walter, Joachim; Hoyler-Herrmann, Annerose: Erwachsensein und Sexualität in der Lebenswirklichkeit geistigbehinderter Menschen. Heidelberg: Ed. Schindele, 1987

Wendt, G. Gerhard: Genetische Aspekte. In: Bundesvereinigung Lebenshilfe (Hrsg.): Geistige Behinderung, Partnerschaft, Sexualität. Marburg: Eigenverlag, 1976, 11-15

Wild, Peter: Rechtliche Aspekte der Sterilisation geistig Behinderter. Geistige Behinderung 24 (1985) 2-22

Wrenne, Hans: Pädagogisch-psychologische Aspekte. In: Bundesvereinigung Lebenshilfe (Hrsg.): Geistige Behinderung, Partnerschaft, Sexualität. Marburg: Eigenverlag, 1976, 44-54

Literatur zu Kapitel 11: Freizeitpädagogik, Erwachsenenbildung

Ackermann, Karl-Ernst: Weiterbildung für geistig behinderte Bürger als elementare Bildung. In: M. Beisse, C. Feddern, A. Maibauer (Hrsg.): Hamburger Kolloquium: Erwachsenenbildung für Menschen mit geistiger Behinderung. Hamburg, 1989, 83-117

Ackermann, Karl-Ernst: Erwachsenenbildung geistig behinderter Menschen im vereinten Europa – Perspektiven und Wünsche aus bundesrepublikanischer Sicht. Geistige Behinderung 32 (1993) 34-43

Adolph, Helga: Sport mit geistig Behinderten – ein didaktisch-methodisches Gesamtkonzept mit praktischen Lehr- und Übungsbeispielen. Bad Homburg: Limpert, 1981

Albers, R.; Anneken, G.; Gossel, E.; Schäfer, U.: Erwachsenenbildung mit Menschen, die als geistig behindert gelten. Erfahrungen an der Volkshochschule Oldenburg. Geistige Behinderung 28 (1989) H 2, Einhefter

Anke, Elisabeth u.a.: Freizeit mit Geistigbehinderten. Bern: Blaukreuz-Verlag, 1975

Bach, Heinz: Probleme einer Abgrenzung unter gesellschaftlichem Aspekt. In: K.-L. Holtz (Hrsg.): Sonderpädagogik und Therapie. Rheinstetten: Schindele, 1980, 9-19

Badelt, Isolde: Erwachsenenbildung geistig behinderter Menschen. Ein Überblick. Geistige Behinderung 31 (1992) 4-14

Badelt, Isolde: Selbsterfahrungsgruppen geistig behinderter Erwachsener – eine Hilfe zu größerer Selbständigkeit. Geistige Behinderung 23 (1984) 243-253

Baumgart, Erdmute: Ablösung – Geistig behindert sein und erwachsen werden. Luzern: Ed. SZH, 1986

Baumgart, Erdmute u.a.: Körpererfahrung – Körperbildung. Serie: Erwachsenenbildung konkret. Erwachsenenbildung und Behinderung 1 (1990) H 1, 14-30

Baumgart, Erdmute: Didaktische und methodische Aspekte in der Erwachsenenbildung für Menschen mit geistiger Behinderung. In: Bundesvereinigung Lebenshilfe (Hrsg.): Erwachsenenbildung für Menschen mit geistiger Behinderung. Marburg: Lebenshilfe-Verlag, 1991, 36-58

Baumgart, Erdmute; Bücheler, Heike (Bearb.): Lexikon. Wissenswertes zur Erwachsenenbildung: fragen – nachschlagen – anwenden. 750 Definitionen zur Erwachsenenbildung unter besonderer Berücksichtigung von geistiger Behinderung. Hrsg.: Gesellschaft für Erwachsenenbildung und Behinderung Deutschland. Neuwied; Kriftel; Berlin: Luchterhand, 1998

Beisse, M.; Feddern, C.; Maibauer, Anke (Hrsg.): Hamburger Kolloquium: Erwachsenenbildung für Menschen mit geistiger Behinderung. Hamburg, 1989

Berges, Michael: Fotografieren im Unterricht als Freizeiterziehung mit geistigbehinderten Schülern. Zeitschrift für Heilpädagogik 37 (1986) 620-622

Bös, Klaus; Knoll, Michaela: Bewegung, Spiel und Sport geistig Behinderter. Entwicklung, Forschungsergebnisse und Perspektiven. Geistige Behinderung 28 (1989) 111-123

Bruckmüller, Maria: Besonderheiten der Erwachsenenbildung mit Menschen mit einer geistigen Behinderung. Geistige Behinderung 32 (1993) 239-247

Buchka, Maximilian: Standortbestimmung und neue Perspektiven einer Didaktik der sozialen Arbeit bei Erwachsenen mit geistiger Behinderung. Jahrbuch für Jugendsozialarbeit, Bd. XII (1991) 249-269

Bulmahn, Marlies; Grimm, Brigitte: Offenes Kunstatelier für geistig behinderte Erwachsene. Geistige Behinderung 32 (1993) H 3, Einhefter

Bundesarbeitsgemeinschaft Hilfe für Behinderte (Hrsg.): Ferienführer. Düsseldorf: Eigenverlag, 1986[4]

Bundesvereinigung Lebenshilfe (Hrsg.): Erwachsenenbildung für Menschen mit geistiger Behinderung. Referate und Praxisberichte. Marburg: Lebenshilfe-Verlag, 1991

Bundesvereinigung Lebenshilfe (Hrsg): Geistig behinderte Menschen und Touristik. Marburg: Eigenverlag, 1989

Bundesvereinigung Lebenshilfe (Hrsg.): Freizeit geistig Behinderter. Handbuch. 2., vollst. überarb. u. erw. Aufl. Marburg: Lebenshilfe-Verlag, 1990a

Bundesvereinigung Lebenshilfe (Hrsg.): Sport geistig Behinderter. 1. Ergänzungslieferung zum Ergänzbaren Handbuch Bewegung, Spiel und Sport. Marburg: Lebenshilfe-Verlag, 1990b

Bundesvereinigung Lebenshilfe (Hrsg.): Freizeit – ein Reader. Marburg: Lebenshilfe-Verlag, 1997

Bundesvereinigung Lebenshilfe (Hrsg.): »Wir wollen überall dabei sein!« Menschen mit geistiger Behinderung in ihrer Freizeit. Marburg: Lebenshilfe-Verlag, 1998

Bundesvereinigung Lebenshilfe (Hrsg.): Bewegung, Spiel und Sport im Leben von Menschen mit geistiger Behinderung. Marburg: Lebenshilfe-Verlag, 1999

Carroll, Volker: Bildungsangebote für Erwachsene mit geistiger Behinderung. In: H. Jakobs, A. König, G. Theunissen (Hrsg.): Lebensräume – Lebensperspektiven. Ausgewählte Beiträge zur Situation Erwachsener mit geistiger Behinderung. 2., völlig neubearb. Aufl. Butzbach-Griedel: AFRA, 1998, 290-316

Dalkner, Dörte; Ludwigs, Werner; Ungar, Mechthild (Hrsg.): Friesland Kolloquium: Erwachsenenbildung für Menschen mit geistiger Behinderung. Oldenburg, 1988

Day, Peter: Bewegungsverhalten geistig Behinderter im Sportunterricht – eine psychologische Analyse. München: Minerva-Publikation, 1980

Diederley, Hartmut: Schwimmen mit geistig behinderten Kindern und Jugendlichen. Eine heilpädagogische Therapie. Rheinstetten: Schindele, 1977[2]

Doll-Tepper, Gudrun; Lienert, Christoph (Hrsg.): Sport von Menschen mit geistiger Behinderung. Situation und Trends. Dokumentation des Ost-West-Symposiums vom 9.-11.11.1990 in Berlin: Marburg: Lebenshilfe-Verlag, 1991

Ebert, Harald; Villinger, Susanne: Freizeit von WfB-Mitarbeiter(inne)n. Ergebnisse einer Befragung. Geistige Behinderung 38 (1999) 258-273

Eder-Gregor, Beatrix: Bildung heißt Bilder erschaffen: Bedarfsorientierte Erwachsenenbildung mit Menschen mit geistiger Behinderung. Geistige Behinderung 37 (1998) 361-376

Eike, Werner; Meyer-Jungclaussen, Volker: Erwachsenenbildung geistig Behinderter an Volkshochschulen. Entwicklung von Kursangeboten für Erwachsene mit geistiger Behinderung am Beispiel der Volkshochschule Oldenburg. Geistige Behinderung 25 (1986) H 3, Einhefter

Fallak, Wolfgang: Tanzen mit Behinderten. Bausteine für elementare Tanzerfahrung. Dortmund: modernes lernen, 1988

Frohnhöfer, Hermann; Schmidt, Inge: Club 86 – Sonderschüler, Eltern und Freunde. Zehn Jahre Erfahrungen mit außerschulischer Bildungs- und Freizeitarbeit. Rheinstetten: Schindele, 1981

Gaedt-Sachse, Frigga (Hrsg.): Aufgreifen – Öffnen – Gestalten. Evangelische Stiftung Neuerkerode, 1994

Gieseke, Wiltrud: Problematik des Zielgruppenbegriffs in der Erwachsenenbildung. In: D. Dalkner, W. Ludwigs, M. Ungar (Hrsg.): Friesland Kolloquium: Erwachsenenbildung für Menschen mit geistiger Behinderung. Oldenburg, 1988, 74-86

Glasbrenner, Susanne: Alphabetisierung bei Erwachsenen mit geistiger Behinderung im Rahmen der Erwachsenenbildung. Geistige Behinderung 27 (1988) H 3, Einhefter

Göbel, Susanne: So möchte ich wohnen! Wie ich selbst bestimmen kann, daß ich mich in meinen vier Wänden wohlfühle. Marburg: Lebenshilfe-Verlag, 1998

Göbel, Wolfgang: Erstes Seminar für Menschen mit schwerer bzw. mehrfacher Behinderung. In: Bundesvereinigung Lebenshilfe (Hrsg.): Erwachsenenbildung für Menschen mit geistiger Behinderung. Referate und Praxisberichte. Marburg: Lebenshilfe-Verlag, 1991, 100-102

Grampp, Gerd (Hrsg.): Lernen heißt entdecken, was möglich ist. Projekte der Erwachsenenbildung für Menschen mit geistiger Behinderung und ihre Betreuerinnen und Betreuer. Stuttgart: Wittwer, 1992

Heggbacher Einrichtungen (Hrsg.): Freizeitpädagogik für Geistigbehinderte. Der Fachbericht 2 von Wolfgang Dürrenberger. Maselheim-Heggbach, 1984

Höss, Herbert; Wolf, Georg (Hrsg.): Psychomotorische Förderung geistig Behinderter. Stuttgart: Wittwer, 1982

Höss, Herbert; Goll, Harald: Das Heidelberger Modell. Erwachsenenbildung für Menschen mit geistiger Behinderung. Geistige Behinderung 26 (1987) 167-177

Huber, Norbert: Die Einheit von gezielter und kontinuierlicher Förderung und gestalteter Freizeit in einer stationären Einrichtung. In: W. J. Zielniok, D. Schmidt-Thimme: Gestaltete Freizeit mit geistig Behinderten. Heidelberg: Schindele, 1983[3], 34-42

Irmischer, Tilo: Motopädagogik bei geistig Behinderten. Eine ganzheitliche, entwicklungsorientierte Bewegungserziehung. Schorndorf: Hofmann, 1980

Irmischer, Tilo: Sportunterricht: Einführung in die Didaktik – Methodik. Kurseinheit der Fernuniversität Hagen. Hagen, 1983

Jakobs, Hajo: Erwachsen-Werden, Erwachsen-Sein bei geistiger Behinderung. Kritisch-anthropologische und psychologisch-pädagogische Vorüberlegungen. In: H. Jakobs, A. König, G. Theunissen (Hrsg.): Lebensräume – Lebensperspektiven. 2., völlig neubearb. Aufl. Butzbach-Griedel: AFRA-Verlag, 1998, 18-59

Jochheim, K.-A.; van der Schoot, P. (Hrsg.): Behindertensport und Rehabilitation. Teil I: Psychisch Behinderte, Geistig Retardierte. Schorndorf: Hofmann, 1981

Josek, S.-M.; Rotter, B.: Erwachsenenbildung für Menschen mit geistiger Behinderung. Ein Forschungsbericht. Marburg: Lebenshilfe-Verlag, 1995

Kaempf, Klaus: Freizeit- und Ferienmaßnahmen der Evangelischen Bildungs- und Pflegeanstalt »Hephata« Mönchengladbach. In: Bundesvereinigung Lebenshilfe (Hrsg.): Materialien zur Freizeitgestaltung. Marburg: Eigenverlag, 1978[3], 43-49

Kapustin, Peter: Sport mit geistig behinderten Kindern, Jugendlichen und Erwachsenen. Zur Begründung und Entwicklung. Geistige Behinderung 22 (1983) 97-107

Kapustin, Peter: Familiensport als Lebenshilfe. Geistige Behinderung 25 (1986) 30-38

Kaune, Wilhelm; Urbat, Heinz-Fred; Werner, Angela: Heilpädagogisches Voltigieren mit geistig behinderten Kindern und Jugendlichen. Geistige Behinderung 21 (1982) H 3, Einhefter

Kaune, Wilhelm: Das Heilpädagogische Voltigieren mit geistig behinderten Menschen. Neuaufl. Warendorf: FN-Verlag der Dt. Reiterl. Vereinigung, 1993

Kerkhoff, Winfried: Familien-Fernsehen für geistig behinderte Kinder und Jugendliche? Überlegungen zu einer sonderpädagogischen Fernsehnutzung. das behinderte kind 15 (1978) 23-27

Kerkhoff, Winfried: Außerschulische Erziehung. Kurseinheit der Fernuniversität Hagen. Hagen, 1982

Knust-Potter, Evemarie: Erwachsenenbildung – ein Fundament für normalisierte Lebensbedingungen. Erwachsenenbildung und Behinderung 4 (1993) H 2, 8-14

Kreativ den Alltag gestalten. Zur Orientierung 11 (1987) H 1

Krenzer, Rolf: Feste und Feiern mit Behinderten. Staufen/B.: Kemper, 1974

Krenzer, Rolf: Freizeiterziehung in der Schule für Geistigbehinderte. Zeitschrift für Heilpädagogik 27 (1976) 295-303

Krenzer, Rolf: Die Mediothek für geistig Behinderte. In: W. J. Zielniok, D. Schmidt-Thimme: Gestaltete Freizeit mit geistig Behinderten. Heidelberg: Schindele, 1983³, 320-327

Lause, Rudolf: Geistigbehinderte erleben das Wasser. Dortmund: modernes lernen, 1992a

Lause, Rudolf: Geistigbehinderte erlernen das Schwimmen. Dortmund: modernes lernen, 1992b

Linden, Hans; Schwarte, Norbert: Erwachsenenbildung für Menschen mit geistiger Behinderung. Überlegungen zu einem systematischen Ansatz. Geistige Behinderung 24 (1985) 171-182

Lindmeier, Christian: Erwachsenenbildungs-Integrations-Projekt (EIP). Erwachsenenbildung und Behinderung 7 (1996) H 2, 26-27

Lindmeier, Christian: Erwachsenenbildung für Menschen mit geistiger Behinderung unter integrativem Aspekt. Geistige Behinderung 37 (1998) 132-144

Maibauer, Anke : Erwachsenenbildung in der Evangelischen Stiftung Alsterdorf. In: M. Beisse, C. Feddern, A. Maibauer (Hrsg.): Hamburger Kolloquium: Erwachsenenbildung für Menschen mit geistiger Behinderung. Hamburg, 1989, 39-50

Marcus, Solweig: Schülerfahrt mit geistigbehinderten Kindern und Jugendlichen. In: W. Kerkhoff (Hrsg.): Freizeitchancen und Freizeitlernen für behinderte Kinder und Jugendliche. Berlin: Marhold, 1982, 67-128

Marreck, Claudia: Reiten für geistig Behinderte. Bonn: Reha-Verlag, 1982

Menning, Hans: Freizeitarbeit im Rahmen der Werkstatt für Behinderte – Martinshof. In: Bundesvereinigung Lebenshilfe (Hrsg.): Materialien zur Freizeitgestaltung. Marburg: Eigenverlag, 1978³, 50-54

Mertes, Josef Peter: Argumente für die Durchführung eines Schullandheimaufenthaltes mit geistigbehinderten Kindern. Zeitschrift für Heilpädagogik 29 (1978) 354-356

Meyer-Jungclaussen, Volker: Geistige Behinderung und Erwachsenenbildung. Aspekte zur Theorie und Praxis. Berlin: Marhold, 1985

Michels, Franz: Ritterfest und Hexennacht. Spielen mit Geistigbehinderten und Nichtbehinderten. 14 Spielkassetten und -aktionen, 59 Spielbeschreibungen, Vorschläge für einen integrativen Spieltreff. Remscheid: Robin-Hood-Versand, 1989

Michels, Franz: Spielen mit geistig behinderten Erwachsenen. Plädoyer für konkurrenzarme Spiele. Geistige Behinderung 29 (1990) H 1, Praxisteil

Mühl, Heinz: Spielförderung. In: H. Bach (Hrsg.): Pädagogik der Geistigbehinderten. Handbuch der Sonderpädagogik. Bd. 5. Berlin: Marhold, 1979, 174-179

Niehoff, Ulrich: Zum Verhältnis von Freizeit, Erwachsenenbildung und Selbstbestimmung. Fachdienst der Lebenshilfe (1996) H 2, 1-11

Niermann, Dieter: Evangelische Heimvolkshochschule Lindenhof-Bethel. Weiterbildung mit Behinderten. In: M. Beisse, C. Feddern, A. Maibauer (Hrsg.): Hamburger Kolloquium: Erwachsenenbildung für Menschen mit geistiger Behinderung. Hamburg, 1989, 55-82

Pohl, Rudolf: Praxis der Freizeiterziehung geistig Behinderter. In: W. Kerkhoff (Hrsg.): Freizeitchancen und Freizeitlernen für behinderte Kinder und Jugendliche. Berlin: Marhold, 1982, 51-66

Preuß, Eva: Aktive Videoarbeit in einer Vollzeiteinrichtung als Beitrag zur Erwachsenenbildung für Menschen mit einer geistigen Behinderung. In: M. Beisse, C. Fedddern, A. Maibauer (Hrsg.): Hamburger Kolloquium: Erwachsenenbildung für Menschen mit geistiger Behinderung. Hamburg, 1989, 170-179

Preuß, Eva: Erwachsenenbildung für Behinderte – ein unerledigtes Thema. Erwachsenenbildung und Behinderung 1 (1990) H 2, 2-9

Rieder, H.; Buttendorf, Th.; Höss H. (Hrsg.): Förderung der Motorik geistig Behinderter. Berlin: Marhold, 1981

Sander-Beuermann, Christian: Sportbezogene Freizeitaktivitäten bei Kindern und Jugendlichen mit geistiger Behinderung. Berlin: Marhold, 1985

Sandvoss, Otto: Die Auswirkung sportmotorischer Förderung auf geistig behinderte Schüler. Folgerungen für den Sportunterricht in den Schulen für Geistigbehinderte. Berlin: Marhold, 1983

Schatz, Günther; Genenger, Marianne; Stotz, Eberhard: Geistig Behinderte und Freizeit. Zwischenbericht über eine empirische Untersuchung. Behindertenpädagogigk 21 (1982) 135-142

Schmidt-Thimme, Dorothea: Freizeitgestaltung und Freizeiterziehung. Ein Problem der Behindertenhilfe von Aktualität und Dringlichkeit. Lebenshilfe 10 (1971) 193-201

Schmidt-Thimme, Dorothea: Freizeit im Elternhaus. In: W. J. Zielniok, D. Schmidt-Thimme: Gestaltete Freizeit mit geistig Behinderten. Heidelberg: Schindele, 1983[3], 28-33

Schuchardt, Erika: Schritte aufeinander zu – Soziale Integration Behinderter durch Weiterbildung. Zur Situation in der Bundesrepublik Deutschland. Bad Heilbrunn/Obb.: Klinkhardt, 1987

van der Schoot, Paul: Aktivierungstheoretische Perspektiven als wissenschaftliche Grundlegung für den Sportunterricht mit geistig retardierten Kindern. Schorndorf: Hofmann, 1976

Schünemann, Ute; Müller, Dieter: Körper und Sexualität. Erwachsenenbildung für Menschen mit geistiger Behinderung und Fortbildung für Fachpersonal. Geistige Behinderung 32 (1993) H 2, Praxisteil

Schwarte, Norbert: Erwachsenenbildung für Menschen mit geistiger Behinderung. In: Bundesvereinigung Lebenshilfe (Hrsg.): Erwachsenenbildung für Menschen mit geistiger Behinderung. Marburg: Lebenshilfe-Verlag, 1991, 11-35

Seebaum, Katja: Yoga – ein Beitrag zur Selbstfindung geistigbehinderter Menschen. In: W. Dreher: Geistigbehindertenpädagogik vom Menschen aus. Gütersloh: van Hoddis, 1990, 305-317

Siebert, Manfred: Spiel und Sportfest für geistig behinderte Kinder, Jugendliche und Erwachsene. Eine Anregung zur Nachahmung. Geistige Behinderung 26 (1987) H 3, Einhefter

Solly, Kenneth: Verband der Gateway-Clubs. In: Bundesvereinigung Lebenshilfe (Hrsg.): Materialien zur Freizeitgestaltung. Marburg: Eigenverlag, 1978[3], 13-17

Sparty, Leo (Bearb.): Urlaub, Ferien, Freizeit, Kuren und Erholung für Familien mit behinderten bzw. kranken Kindern und Jugendlichen. Bonn: Reha-Verlag, 1973

Speck, Otto (Hrsg): Erwachsenenbildung bei geistiger Behinderung. Grundlagen, Entwürfe, Berichte. München; Basel: Reinhardt, 1982

Speck, Otto: Mehr Autonomie für Erwachsene mit schwerer geistiger Behinderung. Geistige Behinderung 24 (1985) 162-170

Speck, Otto: Standortbestimmung und Perspektiven der Erwachsenenbildung bei Menschen mit geistiger Behinderung. Erwachsenenbildung und Behinderung 1 (1990) H 1, 3-7

Staatsinstitut für Schulpädagogik München (Hrsg.): Lehrplan und Materialien für den Unterricht in der Schule für geistig Behinderte mit Abdruck der Allgemeinen Richtlinien. München: Hintermaier, 1982

Straßmeier, Walter: Spielerziehung und Kreativitätsförderung Geistigbehinderter. Kurseinheit der Fernuniversität Hagen. Hagen, 1982

Thannhäuser, Angelika: Zur Situation geistigbehinderter Erwachsener aus der Sicht ihrer Mütter. Bern: Huber, 1976

Theunissen, Georg: Heilpädagogik im Umbruch. Freiburg/B.: Lambertus, 1991

Theunissen, Georg: Allgemeine Bildungstheorie und Erwachsenenbildung. Eine Grundlegung aus kritisch-reflexiver Sicht. Geistige Behinderung 32 (1993) 227-238

Theunissen, Georg; König, Andreas: Erwachsenenbildung bei schwerer geistiger und Mehrfachbehinderung – Anregungen zur Arbeit im ästhetischen Bereich. In: H. Jakobs, A. König, G. Theunissen (Hrsg.): Lebensräume – Lebensperspektiven. Ausgewählte Beiträge zur Situation Erwachsener mit geistiger Behinderung. 2., völlig neubearb. Aufl. Butzbach-Griedel: AFRA, 1998, 317-331

Thimm, Walter: Erwachsenenbildung versus Therapie. Zur Abgrenzung zweier professioneller Sichtweisen. In: D. Dalkner, W. Ludwigs, M. Ungar (Hrsg.): Friesland Kolloquium: Erwachsenenbildung für Menschen mit geistiger Behinderung. Oldenburg, 1988, 60-73

Wacker, E.; Wetzler, R.; Metzler, H.; Hornung, C.: Leben im Heim. Studie zu Angebotsstrukturen und Chancen selbständiger Lebensführung in Wohneinrichtungen der bundesdeutschen Behindertenhilfe. Tübingen, 1996

Walter, Joachim; Hoyler-Herrmann, Annerose: Erwachsenensein und Sexualität in der Lebenswirklichkeit geistigbehinderter Menschen. Heidelberg: Ed. Schindele, 1987

Weinfurtner, Alfons: Spielzeug für geistig behinderte Jugendliche. Zeitschrift für Heilpädagogik 34 (1983) 375-380

Wilken, Udo; Pich, Wolfgang: Der Stellenwert des Fernsehens in der Lebenswelt geistig behinderter Schüler, Heimbewohner und Werkstatt-Beschäftigter. Zeitschrift für Heilpädagogik 50 (1999) 247-253

Willand, Hartmut; Schwedes, Renate: Materialien zur Problematik der Freizeitgestaltung Geistigbehinderter. Zeitschrift für Heilpädagogik 31 (1980) 216-227

Wohlfarth, Rainer: Spielverhalten und Spielförderung bei geistig Behinderten. Zeitschrift für Heilpädagogik 31 (1983) 370-374

Wohlhüter, Herbert: Vom Erwachsenwerden des geistig behinderten Menschen. Zur Orientierung 7 (1983) 367-374

Zielniok, Walter J.: Anstöße zur Selbständigkeit. Die Gestaltung von Funktionstrainings-Programmen für geistig Behinderte im Freizeitbereich. Freiburg/B.: Lambertus, 1978[2]

Zielniok, Walter J.: Soziales Lernen bei geistig Behinderten im Freizeitbereich. Geistige Behinderung 19 (1980) 143-153

Zielniok, Walter J.: Zielaspekte einer Freizeitförderung für geistig behinderte Menschen. In: W. J. Zielniok, D. Schmidt-Thimme: Gestaltete Freizeit mit geistig Behinderten. Heidelberg: Schindele, 1983[3]a, 15-27

Zielniok, Walter J.: Urlaub und Reisen mit geistig Behinderten. In: W. J. Zielniok, D. Schmidt-Thimme: Gestaltete Freizeit mit geistig Behinderten. Heidelberg: Schindele, 1983[3]b, 69-79

Zielniok, Walter J.: Gestaltete Freizeit – schulischer Erziehungsauftrag. In: W. J. Zielniok, D. Schmidt-Thimme: Gestaltete Freizeit mit geistig Behinderten. Heidelberg: Schindele, 1983³c, 85-98

Zielniok, Walter J.: Freizeit- und Bildungswerk für Behinderte. In: W. J. Zielniok, D. Schmidt-Thimme: Gestaltete Freizeit mit geistig Behinderten. Heidelberg: Schindele, 1983³d, 53-68

Zielniok, Walter J.; Schmidt-Thimme, Dorothea: Gestaltete Freizeit mit geistig Behinderten. Heidelberg: Schindele, 1983³

Literatur zu Kapitel 12: Pädagogische Aspekte der Arbeit und Berufsbildung

Adam-Schwarzmüller, Siegfried: Berufsschulunterricht für behinderte Mitarbeiter aus der Werkstatt für Behinderte. In: Bundesvereinigung Lebenshilfe (Hrsg.): WfB-Handbuch. Ergänzbares Handbuch Werkstatt für Behinderte. Bd. 1 und 2. Red. Bearb. R. Böhm. 5. Ergänzungslieferung. Marburg: Lebenshilfe-Verlag, 1997, D 5

Anders, Dietrich: Die Werkstatt für Behinderte (WfB). Anspruch und Wirklichkeit. Geistige Behinderung 25 (1986) 234-243

Anders, Dietrich; Krützfeld, Gerd: Übergänge für behinderte Mitarbeiter auf den allgemeinen Arbeitsmarkt. Verpflichtung der WfB zur beruflichen Rehabilitation. Geistige Behinderung 28 (1989) 102-110

Anstötz, Christoph: Die Werkstatt für Behinderte (WfB) als Ort beruflicher Rehabilitation und Integration geistigbehinderter Erwachsener. Zum Zielkonflikt zwischen Geistigbehindertenpädagogik und Ökonomie. Vierteljahresschrift für Heilpädagogik und ihre Nachbargebiete 57 (1988) 29-42

Aretz, Dirk Ulrich: Die Rechtsstellung der Behinderten in Werkstätten für Behinderte. Köln; Berlin; Bonn; München: Heymann, 1985

Bach, Heinz: Berufsbildung geistigbehinderter Jugendlicher. In: H. Bach u.a.: Berufsbildung behinderter Jugendlicher. Bonn: Dürr, 1971, 29-41

Bach, Heinz: Krise der Werkstatt für Behinderte. Zeitschrift für Heilpädagogik 28 (1977) 164-169

Bach, Heinz: Der Auftrag der Werkstatt für Behinderte als Einrichtung der beruflichen Bildung und Förderung behinderter Menschen. Zur Orientierung 2 (1978) 304-315

Bach, Heinz; Baumann, Josef; Beck, Reiner: Berufsausbildung Geistigbehinderter. Bericht über ein Projekt zur Klärung der pädagogisch-psychologischen Voraussetzungen einer Berufsausbildung für Geistigbehinderte, eine Untersuchung im Rahmen der Werkstätten für Behinderte. Mainz: von Hase & Koehler, 1975

BAG der Werkstätten für Behinderte (Hrsg.): Dokumentation Werkstättentag '78. 1. Bundeskonferenz Werkstätten für Behinderte. Düsseldorf, 19.-21. September 1978. Osnabrück: Eigenverlag, o.J. (1978)

BAG der Werkstätten für Behinderte (Hrsg.): Dokumentation Werkstättentag '80. 2. Bundeskonferenz der Werkstätten für Behinderte. Karlsruhe, 20.-22. Mai 1980. Osnabrück: Eigenverlag, o.J. (1980)

Baumann, Josef: Sekundarbereich II (Berufserziehung). In: H. Bach (Hrsg.): Pädagogik der Geistigbehinderten. Handbuch der Sonderpädagogik, Bd. 5. Berlin: Marhold, 1979, 114-119

Bayerisches Staatsministerium für Unterricht und Kultus (Hrsg.): Einführung des Lehrplans für die Werkstufe der Schule für Geistigbehinderte. Amtsblatt 5 (1989) 113-180

Behnke, Ralf; Ciolek, Achim; Körner, Ingrid: Arbeiten außerhalb der Werkstatt für Behinderte. Die Hamburger Arbeitsassistenz – ein Modellprojekt zur beruflichen Integration von Menschen mit geistiger Behinderung. Geistige Behinderung 32 (1993) H 4, Einhefter

Bernhart, Peter: Pädagogische Förderung in der Werkstatt für Behinderte. Ein Beitrag zur Praxis der Arbeit mit geistigbehinderten Erwachsenen. München; Basel: Reinhardt, 1977

Beyer, Klaus u.a.: Fortbildungsmaßnahmen in der Werkstatt für Behinderte zwischen Anspruch und Wirklichkeit. Zeitschrift für Heilpädagogik 31 (1980) 264-269

Bleidick, Ulrich: Die Förderung Schwerstbehinderter durch Arbeit. Stellungnahme zur Vorlage des Verbandes Deutscher Sonderschulen in Heft 7/1986. Zeitschrift für Heilpädagogik 37 (1986) 880-891

Bundesanstalt für Arbeit, BAG Werkstätten für Behinderte: Vereinbarung über Rahmenprogramme für das Eingangsverfahren und den Arbeitstrainingsbereich in Werkstätten für Behinderte. In: Bundesvereinigung Lebenshilfe (Hrsg.): WfB-Handbuch. Ergänzbares Handbuch Werkstatt für Behinderte. Bd. 1 und 2. Red. Bearb. R. Böhm. 5. Ergänzungslieferung. Marburg: Lebenshilfe-Verlag, 1997, D 3

Bundesvereinigung Lebenshilfe: Die Anlernwerkstatt für Behinderte. Lebenshilfe 7 (1968) 88-89

Bundesvereinigung Lebenshilfe: Inhaltliche Gestaltung der Werkstufe der Schule für geistig Behinderte (Sonderschule) und Berufliche Bildung im Arbeitstrainingsbereich in der Werkstatt für Behinderte (WfB). Marburg: Eigenverlag, 1981

Bundesvereinigung Lebenshilfe: Standortbestimmung WfB. Dokumentation der Tagungsreferate und Protokolle. IV. erw. Treffen der Geschäftsführer bzw. Leiter von Lebenshilfe-Werkstätten am 15./16. Juni 1989 in Marburg. Marburg: Lebenshilfe-Verlag, 1990

Bundesvereinigung Lebenshilfe (Hrsg.): Beschäftigungsmöglichkeiten für Menschen mit (geistiger) Behinderung außerhalb der Werkstatt für Behinderte. Grundlagenbeiträge, Praxisbeispiele, Arbeitshilfen. Marburg: Lebenshilfe-Verlag, 1992

Bundesvereinigung Lebenshilfe (Hrsg.): Instrumentarium zur Qualitätssicherung und Qualitätsentwicklung in Werkstätten für Behinderte der Lebenshilfe (QS-WfB). Marburg: Lebenshilfe-Verlag, 1995

Bundesvereinigung Lebenshilfe (Hrsg.): Wege zum allgemeinen Arbeitsmarkt. Ergebnisbericht und Empfehlungen der Projektgruppe. Marburg: Lebenshilfe-Verlag, 1996

Bundesvereinigung Lebenshilfe (Hrsg.): WfB-Handbuch. Ergänzbares Handbuch Werkstatt für Behinderte. Bd. 1 und 2. Red. Bearb. R. Böhm. 5. Ergänzungslieferung. Marburg: Lebenshilfe-Verlag, 1997

Bundesvereinigung Lebenshilfe (Hrsg.): Ein Beruf für mich. Berufliche Ausbildung für Menschen mit geistiger Behinderung. Grundlagen und Konzeptionen für Modellversuche. Marburg: Lebenshilfe-Verlag, 1998

Crämer, Siegmund: Landwirtschaft und Weinbau. Ökologischer Ansatz einer idealen Arbeit für Menschen mit geistiger Behinderung. Geistige Behinderung 29 (1990) 2-8

Cramer, Horst H.: Die neue Werkstättenverordnung. Kommentar unter Berücksichtigung der Materialien und des Leistungsrechts sowie einer Zusammenstellung der Rechtsgrundlagen der Werkstatt für Behinderte. München: Beck, 1981

Deutsch, Karl-Heinz; Schmitz, Gudrun: Lernwege zur beruflichen Rehabilitation in Werkstätten für Behinderte. Ein anforderungsorientiertes Lernzielsystem für den Arbeitstrainingsbereich in der WfB. Detmold: Lebenshilfe für geistig Behinderte Detmold, 1984[2]

Dieterich, Michael: Die Werkstatt für Behinderte im Sozialisationsprozeß geistig behinderter Menschen. Geistige Behinderung 21 (1982) 174-177
Dieterich, Michael: Die humane Werkstatt für Behinderte. Geistige Behinderung 22 (1983) 259-270
Dieterich, Michael: Förderdiagnostik in der Werkstatt für Behinderte. Geistige Behinderung 25 (1986) H 4, Einhefter
Dieterich, Michael: Neue Technologien in der Werkstatt für Behinderte? Geistige Behinderung 28 (1989) 37-48
Dieterich, Michael: Berufliche Rehabilitation. In: G. Neuhäuser, H.-Chr. Steinhausen (Hrsg): Geistige Behinderung: Grundlagen, klinische Syndrome, Behandlung und Rehabilitation. 2., überarb. u. erw. Aufl. Stuttgart; Berlin; Köln: Kohlhammer, 1999, 282-296
Dietz, Rudolf: Beruflicher Bildungsplan für Maßnahmen im Arbeitstrainingsbereich der Werkstatt für Behinderte. Themen für ein allgemeingültiges Verfahren über berufliche Grund- und Fachbildung für Beschäftigte in Werkstätten für Behinderte. Bonn: Reha-Verlag, 1994[2]
Dürr, Erwin: Zur Situation der Berufsbildung geistig behinderter Menschen. Die Deutsche Berufs- und Fachschule 75 (1979) 834-851
Duschek, Inge: Behinderte Lebensbewältigung. Berufsbildung und Erwerbstätigkeit behinderter – insbesondere geistig behinderter – Mädchen und Frauen. Aachen: Fischer, 1997
Forster, Rudolf: Der Weg geistig behinderter Jugendlicher und Erwachsener ins Arbeitsleben. Vergleichende Analyse des beruflichen Rehabilitationssystems im Bereich der BR Deutschland und der ehemaligen DDR zur beruflichen Integration von Menschen mit geistiger Behinderung. Aachen: Mainz, 1998
Frank, Hermann; Schumann, Werner: Lokale Beschäftigungsinitiativen. Modellvorhaben zur beruflichen Eingliederung von Menschen mit Behinderungen. Geistige Behinderung 29 (1990) 9-19
Grampp, Gerd: Systemisch-strukturgeleitetes Lernen als Methode der beruflichen Bildung in der WfB. In: Bundesvereinigung Lebenshilfe (Hrsg.): WfB-Handbuch. Ergänzbares Handbuch Werkstatt für Behinderte. Bd. 1 und 2. Red. Bearb. R. Böhm. 5. Ergänzungslieferung. Marburg: Lebenshilfe-Verlag, 1997, D 9
Grampp, Gerd: Aspekte einer ganzheitlichen WerkstattAgogik. Berufliche Rehabilitation in der Werkstatt für Behinderte zwischen Vision und Anpassungsdruck. Geistige Behinderung 37 (1998) 145-159
Grampp, Gerd; Theen-Rathjen, Martin: Anforderungen aus der Sicht beruflicher Bildung an Schule und Politik. Referat für die Fachtagung »Werkstufe zwischen Allgemeinbildung und beruflicher Bildung« vom 30.9. bis 1.10.1999 in Marburg, 1999
Hahnemann, Günther G.: Arbeit in einer Fördergruppe für geistig schwerbehinderte Jugendliche. Zur Orientierung 7 (1983) 144-164
Hessisches Institut für Lehrerfortbildung (Hrsg.): Das Betriebspraktikum mit Schülern in der Schule für praktisch Bildbare. Fuldatal, 1982
Hibbeler, Andreas: Das Detmolder Lernwegemodell als Grundlage zielgerichteter Lernprozesse in der WfB. In: Bundesvereinigung Lebenshilfe (Hrsg.): WfB Handbuch. Ergänzbares Handbuch Werkstatt für Behinderte. Bd. 1 und 2. Red. Bearb. R. Böhm. 5. Ergänzungslieferung. Marburg: Lebenshilfe-Verlag, 1997, D 11
Institut für Sozialrecht, Bochum: Die Werkstatt für Behinderte. Ein interdisziplinärer Beitrag zur Rehabilitation Behinderter. Bochum: Institut für Sozialrecht, 1972

Jacobi, Volker: Der Geistigbehinderte und sein Recht. Ein Leitfaden für Ausbildung und Praxis. 2., ergänzte Aufl. Freiburg: Lambertus, 1984

Jakobs, Kurt; Luntz, Edwin (Hrsg.): Zwei Jahre PBI (Projekt Berufliche Integration). Grundlegendes, Empirisches, Zukünftiges. Zwischenbericht. Praxisforschungsprojekt zur Umsetzung des Hess. Konzeptionspapiers zur Schaffung und Finanzierung von Arbeits-, Ausbildungs- und Beschäftigungsplätzen außerhalb von Werkstätten für Behinderte. Frankfurt, 1995

Jantzen, Wolfgang: Soziale und ökonomische Zusammenhänge des zunehmenden staatlichen Dirigismus in Werkstätten für Behinderte. Behindertenpädagogik 20 (1981) 239-252

Jokisch, Karl; Savelsberg, Jakob; Brinker, Rainer (Hrsg.): Grundlagen zur Arbeit in der Werkstatt für Behinderte. Köln: Lebenshilfe für geistig Behinderte, Landesverband NRW, 1987

Kornfeld, Siegfried: Kann man sinnvoll von der Tätigkeit Schwerstbehinderter als menschlicher Arbeit sprechen? Zeitschrift für Heilerziehung und Rehabilitationshilfen (1980) 3-13

Klammer, Wolfgang: Zur Organisation beruflicher Bildung in der WfB. In: Bundesvereinigung Lebenshilfe (Hrsg.): WfB-Handbuch. Ergänzbares Handbuch Werkstatt für Behinderte. Bd. 1 und 2. 5. Ergänzungslieferung. Marburg: Lebenshilfe-Verlag, 1997, D 10

Landeswohlfahrtsverband Württemberg-Hohenzollern (Hrsg.): Fachtagung WfB 2000 – Planung, Perspektiven, Erfordernisse. 29./30.1.1996 in Gültstein. Stuttgart, o.J. (1996)

Lebenshilfe Detmold: Lernwege zur beruflichen Bildung. Materialien für Gruppenleiter in Werkstätten für Behinderte. Detmold, 1989

Ludolph, Katharina: Berufsbildorientierte Ausbildung zur/zum Großküchenhelferin/Großküchenhelfer. In: Bundesvereinigung Lebenshilfe (Hrsg.): WfB-Handbuch. Ergänzbares Handbuch Werkstatt für Behinderte. Bd. 1 und 2. Red. Bearb. R. Böhm. 5. Ergänzungslieferung. Marburg: Lebenshilfe-Verlag, 1997, D 8

Menning, Hans: Berufsbildung zum Serienfertiger im Rahmen der Werkstatt für Behinderte. Der Sonderschüler heute 7 (1974) 36-51

Menning, Hans: Berufliche Bildung im Arbeitstrainingsbereich der Werkstatt für Behinderte (WfB). Zeitschrift für Berufs- und Wirtschaftspädagogik 76 (1980) 905-912

Mertes, Josef Peter: Betriebspraktika. Geistig behinderte Jugendliche in Werkstätten für Behinderte und Betrieben der Privatwirtschaft. Geistige Behinderung 22 (1983) H 4, Einhefter

Mertes, Josef Peter: Arbeitslehre in der Schule für Geistigbehinderte. Heidelberg: Ed. Schindele, 1984

Meyer, Christian: Arbeit und geistig behinderte Menschen. Theoretische Vorüberlegungen für die empirische Untersuchung von Arbeitstätigkeiten in Werkstätten für Behinderte unter dem Gesichtspunkt von Rehabilitation und Persönlichkeitsentwicklung. In: R. G. Heinze, P. Runde (Hrsg.): Lebensbedingungen Behinderter im Sozialstaat. Opladen: Westdeutscher Verlag, 1982, 240-251

Mühl, Heinz: Handlungsbezogener Unterricht in der Schule für Geistigbehinderte. Vierteljahresschrift für Heilpädagogik und ihre Nachbargebiete 62 (1993) 409-421

Mühl, Heinz: Geistige Behinderung. In: Bundesanstalt für Arbeit (Hrsg.): Berufliche Rehabilitation junger Menschen. Handbuch für Schule, Berufsberatung und Ausbildung. Hochheim/M.: DKF Multimedia, 1997, 182-196

Niedersächsisches Kultusministerium (Hrsg.): Rahmenrichtlinien für den Unterricht an der Schule für Geistigbehinderte. Abschlußstufe. Hannover: Schroedel, 1994

Rose, Heide; Bellamy, Thoma: Berufsmöglichkeiten für Geistigbehinderte – ein Modell. Zeitschrift für Heilpädagogik 30 (1979) 470-477

Schabmann, Alfred; Klicpera, Christian: Welche Anforderungen bestehen in Berufen, die für Menschen mit Lern- oder leichten geistigen Behinderungen geeignet sind? Sonderpädagogik 27 (1997)120-130

Schaller, Winfried: Die nachschulische Beschäftigung schwer geistig behinderter Menschen. In: W. Baudisch, D. Schmetz (Hrsg.): Geistige Behinderung und Wege zur differenzierten Förderung. Frankfurt/M.: Diesterweg, 1994, 78-93

Schatz, Elisabeth: Erwachsenenpädagogik in der Schule für Geistigbehinderte. Darstellung eines pädagogischen Konzepts der Werkstufe als Vorbereitung des Geistigbehinderten auf ein Leben als Erwachsener in Gesellschaft und Beruf. Bonn: Reha-Verlag, 1983

Schmitz, Gudrun: Anforderung und Eignung in einer Werkstatt für Behinderte. Diss. Detmold: Lebenshilfe für geistig Behinderte Detmold, 1982

Schmitz, Gudrun; Deutsch, Karl-Heinz: Arbeitsplatzanalysen in der Werkstatt für Behinderte. Theoretische Grundlagen und praktische Anwendungen. Geistige Behinderung 22 (1983) H 2, Einhefter

Schmitz, Gudrun u.a.: Arbeitspsychologische Grundlagen der Rehabilitation in Werkstätten für Behinderte. Frankfurt/M.: DPWV-Gesamtverband, o.J.(1981)

Schulze, Hartmut; Sturm, Hartmut; Glüsing, Uta; Rogal, Frank; Schlorf, Monika (Hrsg.): Schule, Betriebe und Integration. Menschen mit geistiger Behinderung auf dem Weg in die Arbeitswelt. Beiträge und Ergebnisse der Tagung INTEGRATION 2000 am 30./31. Mai 1996 in Hamburg. Hamburg: Förderverein der Staatl. Berufsschule Eidelstedt Hamburg, 1997

Speck, Otto: Die Rehabilitation der Geistigbehinderten. Ein Beitrag zur sozialen Integration. Unter Mitarbeit von M. Thalhammer. München; Basel: Reinhardt, 1977[2]

Speck, Otto; Kanter, Gustav O. (Hrsg.): Schwer vermittelbar! Spezielle berufliche Eingliederungshilfen. Aufgezeigt am Modell »Pro Integration e.V.«. München; Basel: Reinhardt, 1992

Stuffer, Georg: Arbeit und Berufsbildung Geistigbehinderter. Empirische Untersuchung über Einstellungen von Mitarbeitern der Werkstätten für Behinderte und von Sonderpädagogen. Diss. München: Selbstverlag, 1975

Stuffer, Georg: Theoretische Grundlagen für die berufliche Grundbildung in der Werkstufe. In: Verband ev. Einrichtungen für geistig und seelisch Behinderte (Hrsg.): Materialien zur Werkstatt für Behinderte. Bd. II. Berufsbildung Behinderter. Bad Oeynhausen: Eigenverlag, 1980, 327-347

Stuffer, Georg: Die Werkstufe der Schule für Geistigbehinderte. Kurseinheit der Fernuniversität Hagen. Hagen, 1982

Stuffer, Georg: Die Bedeutung der Arbeit im Leben des geistig Behinderten. In: Bundesvereinigung Lebenshilfe (Hrsg.): Bedeutung der Arbeit/Elternmitwirkung. Marburg: Eigenverlag, 1983, 6-24

Trakowski, Gabriele; Trakowski, Michael: Berufsvorbereitung Geistigbehinderter in der Werkstufe. Dortmund: Wulff und Co., 1981

Trost, Rainer; Schüller, Simone: Beschäftigung von Menschen mit geistiger Behinderung auf dem allgemeinen Arbeitsmarkt. Eine empirische Untersuchung zur Arbeit der Eingliederungsinitiativen in Donaueschingen und Pforzheim. Walldorf: Integra-Verlag, 1992

Verband ev. Einrichtungen für geistig und seelisch Behinderte (Hrsg.): Materialien zur Werkstatt für Behinderte. Bd. II. Berufsbildung Behinderter. Bad Oeynhausen: Eigenverlag, 1980

Verband ev. Einrichtungen für geistig und seelisch Behinderte (Hrsg.): Förderung von Menschen mit schwersten Behinderungen in Werkstätten für Behinderte. Orientierungshilfe für die Arbeit in der Diakonie. Stuttgart: Verlagswerk der Diakonie, 1991[2]

Verband ev. Einrichtungen für geistig und seelisch Behinderte (Hrsg.): Materialien zur Werkstatt für Behinderte. Bd. 1. Arbeitshilfen. 4., überarb. Aufl. Reutlingen: Diakonie-Verlag, 1995

Verband ev. Einrichtungen für geistig und seelisch Behinderte und Verband ev. Einrichtungen für die Rehabilitation Behinderter (Hrsg.): »Keiner will mich haben«. Menschen mit schwersten Behinderungen als Herausforderung für Werkstätten der Diakonie. Dokumentation der 6. Werkstätten-Tagung der Diakonie 1994, Bad Oeynhausen. Stuttgart, 1996

Vetter, Karl Friedrich: Arbeitslehre an Schulen für Geistigbehinderte. Sonderpädagogik 6 (1976) 152-160

Weichlein, Robert: Sonderregelungen zur Berufsbildung Behinderter gemäß Berufsbildungsgesetz und Handwerksordnung. Heidelberg: Esprint, 1982

Wohlfarth, Rainer: Förderung und Beschäftigung von schwer geistig und mehrfachbehinderten Menschen nach der Schule. Zeitschrift für Heilpädagogik 39 (1988) 324-333

Zink, Klaus J.; Schubert, Hans-Joachim (Hrsg.): Werkstätten für Behinderte im Wandel. Organisatorische, personelle und technische Veränderungen in Behindertenwerkstätten. Neuwied; Kriftel; Berlin: Luchterhand, 1994

Literatur zu Kapitel 13: Wohnen unter pädagogischem Aspekt

Arbeitskreis für Behindertenfragen; Fach Allgemeine Behindertenpädagogik der Universität Oldenburg (Hrsg.): Dokumentation. Wohnen von Menschen mit Behinderungen. Öffentliche Anhörung am 23./24.11.1990 in Oldenburg. Oldenburg: Ziese, o.J. (1991)

Bader, Ines: Alte geistig behinderte Menschen im Heim. Lebensgeschichte, Bedürfnisse und Möglichkeiten zur individuellen Lebensgestaltung im Alter. Geistige Behinderung 25 (1986) 271-279

Berking, G; Berking, G.: Wohnen in kleinen Gruppen. Die Wohnstättenarbeit in Braunschweig. Lebenshilfe 16 (1977) 4-6

Berthold, Martin; Dürr, Erwin: Delphi-Umfrage »Der geistig behinderte Mensch in der 3. Lebensphase«. Zur Orientierung 4 (1980) 336-395

Bleeksma, Marjan: Mit geistiger Behinderung alt werden. Übers. aus dem Niederländ. Deutsche Bearbeitung und Vorwort. R. Humbert. Weinheim; Basel: Beltz, 1998

Bollinger-Hellingrath, Christa: Selbständigkeits- und Wohntraining für geistig Behinderte. In: Bundesvereinigung Lebenshilfe (Hrsg.): Humanes Wohnen – seine Bedeutung für das Leben geistig behinderter Erwachsener. Marburg: Eigenverlag, 1982, 43-57

Bollinger-Hellingrath, Christa: Diagnose- und Beobachtungsbögen für das Selbständigkeitstraining in Wohnstätten für geistig Behinderte. Geistige Behinderung 23 (1984) H 3, Einhefter

Bollinger-Hellingrath, Christa; Kühnemund, Volker; Radmacher, Fritz; Semler, Maria: Ein Weg zu einem selbständigen Leben. Die Wohnschule Bad Dürkheim. Geistige Behinderung 20 (1981) 171-187

Bollinger, Christa; Kühnemund, Volker; Radmacher, Fritz; Semler, Maria: Ein Weg zu einem selbständigen Leben. Die Wohnschule Bad Dürkheim. Geistige Behinderung 23 (1984) H 3, Einhefter

Bonderer, Eduard; Egli, Jakob (Hrsg.): Von der Verwahrung zur sozialen Integration geistig behinderter Menschen in Psychiatrischen Kliniken. Luzern: Ed. SZH, 1992

Bradl, Christian u.a.: Ausgliederung geistig Behinderter aus Einrichtungen der Psychiatrie. In: Bundesvereinigung Lebenshilfe (Hrsg.): Humanes Wohnen – seine Bedeutung für das Leben geistig behinderter Erwachsener. Marburg: Eigenverlag, 1982, 88-96

Bradl, Christian; Schädler, Bruno: Zur Situation geistig Behinderter in psychiatrischen Krankenhäusern. Geistige Behinderung 25 (1986) 243-251

Bradl, Christian; Steinhart, Ingmar (Hrsg.): Mehr Selbstbestimmung durch Enthospitalisierung. Kritische Analysen und neue Orientierungen für die Arbeit mit geistig behinderten Menschen. Bonn: Psychiatrie-Verlag, 1996

Buchka, Maximilian: Konzepte zur Begleitung älterer Menschen mit geistiger Behinderung in den Lebensbereichen Wohnen, Arbeiten und Freizeit. In: W. Baudisch, D. Schmetz (Hrsg.): Geistige Behinderung und Wege zur differenzierten Förderung. Frankfurt/M.: Diesterweg, 1994, 94-113

Bundesvereinigung Lebenshilfe (Hrsg.): Wohnstätten für geistig Behinderte. Empfehlungen und Materialien des Wohnstättenausschusses mit Literaturverzeichnis. Marburg: Eigenverlag, 1981

Bundesvereinigung Lebenshilfe (Hrsg.): Humanes Wohnen – seine Bedeutung für das Leben geistig behinderter Erwachsener. Bericht der 10. Studientagung der Bundesvereinigung Lebenshilfe. Marburg: Eigenverlag, 1982

Bundesvereinigung Lebenshilfe (Hrsg.): Altwerden von Menschen mit geistiger Behinderung. Bericht des Internationalen Workshops 1981. Marburg: Eigenverlag, 1983

Bundesvereinigung Lebenshilfe (Hrsg.): Selbständigere und neuere Wohnformen. Marburg: Lebenshilfe-Verlag, 1990

Bundesvereinigung Lebenshilfe (Hrsg.): Alt und geistig behindert: ein europäisches Symposium. Marburg: Lebenshilfe-Verlag, 1993

Bundesvereinigung Lebenshilfe (Hrsg.): Wohnen heißt zu Hause sein. Handbuch für die Praxis gemeindenahen Wohnens von Menschen mit geistiger Behinderung. Marburg: Lebenshilfe-Verlag, 1995

Bundesvereinigung Lebenshilfe (Hrsg.): Qualität und Wohnen. Ein Reader der Bundesvereinigung Lebenshilfe. Marburg: Lebenshilfe-Verlag, 1996

Bundesvereinigung Lebenshilfe (Hrsg.): Altwerden mit geistiger Behinderung. Marburg: Lebenshilfe-Verlag, 1997

Bundesvereinigung Lebenshilfe: Ein Platz in der Gesellschaft. Enthospitalisierung von Menschen mit geistiger Behinderung. Marburg: Lebenshilfe-Verlag, 1998

Bundesvereinigung Lebenshilfe (Hrsg.): Dokumentation im Bereich Wohnen. Beispiele aus der Praxis. Marburg: Lebenshilfe-Verlag, 1999a

Bundesvereinigung Lebenshilfe (Hrsg.): Persönlichkeit und Hilfe im Alter. Zum Alterungsprozeß bei Menschen mit geistiger Behinderung. Marburg: Lebenshilfe-Verlag, 1999b

van Capel, M.: Wohnversorgung geistig Behinderter in Holland. In: Bundesvereinigung Lebenshilfe (Hrsg.): Humanes Wohnen – seine Bedeutung für das Leben geistig behinderter Erwachsener. Marburg: Eigenverlag, 1982, 222-231

Carroll, Volker: Umstrukturierung einer Wohnstätte. Vom Wohnheim zur Wohnanlage mit betreuten Wohngruppen. Geistige Behinderung 27 (1988) H 1, Einhefter

Christ, Martin: Wohnen alter geistig behinderter Menschen. In: Bundesvereinigung Lebenshilfe (Hrsg.): Humanes Wohnen – seine Bedeutung für das Leben geistig behinderter Erwachsener. Marburg: Eigenverlag, 1982, 106-113

Crämer, Siegmund: Das Wohnen geistig behinderter Erwachsener. Konzeption der Lebenshilfe für geistig Behinderte Bad Dürkheim. Geistige Behinderung 9 (1990) 167-181

Dittmann, Werner: Gründe der Heimeinweisung geistig behinderter Kinder. In: FB Sonderpädagogik der PH Reutlingen (Hrsg.): Handlungsorientierte Sonderpädagogik. Rheinstetten: Schindele, 1978, 39-57

Dörner, Klaus: Ende der Enthospitalisierung? Geistige Behinderung 38 (1999) 311-319

Doldasinski, Jürgen; Eike, Werner; Gromann-Richter, Petra (Hrsg.): Regionale Versorgung für Menschen mit geistiger Behinderung. Bericht der Bremer Fachtagung vom 20. Oktober 1989. Bremen, o.J. (1991)

Dreher, Walter; Hofmann, Theodor; Bradl, Christian (Hrsg.): Geistigbehinderte zwischen Pädagogik und Psychiatrie. Bonn: Psychiatrie-Verlag, 1987

Dreyer, L.: Die gegenwärtige Situation, besondere Probleme und Entwicklungen in der stationären Versorgung Geistigbehinderter außerhalb der psychiatrischen Krankenhausversorgung – Aus der Sicht eines Heimleiters. In: C. Kulenkampff (Hrsg.): Probleme der Versorgung erwachsener geistig Behinderter. Tagungsbericht. Köln: Rheinland-Verlg, 1980, 52-62

Dürr, Erwin: Wohnen. Anmerkungen zu einem Lebensbereich geistig behinderter Erwachsener. Zur Orientierung 3 (1979) 252-272

Egli, Jakob (Hrsg.): Gewalt und Gegengewalt im Umgang mit geistig behinderten Menschen. Luzern: Ed. SZH, 1993

Egli, Jakob; Hüssy, Käthi (Hrsg.): Geistig behinderte Menschen in psychiatrischen Kliniken – eine Herausforderung. Luzern: Ed. SZH, 1990

Eisenberger, Jörg; Martin Th. Hahn; Hall, Constanze; Koepp, Antje; Krüger, Carsten: Das Normalisierungsprinzip – vier Jahrzehnte danach. Veränderungsprozesse stationärer Einrichtungen für Menschen mit geistiger Behinderung. Reutlingen: Diakonie-Verlag, 1999

Ennen, Georg: Struktur und Bedeutung sonstiger Wohnformen für geistig Behinderte außerhalb der Familie. In: C. Kulenkampff (Hrsg.): Probleme der Versorgung erwachsener geistig Behinderter. Tagungsbericht. Köln: Rheinland-Verlag, 1980, 79-92

Ern, Michael: Die Gestaltung des Lebensabends alter Menschen mit geistiger Behinderung als pädagogische Aufgabe. In: W. Dreher: Geistigbehindertenpädagogik vom Menschen aus. Gütersloh: van Hoddis, 1990, 168-180

Ern, Michael: Wege der Annäherung an die Lebenssituation von älterwerdenden und alten Menschen mit geistiger Behinderung. Aachen: Mainz, 1992

Ern, Michael: Behinderung und Alter, erfülltes Leben oder ... ? Begleitung älter werdender Menschen mit Behinderungen. Geistige Behinderung 33 (1994) 331-345

Fabian, Agnes S.: Arbeitszufriedenheit bei Betreuern geistig behinderter Menschen. München; Wien: Profil, 1996

Fachausschuß Geistigbehinderte in der DGSP: Der Mythos vom harten Kern. Referate und Tagungsberichts zum Intern. Workshop am 28./29.Okt. 1982 in Wuppertal. Sozialpsychiatrische Informationen 13 (1983) Nr. 73/74

Fib e.V. (Hrsg.): Ende der Verwahrung ?! Perspektiven geistig behinderter Menschen zum selbständigen Leben. München: AG-SPAK-Publikation, 1991

Fischer, Ute; Hahn, Martin Th.; Klingmüller, Bernhard; Seifert, Monika (Hrsg.): WISTA Experten-Hearing 1993. Wohnen im Stadtteil für Erwachsene mit schwerer geistiger Behinderung. Reutlingen: Diakonie-Verlag, 1994

Fischer, Ute; Hahn, Martin Th.; Klingmüller, Bernhard; Seifert, Monika (Hrsg.): Urbanes Wohnen für Erwachsene mit schwerer geistiger Behinderung. Herausforderung – Realität – Perspektiven. Reutlingen: Diakonie-Verlag, 1996

Freitag, E.; Niermann, G.: Die Wohnschule für erwachsene geistig Behinderte. Nachrichtendienst des Dt. Vereins für öffentliche und private Fürsorge 58 (1978) 239-244

Gaedt, Christian: Normalisierung. Anmaßung – Anpassung – Verweigerung. Aufsätze und Vorträge. Sickte: Neuerkeröder Anstalten, August 1987

Gaedt, Christian: Die vermeidbare Entwicklung von Schwerbehindertenzentren. Ein Plädoyer für Großeinrichtungen im System der Wohnangebote für geistig Behinderte. Geistige Behinderung 31 (1992) 94-106

Gaertner, Irmgard: Die Heilpädagogischen Heime des Landschaftsverbandes Rheinland. Geschichte, Konzeption, Perspektiven. Geistige Behinderung 22 (1983) 130-135

Göbel, Susanne: So möchte ich wohnen! Wie ich selbst bestimmen kann, dass ich mich in meinen vier Wändern wohlfühle. Marburg: Lebenshilfe-Verlag, 1998

Gromann, Petra: Nutzerkontrolle – ein wichtiger Bestandteil von Qualitätssicherung. Geistige Behinderung 35 (1996) 211-222

Gromann, Petra; Schiller, Burkhard: Zurück in die Gemeinde. Alternativen zur Langzeiteinrichtung Kloster Blankenburg. Geistige Behinderung 27 (1988) 52-57

Gromann-Richter, Petra (Hrsg.): Was heißt hier Auflösung? Die Schließung der Klinik Blankenburg. Bonn: Psychiatrie-Verlag, 1991

Grunewald, Karl: Wohngemeinschaften für geistig behinderte Erwachsene in Schweden. Aktuelle Informationen aus Schweden. Hg. vom Schwedischen Institut, Stockholm. Mai 1977, Nr.159

Grunewald, Karl: Im Zeichen der Normalisierung. Zehn Jahre Betreuung geistig Behinderter in Schweden. Geistige Behinderung 26 (1987) 247-266

Haack, Gerhard: Organisations- und Entwicklungsplan für ein Wohnheim. Lebenshilfe 10 (1971) 105-109

Hähner, Ulrich; Niehoff, Ulrich; Sack, Rudi; Walther, Helmut: Vom Betreuer zum Begleiter. Eine Neuorientierung unter dem Paradigma der Selbstbestimmung. Marburg: Lebenshilfe-Verlag, 1997

Haltiner, Ruedi; Egli, Jakob (Hrsg.): Dezentrale Betreuung von Menschen mit geistiger Behinderung. Eine Alternative zur Anstalt. Luzern: Ed. SZH, 1994

Havemann, Meindert J.: Erhöhte Lebenserwartung für Menchen mit geistiger Behinderung. Erfahrungen aus den Niederlanden. Geistige Behinderung 9 (1990) 197-206

Hebborn, Heiner: Wohnen im Umbruch. Menschen mit geistiger Behinderung in den neuen Bundesländern. Aachen: Mainz, 1996

Heimlich, Hildegard; Rother, Dietger: Wenn`s zu Hause nicht mehr geht. Eltern lösen sich von ihrem behinderten Kind. München; Basel: Reinhardt, 1991

Höss, Herbert: Die vier Ebenen des Wohnens im offenen Bereich. Konzept einer Realisierung für geistig Behinderte. Geistige Behinderung 22 (1983) 136-141

Höss, Herbert; Goll, Harald: Ausgliederung geistig Behinderter aus einem Psychiatrischen Landeskrankenhaus. Ein Erfahrungsbericht. Geistige Behinderung 25 (1986) 39-49

Hofmann, Helmut: Von der Anstalt zum Gruppenheim – Normalisierungsbestrebungen für Entwicklungsbehinderte in den USA. Sonderpädagogik 12 (1982) 9-18

Horstmann, Hildegard; Wohlhüter, Herbert: Zwei Jahre Kurzzeitheim für schwerstbehinderte Kinder und Jugendliche. Geistige Behinderung 24 (1985) 234-244

Huber, Norbert: Begleitung geistig behinderter Menschen beim Sterben. Geistige Behinderung 23 (1984) 92-100

Huber, Norbert: Struktur und Größe stationärer Einrichtungen. In: C. Kulenkampff (Hrsg.): Probleme der Versorgung erwachsener geistig Behinderter. Köln: Rheinland-Verlag, 1980, 71-78

Institut für Sozialrecht: Die Werkstatt für Behinderte. Ein interdisziplinärer Beitrag zur Rehabilitation Behinderter. Bochum: Institut für Sozialrecht, 1972

Janßen, Christian: Das SIVUS-Konzept in der Arbeit in Wohngruppen. Geistige Behinderung 36 (1997) 41-55

Kaempf, Klaus: Wohnformen für erwachsene geistig Behinderte – Erfahrungen und Überlegungen im Vollzeitbereich. In: Bundesvereinigung Lebenshilfe (Hrsg.): Humanes Wohnen – seine Bedeutung für das Leben geistig behinderter Erwachsener. Marburg: Eigenverlag, 1982, 58-66

Kirchhoff, Gabriele: Innovationen im Bereich des Wohnens? In: W. Dreher: Geistigbehindertenpädagogik vom Menschen aus. Gütersloh: van Hoddis, 1990, 188-199

Kirchhoff, Gabriele: Menschen mit geistiger Behinderung in Wohnfamilien. Aachen: Mainz 1993

Klauß, Theo: Zehn Jahre Kurzzeitheim M. Bedeutung und Funktion eines Modellprojekts der Behindertenhilfe. Geistige Behinderung 9 (1990) 182-196

Klauß, Theo: Trennung auf Zeit. Die Bedeutung eines Kurzzeitheimes und anderer Institutionen für Familien mit geistig behinderten Kindern. Heidelberg: Ed. Schindele, 1993

Klevinghaus, Johannes: Das Heim (Anstalt) für geistig Behinderte. In: Bundesvereinigung Lebenshilfe (Hrsg.): Der geistig behinderte Jugendliche in Familie, Arbeit und Gesellschaft. Marburg: Eigenverlag, 1969, 76-86

Klevinghaus, Johannes: Die Anstalt als Lebenshilfe. In: H. von Bracken (Hrsg.): Erziehung und Unterricht behinderter Kinder. Wiesbaden: Akad. Verlagsgesellschaft, 1978², 238-246

Knijff, Johan L. L.: Das Wohnheim für geistig Behinderte. In: Bundesvereinigung Lebenshilfe (Hrsg.): Der geistig behinderte Jugendliche in Familie, Arbeit und Gesellschaft. Marburg: Eigenverlag, 1969, 36-43

König, Andreas: Normalisierung und Bürgerrechte. Geistig behinderte Erwachsene in den USA. Frankfurt/M.: AFRA-Druck/KA-RO, 1985

König, Andreas: Ist Qualität meßbar? Qualitätserfassung von Einrichtungen für Menschen mit geistiger Behinderung nach dem PASSING-Verfahren von Wolfensberger. Geistige Behinderung 30 (1991) 240-249

Krause, Wolfgang: Mitarbeiter in Wohneinrichtungen – Aufforderungen an Personal und Organisation unter dem Aspekt humanen Wohnens. In: Bundesvereinigung Lebenshilfe (Hrsg.): Humanes Wohnen – seine Bedeutung für das Leben geistig behinderter Erwachsener. Marburg: Eigenverlag, 1982, 175-180

Krieger, Ingeborg: Vorbereitung geistig Behinderter auf selbständiges Wohnen und Hilfen beim Übergang von der Familie in die Wohneinrichtung. In: Bundesvereinigung Lebenshilfe (Hrsg.): Humanes Wohnen – seine Bedeutung für das Leben geistig behinderter Erwachsener. Marburg: Eigenverlag, 1982, 31-40

Kugel, Robert B.; Wolfensberger, Wolf (Hrsg.): Geistig Behinderte, Eingliederung oder Bewahrung? Heutige Vorstellungen über die Betreuung geistig behinderter Menschen. Stuttgart: Thieme, 1974

Kulenkampff, Caspar: Die Ausgliederung geistig Behinderter aus der psychiatrischen Krankenhausversorgung. In: C. Kulenkampff (Hrsg.): Probleme der Versorgung erwachsener geistig Behinderter. Köln: Rheinland-Verlag, 1980, 27-32

Landesverband der Lebenshilfe Niedersachsen (Hrsg.): Hilfen bei der Entwicklung und Sicherung von Qualität in Wohneinrichtungen der Lebenshilfe. Hannover, 1999

Landschaftsverband Rheinland (Hrsg.): Geistig Behinderte im Alter. Auf der Suche nach geeigneten Wohn- und Betreuungsformen. Köln: Rheinland-Verlag, o.J. (1990)

Landschaftsverband Rheinland (Hrsg.): Neue Nachbarn. Köln: Rheinland-Verlag, 1991

Lebenshilfe Bremen: Konzeption »Wohnstätten der Lebenshilfe für Menschen mit geistiger Behinderung e.V.« In: Bundesvereinigung Lebenshilfe (Hrsg.): Wohnen heißt zu Hause sein.. Marburg: Lebenshilfe-Verlag, 1995, 29-35

Lebenshilfe Österreich (Hrsg.): » ... ich werde älter ... «. Begleitung des Alterns bei Menschen mit geistiger Behinderung. Wien: Lebenshilfe Österreich, 1992

von Lüpke, Klaus: Soziale Integration geistig Behinderter im Bereich des Wohnens. Gedanken zum Wohnstättenbau, zur Stadtgestaltung und Gemeinwesenarbeit. Lebenshilfe 12 (1973) 1-7

von Lüpke, Klaus: Wohnstätten. In: H. Bach (Hrsg.): Pädagogik der Geistigbehinderten. Handbuch der Sonderpädagogik, Bd. 5. Berlin: Marhold, 1979, 126-131

Maas, Olaf: Wege aus der psychiatrischen Versorgung. Zur aktuellen Diskussion um die Ausgliederung Geistigbehinderter. In: W. Dreher, Th. Hofmann, Chr. Bradl (Hrsg.): Geistigbehinderte zwischen Pädogogik und Psychiatrie. Bonn: Psychiatrie-Verlag, 1987, 205-226

Mahlke, Wolfgang: Die Gestaltung der Wohnwelt Behinderter als Herausforderung und Förderung. Zur Orientierung 6 (1982) 314-329

Masurek, Gerhard: Wohnen für geistig behinderte Menschen am Beispiel der Lebenshilfe Braunschweig. In: Bundesvereinigung Lebenshilfe (Hrsg.): Humanes Wohnen – seine Bedeutung für das Leben geistig behinderter Erwachsener. Marburg: Eigenverlag, 1982, 72-79

Merkens, Luise: Kommunikative Kompetenz und Handlungsfähigkeit – Aufbau bei langfristig hospitalisierten geistig behinderten Erwachsenen. Geistige Behinderung 24 (1985) 274-282

Metzler, Heidrun: Hilfebedarf und Selbstbestimmung. Eckpunkte des Lebens im Heim für Menschen mit Behinderungen. Zeitschrift für Heilpädagogik 47 (1997)

Meyer-Jungclaussen, Volker: Die Organisation »Systems Unlimited« – Versuch einer gemeindenahen Versorgung für geistig behinderte Menschen in den USA. Forum Jugendhilfe (1983) H 1, 16-28

Meyer-Jungclaussen, Volker: Wohnen geistig behinderter Erwachsener in den USA. Ein Beispiel gemeindenaher Wohnformen. Geistige Behinderung 23 (1984) 122-126

Modell einer differenzierten Wohnanlage. Lebenshilfe 14 (1975) 157-163

Offene Formen in der Arbeit mit behinderten Menschen. Zur Orienticrung 12 (1988) II 3

Niehoff, Ulrich: Behindertenpädagogische Arbeit im Psychiatrischen Krankenhaus. Problemfelder und Perspektiven. In: W. Dreher, Th. Hofmann, Chr. Bradl (Hrsg.): Geistigbehinderte zwischen Pädogogik und Psychiatrie. Bonn: Psychiatrie-Verlag, 1987, 34-49

Niehoff, Ulrich; Pickel, Harald: Situation geistig Behinderter in psychiatrischen Einrichtungen. Eingliederung in die Gemeinde. Geistige Behinderung 26 (1987) 75-86

Pro infirmis: Projektbericht Wohntrainingsgruppe für geistig behinderte Erwachsene. St. Gallen: Eigenverlag, 1988

Richter, Petra; Stegemann, Elena: Integration schwergeistigbehinderter Menschen am Beispiel des Dürener »Hexenhäuschen-Projekts«. In: W. Dreher, Th. Hofmann, Chr. Bradl (Hrsg.): Geistigbehinderte zwischen Pädagogik und Psychiatrie. Bonn: Psychiatrie-Verlag, 1987, 270-282

Robert, Ralf: Möglichkeiten und Grenzen der Mitwirkung geistig Behinderter in Wohneinrichtungen unter Einbeziehung praktischer Beispiele. In: Bundesvereinigung Lebenshilfe (Hrsg.): Humanes Wohnen – seine Bedeutung für das Leben geistig behinderter Erwachsener. Marburg: Eigenverlag, 1982, 136-144

Rother, Kurt: Wohnen schwer-, geistig- und mehrfachbehinderter Menschen. In: Bundesvereinigung Lebenshilfe (Hrsg.): Humanes Wohnen – seine Bedeutung für das Leben geistig behinderter Erwachsener. Marburg: Eigenverlag, 1982, 98-104

de Ruiter, Jonaske: Altwerden als Vollendung des Daseins. Erfahrungen aus den Niederlanden. Geistige Behinderung 29 (1990) 30-39

Savelsberg, Jacob: Brauchen geistig behinderte Kinder und Jugendliche Wohneinrichtungen im offenen Bereich? In: Bundesvereinigung Lebenshilfe (Hrsg.): Humanes Wohnen – seine Bedeutung für das Leben geistig behinderter Erwachsener. Marburg: Eigenverlag, 1982, 80-86

Schatz, Günther: Geistig behinderte Erwachsene und ihre Herkunftsfamilien. Ein Beitrag zur Verdeutlichung der Notwendigkeit und des Stellenwertes emanzipatorischer Familienarbeit. In: H. Jakobs, A. König, G. Theunissen (Hrsg.): Lebensräume – Lebensperspektiven. Ausgewählte Beiträge zur Situation Erwachsener mit geistiger Behinderung. 2., völlig neubearb. Aufl. Butzbach-Griedel: AFRA, 1998, 126-149

Schinner, Peter; Rottmann, Friedhelm: Reden über Selbstbestimmung – ein erster Schritt zu ihrer Verwirklichung? Erfahrungsbericht über die Arbeit der AG Selbstbestimmung in einer Wohnstätte der Lebenshilfe gGmbH Berlin. Geistige Behinderung 36 (1997) 263-276

Schlaich, Peter; Scheuber, Walter: Die Anstalt als Heimat für geistig behinderte Menschen. Zur Orientierung 9 (1985) 275-289

Schmidt-Baumann, Werner: Heimverzeichnis. Wohnheime, Internate, Anstalten, Wohngruppen, Dauer-Kurzzeitheime für Behinderte. Hrsg.: Lebenshilfe Lüneburg, 1997

Schwarte, Norbert; Oberste-Ufer, Ralf: LEWO. Lebensqualität in Wohnstätten für Menschen mit geistiger Behinderung. Ein Instrument zur Qualitätsentwicklung. Marburg: Lebenshilfe-Verlag, 1997

Seifert, Monika: Über 1000 Menschen mit geistiger Behinderung fehlplaziert ... Ergebnisse einer Studie zur Wohnsituation von Menschen mit geistiger Behinderung in Berlin. In: Bundesvereinigung Lebenshilfe (Hrsg.): Wohnen heißt zu Hause sein. Marburg: Lebenshilfe-Verlag, 1995, 75-84

Seifert, Monika: Pflege- und Behinderteneinrichtungen im Vergleich. Geistige Behinderung 37 (1998a) 207-214

Seifert, Monika: Wohnen – so normal wie möglich. In: H. Jakobs, A. König, G. Theunissen (Hrsg.): Lebensräume – Lebensperspektiven. Ausgewählte Beiträge zur Situation Erwachsener mit geistiger Behinderung. 2., völlig neubearb. Aufl. Butzbach-Griedel: AFRA 1998b, 150-190

Speck, Otto: Die Bedeutung des Wohnens für den geistig behinderten Menschen aus philosophisch-anthropologischer Sicht. In: Bundesvereinigung Lebenshilfe (Hrsg.): Humanes Wohnen – seine Bedeutung für das Leben geistig behinderter Erwachsener. Marburg: Eigenverlg, 1982, 5-15

Sporken, Paul: Eltern und ihr geistig behindertes Kind. Das Bejahungsproblem. Düsseldorf: Patmos, 1975

Stöckmann, Fritz: Das geistig behinderte Kind im Heim. Berlin: Marhold, 1976

Stöckmann, Fritz: Ausgliederung geistig Behinderter aus der Psychiatrie. Geistige Behinderung 21 (1982) 264-273

Taube, Kathrin: »Ertötung aller Selbstheit«. Das anthroposophische Dorf als Lebensgemeinschaft mit geistig Behinderten. München: AG-SPAK-Publikation, 1994

Thesing, Theodor: Betreute Wohngruppen und Wohngemeinschaften für Menschen mit geistiger Behinderung. 3., neubearb. u. ergänzte Aufl. Freiburg/B.: Lambertus, 1998

Theunissen, Georg: Abgeschoben, isoliert, vergessen – Schwerstgeistigbehinderte Erwachsene in Anstalten. Frankfurt/M.: Fischer, 1982a

Theunissen, Georg: Schwerstbehinderung und psychiatrisches Modell. Überlegungen zur Betreuung sog. schwerst geistig- und mehrfachbehinderter Erwachsener in Vollzeiteinrichtungen. Geistige Behinderung 21 (1982b) 150-160

Theunissen, Georg: Betreuung geistig behinderter Erwachsener in Schweden. Geistige Behinderung 22 (1983) 271-281

Theunissen, Georg: Entwicklungsgemäßes Lernen. Überlegungen zur pädagogisch-therapeutischen Arbeit mit schwerstgeistig- und mehrfachbehinderten Erwachsenen in Vollzeiteinrichtungen. Zeitschrift für Heilpädagogik 38 (1987) 170-176

Theunissen, Georg: Zur Weiterentwicklung des Konzepts der Heilpädagogischen Heime im Rheinland. Geistige Behinderung 27 (1988) 25-34

Theunissen, Georg: Wege aus der Hospitalisierung. Ästhetische Erziehung mit schwerstbehinderten Erwachsenen. Bonn: Psychiatrie-Verlag, 1989a

Theunissen, Georg: Aus der Psychiatrie in die Region. Perspektiven der Heilpädagogischen Einrichtungen in Hessen am Beispiel von Herborn. Geiste Behinderung 28 (1989b) 124-134

Theunissen, Georg (Hrsg.): Enthospitalisierung – ein Etikettenschwindel? Neue Studien, Erkenntnisse und Perspektiven der Behindertenhilfe. Bad Heilbrunn: Klinkhardt, 1998

Theunissen, Georg; Hoffmann, Claudia: Enthospitalisierung - eine Bestandsaufnahme aus den neuen Bundesländern. Geistige Behinderung 37 (1998) 335-347

Thimm, Walter: Normalisierung der Hilfen für geistig Behinderte. Sind kleine Institutionen billiger als große? Geistige Behinderung 20 (1981a) 2-4

Thimm, Walter: Normalisierung. Erste Ergebnisse eines Vergleichs von Versorungsregionen für geistig Behinderte in Dänemark und der Bundesrepublik Deutschland. Geistige Behinderung 20 (1981b) 145-157

Thimm, Walter: Epidemiologische und soziokulturelle Faktoren. In: G. Neuhäuser, H.-Chr. Steinhausen (Hrsg): Geistige Behinderung: Grundlagen, klinische Syndrome, Behandlung und Rehabilitation. 2., erg. u. erw. Aufl. Stuttgart; Berlin; Köln: Kohlhammer, 1999, 9-25

Thimm, Walter; von Ferber, Christian; Schiller, Burkhard; Wedekind, Rainer: Ein Leben so normal wie möglich führen ... Zum Normalisierungskonzept in der Bundesrepublik Deutschland und in Dänemark. Marburg: Lebenshilfe, 1985

Thimm, Walter; Kemme, Martina; Kursawe, Denise: Kinder und Jugendliche in Heimen der Behindertenhilfe. Eine Erkundungsstudie. Oldenburg: Rehaplan Oldenburg, 1998

Thomae, Ingeborg: Das Wohnen geistig behinderter Erwachsener im Elternhaus und in Geschwisterfamilien. In: Bundesvereinigung Lebenshilfe (Hrsg.): Humanes Wohnen – seine Bedeutung für das Leben geistig behinderter Erwachsener. Marburg: Eigenverlag, 1982, 26-30

Tuckermann, Albrecht: Down-Kind Andreas. Der Weg eines Heimkindes. München: Reinhardt, 1981

Vater, Wolfgang: Gründe und Formen der Heimunterbringung Geistigbehinderter. In: H. Dennerlein, K. Schramm (Hrsg.): Handbuch der Behindertenpädagogik, Bd. 1. München: Kösel, 1979, 672-678

Verband ev. Einrichtungen für geistig und seelisch Behinderte (Hrsg.): Empfehlungen für die Pflege, Therapie und Förderung geistig Behinderter in Heimen und Anstalten (stationäre Einrichtungen). Eigenverlag, 1974

Verband ev. Einrichtungen für geistig und seelisch Behinderte (Hrsg.): Trainingsprogramm für geistig Behinderte. Eigenverlag, 1977

Vereinigung Integrationsförderung München (Hrsg.): Behindernde Hilfe oder Selbstbestimmung der Behinderten. Neue Wege gemeindenaher Hilfen zum selbständigen Leben. Kongreßbericht. München: Eigenverlag, 1982

Wacker, Elisabeth; Neumann, Johannes (Hrsg.): Geistige Behinderung und soziales Leben. Frankfurt/M.; New York: Campus, 1985

Wacker, Elisabeth; Metzler, Heidrun (Hrsg.): Familie oder Heim. Unzulängliche Alternativen für das Leben behinderter Menschen? Frankfurt/M.; New York: Campus, 1989

Wallner, Teut: Die Wohnversorgung geistig Behinderter in Schweden. In: Bundesvereinigung Lebenshilfe (Hrsg.): Humanes Wohnen – seine Bedeutung für das Leben geistig behinderter Erwachsener. Marburg: Eigenverlag, 1982a, 232-242

Wallner, Teut: Geschützte Wohnformen für geistig Behinderte – Erfahrungen aus Schweden. In: K.-A. Jochheim, E. Funke, C. André (Hrsg.): Rehabilitation braucht Partner. Heidelberg: Eigenverlag, 1982b, 105-114

Walter, Joachim: Zur Sexualität Geistigbehinderter. Die Einstellung der Mitarbeiter als Bedingungsrahmen zur Unterdrückung oder Normalisierung in Behinderteneinrichtungen. Rheinstetten: Schindele, 1980

Walujo, Sophian; Malmstrøm, Cecilia: Grundlagen der SIVUS-Methode. Förderung der individuellen und sozialen Entwicklung bei Menschen mit geistiger Behinderung. München: Reinhardt, 1991

Weber, Beat: Betreuen. Erfahrungen aus der Arbeit mit geistigbehinderten Menschen. Bern: Zytglogge, 1996

Wieland, Heinz: Geistige behinderte Menschen im Alter. Theoretische und empirische Beiträge zu ihrer Lebenssituation in der BRD, in Österreich und in der Schweiz. Heidelberg: Ed. Schindele, 1987

Wohlhüter, Herbert: Entwicklung der Vollzeiteinrichtung im Netz der Behindertenhilfe. Geistige Behinderung 28 (1989) 295-305

Wohntraining. Lernen konkret H 3, 1996

Literatur zu Kapitel 14: Kommunikationsförderung

Adam, Heidemarie: Mit Gebärden und Bildsymbolen kommunizieren. Voraussetzungen und Möglichkeiten der Kommunikation von Menschen mit geistiger Behinderung. Würzburg: Bentheim, 1993

Atzesberger, Michael: Sprachaufbauhilfe bei geistig behinderten Kindern. Berlin: Marhold, 1978[4]

Barrett, Martyn D.; Diniz, Fernando A.: Lexical Development in Mentally Handicapped Children. In: M. Beveridge, G. Conto-Ramsden, I. Leudar (Hrsg.): Language and Communication in Mentally Handicapped People. London; New York: Chapman and Hall, 1989, 3-32

Baun, Marianne: Beeinträchtigungen der Sprache bei Geistigbehinderten. Sonderpädagogik 8 (1978) 15-23

Baun, Marianne: Förderung sprachlicher Kommunikation bei Geistigbehinderten. Berlin: Marhold, 1981

Bondzio, Margarete; Vater, Wolfgang: Vom ersten Laut zum ersten Wort. Bonn: Reha-Verlag, 1981

Bruner, Jerome S.: Von der Kommunikation zur Sprache. Überlegungen aus psychologischer Sicht. In: K. Martens (Hrsg.): Kindliche Kommunikation. Frankfurt/M.: Suhrkamp, 1979, 9-60

Büttner, Claudia: Autistische Sprachstörungen. Hürth: Gabel, 1995

Bundesvereinigung Lebenshilfe (Hrsg.): Unterstützte Kommunikation für Menschen mit geistiger Behinderung. Eine Empfehlung. Marburg: Lebenshilfe-Verlag, 1998

Dodd, Barbara; Leahy, Judy: Phonological Disorders and Mental Handicap. In: M. Beveridge, G. Conto-Ramsden, I. Leudar (Hrsg.): Language and Communication in Mentally Handicapped People. London; New York: Chapman and Hall, 1989, 33-56

Duker, Pieter C.: Gebärdensprache mit autistischen und geistig behinderten Menschen. Ein Handbuch der Gebärden. Dortmund: modernes lernen, 1991

Fay, David; Mermelstein, Rebecca: Language in Infantile Autism. In: Sh. Rosenberg (Hrsg.): Handbook of Applied Psycholinguistics. Hillsdale, NJ: Erlbaum, 1982, 393-428

Fröhlich, Andreas: Die Förderung schwerst(-körper-)behinderter Kinder. Aspekte einer Kommunikationsförderung. In: W. Dittmann, S. Klöpfer, E. Ruoff (Hrsg.): Zum Problem der pädagogischen Förderung schwerbehinderter Kinder und Jugendlicher. Rheinstetten: Schindele, 1979, 99-119

Fröhlich, Andreas: Curriculum. In: A. Fröhlich (Hrsg.): Die Förderung Schwerstbehinderter. Erfahrungen aus sieben Ländern. Luzern: Ed. SZH, 1981, 49-76

Guggenberger, K.: Zur Sprachtherapie bei geistig behinderten Kindern im Vorschulalter. Unveröff. Diss. Universität München, 1974

Heinemann, H.: Ausmaß, Struktur und sozialer Bezug von Gesprächen in der Mittelstufe geistig behinderter Kinder. Sonderpädagogik 6 (1975) 84-91

Josef, Konrad; Böckmann, Günter: Spracherziehungshilfen bei geistig behinderten und sprachentwicklungsgestörten Kindern. Berlin: Marhold 1971^{2}

Kane, Gudrun: Entwicklung früher Kommunikation und Beginn des Sprechens. Geistige Behinderung 31 (1992) 303-319

Kleinbach, Karlheinz: Zur ethischen Begründung einer Praxis der Geistigbehindertenpädagogik. Bad Heilbrunn: Klinkhardt, 1994

Klöpfer, Siegfried: Kommunikation im Unterricht geistig behinderter Schüler. Aspekte eines Problems. Bielefeld: Surbir, 1978

Kobi, Emil: Heilpädagogische Daseinsgestaltung. Luzern: Ed. SZH, 1988

Kochs, Peter: Grundlagen für die Förderung der Sprache bei geistig behinderten Kindern. In: G. Heese, A. Reinartz (Hrsg.): Aktuelle Beiträge zur Sprachbehindertenpädagogik. Berlin: Marhold, 1981, 138-167

Krause, Matthias P.: Elterliche Bewältigung und Entwicklung des behinderten Kindes. Frankfurt/M.: Lang, 1997

Mühl, Heinz: Handlungsbezogener Unterricht mit Geistigbehinderten. Materialien zur Planung und Organisation des Unterrichts. Bonn-Bad Godesberg: Dürr, 1986^{7}

Mühl, Heinz; Neukäter, Heinz; Schulz, Kerstin: Selbstverletzendes Verhalten bei geistiger Behinderung. Ein Lehrbuch aus pädagogischer Sicht. Bern; Stuttgart; Wien: Haupt, 1996a

Mühl, Heinz: Mit nichtsprechenden Menschen kommunizieren. Der Erwerb von Handzeichen bei nichtsprechenden Menschen mit geistiger Behinderung und mit autistischem Verhalten. Eine

Literaturanalyse. Mit Beiträgen von S. Maaß und P. Lammers. Oldenburg: ZpB der Universität Oldenburg, 1996b

Mühl, Heinz: Kommunikationsförderung. In: G. Neuhäuser, H.-Chr. Steinhausen (Hrsg): Geistige Behinderung: Grundlagen, klinische Syndrome, Behandlung und Rehabilitation. 2., überarb. u. erw. Aufl. Stuttgart; Berlin; Köln: Kohlhammer, 1999, 264-274

Nöther, Werner: Interaktiver Spracherwerb bei Down-Syndrom. Freiburg/B.: Hochschulverlag, 1981

Oberacker, Peter: Sprechen, Lesen und Schreiben mit geistig Behinderten. Villingen-Schwenningen: Neckar-Verlag, 1981

Sarimski, Klaus: Interaktion mit behinerten Kleinkindern. Entwicklung und Störung früher Interaktionsprozesse. München; Basel: Reinhardt, 1986

Schnoor, Heike: Dimensionen und Ebenen des Dialogs. Grundlegung und Anwendung auf zentrale Fragen der Geistigbehindertenopädagogik. Habilitationsschrift, Universität Oldenburg, 1995

Schulze, Arno: Sprachanbildung und Hörsprecherziehung bei Geistigbehinderten. Bonn-Bad Godesberg: Dürr, 1972

Schwager, Michael: Verständigung mit geistigbehinderten Menschen. Zur (sonder-)pädagogischen Relevanz transzendental-pragmatischer Reflexionen. Frankfurt/M.; Bern; New York; Paris: Lang, 1990

Szagun, Gisela: Sprachentwicklung beim Kind. Eine Einführung. 6., überarb. Aufl. München: Psychologie-Verlags-Union, 1996

Wachsmuth, Susanne: Mehrdimensionaler Ansatz zur Förderung kommunikativer Fähigkeiten Geistigbehinderter. Gießen: Institut für Heil- und Sonderpädagogik, 1986

Wilken, Etta: Sprachförderung bei Kindern mit Down-Syndrom. Berlin: Marhold, 1993[5]

Literatur zu Kapitel 15: Umgang mit Verhaltensstörungen

Badelt, Isolde: Die Klientenzentrierte Psychotherapie mit geistig behinderten Menschen. In: W. Lotz, U. Koch, B. Stahl (Hrsg.): Psychotherapeutische Behandlung geistig behinderter Menschen. Bedarf, Rahmenbedingungen, Konzepte. Bern: Huber, 1994, 141-152

Becker, Maria; Niedecken, Helmut: Psychotherapie bei Menschen mit geistiger Behinderung. Eine verzögerte Annäherung. Geistige Behinderung 38 (1999) 85-90

Bernard-Opitz, Vera: Funktionale Verhaltensanalyse und strukturierte Therapie bei autistischen und geistig behinderten Kindern. Geistige Behinderung 34 (1995) 298-307

Besems, Thijs; van Vugt, Gerry: Integrative Körpertherapie. In: A. Färber (Hrsg.): Integrative Therapie mit geistig und psychisch behinderten Kindern und Jugendlichen. Dortmund: modernes lernen, 1983, 23-47

Besems, Thijs; van Vugt, Gerry: Gestalttherapie mit geistig behinderten Menschen. Teil 1 und 2. Geistige Behinderung 27 (1988) H 4 1-24; 28 (1989) H 1, 11-24

Bradl, Christian: Umgang mit Verhaltensauffälligkeiten – ein Schlüsselproblem. Geistige Behinderung 33 (1994) 117-130

Braun, Reinhold: Möglichkeiten und Grenzen der klassischen Verhaltenstherapie. Aus der Praxis mit schwer geistig behinderten Menschen in einem heilpädagogischen Heim. Geistige Behinderung 33 (1994) 131-144

Braun, Reinhold: Klassische Verhaltenstherapie bei schwer geistig behinderten Menschen. Eine praxisorientierte Darstellung mit Lernkontrollen für ErzieherInnen, KrankenpflegerInnen, PädagogInnen, PsychologInnen und Laien. 2., überarb. Aufl. Tübingen: Dgvt-Verlag, 1997

Breucker, Thomas: Einzelfallanalytische Evaluation einer Intervention zur Reduktion von stereotypem und selbstverletzendem Verhalten bei einer schwer geistigbehinderten Jugendlichen. Heilpädagogische Forschung XX, H 3 (1994) 128-136

Brinkmann, Holger: Prävalenzstudie zur Auftretenshäufigkeit von psychischen Störungen/Verhaltensauffälligkeiten bei Menschen mit geistiger Behinderung in Einrichtungen der Stadt Delmenhorst und des Landkreise Oldenburg. Unveröff. Manuskript. Universität Oldenburg, 1999

Bruckmüller, Maria: Aggression und Regression bei geistiger Behinderung – Ausdrucksmittel oder Störung? Erste Ergebnisse einer Untersuchung in Österreich. Geistige Behinderung 24 (1985) 114-125

Bundesvereinigung Lebenshilfe (Hrsg.): Geistig behinderte Menschen mit auffälligem Verhalten. Eine Aufgabe für Eltern und Mitarbeiter am Beispiel einer Wohnstätte. Marburg: Lebenshilfe-Verlag, 1992[5]

Bundesvereinigung Lebenshilfe (Hrsg.): Wenn Verhalten auffällt. Eine Arbeitshilfe zum Wohnen von Menschen mit geistiger Behinderung. Marburg: Lebenshilfe-Verlag, 1996

Bundesvereinigung Lebenshilfe (Hrsg.): »Der Friederich, der Friederich ... «? Verhaltensprobleme bei Kindern und Jugendlichen mit geistiger Behinderung. Marburg: Lebenshilfe-Verlag, 1999

Crews Jr, W. David; Bonaventura, Sharon; Rowe, Frederick: Dual Diagnosis: Prevalence of Psychiatric Disorders in a Large State Residential Facility for Individuals With Mental Retardation. American Journal on Mental Retardation 98 (1994) 724-731

David, Dörthe; Neukäter, Heinz: Doppeldiagnose (Dual Diagnosis): Geistige Behinderung/psychische Störung. Sonderpädagogik 25 (1995) 54-59

Dederich, Markus; Allar, Dagmar; Fabig, Elke: Erwachsene Menschen mit geistiger Behinderung in Krisensituationen. Eine empirische Studie zum Bedarf psychotherapeutischer Angebote in der Region Köln. Zeitschrift für Heilpädagogik 50 (1999) 476 485

Došen, Anton: Psychische Störungen bei geistig behinderten Menschen. Übers. aus dem Niederländ. von M. Vieten. Mit einem Anhang von Chr. Gaedt. Stuttgart; Jena; Lübeck; Ulm: Fischer, 1997

Elbing, Ulrich: Nichts passiert aus heiterem Himmel ... es sei denn, man kennt das Wetter nicht. Transaktionsanalyse, geistige Behinderung und sogenannte Verhaltensstörungen. Dortmund: modernes lernen, 1996

Elbing, Ulrich; Glasenapp, Jan; Moschner, Barbara; Rohmann, Ulrich H.: Spiegeln als Mittel der Beziehungsgestaltung in der Therapie für Menschen mit geistiger Behinderung. Ein Überblick. Geistige Behinderung 38 (1999) 338-347

Elbing, Ulrich; Rohmann, Ulrich-H.: Evaluation eines Intensivtherapie-Programms zur Behandlung schwerer Verhaltensstörungen bei geistig Behinderten mit autistischen oder psychotischen Verhaltensweisen. Praxis der Kinderpsychologie und Kinderpsychiatrie 42 (1993) 248-260

Elbing, Ulrich; Rohmann, Ulrich-H.: Wechselseitige Imitations- und Modellierungsprozesse in der Behandlung von schweren Verhaltensstörungen bei geistig Behinderten. Heilpädagogische Forschung 20 (1994) 118-126

Endermann, Michael; Sander, Joachim: Psychotherapeutische Handlungsmodelle im Arbeitsfeld geistige Behinderung. Geistige Behinderung 38 (1999) 179-192

Fischer, Erhard: »Verhaltensauffälligkeiten« als Ausdruck subjektiven Erlebens und Befindens. Aspekte des Verstehens und Helfens. Zeitschrift für Heilpädagogik 47 (1996) 59-67

Gaedt, Christian (Hrsg.): Selbstentwertung – depressive Inszenierungen bei Menschen mit geistiger Behinderung. Vorträge anläßlich des 4. Neuerkeröder Forums am 8./9. Juni 1990. Neuerkerode: Evangelische Stiftung, 1990

Gaedt, Christian: Der Beitrag psychoanalytisch orientierter Konzeptionen zum Verständnis geistig behinderter Menschen und ihrer psychischen Störungen. In: K. Hennicke, W. Rotthaus (Hrsg.): Psychotherapie und Geistige Behinderung. Dortmund: modernes lernen, 1993, 219-230

Gaedt, Christian: Medizinische Hilfen. In: Bundesvereinigung Lebenshilfe (Hrsg.): Wenn Verhalten auffällt. Eine Arbeitshilfe zum Wohnen von Menschen mit geistiger Behinderung. Marburg: Lebenshilfe-Verlag, 1996, 93-101

Gaedt, Christian; Bothe, Sabine; Michels, Henning (Hrsg.): Psychisch krank und geistig behindert. Regionale Angebote für psychisch kranke Menschen mit geistiger Behinderung. Intern. Arbeitstagung 1992 in Braunschweig/Königslutter. Dortmund: modernes lernen, 1993

van Gemert, Gijs; Wielink, Rob; Vriesema, Peter L.: Jolanda Venemas Geschichte. Beratung als neue Herangehensweise bei Verhaltensproblemen geistig behinderter Menschen. Geistige Behinderung 35 (1996) 77-91

Goetze, Herbert; Julius, Henri; Schlosser, Ralf W.: Kontrollierte Einzelfallstudien. Neue Wege für die sonderpädagogische Forschung. Universität Potsdam, Institut für Sonderpädagogik, 1998

Hacke, W.; Hammerström, B.; Jungen, K.; Gohla, G.: Der Aggressionsfragebogen für Geistigbehinderte. Heilpädagogische Forschung VII (1980) H 3, 297-309

Hackenberg, Waltraud: Psychische Störungen bei Menschen mit geistiger Behinderung. Zugänge zum Verstehen und Ansätze zur Behandlung. Zeitschrift für Heilpädagogik 47 (1996) 10-17

Heijkoop, Jacques: Herausforderndes Verhalten von Menschen mit geistiger Behinderung. Weinheim; Basel: Beltz, 1998

Heinemann, Evelyn; de Groef, Johan (Hrsg.): Psychoanalyse und geistige Behinderung. Fallstudien aus Belgien, Deutschland, England, Frankreich und den USA. Mainz: Matthias-Grünewald-Verlag, 1997

Heinrich, Johannes: Aggression und Streß. Ein Therapiemodell zur Interaktion massiver Auto-, Sach- und Fremdaggressionen geistiger Behinderter mit dem Streßverhalten ihrer Bezugspersonen. Weinheim: Deutscher Studien Verlag, 1998[4]a

Heinrich, Johannes: Therapie massiver Aggressionen. Ein systemisch-verhaltenstherapeutischer Ansatz. Geistige Behinderung 37 (1998b) 160-177

Hennicke, Klaus: Therapeutische Zugänge zu geistig behinderten Menschen mit psychischen Störungen. Traditionelles und systemisches Konzept. Geistige Behinderung 33 (1994) 95-110

Hennicke, Klaus: Kontexte von Gewalt und Gegengewalt in Familien mit geistig behinderten Angehörigen – Systemische Aspekte. Geistige Behinderung 35 (1996) 290-306

Hennicke, Klaus; Rotthaus, Wilhelm (Hrsg.): Psychotherapie und geistige Behinderung. Dortmund: modernes lernen, 1993

Hettinger, Jochen: Selbstverletztendes Verhalten, Stereotypien und Kommunikation. Heidelberg: Ed. Schindele, 1996

Irblich, Dieter: Gewalt und geistige Behinderung. Geistige Behinderung 38 (1999) 132-145

Jantzen, Wolfgang; von Salzen, Wolfgang: Aggressivität und selbstverletzendes Verhalten. Pathogene Neuropsychologie und Psychotherapie. Berlin: Spiess, 1989

Kehrer, Hans E.: Praktische Verhaltenstherapie bei geistig Behinderten. Ein Leitfaden für Betreuer. Dortmund: modernes lernen, 1997

Kern, Horst: Einzelfallforschung. Eine Einführung für Studierende und Praktiker. Weinheim: Psychologie-Verlags-Union, 1997

Klauß, Theo: Selbstverletzung und Selbstbestimmung. Sonderpädagogik 25 (1995) 124-137

Klein, Ferdinand: Pädagogische Verhaltensmodifikation bei geistig behinderten Menschen mit Verhaltensstörungen. Geistige Behinderung 26 (1987) 178-188

Kral, Gerald: Aggressives Verhalten bei geistig Behinderten. Bestandsaufnahme und Praxisrelevanz. Heilpädagogische Forschung XII (1985) H 2, 175-188

Kresse, Karl-Heinz: Zur Notwendigkeit einer allgemeinen Psychotherapie. Interventionen bei psychischen Störungen geistig behinderter Menschen. Geistige Behinderung 34 (1995) 211-222

Landschaftsverband Rheinland: Projektzwischenbericht. Begleitforschung zur Eingliederung geistig Behinderter Menschen aus Psychiatrischen Kliniken, Heilpädagogischen Heimen und Einrichtungen in Hessen und Rheinland. Köln: Selbstverlag, 1991

Liljenroth-Denk, Asa: Mit Persona auf Schattensuche. Erfahrungen aus der analytischen Psychotherapie mit Menschen, die geistig behindert und psychisch krank sind. Aachen: Mainz, 1996

Lingg, Albert; Theunissen, Georg: Psychische Störungen bei geistig Behinderten. Erscheinungsformen, Ursachen und Handlungsmöglichkeiten aus pädagogischer und psychiatrischer Sicht. Freiburg/B.: Lambertus, 1993

Lotz, Winfried: Psychische Störungen bei Menschen mit geistiger Behinderung, Eine Übersicht über empirische Literatur von 1970 bis 1990. Unveröff. Diplomarbeit. Freiburg, 1991

Lotz, Winfried; Koch, Uwe; Stahl, Burkhard (Hrsg.): Psychotherapeutische Behandlung geistig behinderter Menschen. Bedarf, Rahmenbedingungen, Konzepte. Bern: Huber, 1994

Lotz, Winfried; Stahl, Burkhard; Irblich, Dieter (Hrsg.): Wege zur seelischen Gesundheit für Menschen mit geistiger Behinderung. Psychotherapie und Persönlichkeitsentwicklung. Mit einem Vorwort von Uwe Koch. Bern; Göttingen; Toronto; Seattle: Huber, 1996

Margraf, Jürgen (Hrsg.): Lehrbuch der Verhaltenstherapie. Bd. 2: Störungen – Glossar. Berlin: Springer, 1996

Meins, Wolfgang: Behandlung mit Psychopharmaka. Eine Untersuchung bei geistig behinderten Erwachsenen mit aggressivem Verhalten. Geistige Behinderung 28 (1989a) 28-36

Meins, Wolfgang: Aggressives Verhalten bei geistig behinderten Personen: Prävalenz und Zusammenhang mit sozialer Kompetenz und sozialer Unterstützung. Heilpädagogische Forschung XV (1989b) H 2, 98-103

Meins, Wolfgang: Psychiatrische Probleme bei geistig behinderten Erwachsenen unter besonderer Berücksichtigung depressiver Störungen. Unveröff. Manuskript. Hamburg, 1993

Meins, Wolfgang: Psychische Störungen bei geistiger Behinderung. Prävalenz und psychopathologische Besonderheiten. Zeitschrift für Klinische Psychologie, Psychpathologie und Psychotherapie 42 (1994) 274-285

Meins, Wolfgang: Depression und geistige Behinderung. Ausgewählte Ergebniss einer Studie. Geistige Behinderung 33 (1995) 201-210

Merkens, Luise: Aggressivität im Kindes- und Jugendalter. Entstehung, Ausdrucksformen, Interventionen. München: Reinhardt, 1989

Michels, Henning: Erhebung zum Bedarf diagnostischer und therapeutischer Angebote in der Region Braunschweig-Wolfenbüttel-Helmstedt. In: Chr. Gaedt, S. Bothe, H. Michels (Hrsg.): Psychisch krank und geistig behindert. Dortmund: modernes lernen, 1993, 147-157

Mühl, Heinz; Neukäter, Heinz; Schulz, Kerstin: Selbstverletzendes Verhalten bei geistiger Behinderung. Ein Lehrbuch aus pädagogischer Sicht. Bern; Stuttgart; Wien: Haupt, 1996

Rohmann, Ulrich-H; Hartmann, Hellmut: Autoaggression. Grundlagen und Behandlungsmöglichkeiten. Dortmund: modernes lernen, 1988

Rohmann, Ulrich; Elbing, Ulrich: Selbstverletzendes Verhalten. Überlegungen, Fragen, Antworten. Dortmund: modernes lernen, 1998

Sarimski, Klaus: Entwicklungspsychologie genetischer Syndrome. Göttingen: Hogrefe, 1997

Sax-Eckes, Ilka: Therapeutische Intensivgruppe für Menschen mit geistiger Behinderung und psychischen Auffälligkeiten. Möglichkeiten, Bedingungen und Grenzen von verhaltenstherapeutischen Interventionen in Kombination mit einem systemischen Beratungsmodell. Aachen: Mainz, 1995

Schnoor, Heike-Christine: Beziehungsstörungen und Verhaltensauffälligkeiten. Personen mit geistiger Behinderung in stationären Langzeiteinrichtungen. Geistige Behinderung 30 (1991) 13-23

Schnoor, Heike-Christine: Psychoanalyische Ansätze in der Diagnostik und Therapie von Personen mit einer geistigen Behinderung. In: W. Lotz, B. Stahl, D. Irblich (Hrsg.): Wege zur seelischen Gesundheit für Menschen mit geistiger Behinderung. Mit einem Vorwort von Uwe Koch. Bern; Göttingen; Toronto; Seattle: Huber, 1996, 254-270

Seifert, Monika: Problemverhalten – eine Herausforderung für Mitarbeiter. Berichte von Betreuern von Erwachsenen mit schwerer geistiger Behinderung über ihren Umgang mit schwierigen Verhaltensweisen. Geistige Behinderung 34 (1995) 120-135

Stahl, Burkhard: Zum Stand der Entwicklung in der Psychotherapie mit geistig behinderten Menschen. In: W. Lotz, B. Stahl, D. Irblich (Hrsg.): Wege zur seelischen Gesundheit für Menschen mit geistiger Behinderung. Bern; Göttingen; Toronto; Seattle: Huber, 1996, 14-28

Steiger, Paul: »Selbstmanagement«. Möglichkeiten psychotherapeutischer Arbeit mit geistig behinderten Menschen. Geistige Behinderung 33 (1994) 111-116

Strubel, Werner; Weichselgartner, Horst (Hrsg.): Behindert und verhaltensauffällig. Zur Wirkung von Systemen und Strukturen. Freiburg/B.: Lambertus, 1995

Theunissen, Georg: Psychosoziale Hilfen für Menschen mit geistiger Behinderung und Verhaltensauffälligkeiten. Zur interdisziplinären Kooperation von Pädagogik, Psychiatrie und Psychotherapie. Vierteljahresschrift für Heilpädagogik und ihre Nachbargebiete 62 (1993) 422-433

Theunissen, Georg: Therapeutisch-ästhetische Erziehung. Grundzüge eines heilpädagogischen Konzepts für Menschen mit geistiger Behinderung und Verhaltensauffälligkeiten. Zeitschrift für Heilpädagogik 45 (1994) 866-877

Theunissen, Georg: Geistige Behinderung und psychische Störungen im Alter. Erfahrungen mit einem lebensweltbezogenen Konzept. Geistige Behinderung 34 (1995) 308-315

Theunissen, Georg: Pädagogik bei geistiger Behinderung und Verhaltensauffälligkeiten. Ein Kompendium für die Praxis. 2., überarb. u. erw. Aufl. Bad Heilbrunn: Klinkhardt, 1997

Theunissen, Georg; Stichling, Melitta: Verhaltensauffälligkeiten bei geistig behinderten Schülern. Geistige Behinderung 36 (1997) 25-39

Warnke, Andreas: Kinder- und Jugendpsychiatrie und -psychotherapie – was ist das? Geistige Behinderung 34 (1995) 282-297

Weber, Germain (Hrsg.): Psychische Störungen bei älteren Menschen mit geistiger Behinderung. Unter Mitarbeit von A. Fritsch. Bern; Göttingen; Toronto; Seattle: Huber, 1997

Wember, Franz B.: Möglichkeiten und Grenzen der empirischen Evaluation sonderpädagogischer Interventionen in quasi-experimentellen Einzelfallstudien. Heilpädagogische Forschung XX (1994) 99-117